和谐与创新

——快速城镇化进程中的问题、危机与对策

仇保兴　著

中国建筑工业出版社

图书在版编目（CIP）数据

和谐与创新——快速城镇化进程中的问题、危机与对策/仇保兴著. —北京：中国建筑工业出版社，2006
ISBN 978-7-112-08393-0

Ⅰ.和... Ⅱ.仇... Ⅲ.城市化-研究-中国
Ⅳ.F299.21

中国版本图书馆 CIP 数据核字（2006）第 062121 号

和谐与创新

——快速城镇化进程中的问题、危机与对策

仇保兴 著

*

中国建筑工业出版社出版、发行（北京西郊百万庄）
各地新华书店、建筑书店经销
北京嘉泰利德公司制版
北京中科印刷有限公司印刷

*

开本：880×1230 毫米 1/32 印张：16⅞ 字数：500 千字
2006 年 6 月第一版 2008 年 6 月第二次印刷
印数：3001—4000 册 定价：**58.00** 元
ISBN 978-7-112-08393-0
(15057)

本书内容包括城镇化与和谐社会、资源节约与绿色建筑、环境友好与城镇水问题、城市规划体制创新与和谐、城乡统筹规划与村镇建设、市政公用事业改革与城市管理、城市化经验教训与资源保护等。全书可供广大城市规划与建设工作者学习参考，亦可作为建筑规划院校师生的良师益友。

责任编辑：吴宇江
责任校对：张树梅　刘 梅

前　言

城市化既可能是无可比拟的未来光明之所在，也可能是前所未有的灾难之凶兆。未来会怎样？就取决于我们当今人的所作所为。而近代史已经昭示：在当今人类的所有作为中，城市的成功最能表达国家的成功。反之亦然。健康的城镇化是一个对民族振兴、实现国家可持续发展产生正外部性的综合过程。

21世纪既标志着人类文明进入“城市的世纪”，但先行国家城市化的惨痛教训却展示了在这种城市文明占主导地位的新纪元，城市发展反而面临四方面的刚性约束：

一是地球上有限的空间。“城市的区域化，区域的城市化”正以前所未有的速度无情地占据了地球上生物密度最高、气候条件最为优越的地理空间，所有其他生物的生存空间都受到了人类活动扩大化的空前挤压。事实上，绝大多数现存的生物是人类命运的共同体。

二是资源稀缺的日益加剧。城市这部人类创造的最庞大、最复杂的“机器”，正以历史上最快的速度吞食各类资源，除了空气之外，没有任何东西可以廉价供给了，石油、铁矿石……甚至是奢侈的黄金、白银价格也疯涨，市场价格——这只“上帝之手”已经无情地宣告地球资源全面枯竭时代正在来临。

三是生态服务能力与环境自净能力的限制。与人类悠久的农耕文明比较，当城市文明以无可比拟的速度创造财富时，其与农耕时代迥然不同的“直线式”生产消费模式也“同步”地将地区、国家甚至地球推向生态危机的临界点。“生态足迹”理论揭示了一个“直线式”模式的城市的生存，需要几十倍甚至几百倍的同质土地来支撑，而其对其他资源掠夺的范围则更大。如果说农耕文明改变了地球的表面的话，城市所培育的工业文明正在深刻地影响着地球的本质——生物宜居性。城市一方面是经济资本增长的催化剂，但另一方面也使地球的自然资本迅速耗竭，从而将全球经济推上一条不可持续的道路，终究将导致经济的衰退。

四是人类科技水平和调控能力的限制。城市既孵育了高科技时代，从而使人类征服和改造自然界的能力空前增长，但也对人类中心论和技术为所欲为的观点判了死刑。无论是《寂静的春天》，还是《增长的极限》等书的作者都不约而同地指出：科学技术的兴起把人推入一条专门化训练的隧道。人类越在技术知识方面有所进展，就越看不清整体世界，也看不清自己，于是就进一步陷入工具理性的泥淖。全球生态的危机，实质上就是科技的价值理性危机，是科学走向了人性和自然规律的反面，成为一种异己的力量的结果。

正处于快速城镇化的我国既不能像二三百年之前的欧洲列国，通过向南北美洲大量移民来实现，也不能仿照一个世纪前的美国依靠强大的军事力量为后盾，掠夺全球资源和能源来支撑自身的发展。前述四方面的限制和中国的国情也说明我国只能走资源节约型、环境友好型的，与新型工业化相互促进的和谐城镇化道路。

从另一方面的史实来看：当一个国家和地区的人均GDP处于1000至3000美元之间的发展阶段，不仅存在着人口、资源、环境等瓶颈约束最为严重的时期，同时往往也是经济增长容易失调、社会运行容易失序、公民心理容易失衡、人口空间分布容易失控、伦理道德容易失常、城乡发展容易失谐，充满重重危机的特殊时期。这就是为什么党中央提出要构建“和谐社会”伟大使命的重要原因。这就是本书的第一篇要解决的问题，即从健康城镇化模式及主要矛盾的宏观、综合性对策选择等方面来阐述“城镇化与和谐社会”的关系及其实践途径。本篇的几篇文章，分别取自于本人对中央“十一五”规划建议起草小组的报告，及为南京大学、南京财经大学师生所作演讲和讲座的内容。

本书第二篇的内容主要集中于讨论城市建筑总是迅猛发展与能源供求不和谐现象。随着城镇化的进展，建筑全过程能耗将从目前占全社会能耗比重的27.5%，逐步上升到50%。要构建资源节约型社会，必须着眼于减少建筑的能耗。本篇从建筑节能目标的制定、模式的推行、配套的体制改革、相关的技术创新、公共政策的制订诸方面来汲取先行国家的经验教训，提出我国推行绿色建筑，实施建筑节能，从而促进能源和资源节约的基本对策。本篇的几篇文章分别取自于本人在美国、墨西哥绿色建筑大会上所作的演讲和在清华大学建筑系的讲座内容，以及在哈佛大学肯尼迪政府学院作为访问学者的研究成果。

第三篇着眼于我国当前日益严峻的城镇水环境危机及其解决之道。我国是一个缺水的国家，仅用占世界7%的水资源来支撑占全球20%以上人口的城镇化，显然会对“和谐社会”的构建形成严峻挑战。四篇文章分别阐述了系统的水治理观、城市水系的保护、城镇水问题及其对策、湿地的保护和发展区域供水，保证饮水安全。其中大部分内容已为本人在墨西哥召开的第四届世界水论坛和我国首届国际城镇水务大会的演讲中所采用。

第四篇阐述的是面对我国高速城镇化问题的城市规划变革。城市规划类同于保持城镇化健康发展的“轨道”。由于我国现有的城市规划体系基本上是在计划经济年代和城镇化低速期形成的，无疑是难以适应城镇化高速期的实际调控需要。本篇的四篇文章正是针对现有城市规划体系的缺陷，提出了一系列的创新方案。这里提出的解决措施在全国市长培训中心和浦东干部学院的讲课中与来自全国的市长和规划师们进行过详尽的探讨，并形成了新的规划调控法规。

第五篇集中探讨了城乡发展不和谐的问题及基本对策。健康的城镇化必须是城市和农村协调发展的过程。但当前我国普遍存在农村公共品提供不足、生活和生产环境持续恶化、城乡收入差距日益扩大等现实问题。本篇从研究城乡统筹规划的原则、途径和方法入手，分别论述了村镇建设的前沿问题、小城镇发展的困境与对策以及完善规划编制办法和开展村庄整治来推动社会主义新农村建设。

第六篇主要论述了市政公用事业的改革和城市管理工作的创新。城市基础设施不仅是现代城市的生命线，而且也决定了城市功能的发挥以及资源和能源的节约程度。本篇首先探讨了发展城市公共交通的紧迫性、存在的问题和应对之策，然后论述了市政公用事业改革和政府监管体系的设计与实施。如何应用市场机制，在市政服务垄断行业引入竞争，并以多元化投资来促进公用事业的发展。更为重要的是建立与之相适应的政府监管体系，从而均衡社会公平和经济效率。本篇还以总结北京东城区和南京等地数字化城市管理系统的意义、创新重点和发展策略为要点，提出了城市管理的新模式。

本书的最后一篇，回溯历史，展望全球，从先行国家城市化的经验教训中汲取对确保我国城镇化和谐发展所需的知识。首先以北京为例对我国特大城市卫星镇的功能、国外经验和规划建设要点进行论述；然后详细探讨浙江省温台、金衢丽城市群的发展战略和主要策略；又探讨了快速城镇化条件下，我国风景名胜区的保护和合理开发利用；与脆弱的自然遗产相对应的是城市文化遗产和历史文化名城、名镇、名村和风貌的保护；接着从发挥政府调控作用入手，分析了城乡规划、生态城镇、绿色基础设施和节能省地建筑等调控工具与载体对构建资源节约型、环境友好型社会的功能与效用；最后以对法国城市规划和可持续发展的分析与经验借鉴来论述我国城镇化健康发展的主要措施和对策。在附录中的两篇英文稿和一篇采访稿可以满足外国友人和一般读者的兴趣。

目　录

第一篇　城镇化与和谐社会

实现我国和谐城镇化的若干对策

从城市化先行国家的经验教训来看，城市化既是工业化的助推器，是任一国财富涌现和社会进步的源泉之一，也是造成贫富悬殊、社会动荡、污染加剧和生态退化的温床。由于城市化的过程和模式决定了城市空间分布的质量和数量，而且这种空间的分布是刚性的，具有不可逆性，一旦确定就会造成有错难纠的局面。正因为如此，城市化对任何国家而言，既是空前绝后的发展机遇，也是前所未有的挑战。未来二十年正是我国城镇化快速发展的关键时期，本文从现阶段我国城镇化发展主要特点的分析入手，提出我国快速城镇化期间实现和谐发展必须关注的重大问题，并给出了初步的对策建议。

一、现阶段我国城镇化发展的主要特点

1. 城镇化健康发展的重要性

城镇化的健康发展直接关系整个小康社会目标的实现和经济快速健康发展，是落实科学发展观，建设和谐社会的基础。城镇化健康发展的重要性，主要体现在以下四个方面：

城镇化是推进经济结构调整的重要内容。城镇化的推进，不仅涉及到人口的转移和空间布局的变化，而且也涉及到产业结构的调整。人类的空间居住分布从农村转入城市，如果其进程能与工业化和城市服务业的发展相协调，人均生产效率将提高四倍。

只有人口在城市里集聚，才能产生细密的专业化分工与合作，才能促进科学技术的进步，才能构筑对外开放和商品交换的平台。同时，我们也必须依靠新型工业化来推动城镇化的发展。所以，健康的城镇化本身就是一种经济结构调整的重要内容。

城镇化是推进农村现代化和解决三农问题的关键。农村贫，贫就贫在难以接收城市文明的辐射；农民穷，穷就穷在人多地少，农业的产业化经营推广步履艰难；农业弱，弱就弱在基于城镇的农业社会化服务体系弱上，缺乏现代科技和服务业支撑的农业，是永远摆脱不了弱质产业地位的。所以，解决三农问题，要把落脚点放在减少农民的数量上，让一部分农民平稳地向城镇转移。只有这样，农村劳动力人均占有的土地面积才可以提高，农村的产业化经营才可以大规模展开，农业效益和农民收入才能有所提高。

城镇化是构筑和谐社会的基石。所谓和谐社会，首先是人与自然的和谐。我们在推进城镇化进程中，必须尽可能地减少对自然资源的索取和防止产生对生态环境的破坏。其次是人与人之间及人与社会的和谐。当前影响社会和谐的根本原因，就是城乡收入差别和城市各阶层之间的贫富差距过大。要解决这个问题，也必须在城镇化健康发展的动态过程中逐步地解决。

城镇化是全面建设小康社会的必要条件。在工业化和后工业化时代，一个国家财富的增长，基本上取决于第二、三产业，尤其是第三产业的发展，而城镇化是工业化的发动机，是服务业发展的启动器和载体。只有城镇化的健康发展，才能发展现代服务业，推动新型工业化和创造更多的就业岗位，从而加快我们全面建设小康社会的进程。由此可见，健康的城镇化事关城乡、区域、工农业等方面发展和谐与否。

2. 未来二十年是我国城镇化发展和各类矛盾的高发期

必须实现经济稳定发展与资源环境相协调。接下去的二十年是我国经济发展与资源环境约束矛盾最为突出的时期。仅就钢材和石油而言，在经济和城市快速发展的过程中，需要大量的原材料和能源。而目前我们所面临的形势却是，我国钢铁企业所需矿石的主要进口国澳大利亚，一下子把铁矿石出口价格提高了70%；处在城镇化和工业化高速期的我国需要消耗大量石油，而欧佩克把原油价格不断提升，近期预计最高可能超过每桶80美元。我国原油进口量年增长率为30%，至去年底，进口量占总需求量的比例已经达到了50%；此外，我国目前人均电力装机容量仅为0.25kW，不到世界水平的一半。再加上近年来国内煤价飙升，电力紧缺，能源使用严重浪费。若以单位GDP产出能耗来计算能源利用效率，我国与发达国家的差距极大。若日本为1，意大利为1.33，德法为1.5，英国为2.17，美国为2.67，而我国则为11.5。所以，资源环境和能源的制约，是我国快速城镇化期间面临的最主要问题。

必须有效进行宏观调控，防止经济大起大落。建设行业在整个国民经济发展中具有举足轻重的地位。目前，在大多数城市中，建设行业中的房地产、建筑业、基础设施三方面的投资总量，已经占了当地固定资产投资的50%以上。所以，建设行业发展的波动，不仅会影响到当地GDP的发展，而且还会影响到全国宏观经济整体健康运行。

必须妥善地解决城镇化快速发展和经济社会转型引发的各类社会矛盾。在我国城镇化快速发展时期，每年约有1200~1500万农村人口进入城市，进城务工的人数将超过1个亿，由此而带来的各类社会矛盾和冲突将难以缓解。尤其是在这一时期，城乡居民的贫富差距达我国解放以来最大值，所以社会矛盾最为尖锐。我们面临的一项重要任务就是要缩小这个差距，但是又不能牺牲经济效率与增长动力。

必须实现城镇化与新型工业化的良性互动。我国的城镇化不能仅仅靠传统的工业化来推动，而要靠新型工业化来推动。所谓新型工业化，有三个标准：一是以人力资本占主导地位的工业化，而不是一般资本占主导；二是以信息化推动工业化和促进技术创新作为主要手段来推进经济发展并减少环境的压力；三是以第三产业与第二产业良性互动，二者相互协同促进城镇化。所以，在新型工业化增长模式中的第三产业与第二产业之间的边界是相融合的。这种新型工业化与城镇化的良性互动，就能避开西方发达国家走重工业道路所遇到的先污染后治理的盲区。

3. 现阶段和“十一五”时期我国城镇化发展的基本特征

一是城镇化持续快速发展。从我国城镇化发展进程来看（图1），1990 年开始到 1994 年，我国城镇化发展的速度越来越快。在 1990 年以前，每年的城镇化率只有 0.1% ~0.2%，进入 20 世纪 90 年代后，年均城镇化率达到 0.8% ~1%；进入 1995 年后，年均城镇化率超过 1%。按照联合国的统计，在人均收入超过 1000 美元、城镇化水平达到 30% 时，城镇化就开始加速。从我国的实践来看，也正好是在城镇化水平达到 30% 时开始加速，

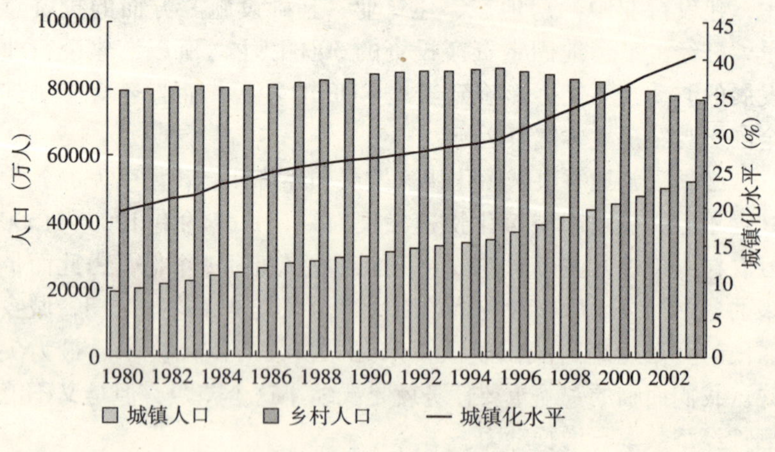

图 1　我国城镇化发展进程

符合城镇化发展变化的规律。可以说，今后二十年或更长一段时期将是我国城镇化发展的高峰期（表1）。

中国城镇化预测 **表1**

全国总人口（万人）			城镇人口（万人）	农村人口（万人）	城镇化水平（%）
2002年末		128453	50212	78241	39.1
2020年末	按年均增长1%	147200	84036	63164	57.1
	按年均增长1.5%	147200	97299	49901	66.1

注：（1）城镇人口自然增长率按4‰计，2002～2020年全国城镇人口自然增长总计为3741万人。

（2）2002年末，全国总人口128453万人。其中：城镇人口50212万人；农村78241万人；城镇化水平39.1%。

数据来源：国家统计局．中华人民共和国2002年国民经济和社会发展统计公报．2003。

（3）2020年末，我国总人口147200万人。

数据来源：中国人口信息研究中心．中国人口信息研究中心对中国人口发展的预测．2002。

二是城镇化的发展不平衡。

首先是省际发展不平衡。在美国城市化过程中，内陆的州有50%的人口转移到了沿海。我国现在也面临同样的问题，但我国所拥有的宜居地区分布与美国大不相同，美国有三条宜居的海岸线来接纳内陆移民，而我国的人口是美国的5～6倍，却只有一条海岸线，因而出现了地区之间城镇化发展的严重不均衡。从2003年我国人口流向分布来看（图2），西部和中部流动人口内部转移的比率仅占全部流动人口的10%和30%，而流向东部沿海地区的人口则高达60%。

其次是省内发展不平衡。如江苏省的苏北、苏南和苏中之间的发展差距是非常大的（图3）。

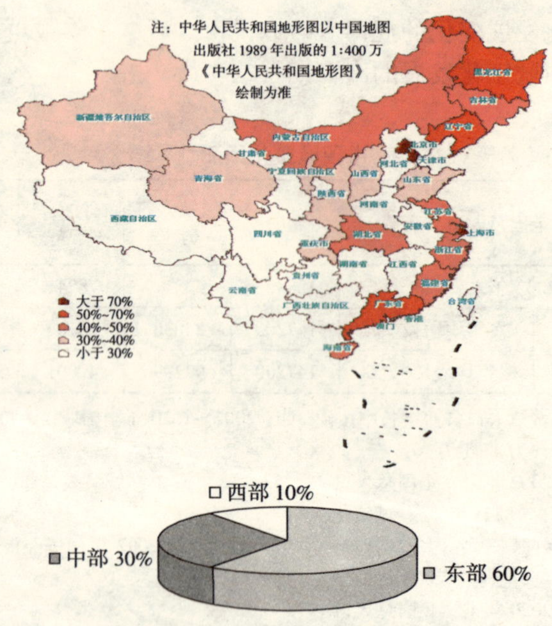

图 2　2003 年我国人口流向分布

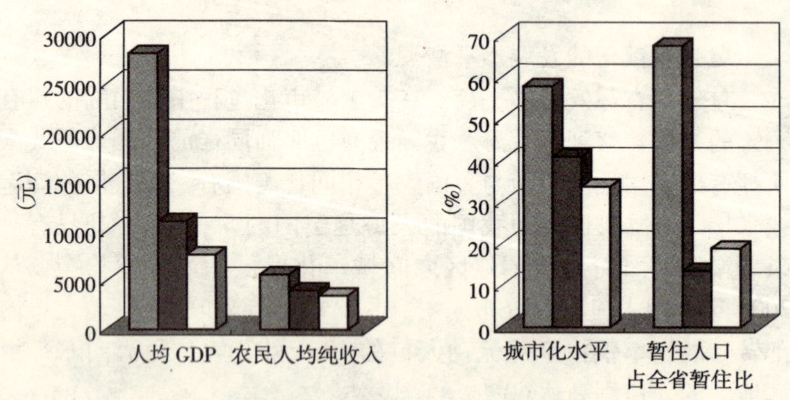

图 3　苏南、苏中、苏北地区经济和社会发展水平差距

第三是城镇结构的发展不平衡。培养中等城市本是建立承上启下，反哺农村的城镇体系的重要环节，而实际情况却是，特大型城市、大城市发展比较快，中等城市、小城市反而比较慢。从建设用地情况来看，中等城市增长比较低，而大城市增长比较高，特大城市增长则更快，年均用地量增长达12%。流动人口也更多地向大城市集聚（图4）。如江苏省特大城市吸纳暂住人口的比例，从2002年的45.25%提高到2003年的57.81%（图5）。可以说，我们正面临着如何实现大中小城市协调发展的挑战。究其原因，是因为城市规模越大，其集聚能力也越强，因而导致大城市与中小城市吸纳人、财、物能力的不同，也反映出了城市基础设施水平的差异。一般而言，城市人口规模越大，基础设施的完善程度越高。

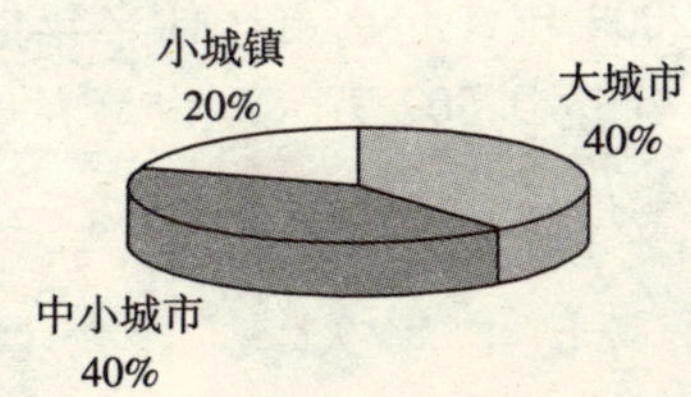

图4　2000年流动人口流向分布

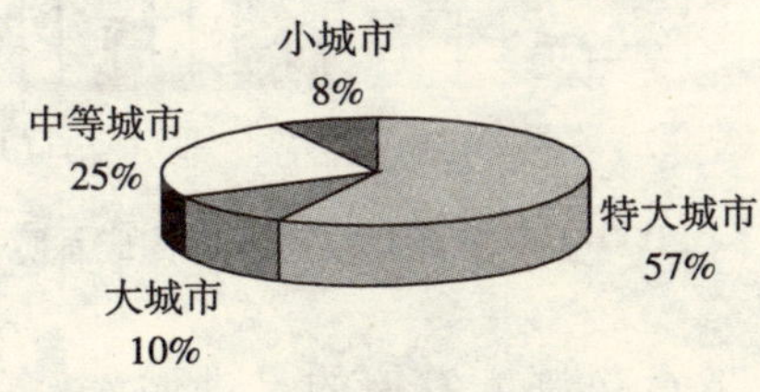

图5　2003年江苏省各级城镇吸纳暂住人口比例

三是城市区域化和区域城镇化现象并存。大都市带和都市连绵带加速发展（图6）。

图 6 我国城镇密集区现状分布情况

四是城镇外来人口进一步增加。如从广东省部分城镇人口构成来看（图 7)，外来人口增加最多的是深圳市，大大超过本地户籍人口。1991～2003 年，北京市居住半年以上的外来人口年均增长 15%，2003 年达到 307 万人。户籍人口与居住半年以上外来人口的比例为 3. 7:1。

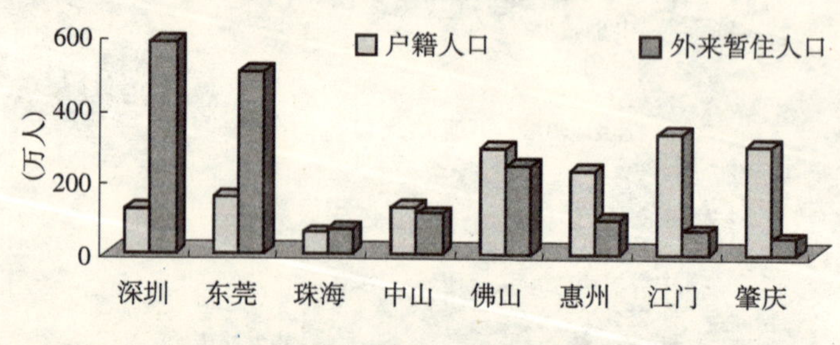

图 7 2000 年广东部分城镇人口构成示意图

五是农村土地承包制度发挥的是进城农民的“社会保障”作用。在我国诸多社会保障制度中，这项制度的直接成本是最便宜的。有了承包地作为社会保障，就不会有大量失地农民涌入城市，而是拥有承包地的富余劳动力从农业逐步向非农产业转变。

在非洲、拉丁美洲一些原殖民地国家，按宗主国的要求这些国家都实行了土地私有化制度。土地一旦实行私有后，农民在婚丧嫁娶或者家里有人生病需要钱的时候，就可能把土地卖掉。这样一来，这些农民失去了土地永久性的权利，就不可能在农村生存，进而涌入城市，以至于在非洲90%的国家、90%的城市中，30%的城市土地面积被贫民窟占据。目前，非洲、拉丁美洲以及亚洲的印度等国家都面临着非常严峻的贫民窟和城市生态环境恶化问题。而我国正是因为有了承包地这一制度，农民卖不掉土地，虽然从事农业收入比较低，存在着城乡“二元”结构的客观事实，但却给进城的农民留下了退路，一旦在城里失去工作岗位，还可以回乡种地。这对我国城镇化的平稳过渡起到了非常好的作用。没有这一特殊的社会保障制度，我国的各大中城市的贫民窟比率肯定比非洲和南亚等地更高。我国现有的土地承包制度起到了社会保障和把农民留在土地上的作用，从而避免了一些早期西方国家和现代部分发展中国家中出现的“驱赶型”城镇化现象。这种“驱赶型”的城镇化表现在南部非洲、南亚等地区城市周边贫民窟的极高人口比例上（图8）。

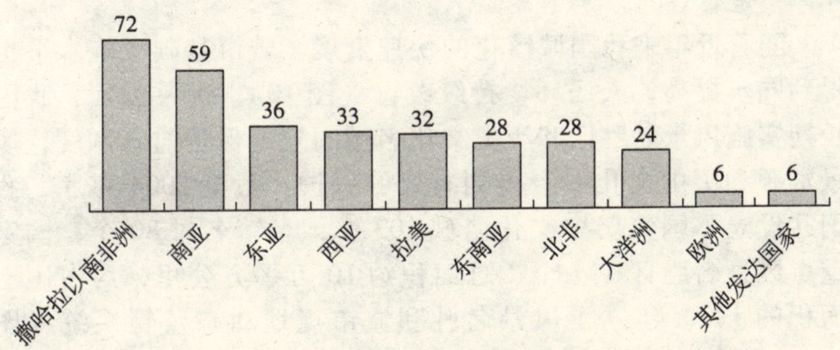

图8　全球不同地区城镇中居住在贫民窟中的人口比例

六是城乡规划政府职能的发挥。我国已经建立了一整套的城乡规划法律法规体系和管理体制、技术规范与标准体系，依法制定和实施城乡规划，长期坚持集约化的城镇建设用地增长模式。我国城镇化的人口密度从 1952 年每平方公里接近 1 万人，到了 1987 年的时候达到高峰，然后逐年下降，但是基本上保持了每平方公里 1 万人的人口密度（图 9 - *a*），这说明在我国的城镇化过程中，城乡规划调控发挥了作用。我国城市每平方公里人口密度 1 万人左右，是世界上人口密度最高的国家，但近 10 年来，各类开发园区的数量急剧膨胀，造成了建成区人口密度的下降。在开发区清理整顿之前，我国所有开发区的规划面积之和达 3.5 万平方公里，相当于我国所有城市的建成区面积之和，但真正已实施开发建设的只占 13%。据统计，2003 年我国城市人均居住用地 $40m^2$。而在美国 8640 万个住宅单位（1980 年数据）中，2/3（5730 万个）是有阔绰院落的独户住宅，从 1950 年到 1990 年，美国城市的人口密度减少了 40%。美国从城镇化水平达到 30% 时开始起飞，直到 1990 年城镇化完成，人口密度急剧下降（图 9 - *b*）。如果这种现象发生在中国，那我们所面临的情景将是无法想像的，这也从另一方面说明我们以往所有的城乡规划调控体系是有效的。

随着近年来我国城镇化的快速发展，城市基础设施水平也得到同步提高，人居环境持续改善（图 10）。另一方面，我国长期实施风景名胜区和历史文化名城的规划保护监管制度，风景资源和历史文化遗产得到有效的保护。截至 2004 年底，我国共设立了国家历史文化名城 103 个，名镇名村 80 个；国家重点风景名胜区 117 个，总面积约 10 万平方公里，约占国土面积的 1%。建立了风景名胜和城市规划动态监管系统（图 11），所有国家重点风景名胜区和历史文化名城的保护都将逐步纳入动态监测系统中。

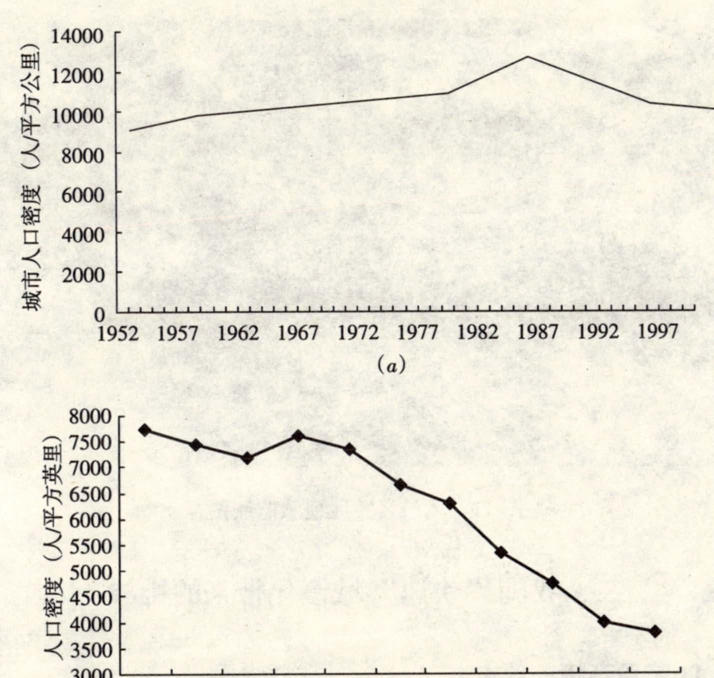

图9　中、美两国城市人口密度比较

(a) 中国城市人口密度；　　(b) 美国城市人口密度变化情况

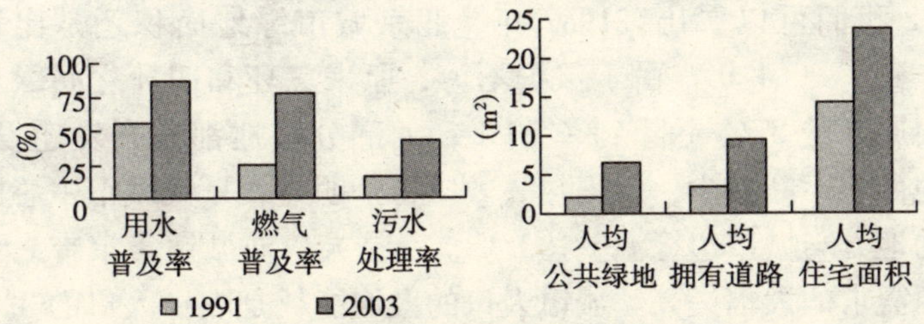

图10　城市基础设施水平和人居环境改善状况

图 11 风景名胜区遥感监测图

二、我国“快速”城镇化带来的挑战

1. 资源环境的约束

一是面对机动化的挑战。随着私人轿车数量的快速增长，城市交通、尾气污染等问题越来越严重。二是伴随着机动化而出现的郊区化现象，导致经济、资源、生态环境成本的急剧提高。如近年来，北京市的生态环境建设取得了较大成绩，但环境污染没有得到根本好转，城市绿地总量不足和热岛效应等问题突出。从图 12 我们可以看出，1987 年，北京城市绿地面积还是比较大的，到了 2001 年，由于保护不力，原来三环和四环之间绿地面积由原来的 87% 下降到了 27%，大部分绿地都被开发建设了。绿地面积不断减少，使得热岛效应特别明显，夏天城市中心区最热的地方与城市边缘温差达 8℃。三是人口向城镇集聚带来了对能源需求的大幅提高。城镇人口的人均能耗是农村人口的 3.5 倍左右。

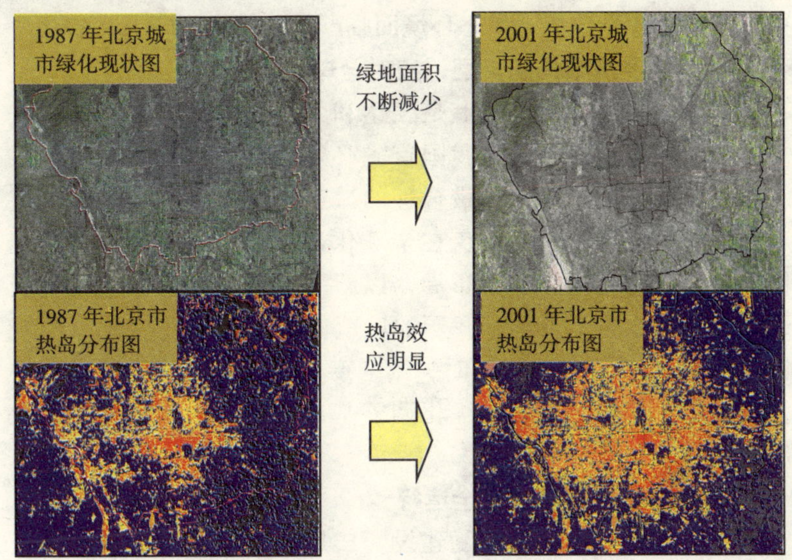

图 12　北京市城区绿化及热岛分布图

2. 城镇化快速发展引发的各类社会矛盾

一是在城镇化的发展过程中，不可避免地会出现局部的人口转移在前、规范性就业滞后的问题。就业不足问题将带来社会矛盾的激化。二是地区发展不平衡，城乡居民收入差异扩大。三是外来流动人口大量涌入城市，增加了城市社会管理和就业压力。四是失地农民和城市弱势群体问题。

3. 土地、水等稀缺资源的集约应用，自然遗产和历史文化遗产的保护

随着城镇化的推进和城市的扩展，城市建设用地供应日趋紧张；为保证国家粮食安全，我国实施最严厉的耕地保护制度，严格控制城市扩展对耕地的占用；全国性的水资源短缺。全国 661 个城市中，有 400 个城市缺水；石油、煤炭、矿石等战略性资源短缺，能源供给是制约我国经济和社会发展的大问题；自然和历史文化遗产遭受破坏，生态环境面临严峻的挑战。

4. 实现经济结构的转型，应对全球化挑战

全球化的过程，实质上是发达和欠发达国家之间经济利益的再次分配过程。因此，我国首先必须通过优化调整城镇体系结构和城镇发展布局，以最合理的城市构架和集群竞争力来应对全球化的挑战，从而避免在全球化过程中被边缘化。其次是优化调整产业结构和空间布局，以新型工业化作为城镇化发展的主要推动力量。目前，我国的城镇化水平已超过40%，当城镇化水平达到50%～60%时，第三产业发展对城镇化的推动将会起到主导作用。第三是优化调整基础设施的供应结构，避免出现浪费。

5. 实现国民经济的安全运行

一是要防止低水平重复建设。二是防止地方政府过高的负债。据最新统计，目前各级地方政府负债总额达1.1万亿元。三是坚决遏制超越经济社会发展阶段需求建设政绩工程、形象工程的现象。四是防止沿海地区房地产泡沫破裂引发全国性的金融危机。此外，应该承认，改革开放20多年来，由于我国沿海省份采取了出口导向型的发展模式，一方面促进了沿海开放城市和地区的快速发展，另一方面也带来了这一模式的弊端：由于发达国家纷纷将耗能大、污染重的加工环节转移到我国，大大促使了我国能源消耗和生态平衡临界点的提前到来。

6. 区域的协调发展

区域的协调发展，尤其明显地表现在城镇的密集地区、东北老工业基地和西部生态脆弱地区发展的不均衡性。以城市群或都市圈参与国际竞争分工已成必然趋势。从提高区域竞争力的要求来看，通过合理的城镇体系规划，形成以大都市为主导，若干个不同等级、不同功能的城镇组成的联系密切、功能互补、结构紧凑的城镇密集区或者大都市区，作为基本的单元参与国际竞争和分工，这是一个必然的趋势。这是提高地区和国家竞争力的必然趋势，与建立合理的城镇体系有必然的联系。要形成城镇密集地区经济蓬勃发展、东北等老工业基地重新焕发活力、西部生态脆弱地区加快建设环境保护地带的新格局。

7. 城市防灾和城市安全

一是生态环境改变导致传染性疾病的流行。非典只是对我国城市防灾体系的一个初始警告。因为城镇化的过程，实际上是人口密度低的农村地区人口向人口密度高的城市转移的过程，以至于人与人之间交往的强度和频率都比以往大幅度增加，此时也是疾病特别是流行性疾病快速流行的阶段。像欧洲黑死病的流行，就出现在城镇化的初期，那时人类缺乏应对高度密集型城镇的管理能力，所以出现了疾病的大流行。城市规划这一概念，最早是由英国人针对流行病防治而提出来的。就是因为在 100 多年前，英国在城市化过程中出现了黑死病，夺走了伦敦1/3人口的生命，同时又使得曼彻斯特这样的工业化城市的居民平均寿命只有 24 岁。这样一种非常不健康的生活环境，促使英国人想到了必须用城市规划强化卫生防疫、保护环境，促进城市化和工业化的健康发展。所以世界上第一部城市规划法于 19 世纪末期出现在英国。当时英国的城市规划是由卫生部主管的，其目的就是通过城市规划来应对城市健康问题，后来才由环境规划部主管。二是人口大量向城镇聚集后，地震、洪水、泥石流包括海啸等自然灾害的发生，将对人类生命财产构成很大的威胁。三是社会矛盾引发的城市安全隐患。北京西城区利用 GIS 技术创新了城市管理系统，已经运行了半年多，所取得的效果非常好。如在以前，道路窨井盖丢了以后，几天都补不上，往往是要在发生了有人掉入或汽车被卡等不幸事故后，有人报告了，管理部门才去加补。东城区新的城市管理系统，采取了网格化的数字管理，按照一定区域面积配备一名城管员，城管员每天巡视 4～5 次，在巡视中发现窨井盖失窃和其他市容脏乱差问题，马上报告，几个小时之内就可以补上和清扫。城市化进程中涌现出的大量问题，都在考验政府的城市管理能力。

8. 国家保障城镇化建设发展的机制和体制有待完善

一是调控机制不完善。国外曾有人提出，中国共产党取得政权以后所面临的最大挑战不是农村问题，而是如何规划、建设和管理城市的问题。确实，城市的健康发展会起到平稳地转移农民的作用，但是城市规划建设管理对各级政府每个部门来讲都是一项日益严峻的挑战。调控机制不完善，主要体现在：以部门调控为主，各行业之间的综合调控不足；以城市（镇）政府为主，区域统筹不足，对农村和小城镇发展重视不够；以强调经济增长为主，经济社会协调发展和调控不足；以短期效应为主，对长远可持续发展重视不足；以行政计划调控为主，土地资源调控、空间资源调控、财税调控、金融调控与行政计划的联动调控不足。

二是管理职能不健全。主要体现在：中央政府缺乏健全、完善、权威的城镇化管理协调机构；各行业行政主管部门也缺乏针对城镇化问题的管理机构，只能被动地应对城镇化发展过程中出现的种种矛盾；对城镇化发展过程中出现的带有全局性、长远性的复杂问题，中央政府难以形成整体协调的政策措施；城市规划法修订滞后，调控能力较弱。

三、实现“和谐”城镇化的对策建议

1. 必须建立约束建设用地盲目扩张的城市规划管理体制

一是划定“限制开发区”和“禁止开发区”，加强对城镇空间增长的约束。城乡规划必须发挥对规划区域范围划定禁止开发、限制开发和引导开发的功能，这三个方面的功能是并重的，不能轻管制、重开发。最新编制的北京城市总体规划，就限定了限制开发区和禁止开发区，在规划中明确哪些区域是禁止开发的，哪些区域是限制开发的（图 13）。这是我们的旧规划体系难以做到的。

图 13　北京建设限制性分区图

二是加强对重点城市、重点地区的规划监管。对不同的政策性地区，实施不同的空间分区管治模式。如珠江三角洲地区城市群发展协调规划，就把珠三角地区划分成不同的区域，对不同的区域，实施不同的调控模式（图 14）。对区域生态绿化用地和区域性交通通道，实行一级管制（监管型管制）；对区域性临港基础产业与重型装备制造业聚集地区和区域重大交通枢纽地区，实行二级管制（调控型管制）；对城际规划建设协调区和粤港澳跨境合作发展地区，实行三级管制（协调型管制）；对经济振兴优先地区、城镇发展提升地区和一般性政策地区，实行四级管制（指导型管制）。

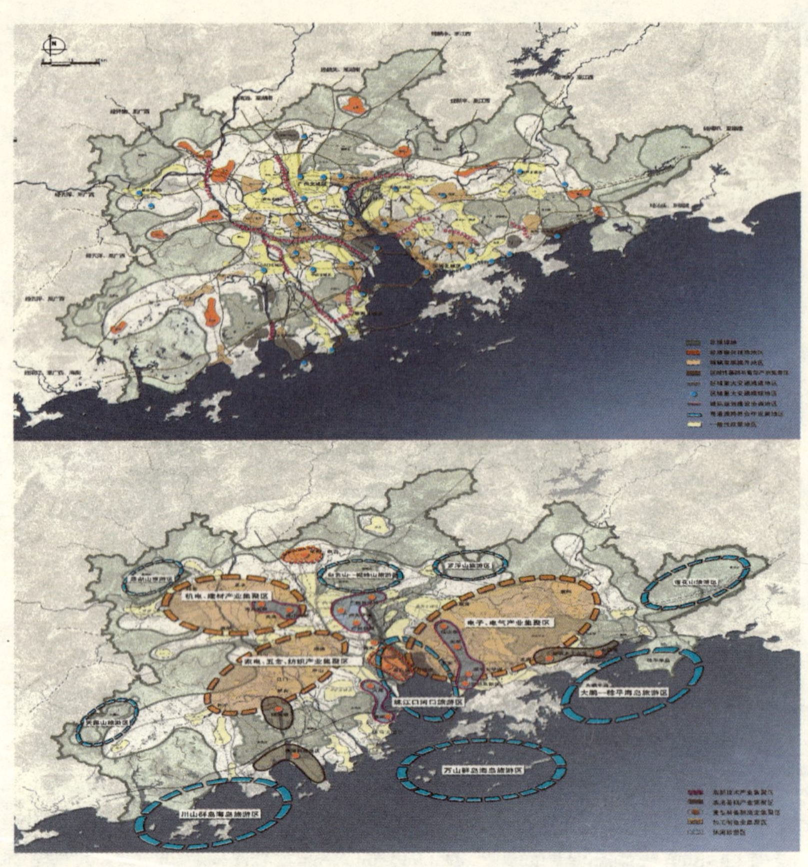

图 14　珠三角地区规划监控和产业群空间整合规划图

从规划图上可以看出，从广州市来讲，地处珠江三角洲中心位置的南沙半岛，被认为是广州市的下风向区域，广州市政府原来设想将这个地方规划发展重化工，把污染企业都搬到这里来。但经过区域规划的协调分析，这个地方如果出现污染，污水排放和污染空气稀释是最不容易的，这就影响了整个珠江三角洲生态环境的优化。这里不应该发展污染比较重的工业，不然珠江三角洲整体的大气和水环境都会持续受影响。所以，广东省现在据此重新调整了产业布局，把污染比较少的高新技术产业放在那里。

三是加强对城乡建设用地的规划管理，集约和节约利用土地。目前，我国村镇建设人均用地比例大大高于城市（图15）。自1991年以来，我国城市村镇建设用地快速增长，加强村镇建设用地管理，是遏制建设用地过快增长、耕地减少过快的关键。江苏省常熟市通过城镇体系规划，严格控制村庄建设用地规模，开展农村居民集中居住区建设活动，计划经过10～12年的时间，通过集中居住区的不断实施，节省住宅建设用地10万亩。

四是加强对城乡建设用地征收、征用和出让、转让的规划管理。

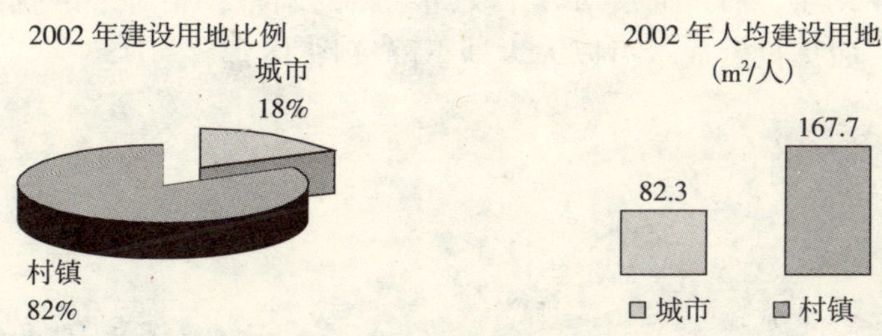

图15 2002年全国建设用地比例和人均建设用地情况

2. 必须建立城乡统筹协调发展的城镇化推进机制

明确各级政府统筹城乡发展建设的职能，加强县级政府在村镇建设方面的职责，提高县级政府对村镇建设的行政调控能力。坚持有重点地发展县城和条件比较好的建制镇的方针，制定支持全国重点镇发展的政策措施，建立推动村镇建设的部际协商工作机制。统筹城乡产业布局、经济和社会发展，为农民创造更多的就业机会。

3. 必须进一步完善协调地区发展的宏观调控机制

加强部门协调，突出重点，提高效率和效益。建立区域性重大基础设施发展规划的部际联席会审议制度。加强区域性城镇体系规划对区域性重大基础设施建设规划的指导，把区域城镇发展布局规划作为各类相关专项规划的依据。如北京市原来的农村居民点，零乱分散，如果就按这样的格局，实施村村通公路、村村通邮电等基础设施建设，将会造成很大的浪费。现在通过农居点集中规划布局，使村镇规模相对来讲比较合理（图 16）。浙江省湖州市的一个区 21 万人口，通过城镇体系规划的调整，将原来镇镇都有的共计 18 个供水厂调整成 7 个，实施区域性供水，不仅水质提高了，成本下降了，而且供水的安全性能大大提高，同时还能够与污水治理相结合，又节省了大约两亿多元投资（图 17）。珠三角地区城市群的交通规划，原来各种交通网络像蜘蛛网一样无序，后来通过对骨干交通线路的调整，相对来讲就比较合理，而且投资成本可以大大地下降（图 18）。

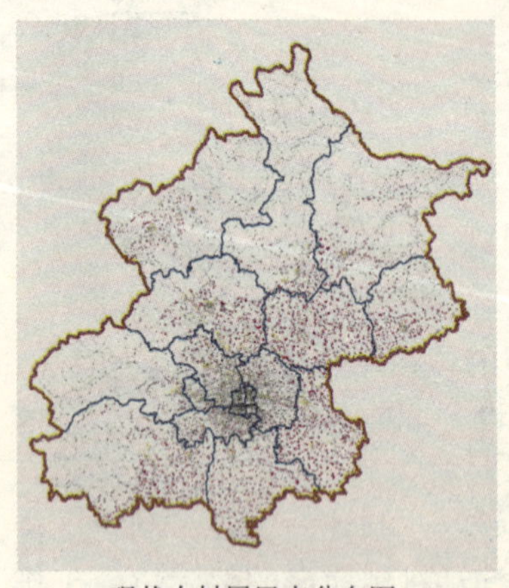
现状农村居民点分布图

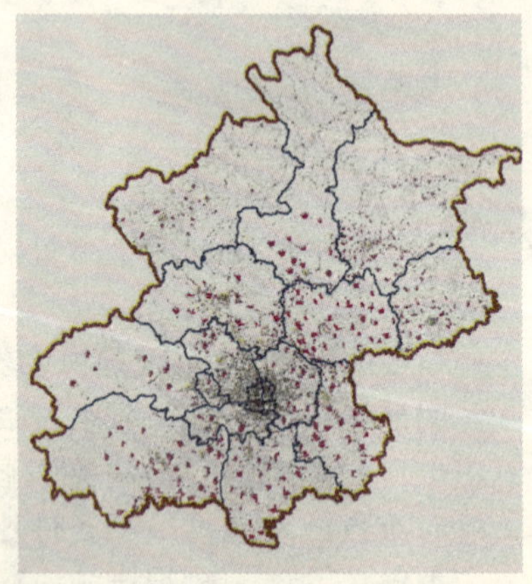
规划农村居民点布局图

图 16 北京市农村居民点集中规划

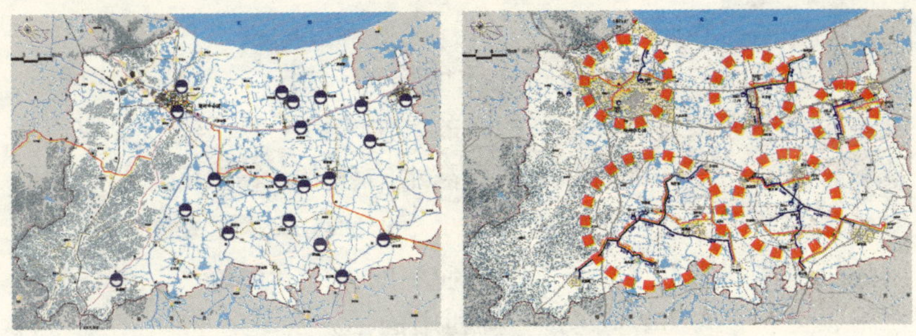

图 17 湖州市域城镇供水现状与规划比较图

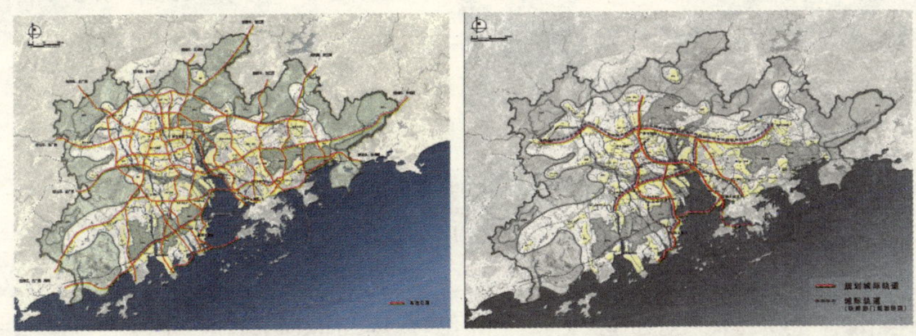

图 18 珠江三角洲地区轨道交通规划方案比较图

4. 必须坚持资源节约型的城镇化道路

建设资源节约型城镇，可从以下四个层次展开。一是加快公共交通建设，推行公共交通、自行车道、人行道相协调的综合交通的模式。公共交通不局限于城市内部，而且发展到相邻的城市之间，城郊农村的交通也必须通过公共交通来解决，从而取得辐射城市文明和节约能源的效果。有了便利的公共交通，私人轿车就用得比较少，这样整个社会的节能水平就可以大大提高。欧盟国家正是因为推行了这样一种模式，再加上燃油税等公共政策的配合，同样的户均汽车拥有量，但人均汽油消耗量却比美国低 5 倍。二是合理配置资源，公平提供公共产品和服务，发展绿色基础设施技术和政策。对提供公共产品和服务的投资建设，也要充分考虑节能。三是加强城市用水的循环利用，建设节水型城市。城市用水不应该通过远距离调水的办法来解决，而应该采取就地节水、水的循环利用的办法来提高水的利用率。水资源的短缺已对城市的发展产生了制约，如北京市一年的缺水量是6亿m^3，如果通过节水和水的循环再利用，使水的再生利用率达到世界先进水平，也就是说80%的水重新利用的话，那北京市一年就可以再生利用10亿m^3水以上，目前这6亿m^3水的缺口就可以补上。而水的再生利用成本比较低，每立方米成本大约是3.5~4.5元，通过反渗透膜处理也是这个价格。而通过远距离的调水，如南水北调工程进京的成本是每立方米8元，再加上净化处理费用1.5元，这样的成本就非常高了，而且这还没有计算因调水对水源区域生态带来的影响和大量移民引发的高昂社会成本。所以必须通过节水、水的循环利用来解决城市缺水的问题。四是广泛推行节能建筑，建设节能省地型的住宅。建筑节能对我们是一个巨大的挑战，必须赶快行动起来，才能解决我们面临的巨大能源短缺和污染加剧的问题。党中央发出号召，胡锦涛同志亲自提出要发展节能省地型的住宅和建筑，这充分说明了建筑节能的重要性。

从发达国家的情况来看，建筑的全过程占用了能源总消耗的50%，我们通常说的我国建筑耗能占能耗的27%，指的仅是现阶段建筑建造和运行中的耗能。但是从建筑的全过程来说，如建筑原材料水泥，从矿石变成水泥需要能源，水泥运输需要能源，把水泥变成半成品需要能源，废弃房屋的处理也需要能源等，把这一过程中所有能耗相加，约占了总能耗的50%。除了巨大的能耗以外，建筑的全过程还消耗了42%的水资源、50%的原材料和占据了近50%的耕地减少量。与此同时，还带来了巨大的污染，50%的空气污染、42%的温室效应、50%的水污染、40%的固体废物和50%的氟氯化物，是由建筑造成的。可以说，建筑节能已成为全球资源保护和减少污染的一个核心问题。无论是节能、节水、节地、节材，最终都可以归结到建筑。如果建筑能耗降低了，我国许多问题都可以迎刃而解。有专家对我国建筑能耗进行预测，如果按照我们现在确定的建筑节能目标实施，虽然建筑能耗也是增加的，但是到了2020年时，建筑总能耗是7.54亿t标准煤。但是如果搞得不好的话，建筑节能率不到30%，建筑总能耗将达到10.89亿t煤。多消耗3.5亿t标准煤，就相当于一个中等规模的发达国家一年的总能耗。现在有个非常好的机遇，也就是说《京都议定书》生效以后，根据《京都议定书》第12条，如果发展中国家推行清洁发展机制即CDM，可以获得国外的技术援助。《京都议定书》第12条阐释的清洁发展机制，允许工业化国家的政府或者私人经济实体在发展中国家开展温室气体减排项目并据此获得“经核证的减小量”即CER（Certified Emission Reductions）。工业化国家可以用所获得的CER来抵减本国的温室气体减排义务。CDM致力于促进发展中国家的可持续发展，同时允许发达国家借助该机制实现降低大气中温室气体浓度的目标。所以，建筑节能是潜力很大的执行CDM清洁发展机制的项目，是一个很好的国际合作的渠道。

5. 政府要积极引导自下而上的城镇化，便于农民自主创业

从我国目前的实际情况看，超大城市发展得快，小城镇也发展得快。而小城镇是农民自主创业的主要基地。要制定鼓励农民宅基地与房产在农村集体经济组织内流转的政策措施。投入专项资金推进废弃宅基地征收整理与“退宅还田”，调整优化城乡建设用地的空间结构，确保耕地总量动态平衡。我们强调大中小城市和小城镇协调发展的城镇化道路，就是要让农民有多种选择机会。相对而言，进入小城镇生活创业的成本比较低，约为人均5万元；而对于大城市，除非只是在那里打工，如要成为城市居民的话，没有人均15万元是进不了城市的。所以说，进入小城镇和城市的成本是不一样的。小城镇有非常低廉的进城门槛和创业成本，这是我国实现城镇化健康发展和城乡统筹的关键。

6. 必须及时处理城镇化过程中农村地区出现的新情况、新问题

所有这些问题的解决，都归结于如何实现工业化与城镇化的良性互动，以农业产业化带动农民成为城镇化和新型工业化的生力军和受益者。城镇化是把农民转移到城里，是农民成为城市居民主体的社会变革过程；城镇化过程必须是农民的主动性创业的过程，这三点是非常重要的。有人认为城镇化只是城市政府的事，那绝对是错误的。城镇化是把农民“化为”城市居民，而原城市人口仍然还在城市里不动，农民必须成为主动者、创业者、受益者，不能成为城镇化的被动者、受害者、被动的应付者和被驱赶者。要加强农村综合环境整治，增加对农村基础设施和公共服务设施的投入，改善农民生产生活环境，提高农业产业和社会化服务的水平，均衡城镇化的拉力和推力。

7. 要健全引导城乡协调发展的机制，以适应城镇化发展的新形势和新任务

将城乡规划作为落实产业政策、生态环境保护和资源保护政策的重要手段。合理设置村镇规划建设管理机构。并在城镇体系规划和村镇规划的引导下，及时推进城市公共交通线路、城市燃气、供水、污水处理等基础设施网络联镇进村，先城郊后远郊，逐步推进。同时，依托区域中心城市，促进教育、卫生等社会性乡镇服务网络的重建，尽快使广大农村公民享受城市文明成果的辐射。

8. 城乡规划要创新体制，完善机制，保证城镇化健康发展

随着我国城镇化的发展，我国城镇人口将从 2002 年的 5 亿增加到 2020 年的 8 亿，近 3 亿人口将进行空间转移，如何做到人口统筹，将农村人口逐步转移到城镇中，有三个要素必须认真考虑：一是城镇化的健康发展，二是城镇人居环境的可持续发展，三是绿色城镇的绿色产业、绿色建筑（图19）。我们必须围绕这三个重点，来展开若干方面的课题研究，要把这些课题变成促进和谐社会建设和落实科学发展观的重要手段。要加强区域协调与空间管制工作，加强对农村现代化建设的指导，加强近期建设规划，加强生态环境保护和资源保护，加强城市综合防灾规划，加强对规划实施的监督。

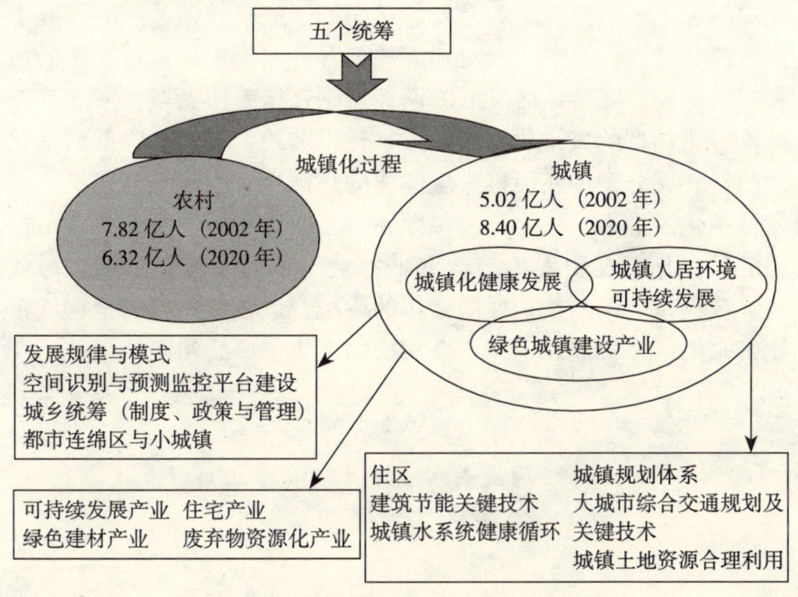

图19 五个统筹与城镇化过程

总之，未来的二十年乃至更长的时间内，我国正处于快速城镇化的关键时期。在此期间，“和谐”的城镇化不仅会成为我国经济结构调整的重要内容、解决“三农”问题的关键和构建和谐社会的基石之一，而且城镇化也为我国扩大内需、全面建设小康社会创造了必要条件。但是快速城镇化与我国独特的资源短缺和发展不平衡的国情结合在一起，也使我们面临前所未有的挑战：各类建设项目占据过多的优质耕地，城镇淡水资源短缺影响日益扩大，大批历史文化遗产遭受破坏，大江南北的城市正在趋于“千城一面”，城乡和城内不同阶层收入差距的扩大、就业不足都正在促使社会矛盾加剧，沿海地区房地产市场的泡沫和地方政府过高的负债水平有可能危及国民经济的安全，基础设施不足造成了越来越严重的环境污染，城市的防灾和安全等也存在城镇化的隐患……当务之急就是要总结先行国家的教训，适时研究中国特色的城镇化规律，及时建立约束各种建设用地盲目扩张的城乡规划体制，完善地区发展的调控机制、统筹协调城乡发展，坚持推行集约型的城镇化发展模式、建设节约型城镇，降低城镇化的门槛、充分调动农民推进城镇化的积极性，以新农村建设来均衡城镇化的推力与拉力，确保以新型工业化来协同城镇化……快速的城镇化正在引发传统“和谐社会”的嬗变甚至崩溃。时代要求我们以变革的精神回应诸多的挑战，以创新的精神把握城镇化带来的众多机遇，重构更高层次的、更美好的和谐社会。

（原载南京经贸大学学刊 2006 年第 1 期）

对中国特色城镇化的再认识

党的十六届五中全会提出了新时期城镇化的方针："坚持大中小城市和小城镇协调发展，提高城镇综合承载能力，按循序渐进、节约土地、集约发展、合理布局的原则，积极稳妥地推进城镇化。"胡锦涛总书记在政治局集体学习会上，就中国特色的城镇化发展发表了重要讲话。这不仅说明健康城镇化已成为资源节约型社会的建立和科学发展观落实的核心内容，同时也是我国经济社会发展的客观要求。作为城镇化参与者的各级建设部门负责人，都应深刻领会会议的精神，冷静反思历史的教训，认真贯彻落实中央领导的讲话要求。

一、城镇化的基本规律及规划调控

一是城镇化既存在着规律性，其发展路径又具有可选择性。胡锦涛同志提出"城镇化是经济社会发展的必然趋势"，这就说明了城镇化是发展的内在规律所要求的，是绕不过去的坎。从20世纪开始，很多国内外的经济学家、政治学家、历史学家都积极投身于"四化"即全球化、城镇化、信息化和市场化的研究。"四化"统筹了20世纪全球经济的大局，也决定着我国经济发展的路径。对做具体工作的各级部门来说，一方面要把握这"四化"各自的内在规律及相互作用，另一方面还必须把对城镇化的调控落实到具体的城乡规划工作中。值得注意的是发达国家是完成了工业化和城市化之后才进入信息时代的。而我国的城镇化必然要求与结合信息化的新型工业化相适应并相互促进。这就要求我们要花精力研究劳动密集型产业、服务业与信息产业、高科技产业发展之间的均衡及其城乡规划对这种均衡的有效支撑作用。

二是城镇化与城乡规划决不是局限于指导城乡建设这个窄课题，一定要把城乡规划，与包括省域城镇体系规划、城市总体规划、村镇规划和城乡经济社会发展、人民生活水平提高、确保城镇化健康发展联系在一起。因为经济发展这个核心是谁都不能动摇的。如果我们把规划研究和编制仅局限于指导建设，光是搞城市建设那一块是短视的，也是无效的。现代城市规划，是集指导经济建设、社会发展、统筹资源保护和合理利用及人民生活水平总体提高于一体的，这是城市与区域空间发展的总指导思想和基本策略。

三是城镇化是否健康发展与土地资源、水资源和其他资源合理利用密切相关。发达国家在城市化期间，利用侵略战争从海外殖民地掠夺资源以及向殖民地大肆倾销商品和移民来解决城市化、工业化所带来的深刻矛盾。而我国只能走资源节约型的城镇化道路。当前存在着一种误导，即土地资源、水资源和其他资源的浪费是城镇化引起的，更有说法认为城市规划是圈土地、滥用耕地的罪魁祸首。但事实证明，至今为止，我国的城市建成区每平方公里的人口密度为1万人左右，是世界上城市人口密度最高的国家。也就是说，建国五十多年来，通过城市规划的有效调控，我国城市土地集约利用成就是国际一流的。但我国正步入机动化快速发展、私人轿车拥有量急骤上升的时代，机动化赋予人们的空间自由度将使城市蔓延、浪费土地成为面临的严峻挑战。这些问题一定要搞清楚，否则规划的科学性、严肃性就无法予以保证。

在城镇化高速期为什么要强调城乡规划调控呢？

首先，就是因为我国是个人口众多的发展中国家，资源短缺和生态脆弱是基本国情之一，而且人口还在增长。必须通过城乡规划的调控才能保证资源集约利用。此外，我们的目标就是要让社会进步，工业发展，人民生活水平不断提高，没有健康的城镇化，这一切都无从谈起，更无法解决脆弱、不可再生资源的合理利用问题。从众人关注的土地集约利用来说，健康的城镇化是解决土地资源短缺与城镇建设用地矛盾的不二法门，必须通过科学严格的城乡规划才能解决这些问题。城镇建设要用地，是经济发展、社会发展客观的需求。一个人在农村里生活，居住用地平均为 157m^2，还不计宅基地，农业用地至少需要 1100～1200m^2，而到城市里生活仅用 100m^2，其中居住用地人均仅 40m^2，这才是节约土地。而且大多数农村水资源短缺，水污染也不会处理，其他问题更多，包括小企业在城镇里的布局，包括住宅制冷、取暖，这两方面都不节约，管理起来更困难。许多城郊居民每家都装空调，而且农村空调由于住宅保温性能更差而效率更低。这就是说目前资源的矛盾不是城镇引起的，而是城乡规划必须应对的重大课题，也是规划工作者不可推卸的责任。

其次，城镇群的健康发展是事关我国经济竞争力提高的关键。从沿海省份来看，需要我们更注重城市群的发展，不仅要着眼于大城市，而且这些地区村镇和新农村建设面临的问题也要借助城市群协调规划来统筹解决。正如五中全会建议中指出的那样，“有条件的区域，以特大城市和大城市为龙头，通过统筹规划，形成若干用地少、就业多、要素集聚能力强、人口分布合理的新城市群”。现在有很多地方撤乡并镇，把小的乡镇村合并，集中财力建设重点镇和专业镇，这有利于生态资源保护、产业集聚、土地集约利用和政府精兵简政。大到长三角、珠三角、环渤海湾，小到一个市、县，都有一个通过城镇群规划组合协调发展、加强区域内城镇的分工协作和优势互补的问题。这种通过组合和协作来提高区域乃至国家的竞争力，就要依靠健康的区域城镇化和城乡规划来解决。

第三，强化规划调控是各届政府的重点，不可能由其他手段来替代。各级政府对城乡规划的重点理解是不一样的，需要各部门和地区之间进行协调。浙江、上海、江苏应联系得更紧，经常开会协调城镇群的发展。省里面考虑的规划更多的是市际之间的平衡。一个城市的规划，人口多少，面积多少，应通过发展什么产业来集约利用资源，这些都是市场机制发挥作用、城乡规划调控的对象。城镇化是各级政府、各部门都要关心的问题，建设部希望解决的是全国和省际之间的城镇体系的问题，省、市、县级政府都有自己要解决的问题。每一级政府工作重点都不一样。贯彻五中全会精神有两个重点，一个是落实科学的发展观，另一个是构建和谐社会。科学的发展观可以囊括很多东西，如五个统筹、以人为本、持续发展以及三个代表。和谐社会不仅能解决当前许多正在激化的问题，还能解决社会发展问题以及国际上我国和世界其他国家和平共处、共同发展的问题。和谐社会是我国传统文化追求的永恒理念。中国的经济社会发展和城乡规划都要贯彻科学的发展观与和谐社会理念。

二、以前对城镇化问题认识的局限性

全国建设系统的干部对健康城镇化的课题是既兴奋又疑虑，兴奋的是认为我们在有生之年总算抓住了这样一个有所作为的机会。疑虑的是中国特色城镇化是前无古人的事业，没有先例可以援引，难免失误，责任重大。给中央政治局集体上课的周一星和唐子来两位专家既发表了中国学术界的一些研究成果，又汇集了建设部的一些要求，同时也把基层的一些意见表达出来，协调上、中、下的意见，的确不容易。但总结过去，我们对城镇化的认识方面尚存在不少的问题：

一是讲城镇化发展的宏观思路多，讲务实的措施少。可谓是研究和理解较为浅、虚、粗，就是不深、不实、不细，没有将确保城镇化健康发展的具体策略政策落实在强化城乡规划调控上。

二是讲发挥市场机制对城镇化的促进作用多，讲政府调控少。以前不少地方部门的同志认为，城镇化与以前的各项改革一样，只要立足于放开搞活，再“摸着石头过河”就一了百了了。我国城镇化的过程中始终伴随着从计划经济向市场经济的转轨，这固然要消除计划经济年代遗留的许多阻碍生产要素在城乡、城市之间流动的障碍，发挥市场机制对稀缺资源有效配置和集聚的作用。但这是远远不够的。市场机制并不是万能的，它必然具有多方面的市场失效。无论是发达国家还是发展中国家在城镇化方面的失误教训表明，决策部署易犯的错误并不在于市场作用发挥得快与慢或充分与否，而是能否及时有效地实施调控，切实防止盲目市场化带来的过度郊区化、不可再生资源破坏和浪费、城市生活环境和公共安全恶化、环境污染。历史昭示，破旧易，立新难。

三是讲城镇化发展的机遇多，讲面临的挑战少。国际经验表明，快速城镇化是一把双刃剑，它既是经济腾飞的支柱，也可能是一个国家、民族陷入灾难的渊薮。为什么我国不能走非洲、拉美及美国的城市化发展道路？只有深刻分析认识这些教训，才能正确选择我国的城镇化发展道路。

四是讲加快城镇化发展进程多，讲解决快速城镇化发展过程中出现的问题少。按照城市化发展的规律，在快速的城市化发展进程中，必然会出现许多问题，速度越快，出现的问题会越多。我国对城镇化发展的认识也曾有过“大红大紫”的起伏历程。在“大红”时期，我们把所有的成绩都归功于城镇化，而在“大紫”时期，则把出现的所有问题都归咎于城镇化，城镇化甚至城市规划都成了替罪羊，建设部门就被打板子。我们应该科学全面务实地来解决城镇化发展中出现的问题。城镇化的发展有其客观规律，是不以学术界的意志为转移的，如果我们人为地拔高，就会造成学术泡沫，这将损害城镇化的健康发展。

三、保持城镇化健康协调发展要处理好的几个关系

一是处理好加快经济发展与建设节约型社会之间的关系。既要坚持通过城镇化加快经济的发展，又要坚持走资源节约、环境友好的发展道路。加快经济发展，建设节约型社会与城镇化的协调健康发展密切相关。这就要求我们要吸取美国的教训。美国在城市化的过程中，放弃中央政府的宏观调控，出现了过度郊区化并导致了资源、能源消耗型的城市化模式，至今为止，美国人均汽油消耗量是欧盟国家的五倍。仅占全球人口总数 5% 的美国，却消耗了全球能源和多种资源的 1/4。由于城市化所造成的城镇人口分布是刚性的，所以尽管 20 世纪以来美国大多数政府自觉地推行了“精明增长”的战略，但结果也仍无济于事。

二是处理好发挥市场机制的作用与加强政府调控的关系。既要发挥市场机制对推进城镇化发展、合理配置生产要素的作用，又要发挥政府的调控管理作用。拉美、非洲一些国家城市化发展的悲剧，就是放任市场机制单方面发挥作用而酿成的后果。宗主国乱开药方，要求殖民地国家政府不干预，任由市场机制来调节，以至殖民地国家吃错药，导致许多城市 30% ~50% 的面积为贫民窟，疾病流行、治安混乱、城乡生活与投资环境持续恶化。大量的农村人口涌入城市，致使农村土地荒芜，粮食歉收，造成严重的饥荒。在快速城市化的进程中，如果吃错药，所导致的结果将是极为严重的。寄希望于以市场化来解决“市场失效”无疑会“南辕北辙”，事与愿违。城乡规划起源的三个方面：公

共卫生、生态保护、人居环境，都是市场无法作为的。可以说，规划是对抗与平衡市场机制不足和负面影响而存在并发展起来的。

三是处理好总体目标与多样化路径的关系。推进城镇化发展的总体目标，就是走中国特色的城镇化道路，实现大中小城市和城镇健康协调发展。中国幅员辽阔，各地的粮食、土地、能源、水资源和生态容量差距甚大，城镇化的发展模式不可能是单一的。但也不能说走多样化的发展道路，就要把国家的总体目标放在一边。不能一刀切，我国最容易犯一刀切的毛病。这对关系很复杂，处理起来很难，掌握到什么程度，哪些东西要考虑，哪些地方要放，哪些东西要鼓励地方去敢试敢冒，哪些地方国家要调控，的确需要城乡规划体系妥善安排。

四是处理好单个城市功能提升与城市群协调发展的关系。要协同城市之间、城乡之间、区域之间的协调发展。还要既解决沿海与内陆城镇化发展差异过大的问题，又要增强城镇群对外的竞争力。在城镇化发展中，过去我们片面强调市场机制的作用，以至于城市之间相互攀比，重复建设，这些都是恶性竞争带来的。不讲协同合力，没有发挥城市群的作用，没有发挥协调的作用，就不可能提高国家竞争力。

五是城乡规划调控与其他综合配套政策之间的关系。过去，我们一讲到综合配套，就是放权，像户籍、劳动力、房地产、土地等方面的政策全面放开搞活，某些政策就与加强城乡规划的调控产生了矛盾。如在同一时期就同一问题，广东省和山东省分别出台了完全不同的政策，广东是放开农村集体土地，允许在集体土地上办厂建房并上市流转；而山东是严格执法，坚决拆除农村集体土地上的违法建筑。从城乡规划的角度来讲，山东的办法是可取的。对城郊农民来说，在没有规划控制的土地上，种任何作物也比不上“种房子”赚钱。这就存在一种强烈的利益导向式的滥用耕地倾向。第三世界国家规划大会提出了健康的城市化目标，就是城市、城镇、村镇的规划覆盖面积必须大于80%。凡是有人类活动的地方，就应该有规划来指导建设和保护不可再生的资源。规划的覆盖面积低于60%，发展就会出问题；低于50%，国家的发展就会摔跟斗；达到80%，才能保证健康发展。没有规划调控的城市、城镇、村镇，如果诸如户籍、劳动力、房地产、土地等方面的政策全部放开，不与城乡规划的调控相协调，有效的管理手段不足，管理能力薄弱，城镇化必然会出大问题。

四、确保健康城镇化要抓好的几件实事

一是健全城镇体系规划、城市总体规划、村庄集镇规划和区域城市群规划。首先要科学编制规划。规划覆盖面越大越好。按照第三世界国家规划大会提出的要求，凡是有人类集中居住和开展工业生产活动的地方，都应有规划控制。其次是规划要合理科学。目前，我国还缺少跨行政区域的城镇体系规划、村庄集镇规划。长三角、环渤海湾的城市群规划要抓紧编制。要认真落实胡锦涛总书记提出的“要以规划为依据、制度创新为动力、功能培育为基础、加强管理为保证”的要求做好此项工作。

二是创新体制，强化规划的监督实施。规划不仅是工程技术行为，而且是政府行为，是法的强制力，是影响国计民生的公共政策。在城镇化发展初期，发展动力比较小，就像马车一样，对道路的等级要求不高。但在城镇化快速发展时期，城市的发展动力就犹如一列高速列车，对轨道的要求就非常严格。规划就是轨道，是保证城镇化健康发展的基本手段，必须严格控制城镇化的速度与质量，强化和保持轨道的刚性，才不至于导致城镇化这列火车的颠覆。

三是抓好社会主义新农村建设。这是贯彻十六届五中全会精

神的重点工作之一。要抓好村庄整治工作，改善农民的生活和生产条件，不仅可作为保证城镇化健康发展的重要内容，平衡城镇化发展的拉力和推力，而且还能解决“三农”问题。

四是抓好小城镇建设。认真落实胡锦涛总书记提出的“科学规划、合理布局、规模适度、注重实效”的十六字方针。

五是要研究城镇化发展的体制性障碍。搞清这些体制性障碍与现有规划调控手段之间的关系，特别是研究新政策对规划实施带来的影响。以前我们研究集体土地放开，就没有研究集体土地的规划如何覆盖。只有放开，没有规划的覆盖，没有规划的控制是不行的。

六是有效强化“四节”和“两保”。“四节”就是节能、节水、节地、节材，“两保”就是保护生态环境、保护历史文化和自然遗产。所有的措施，都要围绕“四节”和“两保”来进行，从而真正落实科学的发展观，建设资源节约型、环境友好型社会。

七是要加强对中国特色的城镇化内在规律的研究。落实胡锦涛同志提出的“加强研究、统筹规划、明确政策、逐步推进”的指导思想，认真把握和科学调控城镇化的发展。

八是要认真落实五中全会提出的“强化房地产市场调控”的要求。防止沿海地区房地产大起大落或泡沫破灭危及国民经济安全。

总之，贯彻落实十六届五中全会精神，必须在深化对中国特色城镇化规律的认识上下功夫；必须通过健康的城镇化来实现资源节约型、环境友好型社会的构建；必须抓住重点，以强化城乡规划体系的建设来确保我国的城镇化与新型工业化和和谐社会的目标相互促进。

（原载《城市发展研究》2005 年第 6 期）

国外城镇化模式比较与我国城镇化道路选择

城镇化的模式与世界各国经济政治体制、经济发展及人口、土地资源等条件密切相关。按照政府与市场机制在城镇化进程中的作用、城镇化进程与工业化和经济发展的相互关系，可以概略地将世界城镇化发展概括为以西欧、日本为代表的政府调控下的市场主导型城镇化，以美国为代表的自由放任式的城镇化，以拉美和非洲部分国家为代表的受殖民地经济制约的发展中国家的城镇化等三种模式。不同国家、不同的城镇化模式所获取的成功经验和深刻教训，值得我们研究和借鉴。

一、政府调控下的市场主导型的城镇化

以西欧、日本等为代表的发达的市场经济国家，市场机制在这些国家的城市化进程中发挥了主导作用，政府则通过法律、行政和经济手段，引导城镇化健康发展。城镇化与市场化、工业化总体上是一个比较协调互动的关系，是一种同步型城市化。

（一）城镇化的基本情况

工业革命前，西欧大多数国家经历了群雄并起的诸侯时代，城镇化程度低、进程非常缓慢。如英国当时一直徘徊在3%左右。18世纪中叶开始进入以蒸汽机为动力的工业化时代以后，西欧城镇化也进入快速发展期，英、德、法等西方主要国家相继

完成工业化，有力地带动了这些国家的城市发展。继1851年英国城镇化水平率先超过50%后，德国、法国也在不到100年的时间内使城镇化水平上升到50%以上。

日本的城镇化进程虽然比一些西方国家晚百余年，但由于其城市经济飞速发展，只用了几十年时间就达到了西方发达国家的城市化水平。19世纪90年代以后，日本城镇化进入了稳定发展的时期，城镇化水平从1920年的18%增加到1940年的37.7%。其间受战争的影响，城镇化的进程出现过反复和震荡。二战后随着经济的空前高速增长，日本的城市发展也进入了快速发展阶段，城镇化水平从1945年的27.8%上升到1970年的72%，增加的城市人口中1/3流向了东京、阪神、名古屋三大都市圈。

在经历了快速发展阶段后，这些国家的城镇化和城市发展都进入了平稳时期，城镇化水平达到70%以上，形成了伦敦、巴黎、东京这样在世界范围内发挥影响的大都市。西欧成为目前全球人口自然增长最慢的地区，人口以城市间流动和移民为主，没有明显的城乡界限。

（二）城镇化发展的特点

1. 工业化与城镇化相互促进

城市化总体上来说是近代工业化的产物。在英格兰北部由于丰富的煤矿资源成为工业发展的中心，曼彻斯特、利物浦等城市成为工业革命的发源地，伦敦集中了管理、金融、保险、工程、服务业，成为大英帝国的政治、经济中枢。德国鲁尔区新城镇的出现也是源于工业化过程中煤和铁矿石的需要。由于铁路的发展，城市沿铁路迅速向外蔓延。城市的人口聚集又为工业化提供了丰富的劳动力资源，同时规模经济和规模效益进一步强化了城市的集聚作用。近年随着全球经济一体化和竞争的加剧，城市产业结构不断调整和重新分工，城市发展格局显现出新的态势，产业发展与城市发展更加密不可分。

2. 城市化早期疾病流行的教训促使城市建设的法律规范得以建立和完善

英国等欧洲国家在城市化初期，由于人口和产业活动的迅速集聚而城市缺少必要的供水、污水和垃圾处理等基础设施，居住条件恶劣，导致了严重的环境污染和致命疾病的流行。19 世纪 30~60 年代，流行性霍乱三次席卷英国造成大量人口死亡。1841 年英格兰和威尔士的平均预期寿命为 41 岁，利物浦只有 26 岁，曼彻斯特仅 24 岁。

自 19 世纪中叶起，英国通过了一系列的法案，对环境卫生问题进行管理。1848 年颁布的《公共卫生法》和 1866 年颁布的《环境卫生法》等，对卫生和建筑进行管制，根除过度拥挤造成的问题。1890 年颁布了《工人阶层住房法》，由政府组织向低收入者提供公共住宅；1909 年颁布的《住宅与规划法》成为世界上第一部城市规划法，标志着规划成为重要的政府管理职能。

继英国之后，欧洲各国政府也相继采取了有力的行政干预来改变城市的环境。各国相继制订法律法规对城市化和城市建设进行强制性规定和规划引导。

3. 政府在城镇化过程中发挥着不可替代的作用

各国在城镇化快速发展过程中都不同程度地遇到了土地、住房、交通、环境和历史文化保护等方面的问题，政府公共政策涉及的范围越来越广。二战后，伦敦向外围的迅速扩展对农业用地产生了巨大的压力。1935 年，伦敦郡通过了“绿带开发限制法案”，由伦敦郡政府收购土地作为“绿化隔离带”，引导城市建设开发，减少乡村环境和利益的损害。中央政府成立城乡规划部，规划成为地方政府的法定义务。

德国从解决城镇化早期出现的住宅供应不足、居住环境恶化等问题入手，逐步明确了城镇发展“既要考虑市场竞争，也要顾及社会和公共利益需要”的原则，颁布了一系列的法规，规范交通等市政基础设施和公共设施的建设。1960年颁布了全国性的《联邦建设法》，1971年通过了《联邦建设促进法》，并多次修订，于1986年颁布了全新的联邦一级的《建设法典》。修订的重点一是关于空间规划与基础设施的整体协调，二是关于城市建设中对自然生态、历史环境和旧时代建筑物的保护。同时德国还很注重区域城镇的协调发展，通过1975年颁布和实施的“地区发展中心建设大纲”将全国划分为38个规划区，1993年德国统一后又提出“区域规划指导原则”，促进城镇发挥对区域经济社会发展的辐射带动作用，使原东西德的差距逐渐缩小。

日本在城镇化与工业化同步发展的前提下，选择适合本国土地资源条件的整体城镇化发展和区域布局模式，走集中型城市化道路。伴随着城市扩展、城乡人口流动和转移，及时进行町（镇）村合并（其中1950～1955年村的数量由8357个锐减为2506个，减少了70%），提高土地的集约化水平，减少村镇居民对土地的占用，取得了良好的效果。在1935～1970年日本工业化和城镇化快速发展的35年中，耕地只减少了35%。日本从1962年开始还先后制定了五次全国综合开发计划，不断调整国家产业布局和基础设施建设安排，对防止人口过度聚集、缩小区域差距等方面都发挥了积极的作用。为了改善交通拥挤问题，日本采取了实施电气化、地铁化等一系列措施，增加轨道交通的输送能力和开辟新线路，大力发展公共交通。从20世纪60年代末开始，历史文化名城和景观所在地政府纷纷颁布有关历史环境保护的条例，以应对经济开发热潮对古文化遗产的破坏。1975年政府修改了《文物保护法》，将历史景观地区作为国家的文化资源予以保护。

（三）启示

在西欧、日本的城镇化发展过程中，与城镇化相关的人口、土地、资本等经济要素能够自由流动和配置，市场机制发挥了主导作用。同时，各国政府强调对市场竞争和社会保障进行必要的国家干预，通过健全法制，制定和实施国家城镇化战略和公共政策，开发建设区域基础设施，改善城市环境，提供公共服务设施，引导城镇化与市场化、工业化互动发展，积极推进区域结构调整，正确应对快速发展的城镇化进程。在此过程中，通过体制机制的不断完善，针对各个特定阶段出现的问题及时调整政府政策，用行政、财税、规划等手段来弥补市场机制的不足。

二、以美国为代表的自由放任式的城镇化

美国是当今世界最发达的资本主义国家，也是市场经济的典型代表，在其城镇化和城市发展的过程中，市场发挥着至关重要的作用。由于美国政治体制决定了城市规划及其管理属于地方性事务，联邦政府调控手段薄弱，政府也没有及时对以资本为导向的城镇化发展加以有效的引导，造成城镇化发展的自由放任，并为此付出了高昂的代价。

（一）城镇化的基本情况

美国城市发展和城镇化的推进与其建国史紧密相关，在短短二百多年的时间里从前工业化时代进入了工业化、后工业化社会，信息社会。在19世纪末以前的农业经济时代，美国城市人口的来源主要是移民，城市是商业活动的中心和与欧洲国家进行贸易的场所。美国的城镇化水平从1700年的7%发展到1890年的35.1%。

从19世纪末至20世纪70年代，伴随着工业化的迅猛发展和对西部地区的开发，美国城镇化全面迅速发展，城镇化水平在1920年达到51%，1970年达到73.5%。一战后，美国的郊区化已初见端倪，小汽车的逐步普及使城市沿公路开始蔓延。由于城市的不断扩展和新镇的建设，大都市区成为美国城市化发展的主

要模式。1940 年起，一半以上的人口居住在大都市区。形成了纽约－波士顿－华盛顿，芝加哥－匹兹堡，旧金山－洛杉矶－圣地亚哥三大城市带。

20 世纪 70 年代以后，美国已进入高度城市化社会。城市经济结构和地域空间发生转换，人口、就业和新的投资开始从美国北部和东北部的大制造业城市向南部和西南部的城市和乡村转移。大都市增速减缓。1990 年的城镇化水平达到 75.2%。

（二）美国过度郊区化及所带来的问题

由于美国在城镇化过程中政府任由城镇发展和城镇建设按照市场需求推进，造成了城市不断向外低密度蔓延，城镇建设无序，空间和社会结构性问题日益突出。

1. 美国的郊区化及其发展特点

由于 20 世纪上半叶美国城市的快速发展，城市中心交通拥挤、环境恶化、住房紧缺、犯罪率高等问题日益突出，富有家庭离开城市中心的高楼大厦到郊区居住，建造属于自己的独立院落式低层住宅。随着经济的发展和汽车的普及，广大中产阶级和普通居民也追随其后移居到郊区。在城市发展的空间格局上就表现为城市沿公路线不断向外低密度蔓延，城市发展为包含着若干连绵的市、镇的大都市地区。美国郊区化现象在二战后进入大规模的扩展阶段，在 20 世纪 50 年代以住宅的郊区化为主，到 20 世纪 60～70 年代郊区化程度越来越高，产业、办公也开始向郊区转移。1970 年美国郊区人口超过了中心城市的人口，也超过了非都市区的人口。据林肯土地政策学院所提供的资料：纽约大都市区自 1960～1985 年间人口仅增加 8%，而城市化的区域增长了 65%；在 1970～1990 的 20 年间，芝加哥都市区人口增加了 4%，但城市化区域扩大了 45%；更为典型的是克利夫兰市同期城市人口减少了 12%，但城市化区域反而扩大了 33%。

其他发达国家在进入城市加速发展的后期，大都市地区也都呈现不同程度的郊区化现象，但没有美国如此普遍。美国郊区化的涉及面之广、占地规模之大和发展之无序是绝无仅有的，是过度的郊区化。

2. 美国郊区化产生的主要原因

（1）客观需求。城市人口的快速聚集导致了一系列城市问题，使人们希望逃离城市接近自然；美国文化又使人们崇尚实用、新潮和对私有住房的强烈追求，占地广、绿化多、空气清新、房子宽敞、房价又相对较便宜的郊区住宅适应了他们的要求。传统色彩的“美国梦”就是每个家庭都有独立花园及小汽车，而这两者都必须由郊区化来实现。

（2）市场经济的推波助澜。由于利益驱动和土地私有，大城市周边的小城镇政府竞相吸引房地产开发商进行开发建设，农场主也愿意将农田卖给开发企业获得利润，都很少顾及农田或生态环境的损失；服务业，尤其是大型购物城的兴起，满足了郊区生活的需求。

（3）交通条件的改善。私人小汽车的普及和全美高速公路网的形成，使在郊区居住，到市中心工作、购物和娱乐成为可能。

（4）政府的放任甚至政策强化作用。美国政府于1935年5月成立了工程进展署（WAP），大规模建设城市公益福利设施和私人资本不愿参与的具有远期效益的工程项目，这些道路、桥梁、地下管线、公园等设施的建设为大规模郊区化奠定了基础。联邦政府的税收制度也向郊区倾斜，鼓励购房并提供低息住房贷款等政策在客观上鼓励民众购买郊区更大、更好的房屋。

3. 过度郊区化的危害

郊区化给美国社会经济发展带来了深远的影响，人口密度降低，城市与郊区、乡村之间的差距逐步缩小，不断融合。但是美国也为过度郊区化付出了沉重的代价：

（1）土地资源浪费严重。1980 年全美 8640 万个住宅单位中有 2/3 是有阔绰院落的独户住宅。城市人口密度从 1920 年的每平方英里 7597 人下降到 1990 年的 3783 人（我国 1997 年城市平均人口密度高达每平方公里 9804 人）。自 20 世纪 60～70 年代，美国农田流失的速度增长了 3 倍，从平均每年 110 万英亩增加到 310 万英亩（1 英亩约为 0.405 公顷）。

（2）经济成本居高不下。郊区化造成通勤成本高，出行时间长。据 1980 年的统计数据，人均每年仅用于通勤方面的花费就高达 1270 美元。在芝加哥区域，位于远郊区的家庭平均每年驾车出行的时间为居住在城市中交通设施沿线家庭的 2.42 倍。过低的人口密度还大大增加了公共交通、教育、文化、警力等社会服务和水、电、气、垃圾处理等基础设施的人均开支，越来越多的城市政府和州政府不堪重负。截止到 2001 年美国约有 2/3 的州有巨额财政赤字，许多地方政府再也无力支撑过度的郊区化。

（3）生态环境破坏愈演愈烈。在郊区化迅猛扩张过程中，原来幽静的自然原野和乡村大片地消失，取而代之的是毫无差别的低密度住宅区，许多在这片古老大陆遗存了几千万年的物种也在这场史无前例的“浩劫”中大批灭绝。据 2000 年美国自然资源委员会报告，全国有 11270 个湖滩或河滩关闭，其中 85% 是由于受生活污水中的细菌感染所造成的。郊区一度使人们逃离了城市的污浊空气，现在却制造出越来越严重的汽车废气污染。在美国，至少有 28% 的城市人口暴露在烟尘微粒的有害侵袭中，有 46% 的城市人口暴露于臭氧不正常的状况下，洛杉矶、芝加哥等城市，人均二氧化碳排放量高于世界平均水平 6～9 倍。

（4）资源能源消耗量大。郊区化使人们对汽车产生高度依赖。美国的生活服务设施：学校、餐厅、银行、娱乐场所等都按照汽车的距离设计修造，这种城市化模式下应运而生的是大量的停车场和公路系统，公共运输系统难以得到发展，直接导致了交通堵塞、“热岛”效应的增加，而且使美国城市的高能耗成为世界之最，人均商业能源的消耗是全球平均水平的5倍之多，是未出现过度城市蔓延现象的德、日、英、法人均商业能源消耗的1倍多，人均汽油消耗量更高达5倍之多。

（5）加剧贫富差距等一系列社会问题。城郊间贫富分布的不均衡还加剧了种族、阶层间的文化冲突，形成了相互割裂的社会圈层，带来一系列的社会问题。越富有的人住得离城越远，富裕的郊区环绕着相对贫穷的中心城区的城市空间形态已成为美国城市的主要特征。城市中心逐渐衰败，1950～1990年大城市中心的人口和就业岗位大幅度下降，位于东部、北部的老工业城市与内陆城市尤为明显。由于拥有决定政府财政转移支付发言权的中产阶层日益离开，老城区的修缮和公共设施建设的资金逐年减少，大城市中心意味着贫困、脏乱和犯罪。

（三）政府的反思和启示

20世纪90年代以来美国的政府官员、学者和普通百姓都开始意识到过度郊区化所带来的灾害，提出了“精明增长”的理念。其主要内容包括强调土地利用的紧凑模式，鼓励以公共交通和步行交通为主的开发模式，混合功能利用土地，保护开放空间和创造舒适的环境，鼓励公众参与，通过限制、保护和协调实现经济、环境和社会的公平。这是针对美国长期以来完全市场经济条件下城市向郊区低密度无序蔓延所带来的社会和环境问题的反馈，是以可持续发展为价值取向、以科学管理为手段、有可操作性的管理理念和管理模式。

同时，州政府更为强调城市规划的作用。有45个州成立了州规划和政策发展办公室，有的州还将这一机构作为内阁层次的部门。政府划定“城市拓展界线”，采取行政和经济手段，抑制郊区化的发展速度。在操作层面则采用通过公共投资来引导土地开发和直接对土地使用开发进行控制两种方式。

我国的农田人均面积不足世界平均水平的一半。在可耕地少、人口分布不均、生态环境脆弱等国情条件下，必须吸取美国过度郊区化的教训。在当前城市化快速发展阶段，我国部分大城市已经开始出现居住郊区化的趋势，一旦出现类似于美国的情况，造成耕地减少、环境破坏、资源能源消耗过度，后果则会严重得多。

三、受殖民地经济制约的发展中国家的城镇化

由于历史传统和现实因素的作用，拉美和加勒比海与非洲大部分国家的城镇化与这些地区的国家长期沦为西方列强的殖民地直接相关，具有独特的发展模式。表现为在外来资本主导下的工业化与落后的传统农业经济并存，工业发展落后于城镇化，政府调控乏力，城镇化大起大落。

（一）城镇化的基本情况

拉美、非洲的许多城市和城市体系是在殖民统治时期建立的，当时建设城市的主要目标是加强宗主国与殖民地的关系，并对农业和政治进行特有的控制。1524 年西班牙殖民者按照他们自己设计的蓝图重建了今天的墨西哥城，肯尼亚首都内罗毕是 1899 年在一片开阔的平原上新建起来的。19 世纪后期，拉美城镇化主要是以初级产品的出口为动力，欧洲移民涌入，各国首都得到了显著的发展。20 世纪拉美城镇化进展显著，大量农村人口向城市集中，大城市的人口每十年就翻一番。1990 年拉美和加勒比海地区 23 个国家的城市人口总数超过了 3 亿，平均城镇化率高达 71.4%，与西方最发达的国家相当，绝大多数国家已

完成了加速城镇化的发展阶段。

大部分非洲城市在20世纪20年代开始加速发展，喀麦隆的城镇化率从1950年的9.8%上升到1990年的40.3%。同期，刚果则从30.9%提高到53.5%；阿尔及利亚从22.3%提高到51.7%；突尼斯从31.2%提高到54.9%；利比亚从18.6%提高到82.4%。但由于政治动荡和战乱等原因，其城市化过程有所起伏，但总体水平比拉美国家的城镇化率要低。

（二）城镇化的突出特点和问题

1. 工业化发展赶不上城市化进程，属于“过度城市化”

二战前夕，巴西、墨西哥、委内瑞拉、哥伦比亚和秘鲁五个处于半工业经济类型的国家，城镇化率和工业化率大致相等，都在10%～15%左右。到1960年，工业化比例没有发生太大的变化，仍维持在10%～15%，而2万人以上城镇人口的比例却增至30%～50%。可以看出，拉美城市化发展不是以工业化和经济发展、技术进步为前提，城市扩展的主要原因是人口膨胀，属于过度城市化。

非洲国家也有类似的情况。由于宗主国在这些殖民地国家推行他们自己十分熟悉的土地私有化政策，一遇到天灾减收或疾病流行，农民们纷纷将土地廉价抛售转为暂时维生或逃离农村的资本，完全处于自发的状态。而政府把乡村向城市移民作为解决农村社会冲突的一个途径，没有进行调控和疏导，也没有探索适合本国国情的城市化道路，失去土地的大批农民只有向大城市集中的单一模式。

2. 首都城市首位度高

1900年整个拉美地区没有一个大城市，而到了1990年，超百万人口的大城市有36个，约有1/3的人口居住在百万人口以上的大城市里，并拥有3个超过千万人口的超级大城市。而且这些国家的首都“首位度”都很高，1991年阿根廷超过54%的人口居住在人口规模100万以上的大城市，仅有18%的居民生活在人口不足10万的中小城市。1993年哥伦比亚有一半左右的居民生活在四个百万人口城市之中。墨西哥1990年的人口普查表明，墨西哥城有1800多万人，而生活在100万人口以下城镇中的居民仅为1/3。

同期，非洲的大城市和中等规模的城市人口增加也非常迅速。在撒哈拉沙漠以南的非洲地区，首位城市人口比例高达29%；在北非地区，首位城市人口比例也达25%。同期在经济发达的欧盟，首位城市人口比例一般只有15%。

3. 殖民式的城市治理模式影响深远

在殖民统治的漫长岁月中，来自欧洲宗主国的移民在拉美和加勒比地区许多国家的人口和城市扩张中一直起着重要的作用，导致城市治理模式的欧洲化。时至今天，我们仍可发现这一地区的城市空间结构和街景风貌与其欧洲宗主国有许多相似之处。许多国家和城市直接套用了欧洲发达国家的法律制度和城市规划手段；而非洲绝大部分城市所采用的城市规划法规、程序、机构设置和技术地图等等，都被打上了欧洲宗主国的深深烙印，以至于殖民城市规划的一个最突出的方面是将城市分为两个区，一个是“欧洲”城市，一个是当地城市。

正是因为拉美和非洲的城市化完全套用殖民主义宗主国的发展模式和调控办法，根本无视这些国家原有的民族文化和基本国情，以至于这些地区的城市化道路极其崎岖不平，在乡村居民持续不断地流向城市的过程中，其经济却正在日趋衰落或停滞不前。主要问题是：

正规就业水平持续下降，城市贫困人口空前增加。由于过度城市化和20世纪80年代的经济萧条，工业部门大量丧失，失业规模不断扩大，1978年的显性失业率为6.8%，1980年为6.9%，到了1985年就高达11.1%。人们不得不接受稳定度较差的服务业工作岗位。1990年，拉美地区的就业人口中，只有26%在工业部门，48%工作于服务行业（其中包括交通和商业），而这一比例在1950年只有26%；在多数国家，从事于“非正规部门”工作的劳动力比例不断提高，受劳动立法保障的就业机会大大减少。几乎在拉美地区的每一个国家，城市贫困的增幅都大于乡村，贫困家庭从1981年的53%增加到1988年的63%；该地区的收入分配不均问题位居世界之最，收入排名最后的20%的人口只获得总收入的3.5%。非洲大多数国家生活赤贫的人口比例在这一时期也大大增加，成为世界上最贫困的地区。多数非洲国家的收入不均问题都非常严重。

城市必要的基础设施严重短缺。20世纪80~90年代，随着非洲城市规模的不断扩大和经济形势日趋恶化，城市基础设施和服务设施的供给急剧下降。在许多非洲城市，大部分垃圾无人收集，学校人满为患，城市道路损坏严重，雨季泥泞一片，公交系统严重超载，越来越多的居民不得不住在没有服务设施的非正规住房里，当地普通居民还很难得到电话和电力服务。即使如此，大多数非洲国家的公共投资还在逐年减少。

城市环境恶化，贫民窟增多。几乎所有非洲国家城市建成区总面积的1/3都被拥挤杂乱的贫民窟所覆盖，特别是南部非洲，有多达72%的人口居住在贫民窟中（图1）。大多数非洲国家城市环境恶化，绝大多数市民的生活质量每况愈下，人口死亡率升高。1970年为每十万人死亡107人，而目前达到165人。艾滋病最严重的国家，其人口平均寿命减少了20年。虽然整个拉美的城市环境情况比非洲要好，但仍有许多缺房户和无家可归者（图2）。由于清洁的自来水供应不足，1991年1月起，拉丁美洲暴发了大规模的霍乱，除一个国家幸免之外，这场灾难席卷了几乎整个拉美，共有130万人生病，1.2万人死亡。

图1　非洲某城市贫民窟一隅

图2　巴西里约热内卢市中心贫民窟一隅

（三）启示

拉美、非洲国家的城市发展是典型的过度城市化，城市化水平与西方国家接近，但经济水平是西方国家的1/10～1/20，城市发展质量很低。造成这种结果的主要原因，一是城市发展与经济发展阶段脱节。城市工业发展和产业结构的合理对完善城市发展历程、提供城市就业具有极其重要的作用。由于拉美国家早期的工业化发展源于宗主国的工业资本输入，政府没有利用好外资发展自身的民族工业。一旦宗主国工业资本撤出，没有本国工业作支撑，仅靠第三产业的发展不能增加社会财富，提升城市经济和物质文明，造成了城市经济的低靡。二是忽视传统农业的改造与广大农村地区的发展。这些国家在依靠外国资本发展工业的同时，忽视农业现代化和农村的建设，加剧了城乡差距，导致大量农村人口涌向城市，使城市就业、居住、环境和教育设施不足的问题进一步恶化。所以政府应对城市化和城市发展进行有效的计划和引导，否则就会失控，包括对外来资本的进入也不能只是简单地接受。同时，要注重城乡统筹、协调发展。不解决制约社会发展的根本性问题，尽管经历了城市化，却没有社会的持续、和谐发展。

四、我国城镇化发展的道路选择与调控目标

城镇化发展并没有一成不变的固定模式。探究国外城镇化发展过程，目的是总结经验、吸取教训，按照中国的国情和时代发展的要求，积极引导我国城镇化的健康发展。回顾和总结世界各国的城镇化模式，我们可以看到，影响城镇化发展的因素是多方面的，不仅有本国的人口自然条件和社会人文因素，还受国际政治经济发展大环境的影响。在经济全球化的大背景下，发展中国家的工业化和城镇化是国际、国内多方面因素共同作用的结果。

城镇化是一个渐进的自然历史过程和社会转型过程。市场经济的发展是城镇化的基础。市场是主导，政府的有效引导是城镇化健康发展的保证，两方面应该有机地结合。特别是在城镇化快速发展阶段，迅速、深刻的结构调整带来了复杂的经济和社会问题，必须从维护公众利益、保护资源和生态环境、促进可持续发

展的目的出发，加强对城镇化过程的宏观调控。无论选择什么样的城镇化道路，各国在推进城镇化进程中，都曾出现过一些带有共性的问题，主要包括为中低收入者提供住宅，消除贫民窟；保障公共设施和公共服务，促进城市发展；合理利用土地资源，避免浪费；保护生态环境、自然资源和历史文化资源，等等。通过认识和解决这些问题，西方资本主义国家政府对城镇化进程经历了一个从自由放任到实行必要引导和干预的过程。

我国幅员广大，人口众多，资源短缺，环境脆弱，加强对城镇化过程的宏观调控尤为重要。我国地区之间不仅存在自然和人文条件的差异，也存在发展水平差异和参与国际经济程度的差异。各地应从当地的情况出发，综合考虑资源、人口、经济发展阶段、社会文化等条件，合理选择城镇化的发展道路，强化城市规划的调控功能，严格保护耕地和生态资源。机械照搬“一般规律”、盲目套用其他国家的经验，甚至强制推行某种模式，都不符合中国的国情。

（原载《人民论坛》2005 年第 7 期）

坚持走资源节约型的城镇化发展道路

全面落实科学的发展观，构建和谐社会，就必须面对我国当前城镇化高潮中资源浪费严重、耕地减少过快、能源供求矛盾突出和污染日益加剧等现实问题，吸取世界上先行国家城市化的教训，坚持“五个统筹”，走资源节约型的城镇化发展道路。

一、国外城市化发展的教训及我国城镇化面临的危机

城市化不仅是任何一国实现工业化和摆脱贫困走上现代化道路的必然过程，但同时又是矛盾丛生，催生出众多人间悲剧的场所。著名的英国规划学家彼特·霍尔（Peter Hall）认为：当今全球范围的城市化可归纳为三种模式：

第一类是充满活力、持续增长的城市。这是发展迅速的中等收入国家特有的城市，分布在东亚和中东的大部分地区。其基本特征是采用农村剩余劳动力“正规就业”的方式来转移，也就是说这些国家实现了工业化与城市化的同步。在城市化的过程中，农村人口转移是逐步发生的，城市工业部门的不断扩大、就业岗位的增加以及农业的产业化、机械化程度的相应提高，使农村剩余劳动力平稳转移，实现了城市化与工业化的良性互动。

第二类是“非正规超常发展的城市”。主要指撒哈拉沙漠以南非洲大陆和印度次大陆的许多城市，也包括了拉美的一些城

市。其基本特征是人口的空间转移在前，职业转移在后，甚至许多人终身没有正规就业的机会。这种“非正规就业”的城市化模式，造成了这些国家大中城市普遍出现了大量的贫民窟和无业游民，导致了严重的社会治安和城市环境卫生问题，被称之为“假城市化”或“过度城市化”。由此埋下了这些国家政治动荡、社会秩序不稳、粮食歉收和经济衰退的病根。

第三类是“趋于老龄化的成熟城市”。这是北美、欧洲、日本和部分东亚地区及澳大利亚等发达地区的典型城市。其特点是人口稳定或下降，面临老龄化和家庭裂变的挑战，经济增长缓慢并进入转型阶段，社会阶层分化。这些发达国家城市人口减少或为追求更宁静健康的田园化生活而迁居农村的逆城市化，城市空间布局分散，对传统城市中心的活力形成挑战。

毫无疑问的是，我们要实现党中央提出的落实科学发展观，实现和谐社会的目标，就必须坚持“正规就业”为主的城镇化模式，切忌走非洲和拉美的城市化道路。

世界范围城市化发展过程中众多的教训和我国步入高速城镇化时期后面临的危机，在许多方面都是“似曾相识”，其主要原因可简略地概括如下：

1. 城市必要的基础设施不足与“形象工程”过多过滥十分不利于我国城市防疫抗灾和污染防治

事实证明：一旦人类以城镇化途径走上大规模聚居的生活模式，一方面意味着工业化和社会财富的迅速增加，而另一方面也使人类自身脆弱性暴露无遗。无论是英国等欧洲国家在城镇化早期因疾病流行导致几千万人的死亡，还是我国前些年“非典”的大暴发和环境污染加剧所引发的病害，都说明城市的规划建设必须强制安排和合理布局城市空间结构、人口密度和必要的基础设施，否则城市的健康发展和国家现代化目标的实现都无从谈起。

2. 城市土地的稀缺性、不可移动性与人们对居住空间需求的急迫性这对尖锐的矛盾极易在城镇化高速期引发房地产投机而造成泡沫危机

日本房地产泡沫的大破灭所造成的巨大灾难，我国海南省土地投机狂潮留给我们惨痛的教训，都应使我们对当前沿海某些城市房地产虚火上升的症候保持高度警惕并及时制订应对之策。按城镇化的规律来看，这方面更大的挑战还在十几年二十年后的城镇化中后期。但有针对性的基础性的制度安排和法制建设必须从现在起争分夺秒地进行。

3. 城镇化高速期与机动化时期的重合以及各类园区遍地开花极易使我国步美国郊区化之后尘

美国在20世纪由于土地制度、机动化和政府错误的公共政策等方面的原因，使该国的郊区化一发不可收拾；城市人口密度大幅度下降，造成了经济、环境、社会等成本居高不下以及土地资源和能源的严重浪费。值得警惕的是在全球化的冲击下，美国的这种过度郊区化和高消费的生活方式正在日益影响我国的年轻一代。伴随着机动化和开发园区的遍地开花，“中国式的郊区化”和低密度的城郊居住模式正在大规模地蔓延。这种错误的倾向一旦不能得到有效的制止，对地少人多、水资源和能源都相对稀缺的我国将是巨大的灾难。

4. 健康的城镇化道路必须防止“城市首位度”和“土地私有化”的误导，切实解决交通拥堵、特色风貌丧失和城乡结合部混乱等实际问题

拉美、非洲、南亚等地“殖民式城镇化”所造成的恶果已日益彰显，宗主国无视这些国家的生产力发展水平、文化政治背景和资源条件，强制性照搬发达国家城镇化模式所犯的错误也使人们日益清醒。但对正处于城镇化关键时期的我国，学术界和政府决策层中仍有不少人还热衷于“城市规模经济”、“首位度”、

"土地私有化"和"城镇化决定论"等早已被发展中国家城镇化史所证明的错误论点。与此同时，在我国各大城市交通拥堵、特色风貌丧失和违法建筑屡禁不止、城乡结合部混乱不堪，越来越成为无法避免的"中国式的城市危机"。

二、选择资源节约型的城镇化模式

1. 城镇分布必须顺应自然资源的约束

城镇化过程相伴随的是不可流动资源或半流动性资源的大量需求，无论对全国的城镇化过程还是单个城镇的发展，都必须遵循当地这两类资源的约束。

从土地资源方面来看：我国的主要特征是人多地少，人均耕地仅为美国的1/15，全球平均的1/4。1996年底我国耕地第一次详查结果是19.51亿亩，到2003年底统计结果为18.51亿亩。7年之内，全国耕地净减少1亿亩，占全国耕地总量的5%以上。在多种原因的耕地减少总量中，虽然建设占用不是我国耕地减少的主要原因，但今后三十年，是我国城镇化保持高速化发展的关键时期，城镇建设和经济发展还将不可避免地占用一部分耕地，如失控就将危及我国的粮食安全。另一方面，经济全球化会使城市政府提高人均用地标准，土地资源面临城市人口增加和用地标准上调的双重压力。根据国家标准，人均生活居住用地为40～56m^2/人，仅为发达国家同类城市的1/5～1/3；城市公共绿地为7～11m^2/人，而一般发达国家标准为12～20m^2/人；城市道路用地为10～12m^2/人，国外一般达到20m^2/人左右。

从能源方面来看：一是人均能源资源占有量低。至2001年底统计，我国人均资源占有量与世界平均水平相比，煤炭只有55%，石油是11%，天然气仅为4%。进口油气的比例逐年上升，这不仅将影响国际能源市场供求关系，而且事关我国的经济安全。二是能量需求量大。城市居民享有比农村居民更高的生活质量，城市的能源消费远远高于农村，许多能源需求单位集聚在城市。城镇化快速发展，一方面增加了城市人口，另一方面产业向城市的集聚也扩大了能源的需求。三是城镇化高峰与机动化高潮合并。我们目前的阶段相当于美国20世纪50年代时城镇化与机动化叠加的情况。美国在二战后出现了严重的“郊区化”现象，城市人口密度在几十年内下降为原来的1/3。城市密度的急剧下降，造成了巨大的能源浪费。如美国与德国、丹麦、瑞典等西欧国家在人均收入方面相差不大，但因城市人口密度低，汽车使用率是欧洲人的3倍以上，导致人均能源消耗比他们高出1倍以上。因而，采取何种城镇化模式，也就决定了今后能耗的高低。

从水资源方面来看：首先，我国水资源总量虽丰富，但人均拥有量仅为2200m^3，是世界人均水平的1/4，被列为13个贫水国家之一。城市普遍供水不足，年缺水量约60亿m^3。其次，我国水资源的时空分布差异较大，加剧了一些地方水资源短缺的严重程度。第三，从城镇化对水资源的需求看，城镇化每年提高1个百分点，则有1200万人进入城镇生活，将使工业用水和城镇用水增加大约15亿t。到2020年，考虑到生活水平的提高，届时城镇化提高1个百分点将使工业用水和城镇生活用水增加大约45亿t。

2. 坚持“紧凑型”的城镇规划建设方针

要吸取发达国家在城镇化发展过程中出现向郊区蔓延的教训。最先在美国出现的发达国家城市郊区化蔓延，导致了经济成本、环境成本和社会成本的大幅度提高。郊区蔓延导致基础建设投资的经济成本增加3~5倍，而环境成本则更大，大量的物种灭绝，土地荒漠化。大量的人口迁居郊区，老城区成为老年人、穷人的“地狱”，导致社会成本大大提高。郊区化的蔓延，给政府社会保障支出种下了巨大的苦果。如美国人因过度依赖私人轿车导致体重超重而引发的各类疾病每年要花掉医疗保险资金达5000亿美元之多，而且每年以30%以上的幅度增加，美国政府觉得这个包袱越来越难以承受。我国现正处在城镇化与机动化同步发展时期，必须在城镇体系规划和城市规划的调控下做到较密集的城市开发布局，城市必须成为紧凑的城市（Compact City），与开放的生态空间相结合。我们坚持每平方公里1万人的城市人口用地标准，尽可能地节约利用各种自然资源，是经得起历史检验的。美国的土地资源比我们多十几倍，54%的土地可以开垦作为耕地（我们只有15%），水资源、矿产资源比我国也多出好几倍，它对郊区蔓延都承受不了，我们就更承受不了。我国现正处在一个关键的时刻，假如我们在今天高速城镇化阶段缺乏强有力的城镇体系规划和城市规划作为调控手段，那我国有可能出现比美国更危险的郊区化。如果机动化的浪潮推动这种郊区化在我国发生，所带来的环境成本、经济成本、社会成本将会比美国高得多，这对于人多地少、资源分布极端不均衡的中国将是灭顶之灾。

3. 坚持走可持续发展的城镇化之路

总的来说，可持续发展的原则有以下几条：①可再生资源的利用率小于或等于其自然再生率。例如对淡水、森林、草原、渔业资源的开采占用的数量不能大于它们的自然再生率。②不可再生资源的使用率，在基本资源和技术进步的替代性基础上，实现最优。例如石油、矿产、土地等这些不可再生的资源，我们的占用量或开采量应在最小的数额内。③废弃物的产生小于或等于环境的自然降解率，也就是说要杜绝制造环境不能容纳的垃圾。④需要一个多元的、协商的社会体制，有利于社会阶层间的信息交流，以期找到更少物资消费和污染产生的循环经济型的城镇化道路。

具体对策有以下几条：

第一，优化大城市与超大城市的空间结构。人口在200万以上的城市都应采取有机疏散的发展模式，而不能“摊大饼”。“摊大饼”带来的直接恶果就是能源的巨大浪费。如荷兰将多个中等城市组合成一个城市集群，各个城市的功能各不相同，然后组合在一起就形成高效率的城市群。荷兰的城市与农村几乎都有鲜明的分界线，这边是繁华的城市，跨过一步就是田园风光，值得我们借鉴。

第二，强调土地使用功能的适当混合。居住地与工作场所之间的距离应尽可能接近，避免再出现工作与居住明显分区的现象，贯彻紧凑社区、就近就业、较低的开发成本和环境成本、尊重自然生态、混合土地使用等原则。

第三，以新型工业化来推动我国城镇化，从而避免西方发达国家走过的“资源—产品—污染排放”，或“先污染、后治理”的老路。坚持按可持续发展的理念，实现“资源—产品—再生资源”的多重闭环反馈式循环的经济运行模式。与此同时，在全社会推广节能的新理念。在城市发展中，应将生态型城市的理念包容进去，促使走上循环经济的道路。即利用最少的能源消耗，实现社会、经济和环境的共赢。

第四，实行最严格的城市规划与最严格的耕地保护。只有这两者相辅相成，土地的利用才是合理的，也才能达到合理的能源消耗。在美国，联邦政府不管土地规划，决定权在州政府，州政府又将它下放到市政府，加上土地又是私有的，因而农场主将土地廉价出售的情况相当普遍从而推动了郊区化。美国由于政体原因决定了“醒着犯错误”，明明知道那是错的，却无法纠正，因为从一开始的城市化格局就“铸成了大错”。相比之下，西欧国家在城市化高潮期重要的城市规划一般都由上级政府决定，从而避免了美国那样的错误。

第五，优先发展公共交通。汽车进入家庭的趋势不可逆转，关键问题是如何发展节能、方便和有效的交通系统，一是发展公共交通，二是提倡可行走的城市。公共交通越发达，城市整体能耗就越低。西欧发达国家与美国的人均汽车拥有量接近，但人均耗油量只有美国的1/5，公共交通比美国发达是主要原因之一。正因欧洲的城市人口密度高，公共交通的效率才会高。

第六，合理布局各类开发项目，减少环境污染。规划的本质是以人类的理性安排克服市场的失败。实际上是用有限的资源满足人类无限的需求。当前，市场的失败主要表现之一就是环境污染、物种消失和资源浪费，这在我国表现得越来越为严重。合理的城乡规划决定各级城镇在区域中的合理布局和发展区位，决定了城镇污染与江河湖海和市民居住空间的相对位置，也决定了生态的连通性和生产力，如种群的生存力、就地的繁育发展可能性，及水、空气和土地的环境状况等。城乡规划本质上是最合理的、最基础性的生态环保工作。我们不仅要追求当代的人与自然的和谐发展，而且要追求人与其他生物的平等相处，保持生物的多样性。

三、建立促进我国城镇化持续健康发展的三个层次调控目标

选择正确的城镇化的目标模式，事关我国的可持续发展及“和平崛起”战略的实现。显然，正确的城镇化目标绝不仅是“大、中、小城市和小城镇协同发展”一句话可以全部概括的，应依据“五个统筹”进行系统地展开，并依赖现代城市规划的功能，从宏观、中观和微观三个层次建立适当的调控目标。

1. 从宏观调控的角度来看

（1）努力实现工业化与城镇化同步发展，到2050年，我国

城镇化水平将从目前的39.09%提高到75%左右。全国城镇体系能容纳11~12亿人口。

（2）“正规就业”为主，“非正规就业”为辅的劳动力转移模式。

（3）以提高农民收入、促使部分富裕起来的农民自然迁移到城镇生活和工作。

（4）鼓励走农民自主创业为主的城镇化道路。

（5）同步保护农业，防止以农业特别是粮食产量大幅度衰减为代价的农村人口驱赶型城镇化。

（6）坚持以生态安全、社会稳定与农民生计保障功能为主的最严格的土地管理制度。

（7）均衡城乡医疗保健、教育文化、广播电视、水利交通等基础设施的布局，协调城乡社会经济发展。

（8）在全国范围合理布局城市群和大中小城市，形成既能适应全球化挑战，又能服务农村、农民、农业的城镇化体系网络。

（9）坚持走空间布局“紧凑型”的城镇化道路，我国城镇化进程中的城镇总建成区土地占用面积不超过国土面积的2%，大中城市的每平方公里人口密度一般不得少于1万人。

（10）逐步实现生态脆弱的西部地区自发有序地向生态资源和环境容量较为富余的地区移民。

2. 从中观调控的角度来看

（1）培育区域中心城市，形成“发展极”和等级次序相对合理的大中小城市序列，带动城乡的协调发展。

（2）适当选择城市群和都市圈的空间布局和发展道路，形成城市之间有机组织、合理分工与合作的共赢模式，增强区域整体竞争力。

（3）对东部沿海、西部贫穷地区、东北老工业基地以及中部负担较重的地区分类指导，采取相应的城镇化模式和调控政策。

（4）统筹安排省域或区域的城镇体系和重大基础设施项目。

（5）切实保护森林、草原、江河、湖泊、海岸线、风景名胜资源、生态资源和基本农田。

（6）结合大城市空间形态的有机疏散和中心镇的培育，统一合理布局各类开发区和园区。

（7）针对不同的城镇化阶段，采取促进工业化或第三产业发展以及推进农业产业化的方针，统筹城镇化的推力和拉力。

（8）协调城乡文化卫生等社会发展项目的规划布局，推动城市文明逐步向乡村扩散。

（9）依据公共交通走廊和网络的形成，合理选择城市发展的空间形态，方便市民的出行，减少私人小汽车的使用频率，从而达到节约能源的目的。

（10）以区域整体的生态平衡和可持续发展为准则，坚持区域内水资源的合理调配，兼顾生态安全、城市供水、农业灌溉等多项目标。

3. 从微观调控的角度来看

（1）注重城市的跨越式发展阶段的机遇性，适时进行规划布局的调整，防止中心区功能过分重叠造成城市历史文化风貌和基本肌理的破坏，切实保护历史文化名城的风貌特征和历史街区。

（2）结合城郊生态资源、自然遗产和基本农田的保护，设定不可开发区域、控制开发区域，合理引导城市空间结构的发展。

（3）合理发展中心镇、卫星镇和专业镇，强化保护历史文化名镇，促使城乡协调发展。

（4）保护和培育城市有机构成，促使产业集群的落户和成长壮大，方便农民进城创业。

（5）资源枯竭型城市的规划调控要与产业转型和接续产业的培育相协调。

（6）统一安排城市各类园区的规划布局和开发建设，注重土地适度混合使用，防止出现“钟摆式的交通”。

（7）合理布局和及时建设各类必要的城市基础设施，增强城市的卫生防疫和防灾功能。

（8）以吸引人才为目标，优化城市的居住、创业环境，持续增强城市竞争力。

（9）合理调控住宅建设土地供应的品种、数量和布局，确保城市中低收入阶层的基本需求，遏制房地产市场的泡沫。

（10）城市的规划、建设和管理都要适应循环经济和能源、水资源的节约使用和再生利用。

总之，以上宏观、中观、微观三类调控目标是相互衔接、相互促进的目标体系，应分别利用不同层次的城市规划进行合理地调控引导。

（原载《经济日报》2005年2月18日）

第二篇　资源节约与绿色建筑

推行绿色建筑
加快资源节约型社会建设

引 子

人类在远古的蒙昧时期寄居在自然的怀抱中，从依靠自然恩赐的穴或巢作为栖身之所，到依托自然的条件建造人类居所，人类均囿于抗御自然灾害能力低下，而敬畏地忍受着自然规律的制约与生存命运的摆布。从人类发展的历史过程中，我们很容易看到建筑的存在与建筑技术的每一步进步，都是人类在与大自然进行顽强的抗争，处处留有为改变不利于人类生活居住条件所作的不屈努力的痕迹。无论是隔绝、封闭的人类居住方式，还是通过原始的手段使居所有利于人类舒适生存而间接地利用自然，都是人类在向自然争取更好的生存权的表现。在某种意义上说，人类诞生与进化的漫长历程都是与他们所创造的原生的绿色建筑相伴随的。

随着科学技术的飞速发展和技术革命，特别是工业化时代的来临，人类似乎找到了抵御自然对人类居所摆布的方式，找到了有能力对抗自然规律不利于人类生存与生活的手段。于是人们开始建造与自然相抗衡并寻求独立于自然系统以外的栖息之所。人们开始应用工业技术和工业产品去建造认为能够对抗大自然规律的建筑，以这种主观安全感满足人类依附栖息之所抵御恐惧的心理寄托。在这个工业高度发达的时代，出现了城市化的高楼林立、阡陌交通、爆发式的资源消费、高密度的污染及大规模的废弃物排放。由工业化所推动的城市化对大自然造成前所未有的大规模、高强度、持续性的扰动，使大自然正常的生态系统和功能结构遭受了巨大的冲击、割裂、阻断和破坏。这种人为的人与自然的对抗，从不为人类重视的一点一滴的全球生态系统变异，到城市化进程加速中生态矛盾逐渐凸显出来，而且越来越严厉地威胁到人类自身安全与生存。臭氧空洞、温室效应、酸雨、沙尘暴、物种灭绝、水源匮乏、SARS 等等，这些我们当代人必须面对的危机与挑战，是我们人类点滴、局部行为跬步积累所导致的全球灾难与问题。

在我国改革开放、经济与社会发展日新月异的今天，对照欧美国家经历工业社会发展的城市建设痛苦经历与经验教训，中国的城市发展和城镇化进程，不能再重蹈覆辙。在城市建设中一定要重新考虑人与自然的关系，尊重自然生态规律。本着和谐共生、健康安全、永续发展的宗旨，提高我们把握命运的科学能力，约束人类无度的行为，控制对资源的低效益消耗、浪费和过量的攫取，拓展新技术，鼓励创新，尽可能使用可再生资源和能源，在城市建设中充分利用现代技术解决人类面临的危机。遵循党中央提出的“要大力发展节能省地型住宅，全面推广节能技术，制定并强制执行节能、节材、节水标准，按照减量化、再利用、资源化的原则，搞好资源综合利用，实现经济社会的可持续发展”，坚持走资源节约型和环境友好型的可持续发展道路，从每一栋建筑、每一个社区、每一个城市做起。让越来越多的绿色建筑、绿色社区、绿色城市构成我国未来希望的发展前景。

一、我国建筑“四节”两阶段目标及其意义

1. 我国城镇化与建筑“四节”的关系

目前，我国的城镇化发展正处在快速发展期，预计从现在到

2030 年，我国的城镇化速率平均每年将为 1～1.3 个百分点。1980 年前，我国的城镇化水平还很低，当城镇化率达到 30% 时，城镇化开始加速发展，速率明显提升。从我国城镇化发展的诺塞姆曲线（图 1）也可以看出，在初期阶段如 1978 年，我国城镇化率只有 17.92%，年均城镇化速率仅为 0.1～0.2 个百分点。当到了 1995 年，城镇化率达到 30% 后，发展速度开始明显加快。目前我国的城镇化率为 40% 左右。从 40% 到 80% 之间，城镇化发展将一直保持较高的速度。这也就意味着每年约有 1200～1500 万人口从农村转移到城市，从现在开始一直到城镇化高峰将转移 5 亿人口。这一世界史上最大的人口迁移过程，不仅是生产力不断提高的过程，也是人均资源能源消耗量成倍增长的过程。这对我国的资源环境的承受能力无疑是一种巨大的挑战。

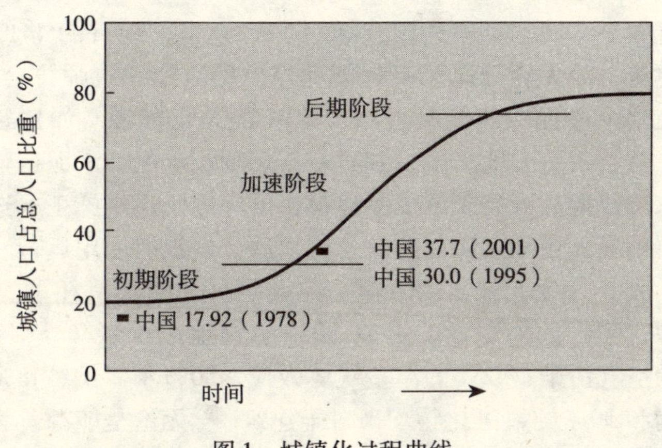

图 1　城镇化过程曲线

城镇人口的大量增加随之也带来了能源需求的增加。据统计，每个城镇人口平均耗能水平比农村人口高 3～3.5 倍。这首先是因为就业方式的不同，我国大多数农村的农民们从事的是“脸朝黄土背朝天”的家庭农业。另一方面是因为城镇人口每年产生的生活废水和垃圾的数量大大高于农村。在城市里，每个人年均产生350kg的固体垃圾和500多立方米废水，这些固体垃圾与废水的处理也需要大量的能耗，但目前在农村有限的生活垃圾也被当作肥料或饲料了，耗能极低。同时，农村人口进入城镇以后，还要从事第二、第三产业，需要增加就业岗位，产业的发展又使得耗能和其他资源的消耗大大增加。与此同时，由于中国特殊的国情和土地制度安排，农民进城后住房和原籍居所占地“两头占有”的状况短时期内难以改变。正因为城镇化的双重性，2000年诺贝尔经济学奖获得者、世界银行前副行长斯蒂格利茨曾宣称：21世纪影响人类进程的两件大事，一是新技术革命；二是中国的城镇化。其成败得失，不仅影响中国，而且延及全球。

2. 建筑全过程的资源与能源消耗

近年来，我国每年约新建20亿m^2建筑，现有的441亿m^2存量建筑，绝大部分属于高耗能建筑。据欧洲建筑师协会测算，建筑在整个过程中的能耗占用了50%的全部能源。如建筑用的水泥，从石灰石矿的开采，到石灰石烧制成水泥，水泥运输至生产厂家制成商品混凝土或成品建材，再应用于建筑施工，这一过程需要消耗大量的能源。建筑建成之后，建筑的使用运行和建筑最后的废弃处理，都需要耗能。除此之外，建筑消耗了50%的水资源，40%的原材料，并对80%的农地减少量负责。同时，50%的空气污染、42%的温室气体效应、50%水污染、48%的固体废物和50%的氟氯化物均来自于建筑。[1] 无论是能源、物质消耗，还是污染的产生，建筑都是问题的关键所在。

3. 我国建筑节能两阶段的目标

第一阶段的目标：从现在起到2010年，全面启动建筑节能

---

[1] 参见：［英］布赖恩·爱德华兹. 可持续性建筑. 周玉鹏等人译. 中国建筑工业出版社，2003

和推广绿色建筑，平均节能率达到50%。也就意味着不是每个建筑的节能率都将达到50%，而是因为绿色建筑的节能率可能更高些，同时还有相当一部分老建筑可能还来不及进行节能改造，所以是平均要达到50%的节能率。沿海省份及大城市则要达到更高的标准。

第二阶段的目标：从2010年起到2020年，进一步提高建筑节能标准，平均节能率要达到65%，东部地区要达到更高的标准。这意味着在今后15年内，一些建筑的节能率要达到75%。这需要我们抓住机遇，在再次进行装修或重新进行改造时，建筑节能率就要达到65%或更高标准。

如果能完成上述目标，2020年，我国建筑能耗可减少3.35亿t标准煤，这相当于2002年整个英国能耗的总量，这是个非常可观的数字，对人类社会的可持续发展也是一个巨大的贡献。

对于建筑节能，我们有两种选择（图2）：一是如果我们没有认真把握推动建筑节能的时机，有关建筑节能的政策和标准没有落实，最后的结果是建筑能耗持续上升，再加之城市化人口急剧的增加，至2020年，我国建筑能耗将接近11亿t标准煤，这是一个巨大的数字。二是如果我们能够实现二个阶段的目标，2020年，我国建筑能耗将降低到7.54亿t标准煤，节约3.5亿t

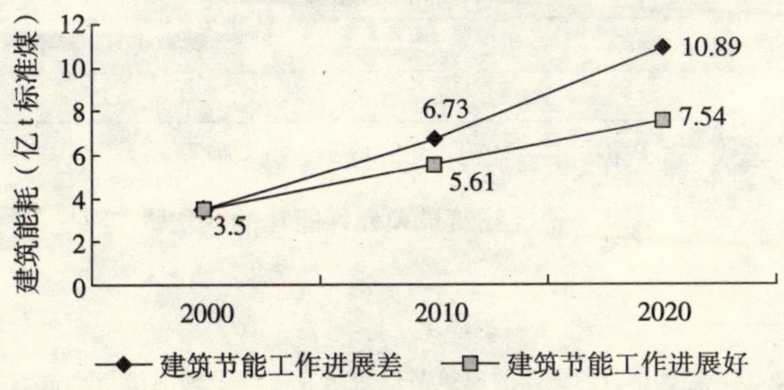

图2　2000～2020年中国建筑节能前景预测

煤。这样，我们的空调高峰负荷可减少 8000 万 kW/h，相当于 4.5 个三峡电站的满负荷发电量。如果 2020 年我国建筑能耗能达到发达国家 20 世纪末的水平，节能效果将更加显著。所以，我们在大力投资建设电站设施以缓解我国目前电力紧张状况的同时，必须充分考虑建筑节能的巨大潜力。如果不改变目前建筑高耗能的状况，即使再建 10 座三峡电站也不能满足我们对电力的需求。

4. 德国的节能经验

也许有人会怀疑我们是否能够达到以上两阶段的目标，但我们可以从德国建筑节能的发展过程中找到答案和希望（图 3）。1976 年之前，德国住宅耗能标准为每平方米每年 350kW·h。后来，德国每隔几年就颁布住宅节能的新标准，2001 年的住宅能耗只有 1976 年的 20%，建筑耗能大大下降，节能成效非常显著。

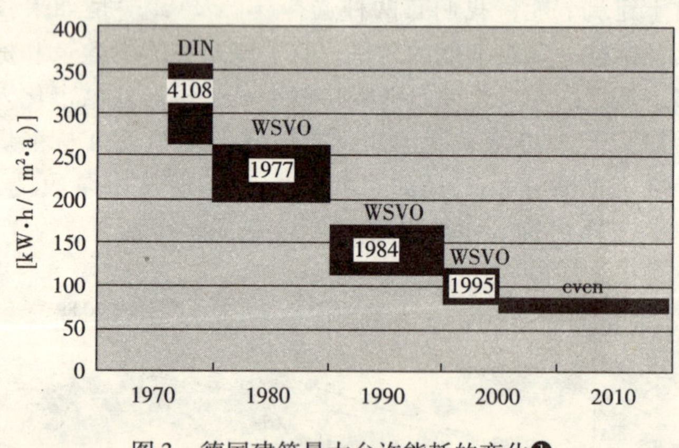

图 3 德国建筑最大允许能耗的变化❶

❶ EnEv2002，是德国目前最新的建筑节能规范，体现了德国最新建筑节能技术研究成果，有很强的实际操作性，也包含了对环境生态保护和室内空气质量等指标，与以前的建筑节能规范 WSVO1995 相比，其“绿色”的特征明显增加了。

从节地、节水、节材方面来看，著名经济学家舒马赫认为：在物质资源中，最大的资源无疑是土地。调查一个社会如何利用它的土地，你就能得到这个社会未来将是怎样的可靠的结论。❶我国仅仅用占全世界7%的耕地和淡水资源，养活了全球21%的人口，而且我国不均衡城镇化的趋势将导致人口更迅速地向东南沿海省份转移，这无疑会更多地消耗这些地方的优质耕地和淡水资源。

二、国外发展绿色建筑的启示

国外绿色建筑是从建筑节能起步的。1973 年的中东石油危机，造成全球经济衰退，发达国家的经济遭受重创。痛定思痛，各发达国家不约而同地推出各种强制性的节能措施，其中，占总能耗约一半甚至更高的建筑及建筑节能，自然受到了特别的重视。通过分阶段几次提高节约标准，每次均在原能耗基础上推进再节约50%，目前发达国家的建筑节能已经达到了很高的水平。在建筑节能取得进展的同时，伴随着可持续发展理念的产生和健康住宅概念的提出，发达国家又把视野扩展到建筑全过程的资源节约、改善室内空气质量、提高居住舒适性、安全性等更广的领域。在这期间，各类有关绿色建筑的活动在世界各地风起云涌，各种新建筑名称也繁花似锦般地涌现。澳大利亚建筑师西德尼·巴格斯（S. Baggs）等提出的生土建筑（Land Cover Building），即利用覆土来改善建筑的热工性能和生态特性；戴维·皮尔森（D. Pearson）基于从整体的角度看待人与建筑的关系而形成了生物建筑（Biologic Building）；而布兰达·威尔等人创立了自维持建筑（Autonomous Building）的概念，充分利用太阳、风和雨水

❶ 参见：E. F 舒马赫. 小的是美好的. 虞鸿钧，郑关林译. 刘静华校. 北京：商务印书馆，1984. 66

维护自身运作，处置建筑内部产生的各种废弃物。1963 年，V·奥戈亚（V. Olgyay）在其所著的《设计结合气候：建筑地方主义的生物气候研究》一书中提出了环境气候学建筑（Environment / Bioclimatic Building）的设计理念。与此同时，日本建筑师黑川纪章、菊竹清训等人也创建了新陈代谢建筑和共生建筑的设计思路。德国建筑师托马斯·赫尔佐格（T. Herzog）、鲍罗·索勒里（P. Soleri）和生态学家约翰·托德（J. Todd）等自 20 世纪 60 ~ 70 年代初分别提出了生态建筑（Ecological Building）的设计理念，并根据所采用技术的高低将其区分为城市和乡村类型的生态建筑。英国哈德斯菲尔德大学建筑学教授布赖恩·爱德华兹（Brian Edwards）等人从众多的欧盟环境保护条约和法规对建筑的要求中，提炼归纳了如何减少建筑对自然环境影响的若干原则，并形成了可持续性建筑（Sustainable Architecture）的一系列新概念。

随着此类研究的逐步深入，它们之间的分歧越来越少，殊途同归的绿色建筑概念越来越清晰了。由此可见，绿色建筑实际上是上述各种各样的学术研究和实践之集大成者，是建筑学领域的一次持久的革命和新的启蒙运动，其意义远远超过能源的节约。它从多个方面进行创新，从而使建筑与自然和谐，充分利用可再生资源、水资源和原材料，创造健康、安宁和美的生存环境。并由此逐步形成符合可持续发展要求的绿色建筑的设计理念和技术规范。与此同时，各发达国家将原有节能建筑再改造成绿色建筑的活动也越来越广泛。随着追求健康的生活方式和保护生态环境的理念在全球范围的兴起，绿色建筑这个源于西方发达国家的理念及其实践活动，逐渐推广到了世界各国。

绿色建筑在发达国家的发展轨迹到了今天，其成熟的标志性的运行模式，就是都不约而同地建立了绿色建筑评估系统。20 世纪 90 年代以来，世界各国都发展了各种不同类型的绿色建筑评估系统，为绿色建筑的实践和推广作出了重大的贡献。目前国际上发展较成熟的绿色建筑评估系统有英国 BREEAM（Building Research Establishment Environmental Assessment Method）、美国 LEED™（Leadership in Energy and Environmental Design）、多国 GBC（Green Building Challenge）等，这些体系的架构和应用，成为其他各国建立新型绿色建筑评估体系的重要参考。

1990 年由英国的建筑研究中心（Building Research Establishment，BRE）提出的《建筑研究中心环境评估法》（Building Research Establishment Environmental Assessment Method，BREEAM）是世界上第一个绿色建筑综合评估系统，也是国际上第一套实际应用于市场和管理之中的绿色建筑评价办法。其目的是为绿色建筑实践提供指导，以期减少建筑对全球和地区环境的负面影响。BREEAM 主要包含的评估条款覆盖了管理优化、能源节约、健康舒适、污染、运输、土地使用、地址的生态价值、材料、水资源消耗和使用效率九个方面，分别归类于“全球环境影响”、“当地环境影响”及“室内环境影响”三个环境表现类别。

美国绿色建筑协会（USGBC）编写的《能源与环境设计先导》（Leadership in Energy and Environmental Design，LEED™）问世于 1995 年。LEED™评估体系制定的目的是推广整体建筑一体设计流程，用可以识别的全国性“认证”来改变市场走向，促进绿色建筑性能的公平竞争和供求的增长。评估内容包括场地规划、能源与大气、节水、材料与资源、室内空气质量和技术创新等六大方面。

1998 年 10 月，由加拿大自然资源部发起，美国、英国等 14 个西方主要工业国共同参与的绿色建筑国际会议——“绿色建筑挑战’98”（Green Building Challenge ’98），目标是发展一个能得到国际广泛认可的通用绿色建筑评估框架，以便能对现有的不同建筑环境性能评价方法进行比较。我国在 2002 年参加了有关活动。

国外发展绿色建筑的宝贵经验给我们许多有益的启示，归纳起来，一是都体现了建筑“四节”和环境保障的可持续发展要求，并将其贯穿到建筑的规划设计、建造和运行管理的全寿命周期的各个环节中；二是通过建立权威的绿色建筑评估体系制度，规范管理和指导，强化市场导向；三是要适应国情，找准切入点和突破口，先易后难，分步推进，逐步扩大范围，持续地提高要求，最终实现全面推广绿色建筑的目标。

一套清晰的绿色建筑评估系统，对“绿色建筑”概念的具体化，使绿色建筑脱离空中楼阁真正走入实践，以及对人们真正理解绿色建筑的内涵，都将起到极其重要的作用。对绿色建筑进行评估，还可以在市场范围内为其提供一定规范和标准，可减少开发商与购房者之间的信息不对称性，以利于消费者识别虚假炒作的绿色建筑，鼓励与提倡优秀绿色建筑，形成“优绿优价”的价格确定机制，从而达到规范建筑市场的目的。

三、绿色建筑与一般建筑的区别

由多国的绿色建筑评价体系分析可知，一般建筑与绿色建筑的区别，主要体现在以下六个方面：

（1）一般建筑在结构上趋向于封闭，在设计上力求与自然环境完全隔离，室内环境往往是不利于健康的；而绿色建筑的内部与外部采取有效连通的方式，会对气候变化自动进行自适应调节，就像鸟儿一样，它可以根据季节的变化更换羽毛。同时也使室内环境品质（即空气质量，温度、湿度舒适感，自然光照明，隔噪音等等）大大提高。这种由居住人健康而带来的另一种意义上的节能更具有深刻的人文意义。建筑第一次有了自己的神经系统（智能系统），变化羽毛等于随气候变化而变换节能围护装置和性能。日本日立公司在最近的北京科博会展出了集节能、环保、保安于一体的楼宇智能系统，仅5万元的投资就可通过一般的手机遥控将能耗降低30%。

（2）一般建筑随着建筑设计、生产和用材的标准化、大批量化，促使了大江南北建筑形式的一律化、单调化，造成了“千城一面”；而绿色建筑推行本地材料，尊重地方历史文化传统，有助于汲取先人与大自然和谐共处的智慧，造就凝固的音乐、石头的史诗，使得建筑随着气候、资源和地区文化的差异而重新呈现不同的风貌。如黄土高原的窑洞是先人创造出的人与自然和谐相处、利用自然能源居住生活的建筑杰作，窑洞背靠黄土高坡，依山而凿形成宽敞空间，向南开窗，最大限度地吸收阳光，造就了冬暖夏凉的自然环境。现在，当地建筑师们对部分窑洞重新进行了改造（图4），更多地吸收阳光，改善了通风条件，充分发挥了窑洞本身的节能效果，可以称之为富有地方特色的绿色建筑。无独有偶，最近德国《星期日世界报》报道了该国建筑师德·汉森借助印地安人的穴居和黏土房理念而设计的半埋式小丘住宅，不仅有良好的舒适性，而且能效非常高，全年供暖费用仅为150欧元。[1]

图4　改进后的黄土高原窑洞

[1] 参见：德国《星期日世界》2005年7月7日文章

（3）一般建筑是一种商品，建筑的形式往往不顾环境资源的限制，片面追求或盲目迎合市场即期消费的住宅和办公楼，这往往是与资源节约和环境友好背道而驰的；而绿色建筑则被看作一种全面资源节约型的建筑，最大限度地减少不可再生的能源、土地、水和材料的消耗，最小的直接环境负荷（即温室气体排放、空气污染、污水、固体废物及对周边的影响）。建筑及其城市发展都将以最小的生态和资源为代价，在广泛的领域获得最大利益。

（4）一般建筑追求"新、奇、特"，追求自我标志效应，难免造成欧陆风或某某风盛行；而绿色建筑的建筑形式是从与大自然和谐相处中获得灵感。随着绿色建筑的发展，建筑学中有了新的美学哲学：美存在于以最小的资源获得最大限度的丰富性和多样性。这使得生态美的展示充满生命力和创造性。人类对建筑美的感知将建立在生态影响的基础上，重返2000多年前古罗马杰出建筑师维特鲁威提出的"紧固、适用、愉悦"的六字真经上，而不是建立在精美艺术细节、夸张的形式主义上。

（5）一般建筑尽管采取节能设计，但综合能耗仍居高不下。随着生活水平的提高，在现代社会中，建筑业往往或正在成为最大的耗能和污染行业；而绿色建筑因广泛利用可再生能源而极大地减少了能耗，甚至自身产生和利用可再生能源，有可能达到"零能耗"（广泛利用太阳能、风能、地热能、沼气等可再生能源）和"零排放"的建筑。我们如果要在发电效率方面提高5%，汽车节能方面提高10%，在技术上是极为困难的，而建筑节能轻易可达50%～60%或者更高。建筑节能有着巨大的空间。

（6）一般的建筑仅在建造过程或者是使用过程中对环境负责，是狭义的人地和谐。而绿色建筑是在建筑的全寿命周期内，为人类提供健康、适用和高效的使用空间，最终实现与自然共生。绿色建筑不仅讲究建材的绿色环保和本地化，以减少长途运输所引起的能耗和污染，而且它还在建筑整个生命周期包括建材生产到建筑物的设计、施工、使用、管理及拆除回用等全过程使用最少能源及制造最少的废弃物，以循环经济的思路，实现从被动地减少对自然的干扰转到主动创造环境丰富性，减少对资源需求上来；从狭义的“以人为本”转移到对子孙后代和全人类的“以人为本”。这是真正的绿色建筑革命和科学发展观的含义。

四、我国绿色建筑的现状与问题

我国绿色建筑的起步始于20世纪后半叶。我们首先抓住建筑节能这个绿色建筑的核心内容，以科技项目和示范工程为重点逐步推广的。

伴随着可持续发展思想在国际社会的认同，绿色建筑理念在我国也逐渐受到了重视。1996年，我国国家自然科学基金会正式将“绿色建筑体系研究”列为“九五”计划重点资助课题。1999年在北京召开的国际建筑师协会第二十届世界建筑师大会发布的《北京宪章》，明确要求将可持续发展作为建筑师和工程师在新世纪中的工作准则。我国众多政府部门和科研院所、大专院校随即启动了绿色建筑技术研究，在一些办公建筑、高等院校图书馆、城市住宅小区、农村住宅进行了绿色建筑实践，还进行了与此相关的“生态建筑”、“健康住宅”的理论研究和实践性探索。2002年底，在科技部、北京市科委和北京奥组委支持下，由清华大学牵头并联合有关单位，对绿色奥运建筑标准和评估体系进行了研究，针对我国具体情况，系统地提出了绿色建筑所涉及的内容和重点，建立了科学的绿色奥运建筑评估体系，形成了绿色建筑定量化评价指标体系，提出了全过程控制的观点和与之相应的评估方法和实施指南。2004年，我部和科技部开始组织实施国家“十五”科技攻关计划项目“绿色建筑关键技术研究”，重点研究我国的绿色建筑评价标准和技术导则，开发符合绿色建筑标准的具有自主知识产权的关键技术和成套设备，并力求通过系统的技术集成和工程示范，形成我国绿色建筑核心技术的研究开发基地和自主创新体系。2004 年下半年，建设部正式设立了“全国绿色建筑创新奖”。该奖的设立标志着我国进入了推广绿色建筑工作阶段。但是，此项工作才刚刚起步，还存在许多问题，对绿色建筑的发展仍然存在许多制约因素。主要是：

1. 缺乏绿色建筑的意识和知识

不少地方尚未将建筑节能与发展绿色建筑工作放到贯彻科学发展观、全面建设小康社会、保证国家能源安全、实施可持续发展、推进城镇化的战略高度来认识。由于从政府部门到开发商、投资商和大多数设计、施工、监理、物业管理人员直至广大人民群众均缺乏绿色建筑的基本知识和意识，因而难以保证绿色建筑在建设过程中各个环节的渗透力和质量。

2. 缺乏强有力的激励政策和法律法规

长期以来，国家对能源的管理偏重工业和交通节能，建筑节能和绿色建筑的发展缺乏有效的激励政策引导和扶植。我国现行的法律法规对能源、土地、水资源、材料的节约，也没有可操作的奖惩方法来规范和制约各方利益主体必须积极参与；建设部颁发的《民用建筑节能管理规定》，作为一个部门规章，力度远远不够，致使建筑节能和绿色建筑推广工作长期落后，成为我国全面建设资源节约型社会的一个薄弱的环节。

3. 缺乏有效的新技术推广交流平台

在西方发达国家，绿色建筑已经有几十年的成功发展史。有的国家甚至已经取得经济发展和能耗持续下降的突出成就。及时、系统、广泛地引进它们的成功经验和技术，对引导我国刚起步的绿色建筑的发展尤为重要。这对于我们少走弯路，加快绿色建筑的新技术、新产品和管理经验的推广是不可替代的。但在2005年初建设部会同其他部委成功举办首届绿色建筑国际研讨会和新技术展示会之前，一直缺乏吸收、推广国外绿色建筑新技术、新产品和新设计理念的平台。

4. 缺乏系统的标准规范体系

虽然建设部已先后颁布实施针对三个气候区的节能50%的设计标准，初步形成了比较完善的民用建筑节能标准体系，但工业建筑的节能标准尚未出台，公共建筑的节能标准也才刚刚颁布。而关于建筑节能、节地、节水、节材和环境保护的综合性的标准体系，还是没有建立。

5. 缺乏严密的行政监管体系

不少地方对建筑节能和绿色建筑工作相关的行政管理职能尚未予以高度的重视，尚未将其列入政府承担公共管理职能的组成部分。各级政府在“三定”方案中均没有相关的职能和编制，管理薄弱，个别地方甚至放任自流，导致政府管理部门缺位，该管的没管住。十多年的工作实践表明，必须把节能与绿色建筑工作列入各级政府的工作目标，利用法律、行政、经济等多种手段进行强有力的引导和干预。

6. 缺乏合理的城市能源结构

目前我国还是以煤为主要燃料，城市能源结构不合理，天然气等优质能源和太阳能、地热、风能等清洁可再生能源在建筑中利用率还很低。目前我国每年城乡新建房屋建筑中85%以上为高能耗建筑，既有建筑中95%以上是高能耗建筑。我国单位建筑面积能耗是发达国家的2～3倍，对社会造成了沉重的能源负担和严重的环境污染，这已成为制约我国可持续发展的突出问题。同时建设中还存在土地资源利用率低、水污染严重、建筑耗材高等问题。

五、推广绿色建筑的基本思路和近期工作任务

我国绿色建筑起步晚，基础差，理论研究不足，工程实践少。发达国家是工业化、城镇化高速发展期之后的后工业化时期才开始绿色建筑进程，而有幸的是我国却是在城镇化高速发展的起步阶段开始推广绿色建筑。在未来20年内，我国还需建造400亿m^2的新建筑，其建筑量相当于数千年文明史积累的总建筑量。而且，建筑尤其是住宅属于长期的消费品，不可能进行频繁地更新。对已建建筑延长使用寿命或装修期限，就意味着能源和资源的大量节约。所以，如果我国能及时普及推广绿色建筑，就可以避免发达国家对建筑进行二次节能改造的弯路。根据我国城镇化的特点，针对需要解决的问题，必须加强政府导向和管理，及时提出切实可行的推广绿色建筑工作目标、工作思路和措施，部署工作任务，加大力度推广绿色建筑工作。

1. 推广绿色建筑的工作思路

一是全方位推进，包括在法规政策、标准规范、推广措施、科技攻关等方面开展工作。

二是全过程监管，包括在立项、规划、设计、审图、施工、监理、检测、竣工验收、核准销售、维护使用等环节加强监管。

三是全领域展开，在资源能源消耗的各个领域制定并强制执行包括节能、节地、节水、节材和环境保护等方面的标准规范。

四是全行业联动，绿色建材、绿色能源技术、绿色家电产业、绿色照明以及绿色建筑的设计、关键技术攻关和新产品示范推广等等涉及许多行业，都必须在市场机制和国家政策的双重引导下联合动作，共同推进；

五是全社会参与，从政府部门到建筑设计、施工和监理单位、房地产开发和物业管理企业、各类社会组织和企业直至广大

人民群众都要积极参与，尽快形成浓厚的社会氛围。

2. 在推广中采取的主要对策

一是全面启动北方的供热体制改革，新推行集中供热的地区与城市，应该全面采用新体制。国外的实践证明，仅是供热体制的改革，就可以使这些地区的建筑节能达到30%左右，并能够推动既有建筑的绿色化改造。这就需要我们打破几十年来一直把供热看成是一种福利的老观念，尽快启动此项改革。

二是针对我国耕地保护的严峻形势，应率先在沿海地区推行紧凑型的城镇、小区和建筑规划设计模式，追求建筑“四节”和私密性、环境生态共存的绿色设计原则。

三是要制定新的内容更加宽泛的“四节”标准与技术规范。建筑“四节”标准和技术规范应较为宽泛和简练，就是允许各地根据本地的原材料、风俗习惯和居住条件，引导多种形式、多种途径的创新，广泛地应用新技术来进行创新。新的节能标准应该是能包容日新月异的新技术和新材料，只要达到“四节”和生态环保目标，都应该予以鼓励。

四是执行建筑节能、节地、节水、节材的国家标准应该是实际工作的最低要求，鼓励地方政府和企业以更高的要求执行“四节”标准。各级财政投资和补贴的公共建筑，应率先达到严格的节能标准和绿色建筑规范。鼓励地方制定和执行更高的“四节”标准和法规。

五是建筑节能标准要从单纯的节能设计、施工、运行尽快扩展到建筑的节地、节水、节材和减少温室气体排放和废水、垃圾处理以及提高室内环境质量诸方面。建筑“四节”应扩展到建筑的全过程。

六是对高级公寓和标志性的公共建筑应执行更高的“四节”标准。如英国伦敦市政大楼就运用了很多新的技术，使节能率达到70%以上，节水率达40%，而且有非常好的室内空气环境条件。人们在绿色建筑里工作，得病率可以减少 10% ~15%，工作效率也大大提高。这也是另一种方式的节能。统计资料显示，单位公共建筑的耗能量和耗水量分别是民用建筑的 5 ~10 倍和 2 ~4倍。建筑“四节”改造，必须先从公共建筑开始进行，继而推进既有住宅建筑的改造。另外，这些公共建筑的榜样作用昭示：凡是要求老百姓做到的事情，政府自己必须首先做到。

七是建立适应中国国情的绿色建筑的分等级制度以及相应的奖励办法。

八是启动绿色建筑的运动的杠杆——强化对地方政府的激励。我国幅员辽阔，各地气候条件和发展程度差异巨大，推行绿色建筑必须充分依靠地方政府的主动性和创造性，才能有效地进行分类指导。此外，地方绿色建筑的设计创新，必须建立在全面继承和发扬富有地方文化特征的传统建筑结构之上，必须从乡土建筑中汲取先人们与自然和谐相处的知识积淀。地方政府和地方的建筑师非常了解各地风土人情的实际特质和差异化，必须充分调动地方政府积极性，才能最终落实科学发展观，创造和谐社会。从另一方面看，绿色建筑包括建筑节能的推进计划，必须与各地的资源约束程度相匹配。如从每百户居民空调数量预测来看，2020 年约为 2005 年的 1. 5 倍。如改进空调和建筑围护结构，节电的总量也将从 1. 97 亿 kW · h 增加到 12. 53 亿 kW · h（表 1）。由此我们就可以看到全国建筑节能改造的巨大潜力。

空调数量与节电量预测　　　　**表 1**

	2005 年	2010 年	2015 年	2020 年
百户居民空调数量预测（台）	170	185	200	250
空调设备节电量（亿 kW · h）	1. 37	2. 21	3. 15	5. 17
围护结构节电量（亿 kW · h）	0. 6	2. 21	4. 22	7. 36
总节电量（亿 kW · h）	1. 97	4. 42	7. 37	12. 53

中央和省级政府主管部门应组织专家定期检查地方政府建筑“四节”实施计划及其进展情况。同时应将建筑“四节”效率列入对地方政府领导政绩考核的绿色GDP指标体系之中。要将建筑“四节”及绿色建筑的推广作为评选鲁班奖、詹天佑奖、国家园林城市、环境保护模范城市、生态园林城市和中国人居奖等城市荣誉称号的必要条件之一。鼓励地方政府制订适度标准的建筑“四节”、推行绿色建筑的税收等经济激励优惠政策。要从全球污染加剧、温室气体效应强化的严峻形势来思考我们推进建筑“四节”和绿色建筑的对策，把工作的落脚点牢牢落在地方行政启动这一杠杆上，调动每一级政府、每一个企事业单位的积极性，来完成这一崇高的、艰巨的使命。

3. 推广绿色建筑的近期工作任务

近期建设部将进一步明确工作思路，在完善政策法规、整合现有资源、支持关键技术攻关、搭建国际交流与合作平台等几方面开展工作。

在完善政策法规方面，研究确定发展绿色建筑的战略目标、发展规划、技术经济政策；制定国家推进实施的鼓励和扶持政策；制定有机利用市场机制和国家特殊的财政鼓励政策相结合的推广政策；综合运用财政、税收、投资、信贷、价格、收费、土地等经济手段，逐步构建推进绿色建筑的产业结构。在《建筑法》、《节约能源法》和《规划法》中体现大力发展绿色建筑的内容，加快制定《建筑节能管理条例》；尽快修订《民用建筑节能管理规定》（建设部令第76号），对《房屋建筑工程和市政基础设施工程竣工验收备案管理暂行办法》（建设部令第78号）以及《房屋建筑和市政基础设施工程施工图设计文件审查管理办法》（建设部令第134号）关于建筑节能、节地、节水、节材和环境保护作出补充要求；建立绿色建筑的评估、认证、标识等制度，逐步形成和完善推广绿色建筑的法律法规体系。

在整合现有资源方面，对包括建设行政主管部门、设计单位、施工图审查机构、施工单位、监理单位、质量监督机构和房地产开发企业在内的相关人员进行培训，以加强能力建设；同时利用网络、电视、报刊、杂志等媒体，开展形式多样、内容丰富的节能与绿色建筑宣传，提高全社会对推广节能与绿色建筑重要性的认识；完善“全国绿色建筑创新奖”的申报、初评、筛选和评选工作。

在支持关键技术攻关方面，会同国家有关部门争取将发展节能与绿色建筑的科技攻关项目作为转变经济增长方式的重大战略性课题，纳入国家科技发展规划，列入“十一五”科技攻关计划，加强相关的关键技术、标准规范和政策研究，加快关键技术的推广应用和试点示范工程的建设。建立和完善促进节能、节地、节水、节材和环境保护的综合性的发展规划和标准体系；及时将新技术、新产品、新材料纳入标准规范。

在构筑节能与绿色建筑先进技术与管理经验交流平台方面。每年3月份在北京召开一次“国际智能与绿色建筑技术大会”暨“国际智能与绿色建筑技术与产品展览会”，是建设部为加强国内外绿色建筑领域的交流与合作，促进我国绿色建筑技术与管理水平的提高，推动我国绿色建筑的发展而与国内外有关部门共同设立的一个交流平台。大会的主办单位是中国建设部、科技部、英国贸易投资总署、加拿大住房署、新加坡建设局、印度建筑业发展委员会等。每年有近2000名来自国内外的智能和绿色建筑方面的政府官员、专家学者和企业家参加大会，这不仅对中国的建筑节能和绿色建筑发展有着积极的促进作用，而且对全球的可持续发展也将产生深远的影响。这个会议已经成为一年一度具有权威性、前沿性、广泛性的国际盛会。

总之，推广绿色建筑是当前我国建设事业的重大战略任务，需要我们共同的智慧、经验和勤勉，让我们抓住机遇，协同努力，为我国推广绿色建筑，实现资源节约型和环境友好型的城镇化目标而奋斗。

（原载《中国城市住宅论坛论文集》）

我国的建筑节能与绿色建筑

建立资源节约型和环境友好型社会，应该包括以下四个层次的内容。一是奠定可持续性发展基础的是建筑节能和绿色建筑；二是城市的绿色基础设施的数量和质量水平；三是城市生态规划和合理的空间结构潜力；四是可持续发展的区域经济。这四个层次是构建资源节约型、环境友好型社会的基础，构成了一个地区的可持续发展战略的主要内容，也是经济增长方式转变的一个最主要的方向和途径。这四个方面又与城市建设和规划管理密不可分。如果对这四个层次不能做到科学合理的规划、建设和管理，仅仅进行产业结构的调整是无济于事的。这是我们以前所忽视的东西，却已被世界城市发展的历程反复证明了。发达国家的能源结构是“532”，即建筑能耗占总能耗的50%，交通能耗占30%，工业能耗占20%。而我国是“325”结构，即建筑占30%，交通占20%，工业则占50%。随着经济的快速发展，我国的能耗结构很快就会与发达国家趋同。展望未来，我们必须从上面提到的四个层次来研究城市的规划、建设与发展。

下面从七个方面简要地对建筑节能与绿色建筑进行阐述：一是建筑节能与气候变化；二是我国气候特点与建筑规模；三是建筑节能是我国能源战略的重点；四是我国建筑能耗及其与发达国家的差距；五是绿色建筑兼顾舒适健康与节能；六是我国建筑节能存在的问题与原因；七是建筑节能和推广绿色建筑的对策。

一、建筑节能与气候变化

19 世纪全球向大气排放的 CO_2，总量只有 900 万 t，而 1990 年一年全球向大气排放的 CO_2 超过了 60 亿 t。1750 年，也就是工业革命刚刚开始的时候，空气中 CO_2 的浓度是 280×10^{-6} kg/m^3。而 2001 年的空气中的 CO_2 浓度升到 366×10^{-6} kg/m^3，增加了 60%。照此推算，到 2050 年空气中 CO_2 的浓度将升至 560×10^{-6} kg/m^3，比工业化之前的 1750 年翻了一番。CO_2 就像一条棉被子，盖在地球的表面。这条棉被薄了不行，厚了也不行。但工业革命以来，这条棉被是越来越厚了。

1. 温室气体 CO_2 过度排放的后果

喜马拉雅山钻取冰样分析说明，20 世纪 90 年代至少是最近千年中最热的 10 年。1860 年有气象记录以来，显示全球平均温度每年平均升高 0.6℃。在有全球气温统计的 140 年间，全球平均气温 10 个高峰点有 8 个出现在 1990 年以后（图 1）。CO_2 浓度增加，使地球变暖带来的灾难性后果：两极融缩、冰川消失、海

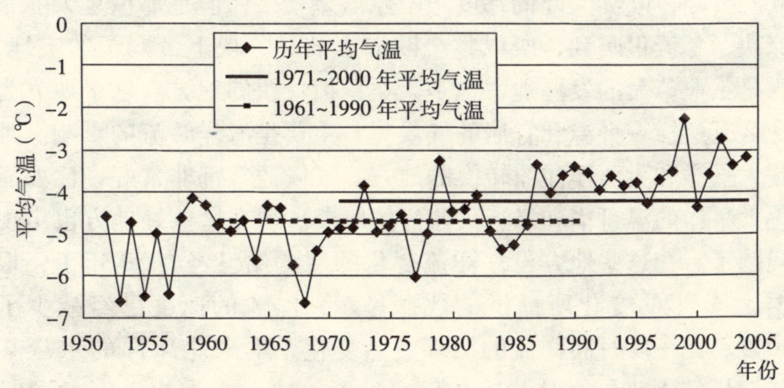

图 1　历年世界平均气温变化

面升高、洪水泛滥、干旱频发、土地沙化、风沙肆虐、疾病蔓延、物种灭绝等等。全球气候异常，灾害频繁。所以有人呼吁，世界已处于大灾大难的边缘，人类正是这些灾难的始作俑者。

2. 地球变暖对生态环境造成的影响

北极永久性冰盖减少43%，浮冰厚度已从3.1m减至1.8m，如按此速度融化，2070年北极可能无冰；中国冰川面积5.94万km^2，已减少1.25万km^2，减少21%。珠峰冰川加速消融，退缩严重。亚洲高原冰川正全面退缩，将导致下游河流干涸；阿尔卑斯山1300个冰川已消失40%；中国沿海海水入侵面积超过800km^2，最大入侵速率每年495m；珠江三角洲咸潮日益上移，影响城市供水；威尼斯道路房屋底层经常进水；图瓦卢1.1万居民面临灭顶之灾。各国有识之士都已意识到气候变化的灾难性影响，正在敦促政府采取各种措施节约能源。以英国为例，英国是一个岛国，一旦海平面升高，它将是最早受到影响的国家之一，所以英国皇家主动对白金汉宫进行了改造，努力减少能耗，树立减少温室气体排放的好形象。

大家都知道，我们地球上有几块地方的气候特别好，一个是欧洲大陆，欧洲大陆的纬度跟哈尔滨差不多，但是那里夏天非常凉快，冬天很暖和，所以整个欧洲大陆是一块上帝赐予的宝地，既是工业革命的发源地，也是人类繁衍最快的地方。这个地方为什么有这样一种温和宜居的气候呢？主要是海洋暖流的影响。凡是太平洋和大西洋洋流转换的地方，气候通常都非常好，比如靠近太平洋的温哥华和靠近大西洋的巴黎。现在这些好地方也出现问题了。在这些地方设立洋流变化的观测站已经有50年了，根据这50年的变化所提供的数据显示，洋流的速度已经减少了30%。在一段时间洋流的循环突然变化，本来北冰洋的水从某些海域沉下来，又从几千公里之外涌上来，在海水上涌的同时把海底的沉积物也带上来了，为海生物提供了很好的营养物质

(图2)，这些海域就成为非常好的渔场，而且气候湿润，雨量充沛。现在洋流有时会被中断，在别的地方翻上来，形成两个独立的洋流，此时在太平洋和大西洋表面将出现异常的海水温度变化。这种温度变化，有时就被称之为“厄尔尼诺”现象。这一方面给附近地区带来了前所未有的飓风，另一方面使原来四季如春的地区出现气候异常。去年，美国洛杉矶出现了从未有过的强降雪，德国冬季也非常冷，而加勒比海和美国西海岸遭到百年未遇的狂风袭击。这些都是洋流变化带来的影响。还有南极的洋流，南极洋流在南美洲智利北部附近翻上来以后，海水的表面平均温度只有5～6℃，夏天最高也是10℃以下，非常冷。这种低温状态和丰富的矿物质就使得这一带成为著名的渔场，也使这一带附近的大陆成为世界上的旱极。有气象记录以来，400年来很少下雨，年降雨量仅0.6mm，2000年前死亡的人体的自然木乃伊还在野外保存完好。但几年前突然降了一场暴雨，使沉睡了几百年的不知名的种子发芽了，开出许多前所未有

Ocean Circulation Conveyor Belt

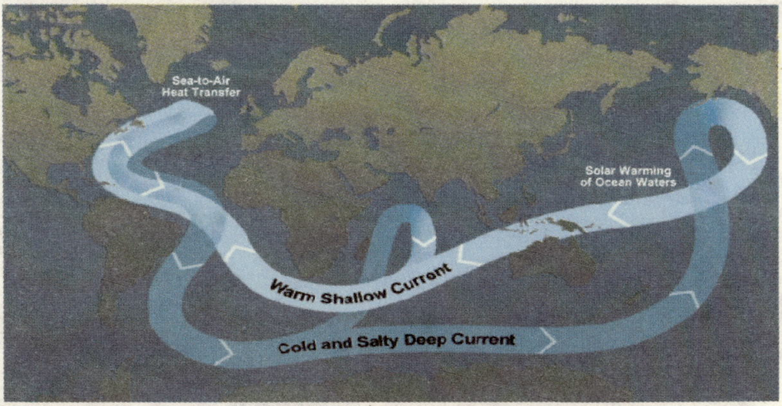

The ocean plays a major role in the distribution of the planet's heat through deep sea circulation. This simplified illustration shows this "conveyor belt" circulation which is driven by differences in heat and salinity. Records of past climate suggest that there is some chance that this circulation could be altered by the changes projected in many climate models, with impacts to climate throughout lands bordering the North Atlantic.

图2 北冰洋海底洋流示意图

的花朵来。洋流还为人类带来的另一件礼物就是“信风”，哥伦布发现新大陆、郑和下西洋时都是靠这种有规律的风能。现在洋流变化了，“信风”也乱了，幸好现在航海不是靠帆船了，否则哥伦布也发现不了新大陆了。

从我国来看，1991 年淮河的大水，1994 年、1996 年洞庭湖水系大水，1995 年鄱阳湖水系大水，1998 年长江、珠江、松花江特大洪水，1999 年太湖流域特大洪水，2003 年的淮河、黄河、渭河大水，也都是气候变化的产物。而从另一方面看，40 年来，6 大江河的径流量明显下降，其中海河每 10 年递减 36.64%。20 世纪 80 年代以来，华北地区持续偏旱，京津地区、山东半岛年均降水减少 10% ~15%；黄河利津以上年均水量偏少 32%。去年开始有所变化，威海、烟台这一带降水量突然增加。我国荒漠化面积占 27.46%。20 世纪 50 年代以来，我国内陆湖泊湿地大部分萎缩甚至干涸，沙尘暴肆虐，次数越来越频繁，500 年前 150 年 1 次，100 年前 5 年 1 次，20 世纪 90 年代 23 次，2000 年 12 次，2004 年 10 次，从 500 年的历史来讲，沙尘暴是不断上升的。有人说沙尘暴早就有了，但是以前没这么频繁。

3. 地球变暖对生物界生存造成的危害

地球变暖对生物的危害一方面打乱了原来的生态格局，破坏了原有的平衡，许多物种生命及其生活的规律和生理的节奏都无法跟上地球变暖的变化，出现了一些奇怪的现象，如欧洲的蝴蝶北迁，大西洋的一些鱼种北移等。现在全球每年有 100 多种生物走向灭绝，如果全球变暖持续恶化，地球上现有 1/4 陆地生物即 125 万种动植物将在 50 年内灭绝或濒临灭绝。21 世纪末，全世界 115 个野生动物栖息地 80% 将毁灭，气候变暖会使许多病菌、传播疾病的昆虫滋生。天气变暖以后，很多物种重新苏醒，像禽流感，这种病毒的传染性和致命率很高，比 1887 年造成 1800 万人死亡的西班牙流感更危险。此外，气候变化还造成物种灭绝越来越快。所以全球气候异常，灾害越来越频繁，许多科学家在签署京都协议时就发出世界已经处在人类自己制造的灾难的边缘的警告。

在哈佛大学有一个自然博物馆，有非常丰富的藏品，其中我最感兴趣的是一条鱼的化石，它上面还有一条真的与之相同的鱼标本。就是说，这种鱼自2.5亿年来没有变化。为什么这样呢？100年之前有个渔民打上来这么一条鱼，经生物学家鉴定，是2亿5千年前的鱼种。这种鱼原来生活在几千米深的深海沟里，在这种与世隔绝的环境里长达数亿年没有明显的进化，现在不知道是气候变化还是什么原因跑出来了，被渔民捕到了，捕到以后发现这是2亿5千年前的活化石鱼，现在陆续发现好几条了。这种鱼从来不会在浅海中生活，它们在浅海中出现，从另一侧面说明当今世界气候确实发生了很大的变化。为什么工业革命以来气候发生那么大的变化？主要就在于工业革命以前人类活动中CO_2实际上是零排放。因为农村、农业是以生物质为燃料的，植物生长过程中间是通过光合作用从大气中吸收CO_2，然后人类将其砍来用作燃料，燃烧放出CO_2，这种CO_2的排放量与植物的吸收量是平衡的，所以被称之为“零排放”。但是人类进入工业革命，一旦启用了煤、石油等化石燃料，问题就出来了。煤、石油是几亿年以前植物由太阳能通过光合作用吸收到的CO_2固定在地球深处形成的，这是几亿年甚至是十几亿年形成的CO_2的沉积物，人类一二百年的工业化就把它释放出来了。从1990年起，我国每年的CO_2排放量从600多兆吨到2001年的800多兆吨，现在我们的排放量占全球的14%，居世界第二位。前几天有人估计我们已经占到第一位，原来美国是第一位。我们现在有两个第一是非常不幸的：污染物排放全球第一，温室气体也是全球第一。

4. 建筑节能必将成为我国温室气体减排的重要部分

据欧美的统计，对于发达国家来讲，建筑消耗的资源占全部消耗量的一半，50%的能源是建筑消耗的，包括建材的生产与运输、建筑的建造、建筑的运行等。从建筑的全过程看，空气污染的50%、温室效应的42%、水污染的50%、固体废物的48%是由建筑产生的（图3)。所以，建筑既是人类的避难所，也有可能助推人类灾难的到来，它是一把双刃剑。由于人类不断加深对客观规律的认识，大家不约而同采取措施，通过共同的努力才能缓解地球变暖的威胁，所以，1972年联合国在巴西著名的山水城市里约热内卢召开全球环保大会，然后又在日本签署京都协定书。各个批准国，尤其是发达国家要倒排时间表承担减排的义务。根据京都协定书第12条，如果发达国家以物质和金钱或者人力来支援发展中国家，获得发展中国家温室气体的减少，可以交换作为发达国家的CO_2的排放量，这就是碳的交易权的实践。1t CO_2排放权，现在市场价约为8~10美金。而1t煤燃烧可以释放出2t CO_2。我国也提供了气候变化初始报告。中国虽然是发展中国家，没有减排任务，但很快会成为全球一号温室气体排放大国，同时又是污染物排放的最大国，自身承受力和国际舆论压力很大。最近政治局集体学习经济转型结构调整时，特别讲到建筑节能。胡锦涛同志在学习之后反复强调，建筑的能耗已经快占到我国能耗的30%，而且在不断地上升，最终朝50%的目标前进。由此可见，建筑节能是全社会节能工作的重点和基础性工作。

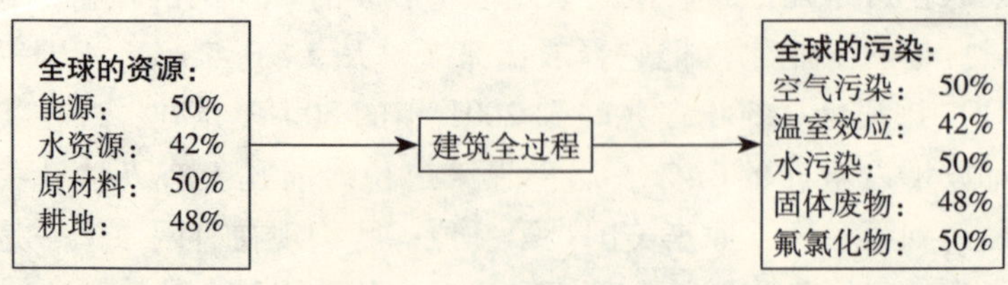

图3　建筑全过程的能耗与污染

二、我国的气候特点与建筑规模

1. 冬寒夏热是我国气候的主要特点

我国气候特点正好没有北冰洋的洋流影响，也没有南极洲的洋流的影响，所以没有像欧洲或南非那样的“四季如春”的气候条件。在我国，黄河中下游比全球同纬度地区偏冷 10～14℃，长江南岸偏冷 8～10℃，东南沿海偏冷 5℃。夏季温度偏高，7 月份全国气温平均都偏高 1.3～2.5℃，所以我国整体上夏季热，冬季冷，四季气候变化明显。根据 1 月份的平均气候看，从湛江开始就比世界同纬度地区的平均温度冬季时候偏冷，然后一路下来，哈尔滨偏冷 14℃，北京、杭州也偏冷。然后到夏天又明显偏高，从湛江开始，杭州明显偏高，哈尔滨更是偏高 10℃（图 4）。所以我国比任何一个国家从气候来讲更需要建筑的保温，更需要推行绿色建筑，因为气候条件对我们不利，没有北冰洋和南极洲洋流对我们的庇护。

2. 我国建筑规模巨大，发展迅速

在城市化快速发展过程中，我国的建筑量巨大，每年的竣工面积不断增长。2001 年为 18.2 亿 m^2，到 2003 年超过 20 亿 m^2。我在欧盟接触到世界上最大的起吊机的生产厂家，该企业总经理说全球一年需要起吊机 1.6 万台，有履带式的和塔式的，中国就用了 1 万台，还不包括我国自己生产的起吊机。这是因为我们每个城市都是大工地。我国正处于城镇化快速发展时期。2003 年我国人均竣工面积 1.54m^2。2004 年新建住宅中，其中城镇约为 5 亿 m^2，农村 7 亿 m^2，公共建筑 7 亿多 m^2。美国在 1999 年时，住宅建筑竣工量仅 2.86 亿 m^2，商业建筑面积是 1.86 亿 m^2，我国的建筑竣工面积是它的 8 倍。据统计，我国每年新建建筑的竣工面积大于发达国家每年竣工面积的总和，北京和上海的建筑规

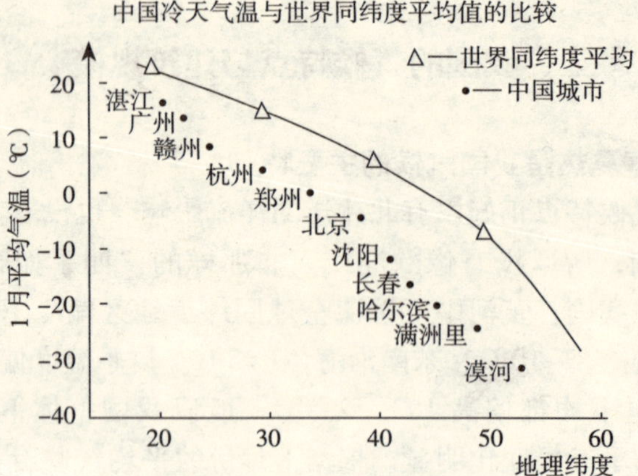

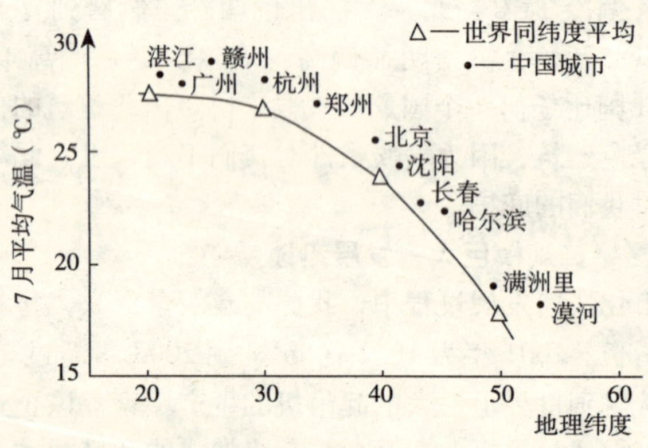

图4　中国冷、热天气温与世界同纬度平均气温比较

模都相当于整个欧盟的建筑。这是因为我国正处在城镇化的加速期。在城镇化发展的初始时期，城镇化率低于30%的时候是慢速期，每年城镇人口增长0.2%；到了30%以上是加速期，每年增加1个百分点以上，相差五六倍。这个加速期一直要到城镇化率达到70%以后才开始进入缓和期。所以从当前到城镇化率

70%估计还需要35~40年左右的时间。此间每年的建筑量是非常巨大的，每年从农村到城市的移民大约是1200~1500万之间。

3. 我国现有房屋建筑数量巨大

我国现在既有的建筑是420亿m^2，但人均只有32.5m^2，农村占很大一块，城市大概只有十几平方米。而美国人均建筑面积为87.5m^2。如果我国达到美国或发达国家的平均水平，数量上还要翻番。所以整个城镇化快速时期是我国建筑面积突飞猛涨的时期，未来30年的建筑总量相当于中华民族5000年文明史的建筑数量的总和。在这个时候我们造什么样的建筑，建筑的空间分布怎样，就决定了我国资源节约型与环境友好型社会能否真正的建立。这不仅决定中国可持续发展的能力和物质及能源的消耗，还会影响气候的变化，这是一个全球的重要议题。所以获诺贝尔经济学奖的美国经济学家斯蒂格利茨曾经说过，影响21世纪人类进程的有两件大事：一件是美国为首的新技术革命，一件是中国的城市化。中国的城市化如果能与生态自然和谐相处，那么全球的可持续发展才能保证。众所周知，人类第一次大规模的城市化发生在欧洲，但这些国家在此段时期迁移出了6000万人口，把很大一部分人口迁移到北美、南美和其他殖民地国家，保证了欧洲城市化平稳发展与资源的足够利用和支撑，所以不存在资源能源约束的问题，也因为那个时候没有认识到气候变化。第二次城市化是在美国，同样，美国是强国，有第二次世界大战战胜国军事和经济优势，能把全球的资源据为已用，消耗了全球25%以上的资源和能源。我们中国当前的第三次城市化，在发展背景和条件上与前两次明显不同：其一，我国不能像欧洲那样大量移到外国去。其二，我国不能像美国那样以廉价的能源和资料来支撑城市化和工业化，等到我们需要大量的能源、资源时，却发现全球的能源和资源已非常短缺。油价已不是几个美金一桶，现在涨到70美金了，铁矿石一年也提高了70%的价格。所以我们只好走一条前人未走过的道路，既对自己负责，又为全球打算，是迫不得已的必由之路。所以要深刻认识到中央提出来的科学发展观能否顺利实施，不仅决定中国的命运，进而会决定全球的命运。和平崛起的内涵就是我国的城镇化、工业化应做到对全球生态干扰最小，绝不能像第一次欧洲国家城市化或第二次美国城市化那样。

三、建筑节能——我国能源战略的重点

1. "节能优先"成为中国可持续能源的战略决策

因为我国煤、电、油运营高度紧张，建筑节能成为我国能源战略的重点。我国又处在工业化发展的初期，传统工业、重工业还会发展。而传统工业单位能源消耗明显高于新兴工业，明显高于世界平均水平。总的来讲，当前发展中国家人均 GDP 超过 1000 美金时，能源和资源需求将高速增长，此时就出现了人们对舒适生活的追求。同时环境污染也会日益加剧。我国当前所处的这个发展时期，既是城镇化的高速期，又是机动化的高速期，更是工业化的高速发展期。每年约有 1300～1500 万农民进入城市，而每个城市人口的平均能耗为乡村人口的 3.5 倍。每年建造的建筑量接近全球的 1/2，我们用了全球 40% 的水泥，32% 的钢材。同时这一时期又是机动化的高速期，交通能耗将快速上升，导致城市污染的增加。同时又是全球化的高速期，发达国家几乎将大部分有污染的产品、大量消耗原料的产品都转移到中国来，我国已成为世界加工厂。例如所有美国品牌的运动鞋，基本不在美国本土生产，都在中国和其他发展中国家生产。生产环节的两端，即利润占 80% 以上的设计、标准的制定、核心技术的开发和销售，这两端全部在美国本土，而把消耗 90% 原料和能源、造成 90% 污染的加工环节甩在中国和其他发展中国家。这是多

么不公平呀，消耗了中国大量的原材料，留下了大量的污染，大部分利润全给了发达国家，然后还要冒反倾销的风险。正因为这种不公平的全球化促使我国能源消耗和生态危机临界点提前到来，成为全球最大的污染物和温室气体排放国。其实，得利最大的投资国也要负责。但是，近来欧盟反而提出一系列歧视性法案，最大的歧视法案就是提出非中国制造商品标签。我国经济增长2/3是在资源和生态环境过度透支上实现的，代价太大了。GDP只占全球的4%，但我国的人均能源储备与世界水平相比，煤为世界平均水平的51%，石油为11%，天然气还不到4%。北京去年遇到了天然气供应紧张的问题，储备的天然气只够供一个星期。原定计划北京的天然气由陕北的天然气包供的，结果到了管道安置好了以后，发现陕西的天然气都不够供应自己。所以国务院赶紧下命令，西气东输沿线的燃气发电厂要停，现在查明30多座发电厂，70%以上是未经批准的。世界上许多国家人均能源储量是只算已经探明的，没有探明的不计入，我国连预期的也算进去，人均占全球的比率仍很少。这是我国国情的特殊性之一。

2. 当前能源形势十分严峻

我们的能源生产处于前所未有的高速增长期，2004年原煤产量20亿t，占世界能源的11%。但是煤电运输十分紧张，煤产量的50%用于发电，三年就增加了8亿t年产量，还是供不应求，价格飞涨。对于电力供应来讲，2004年投产的500万kW，发电容量为4.10亿kW，而且当年夏天24个省市拉电、拉闸，杭州市连政府的大楼电梯也停运，以保证居民用电。2005年计划新增装量700万kW，缺口还有35万kW。近几年来，我国以全球从来没有过的装机容量快速发展，但还是远远不能满足能源的需求。现在上海等东南沿海大城市的拉电次数，一年就超过700次。北京历史上从来没有过拉电，去年夏天也开始区域性停电。石油价格越来越高，10 年内从净出口快速转变到净进口，对外依存度达 40%。铁路运力的 50% 只能用来运煤。

3. GDP 增长与能源消费增长速度对比

“翻两番”意味着 2000～2020 年国内生产总值年均要增长 7.2%，但我国能源总产量多年平均最多只能增长 4% 左右。也就是说，只能用大约“翻一番”或更少一点的能源消费，保“翻两番”的 GDP 增长目标。2000 年全国能源消费总量大约为 13 亿 t 标准煤，争取 2020 年一次能源消费总量少于 25 亿 t 标准煤，节能总量达到 8 亿 t 标准煤。最近这几年来，我国能源消耗增长比 GDP 增长还快，一个明显的转折点是从 2002 年开始，GDP 增长 8.3% 的时候，能源消耗增长率超过了 GDP 的增长（表 1）。原因主要是建筑以及交通的能耗，尤其是建筑能耗突飞猛进地上升。我国城市大部分的建筑在 20 世纪末开始大量安装空调。反思“十五”规划，所有的指标都基本完成，但惟一未达标的就是能耗增长大于 GDP 增长。“十一五”期间我们要把能耗减少，指标是 2.5 亿 t 标准煤，建筑节能就占 1.1t。建筑节能承担整个能耗减少量的 42%，这个任务非常艰巨。

GDP 与能源消费增长速度对比 **表 1**

	GDP 增长速度（%）	能源消费增长速度（%）
1980～1985	10.7	4.9
1986～1990	7.9	5.2
1991～1995	12.0	5.9
1996～2000	8.3	-0.1
2001	7.5	3.5
2002	8.3	9.9
2003	9.3	13.2
2004	9.5	15.2

4. 建筑节能的范围

建筑节能的范围，首先是建造能耗，即生产能耗。第二是建筑材料和设备生产能耗。第三是建筑施工和安装能耗。以上均属一次性消耗。第四是建筑使用能耗，属民用生活领域，是多年长期的消耗，如建筑采暖、空调、照明、热水供应等能耗。第五是建筑拆除或材料回用能耗。其中使用能耗占大头。

5. 建筑能耗迅速增加，建筑节能开始成为我国节能的重点

我国城乡既有建筑面积共约420亿m^2，基本上属高耗能建筑。我国建筑单位面积能耗达到气候条件相近的发达国家的2~3倍，甚至更高（而我国主要工业产品能耗与发达国家的差距大部分只有10%~30%）。也就是说，我们正在以史无前例的规模和速度建造高耗能建筑。随着人们生活水平的不断提高，对建筑热舒适性的要求已越来越高，采暖和空调的使用越来越普遍，冬季成片采暖地区已跨过长江向南发展，人们越来越多地使用空调，普遍要求冬天室内温度增高，夏天室内温度降低。居民家庭家用电器品种数量快速增加，照明条件逐步改善，家用热水大幅度普及，家用电脑迅速增加。广大农村过去多采用薪柴、秸秆等生物质燃料采暖和做饭烧水，现在则越来越多地改用煤、天然气、电等商品能源。我们在北京作了一个调查，北京郊区一户最典型的农户，一个冬季采暖要耗8 t煤用于做饭和取暖，也就是说一个冬季要排放16t CO_2。北京一户城市居民比较普遍的100多个平方米住宅，仅冬季取暖能耗就需1t多煤。本来农民的能源消耗应该更低，现在倒过来了。此外，大量的全玻璃幕墙的豪华办公楼涌现，违反了“经济、实用、兼顾美观”的建筑方针，被称之为能源杀手。北京的西环广场，三个倒“U”字形的楼，是典型的能源消耗超级杀手的代表作。

6. 今后建筑能耗将继续快速增长

我国今后的建筑能耗还将快速增长。2000年时，全国建筑

能耗是3.5亿t标准煤。2001年，建筑使用能耗所占的比例已达27.5%，并将稳步增长。每年平均将提升一个百分点，最后会接近于欧盟的50%。如果建筑节能工作仍维持目前状况，根据我们的推算，2020年建筑能耗将达到10.89亿t标准煤，是2000年的3倍以上，这是巨量的能源消耗。

7. 空调用能成为夏季用电高峰的关键因素

家用空调在城市中日益普及，城市居民每百户空调器拥有量2003年已达61.8台，其中，北京平均每户已超过1台了，广州最多，1.5台。现在平均每户2台左右，空调在公共建筑中的使用则十分普遍。在2004年夏季，大量新增空调的使用造成城市用电负荷高峰，导致24个省市拉闸限电。2002年夏季，各地空调的用电高峰负荷共达4500万kW，相当于2.5个三峡电站的用量，而且还在快速上升之中，举全国之力来建三峡，发出来的电只能满足1/3的空调用电。上海1993年的最高用电负荷与2004年最高负荷相比，突飞猛涨了3倍，绝大部分是空调引起的。原来百姓认为有房子住，有电风扇就行了，现在一户已经有好几台空调了。由于空调的持续增长，预计2010年空调高峰负荷将相当于5个三峡电站的满负荷出力。建设每千瓦电站及电网设施，平均约需8千元投资。也就是说，至2020年，为保障当年空调

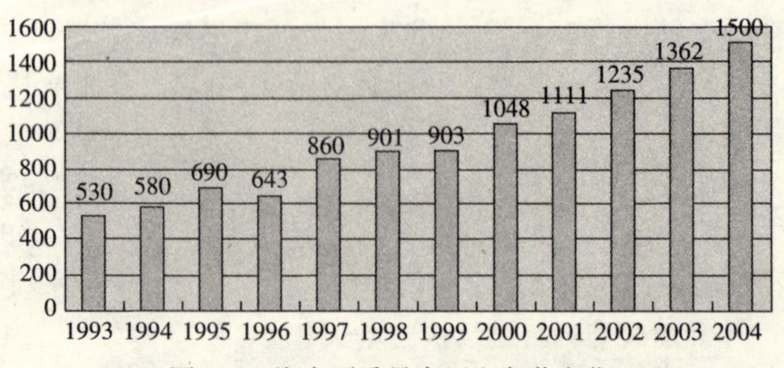

图5　上海市夏季最高用电负荷变化

高峰负荷的电力建设投资，需资金 1.4 万亿元。过高的电力高峰负荷，对于电站和电网设施的经济运行和安全运行都是十分不利的。这个 1.4 万亿的电力投资每年平均只用二三个月，过了这段电力高峰时段，大量极端昂贵的电力设施完全闲置，浪费十分严重。

8. 我国现在正以人类历史上最快的速度建设电力设施

我们现在正在以人类历史上最快的速度来建设城市，建设建筑，又是以人类历史上最快的速度来建设电力设施。2004 年，我国发电能力增加 5000 万 kW，共耗资金 4000 亿元。2005 年，预计我国发电能力增加 7000 万 kW，共需资金 5600 亿元。缺电主要缺的是高峰电，而高峰电主要是由夏季空调造成的。华北、华东、中南各主要电网夏季空调造成的高峰负荷约占总负荷的 1/3。采取“头痛医头”的办法，造成电力设施严重浪费。但只要抓紧建筑节能，在保证建筑热舒适的条件下，空调高峰负荷可以大大削减下来。按照节能优先的战略，应该“釜底抽薪”，把一部分电力建设投资用于建筑节能。

四、我国建筑能耗及其与发达国家的差距

1. 全世界建筑能耗占全球能源总量约 30%

居住建筑目前消耗的能源总量为商用建筑的 2 倍，但商用建筑能源消耗量增长较快。不同类型国家在建筑领域消耗能源的比例为：工业化国家 52%；东欧及前苏联 25%；发展中国家 23%。但发展中国家建筑能耗增长最快，每年增长 6.1%，而工业化国家和东欧国家的年增长率分别为 0.6% 和 3.4%。

建筑节能标准与发达国家之间的差距。发达国家实际上是 2~3年，最长是 5 年修订一次节能标准，每次修订均提高节能要求。法国 1974 年、1982 年、1989 年分别修订建筑标准，每次修

订均比上次标准节能 25%；2001 年又修订一次，节能 20% ~ 40%。英国外墙传热系数限值，1965 年是 1.7，就是每个平方米传输 1.7W 热量。到了 2002 年时是 0.35，保温性明显提高，提高了约 5 倍。我国此类标准基本上是没变化。建筑围护结构传热系数与国外相比，也存在较大差距（表 2）。外墙、外窗到屋顶与欧洲标准相比都有差距，与瑞典标准相差最大。我们有许多城市的领导根本就不知道建筑有个围护结构的问题，也不知道这类围护结构的标准是强制性的，需要认真执行。德国建筑采暖的标准能耗（表 3），1984 年以前每个平方米建筑能耗为 200 ~ 250kW · h，相当于消耗 30kg 标准煤。到了 2001 年只有 3kg，相差 10 倍左右。我国北方的居住建筑节能潜力非常巨大，外墙传热系数可从 7.5 W/m^2 降到 1.6W/m^2，可以一步到位达到先进标准。如果我们把窗玻璃改为 Low E 玻璃，窗框改成热桥阻断式的，热传递系数可从 5.4W/m^2 降到 2W/m^2。建筑本身的采暖能耗马上可以降低 30%。我们有 60% 的城镇家庭可以自主改进供热效率，降低采暖能耗。

建筑围护结构传热系数与国外标准比较 **表 2**

	外墙	外窗	屋顶
北京（节能 65%） 上海	0.3 0.6 1.0 1.5	2.8 2.5 3.2 4.7	0.60 0.45 0.80 1.00
瑞典南部	0.17	2.0	0.12
德国	0.20 ~ 0.30	1.5	0.20
美国（相当于北京采暖度日数）	0.32 0.45	2.04	0.19
欧盟	0.25	1.3	0.3

德国建筑采暖能耗

（德国采暖度日数与北京采暖度日数接近） **表3**

年份	建筑能耗[kW·h/(m^2·年)]	折合标准煤[kg煤/(m^2·年)]
1984年前	200~250	24.6~30.8
1984年	150~200	18.5~24.6
1990年	100~150	12.3~18.5
1995年	100~125	12.3~15.4
2001年	30~70	3.7~8.6

大型公共建筑约占民用建筑总面积的1/20，但其用电量约大体相当于居民生活用电量的1/2。规模相近的宾馆商场用电量比民宅高出1~4倍。在建筑能耗方面，我国公共建筑是带了坏头的，片面追求标志性建筑外形、过多采用玻璃幕墙，不合理的建筑设计。如某城市的规划展览馆，都是玻璃结构，尽管装备了大功率的空调，还是令参观者夏天感到很热、冬天很冷。这还是一位著名建筑大师设计的，还作为城市规划建设的现场教育，真是起到了反面效应。我国许多公共建筑只追求现代化和气派，厅堂的面积非常之大，有些三星级宾馆厅堂的面积比国外五星级都豪华。公共建筑特别是大型公共建筑耗能多，节能潜力巨大。

2. 政府机构能耗数量巨大

2004年对北京市54个市、区政府机关能源消费调查结果：单位建筑面积年耗电量达到80~180kW·h/m^2，为居民住宅的5~10倍；机关人均年耗电量是居民的7倍；行政机关人均用能1.8t标准煤，为居民人均生活用能的4倍。北京的很多大楼是典型的能源杀手，在这种建筑中办公的公务员人均的耗能，一般是普通居民的20倍，需要比普通建筑高好几倍的能源消耗才能够维持舒适的环境。对大多数公共建筑来说，只要优化建筑的能源供给系统，就可以节约30%，大幅降低采暖系统的能耗。如北京市原“十大建筑”之一的铁道大厦，原来的空调系统经常是“大马拉小车”，后来采用了变频空调，如果办公人少了或外部温度下降了，空调器转速就会自动慢下来，这样可以节约30%的能耗。如果实施既有大型公建的改造，节能数量是巨大的。优化建筑的结构或采用优良的新型建材，采用通风和排风的热回收装置、提高灯具和其他电器的效率，都可以明显地提高建筑节能率（图6）。实现每间房子温度和湿度能独立控制就可降低能耗30%。现在国务院已经启动了中央部委建筑节能改造工程，先选择10个部委的建筑，建设部是其中之一。建设部大楼两年前刚刚改造完毕，现在检查还是有一些问题。设置节能控制调节阀，也可以达到15%～20%的节能。如果我们不推行建筑节能，或者任务完成不理想，我国的能耗就会直线上升。如果我们推行得好，就是到2020年仅耗7.5亿t标准煤，节能50%。这之间的差距是3.5亿t标准煤，相当于一个中等发达国家能耗的总量。中国人稍微动一点脑筋就节约出一个发达的工业大国的总能耗和温室气体排放，可见建筑节能潜力之大。

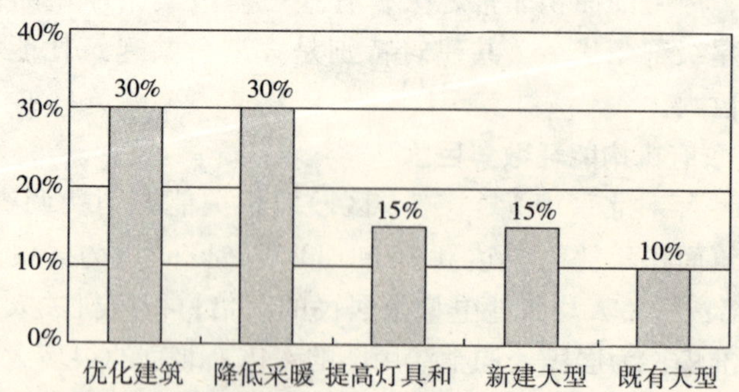

图6　采取不同节能措施可以达到的节能效果

五、绿色建筑兼顾舒适健康与节能

1. 绿色建筑的由来

绿色建筑的兴起有五个原因。第一，人类从能源危机、环境危机中觉醒，各类绿色运动风起云涌，建筑必须与自然和谐相处逐渐成为发达国家民众之共识。这是人类的自我觉醒。第二，建筑节能从单纯注重运行过程节能扩大到建筑全周期节能，建筑必须符合循环经济的原则。第三，早期封闭的节能建筑转向开放型、气候适应型的生态建筑，追求居住舒适性和对人类健康有益的建筑结构，进而提出了“健康住宅”的要求。事实上，不追求舒适度的节能建筑是要被消费者淘汰的，建筑的舒适性随着生活质量的提高是要不断地改造的，这种改造过于频繁就意味着大量的耗能、耗材。而绿色建筑能兼顾节能、舒适和健康。第四，信息技术的创新和信息化社会的到来，使建筑中多用信息、少用能耗逐步成为现实。第五，从狭义的节能转向“四节”，就是说广义的建筑节能，节材、节地、节水和延长建筑生命周期等都能达到节能的目的，甚至可将有利于居住人健康，少生病、少上医院也归于节能。

2. 世卫组织健康住宅标准

世界卫生组织提出健康住宅的标准，一是会引起过敏症的化学物质的浓度很低；二是为满足第一点的要求，尽可能不使用易散发化学物质的胶合板、墙体装修材料等；三是设有换气性能良好的换气设备，能将室内的污染物排至室外，特别是对于高气密性、高隔热性的建筑来说，必须采用具有排风管的中央换气系统，进行定时换气。四是在厨房、灶具或吸烟处要设局部排气设备。五是起居室、卧室、厨房、厕所、室内走廊、浴室等要全年保持在17～27℃之间。室内的湿度要保持60%～70%，粉尘的浓度要低，噪声要低。我们现在的建筑都不行，隔音隔声都很差。日照、亮度，还有抗灾都有要求，这是世界卫生组织提的标准。所以这样一来，既要达到建筑节能，又要追求舒适度和健康，要在二者之间寻求平衡甚至双赢。过去我们有许多错误的概念，比如错误地认为室内污染比室外要低，所以当大气污染较高时，就把窗户关起来。其实，尽管室内没有污染源，但室内污染都会比室外高一倍。现在各种各样的怪病越来越多，相当一部分与我们错误的判断有关。所以我们要求健康住宅必须有足够的通风，必须是舒适的，必须是气候自适应的。

3. 绿色建筑不是高技术、高价格、高绿化建筑

要正确认识绿色建筑：绿色建筑不是高绿化的建筑，不是说把屋顶变成花园就是绿色建筑。绿色建筑是节能、环保、健康，三者合一的，也就是说是资源节约型、环境友好型的建筑。绿色建筑也不等于高技术的建筑，因为绿色建筑涉及到节水、节能、节材、节地，是许多适用技术的集成，当然也可以采用高技术。所有传统的建筑都有“绿色”的成分，但是绿色的分量是不同的，随结构、地点、气候、管理、应用理念的不同而不同。绿色建筑又不等于高价格的建筑，我们绿色建筑只比一般建筑造价高5%～7%，如果采用高技术则另当别论。绿色建筑不等于一般的节能建筑，所以发达国家从20世纪70年代能源危机以来就大量推行封闭式的建筑。但是进入了20世纪90年代，发现居住人的“建筑综合症”日益严重。提出健康住宅标准以后，发达国家纷纷对原有节能建筑进行二次改造，把一般封闭性建筑改成绿色建筑，美国的住宅改造量已经达到65%，全部改成绿色建筑。其中广泛采用的一项技术，就是地板通风，通风孔全在地板上。这就是20世纪90年代绿色建筑提出来以后才逐步推广的。因为通风口装在地板上，人体是热的，新风的温度比人体的温度低，所以人走到哪里，新风就把人体包围住了，使居住者始终能呼吸新鲜空气。浑浊的气体升到顶棚被回收，再过滤，再混合部分新鲜空气后进入排气孔。所以我国之所以提出绿色建筑和节能建筑同步提高，道理就在这儿，就是避免发达国家走过的弯路，防止建筑节能的二次改造，即先搞封闭性的节能建筑再搞绿色建筑造成的巨大浪费。

六、我国建筑节能存在的问题与原因

有了节能的强制性标准，建筑质量检查这个环节是很重要的。而没把节能作为建筑质量检查的一个组成部分，就成为造成多年来强制性的标准未被强制执行的重要原因。建筑设计节能的标准都有，后来还以建设部令的形式提出，如果不强制性执行标准，可以对设计、施工单位处以 50 万元的罚款和吊销或降低其资质。但是实际上没有一家单位被罚过款或被吊销过资质。

从总体上看，北方采暖地区节能标准执行情况较好。从全国看，北京、天津、唐山等一些北方地区城市和上海执行情况较好。为什么这些标准没有被强制执行？原因之一，普遍存在执法不严、违法不究、缺乏检查监督的问题。有的地方又开会，又发文件，就是少抓实际，建造节能建筑；有的地方只是下达建造若干万平方米节能建筑的任务，送审图纸可能是节能建筑，但实际施工的是非节能建筑。根据建设部近期对 2000 年以来建筑节能设计标准颁布后部分省市居住建筑节能设计标准实施情况的调查，通过初步的分析，2000～2004 年，总体说来，全国各气候区按节能标准设计的项目为 58.53%，按节能标准建造的项目为 23.25%。在寒冷和严寒地区，两者分别为 90.08% 和 30.61%；夏热冬冷地区，二者分别为 19.98% 和 14.36%；夏热冬暖地区，两者分别为 11.20% 和 11.20%。调查结果表明，达到节能设计标准要求的建筑比例较低，形势不容乐观。北方地区设计时占

90%，而施工的只有30%，设计跟施工相差3倍。夏热冬冷地区实际只有19%，不到20%，到施工时只有14%的建筑执行节能标准。夏热冬暖地区仅为10%，基本上没有执行节能标准，所以这些地区空调能耗才那么大。原因之二，已经用先进技术建成了少量示范建筑，效果明显，但发展很不平衡。很多地方可供选择的应用技术太少，缺少国家一级的国内外建筑节能先进技术、产品和设计理念的交流平台。节能技术和产品实际使用范围较窄，开发商不愿花钱。原因之三，以假冒伪劣技术进行不正当竞争问题相当突出，开发商往往以价位定取舍。各种虚假信息使购房者无所适从。房地产市场和消费者对节能建筑、绿色建筑的认同率低，缺乏激励机制。原因之四，标准化、技术规范滞后，标准内容僵化，与大量涌现的节能环保新技术不相适应。原因之五，北方地区的供热体制改制太慢，导致用户自主进行节能改造的积极性受挫。原因之六，各级政府和商业用楼的高耗能结构反而成为鼓励浪费的反面典型。

七、建筑节能和推广绿色建筑的对策

各发达国家的实践和我国多年的经验教训告诉我们，建筑节能工作不可能自发地开展，必须主要通过代表国家和人民利益的各级政府，因势利导，依法执行，认真从多方面采取引导加强制的办法，才能真正推动起来，取得成效。

（一）建筑节能目标和模式的“双跨越式”

首先是节能目标上的跨越。我国建筑节能目标是：通过全面推进建筑节能工作，到2010年，全部新建建筑严格执行节能50%的设计标准，其中各特大城市和部分大城市率先实施节能65%的标准；开展城市既有居住和公共建筑的节能改造；大城市完成改造面积25%，中等城市完成15%，小城市完成10%。在此基础上，到2020年实现大部分既有建筑的节能改造，新建建筑东部地区要实现节能75%，中部和西部也要争取实现节能65%，建筑节能效果总体上接近发达国家20世纪末的水平。二是节能模式上的跨越。即一般节能建筑与绿色建筑同步发展，逐步提高绿色建筑的比重。其中特大城市和公用建筑应率先采用绿色建筑的标准规范。目标上的跨越和模式上的跨越在我国要同步进行。

（二）基本对策

1. 建立健全建筑节能法规体系

《中华人民共和国节约能源法》补充修改，增补建筑节能内容；修订《建筑法》，增补建筑节能内容；加快制定《建筑节能管理条例》；修订《民用建筑节能管理规定》；修订《墙体改革基金管理办法》，此项基金继续征收，改名建筑节能基金，加强管理；制定《城镇供热管理规定》；认真执行和不断完善已出台的《绿色建筑技术规范》、《评价标准》等。

2. 完善建筑节能标准体系

包括建筑设计、施工、验收、检测、运行标准；制定公共建筑及居住建筑能耗定额标准（在调查研究的基础上制定，分地区、分建筑类型）；制定大型公共建筑采暖空调节能监测标准；制定既有建筑节能改造标准；制定多系列建筑节能技术及产品标准；尽快配套，不断更新完善；强调严格过程控制；对示范工程认真检测；强制性执行现有的建筑节能标准。

3. 强化执行监督，动真格检查，批评、曝光、处罚

在全国全面实施节能标准，实施最严格的审查制度，采取最严格的处罚措施，从设计到竣工验收实施全过程、所有环节进行监控，认真执行建筑节能标准。对于不执行标准的各有关单位根据责任给予罚款、公开曝光、限制进入市场、对资质或资格进行处置、不予核准售房等各种处罚。执行的关键是地方政府主管官

员。监督考核当然首先是地方政府主管官员。有些地方建筑节能进展迟缓，有种种借口，但根本原因是主管官员认识上不去，工作不得力。宣传工作得力的省市的经验，对行动迟缓拖拉的省市建设行政管理部门公开通报点名批评，在媒体曝光。对浪费能源的违法违规行为一定要严肃查处。将建筑节能及绿色建筑的推广作为评选国家园林城市、环保模范城市、生态城市和人居奖等荣誉称号的必要条件之一。

4. 建立各类财政税收政策

建筑节能缺乏财税政策支持的状况必须尽快改变；财税政策观念上已从单纯算增支减收到算综合社会成本效益的转变；政府经常性预算中设建筑节能支出科目，主要用于节能技术开发、宣传、示范、推广以及节能监管；将长期国债中一定比例用于建筑节能投入；墙改基金为建筑节能基金；设立既有建筑节能改造专项基金和供热改革专项基金；建筑节能产品减征增殖税，扩大墙改产品减征税范围；对大型公共建筑进行能耗定额管理，组织严格的能耗监察，规定累进的阶梯能源价格；使用资源的代价应包括消耗资源和破坏环境的费用。

5. 抓紧推进城镇供热体制改革

尽快改变城镇供热体制改革进展缓慢、互相观望状况；建筑节能标准的强制执行长期缺乏经济动力，可能难以为继，解决采暖能耗高问题也得不到经济动力；要求各试点城市系统总结经验，在此基础上制定政策框架，发布新的文件；召开全国性会议，制定计划，加速推进；规定各大中城市完成供热体制改革期限；宣传推广一些城市供热体制改革的成功经验；比较不同计量控制系统，优选经济合理技术方案；与既有建筑节能改造相结合，以减少能耗；供热体制改革与建筑节能措施相结合，使能耗减少，有利于弱势群体。新推行集中供热的地区与城市全部采用新体制。

6. 开展既有建筑节能改造

既有建筑占绝大多数，能耗更高，只有既有建筑节能改造取得成效，建筑能耗才能大幅度降低。政府机关要率先垂范，政府办公楼先行；如英国伦敦市政大楼是一幢节能率达65%的绿色建筑（图7）。对冬天过冷结露、夏天过热的建筑先行改造；对能耗过高的大型公共建筑限期完成改造；试点示范，专家诊断，研究出经济合理方案；大力宣传改造取得的节能和提高热舒适效果；政府、业主等多方集资，可借鉴ESCO方式；要求大中城市抓紧进行既有建筑节能示范改造。

图7 英国伦敦市政大楼——节能率达到65%的绿色建筑

7. 从重点镇入手，开展农村节能省地型住宅示范试点工作

农村用能正由生物能向商品能源转变，大城市周边农村用能增长迅速。2003年北京农村每百户已有空调器35台。住宅省地重点在农村，农村住宅围护结构保温隔热普遍很差，农村住宅冬

冷夏热，建筑热环境不良。可在不同地区组织一批试点示范工程，太阳能房和太阳能技术可广泛应用，组织进行农村节能省地型住宅技术研究，宣传推广农村节能省地型住宅成功经验。

8. 推动建筑节能技术进步

开发并形成不同地区不同建筑适用的多种建筑节能配套技术包括既有建筑节能改造技术；从经过实践考验的成熟技术中先挑选出50～70种适用技术编印成建筑节能技术指南，供各地选用，再逐步补充；研发先进适用的建筑围护结构保温隔热技术，特别是外墙外保温技术、节能窗技术和采暖计量及控制技术以及太阳能、地热能技术；推广当地适用的建筑节能配套技术；规范建筑节能技术市场，淘汰落后技术和产品；重视建筑节能技术的基础研究，加强研究基地建设和经费投入；组织以企业为主，产学研结合从事建筑节能技术研发。

9. 不断建造各类绿色示范建筑

要求各地建造各种类型的有代表性的绿色节能示范建筑，包括居住建筑和公共建筑、新建建筑和既有建筑改造；示范建筑不能只是开发商的卖点，而要在该地区真正起到引领建筑节能技术潮流的作用；示范建筑必须严格验收，验收时必须提供翔实的技术、经济和围护结构热工性能检测报告；示范建筑运行1～2年后必须提供翔实的能耗检测、成本节约报告，否则取消示范建筑称号。

10. 开展建筑能耗调查，建立能耗和四节数据库

建筑能耗是进行建筑节能工作的基本依据，建筑能耗底数不清的情况应抓紧解决；同一地区同类建筑单位面积能耗差距很大；建筑能耗调查工作量十分巨大，相当复杂；少数单位做过一些调查统计分析工作，很不系统；采取抽样调查、统计报告、计算分析相结合；以大型公共建筑为突破口，先集中力量调查清楚；以采暖、空调、热水供应、照明用能为主；与地方、统计部

门合作，建立建筑能耗数据统计体系；建议下决心组织力量，安排经费，限期完成；在此基础上建立全国和省市建筑能耗数据库；公布不同地区建筑能耗数据，促进建筑节能。

11. 建立节能产品认证和节能建筑认定制度

推进建筑用能产品能效分级认证和能效标识管理制度；研究建立我国节能建筑评定体系；选取不同试点建筑进行能耗性能评定；制定建筑能耗性能评定分级标准；逐步推行建筑能耗性能评级，发展到绿色建筑性能评定分级；通过建筑节能评审，对节能效果显著的建筑颁发“建筑节能之星”标识或授予“绿色建筑创新奖”。

12. 广泛开展建筑节能宣传教育培训，发起绿色建筑运动

要求所有注册建筑师、暖通工程师、建造师、监理师必须参加建筑节能系统培训，作为继续教育必修课，并为此编写教材，培训教师；要求建筑院校有关专业必须有足够学时教授建筑节能和绿色建筑内容，教师要参加培训学习；编印建筑节能通俗读物，从中选出一些片段在电视和报刊上发表。

我们必须实现双跨越的目标，一般建筑和绿色建筑齐头并进，我国不能先搞节能建筑，再搞绿色建筑，要双管齐下。要把科技示范的效能发挥出来。从绿色建筑展望生态城市，应在城市建设中坚持五个原则：一是按照生态系统的本来内在规律改造城市。城市是人类创造的最大自然和人工的复合体，这个复合体应该符合人类作为特定的物种生存发展的功能。要使城市发展过程尽可能少地干扰自然，干扰生态环境。二是城市功能的改善与城市环境容量相符合。要汲取历史上的经验教训，让城市与自然和谐相处，使城市充满创造力，要尊重地方文化传统、地方的建筑结构。三是要参照建筑的时序，从绿色基础设施开始做起。有了绿色的城市基础设施、符合生态功能的基础构件，才能构建资源节约型、环境友好型城市。四是合理规划交通系统的层次。所有

的生态城市必须首先是可步行的，再考虑自行车，然后考虑公共交通，进而考虑小汽车，最后是卡车。现在我们城市设计往往颠倒过来了。五是保护土壤，提高生物多样性。在城市这个最大的人工和生态复合体中，人类跟大自然应该和谐相处，所以我们要建设可持续的城市。资源节约型、环境友好型社会的建设，要从绿色建筑这个城市最基本的细胞开始做起。这些都是城市规划所必须要做的，只有这样做，才能完成中央交给我们的任务，才能无愧地向下一代说，我们在空前绝后的快速城镇化、快速机动化、快速工业化过程中尽了应尽的义务，我们还留了一个没有污染的中国让后代能够生存发展。不然我们都是要被他们指着脊梁骨骂的。

（原载《浙江建设》2005年第11期）

中国能源状况及建设领域的政策选择

中国作为世界上人口最多的发展中国家，在其实现工业化、城市化和现代化的进程中，正在发生全球历史上规模最大的人口迁移，生产效率升级和社会结构的变革。但这一系列的变化正遭受越来越严重的能源短缺、环境污染、资源消耗过大等因素的困扰。解决这些难题不仅对实现中国经济、社会和生态的和谐发展至关重要，而且也是减缓全球气候变暖、环境持续恶化和实现可持续发展的基点之一。本文从中国能源状况和节能的意义分析入手，提出学习美国的“精明增长计划”、改善城市公共交通系统和发展绿色建筑三大措施来提高能源的使用效率。

一、中国的能源状况和节能的意义

中国是一个能源短缺的国家但又是能源消费的大国。中国已被探明的化石资源储量中，超过90%是煤，而其人均占有率也仅是世界平均水平的一半。石油的人均占有量是世界平均水平的11%，天然气仅为4.5%。但是当今中国能源消耗占了世界总量的10%。据最保守的估计，到2020年，中国的能源需求将达到25亿t标准煤，比2000年高1~1.5倍❶。中国对石油进口的依赖程度将持续提高。

---

❶ 陈清泰等编. 中国能源发展战略与政策研究. 北京：经济科学出版社，2004.4

中国快速的经济增长和城市化对能源供应和消耗提出了挑战。在未来的20年里，中国预计年均GDP平均增长超过7%，为与此保持一致，能源的年供应量要增加4%。高速的城市化会自然地导致大量来自农村的人口向城市移民。预计到2020年，中国的城市化率将达到57%，这意味着每年将有近1500万农村居民来到城市居住❶。每个城市居民平均耗能是农村居民的3.5倍。这将导致空前的全球性的能源供应压力。在中国，主要问题还包括不充足的能源资源、能源使用效率低、落后的节能技术，以及日益加剧的环境污染。不断增长的能源需求和能源资源的短缺将长期对中国经济和社会发展产生负面影响。

“能源效率优先”是中国能源战略。没有能源，人类将不能生存，社会也将不能成功发展。在全球可持续发展能力的链条中——作为人口众多的国家，伴随着很低的人均能源储备、脆弱和不发达的经济，中国无疑是其中的一个薄弱环节。解决能源效率问题，不仅是一个国家而且是全球面临的挑战。中国政府已经建立起了“能源效率优先，能源供应多重结构和与环境友好发展”的能源政策，核心理念是增加能源使用效率，特别通过扩大与国际间的合作，学习借鉴更多的节能先进技术和成功的管理经验。成功的可持续能源战略将对中国和世界的社会和经济发展作出贡献。

促进建筑和城市节能是实施中国能源战略的关键。建筑建造和运行的已经成为能源消耗的主要领域。人类所需的生活空间经历了四个不同阶段：遮蔽所、舒适建筑、健康建筑和绿色建筑。第一阶段的建筑耗能很低或基本不耗能，第二阶段和第三阶段有较高的能耗，而第四个阶段具有高能效，并可以很好地使用再生能源。同时强调建筑材料的再循环，人与自然的和谐，并避免或

---

❶ 建设部. 城市化报告. 1999

减少建造过程中对生态环境的危害。目前，中国的建筑部门消耗了全国15%的材料、30%的能源，产生了34%的污染❶。

另一方面，不同的城市化模式有着不同的能源消耗程度。我们可以从美国的城市化历史中学到许多教训。由于联邦和地方政府在政策上的失误，城市密度自19世纪末以来越来越低（图1）。过度郊区化把美国人带入了噩梦之中。直到现在，美国的人均耗能还是欧洲或日本的3倍以上❷。

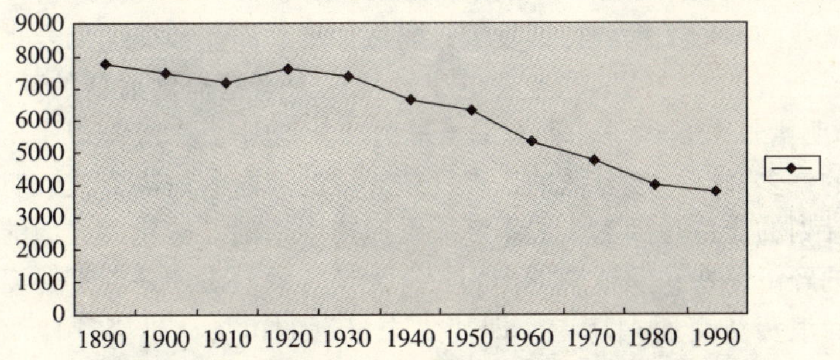

图1　1890~1990年美国城市人口密度变化

近年来中国建筑行业发展迅速。每年的住房建造量在16~20亿m^2之间，超过了世界所有发达国家建筑量的总和。到2002年底，中国建筑存量总面积已达400亿m^2。这些建筑存在着巨大的节能潜力：其单位面积供热能耗是发达国家的3倍❸。但是促进中国建筑节能是一项非常艰难的任务，由于快速的城市化和不断增长的生活水平，建筑市场继续扩张。预计到2020年中国住房建筑面积将达到690亿m^2。现在是考虑在建筑领域内节能问题的时候了，这在中国已经成为十分紧迫的问题。

---

❶ Pietros Nivola. Are Europe's cities better. 2002

❷❸ 陈清泰等编．中国能源发展战略与政策研究．北京：经济科学出版社，2004.4

二、学习美国的“精明增长”计划，强化中国的城市规划系统

“精明增长”计划的目标。根据“获得精明增长——100项政策的实施”❶，此计划是针对经济、社会和环境服务建立起来的。它为社区发展提供了一个框架，确立了关于如何和在哪里增长的广泛的决策依据。“精明增长”有助于社区在支持经济发展和就业的基础上得到持续发展；通过住房、商业和交通的合理选择，创造健康的社区；通过健康的社区为家庭提供清新的环境。“精明增长”提供了一种有助于解决涉及美国过去50年以来所面临的许多社会高度分散的发展模式导致的问题的解决方式。对此项计划的支持是因为人们不断质疑城市中基础设施建设方面的无度的经济浪费，及近来不当的大拆大建。他们质疑是否有必要把时间浪费在交通拥堵中，即使是去最近的市场，也必须使用汽车。他们质疑放弃对老社区里的棕地❷进行重新利用，而开发新的开启空间和原始的农用土地，进而破坏了我们郊区的环境。生活质量问题正在美国的社区中变得越来越重要。地方和州政府政策制定者、规划者、开发者和其他人员便把“精明增长”作为应对这些挑战的解决途径之一。这些挑战概括如下：

美国的分散土地使用导致越来越高的社会代价，越来越少的人可以步行到商店或工作场所，以及与邻居见面和聊天。同时，来自汽车对空气的污染——如今最普遍的汽车导向型土地使用模

❶ 参见：Getting to Smart Growth（I）U. S. A

❷ 随着欧美发达城市经济转型，特别是工业制造业外迁，大片工商业用地被废弃。这些被称为“棕地”，“棕地”释放的大片空间成为城市的伤疤，城市居民活动的盲点。如何重新利用“棕地”正成为发达国家在城市规划方面需要重点考虑的内容之一。

式意味着——导致每年有大约2~4万例慢性呼吸系统的疾病❶。另外，众多汽车的存在依靠更多的道路和更多的停车场，在社区中增加了密封性地面的总量，产生了更多被污染的雨水流入我们的河流和湖泊。

1982~1997年间，全美国都市化土地使用开发增加了45%，1982年约为5100万英亩，1997年为7000万英亩。而在同一时期，人口的增长仅有17%，这就意味着降低了城市的居住密度❷。更长时期的变化可见图2。

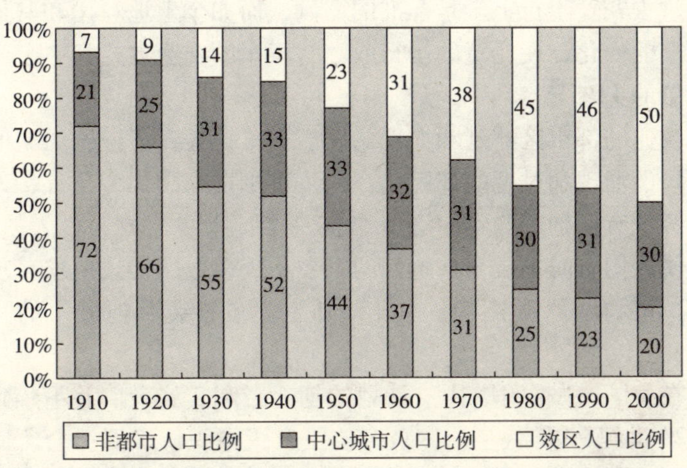

图2 1910~2000年美国居民向郊区、城市和城镇转移的趋势

根据美国的住房调查，中等面积新住房面积从1993年的1725平方英尺增加到1999年的1928平方英尺——仅仅6年的时间面积就增加了12%——尽管同期家庭平均人口从过去的3.2人减少到2.61人。同样，在过去的30年里，人均的零售店铺面积

❶❷ 参见：Getting to Smart Growth（I）U. S. A

从5平方英尺增加到20平方英尺❶。

到2030年，美国第一次面临1/5的人口将成为老年人。许多老年市民不能或不愿意花费昂贵的代价来维护或照管自家庭院。

在过去的20年里，交通拥堵困扰着整个国家。1982年65%的汽车行程是处于非拥堵状态下，而到1997年非拥堵状态只剩36%。事实上，根据得克萨斯交通研究所研究表明，过去的几年中严重的拥堵几乎发生在美国各个主要的大城市地区❷。

过去儿童步行上学是标准的惯例，而如今土地利用和其他发展模式的变化，使儿童的步行或骑自行车的交通方式只占上学交通总量的13%❸。

快速的都市区蔓延和惯性的发展模式，导致了该国大型的购物商场的涌现和过度的郊区化，除了有少量的装饰变化外，外观与内容没有区别的购物中心一个接一个地大量建成并投入使用，甚至使人们有时不能辨认他们的家乡。大多数的市长追求着现代化的城市和城镇面貌，一些设计师也大量抄袭其他城市的开发模式。

在美国，“精明增长”计划的创建者和实施者们并不感到孤立。20世纪90年代早期，众多的国家级组织认识到社会所面临的问题。1996年，他们在一起建立了“精明增长”网络。现有32个组织联合在一起支持“精明增长”❹。作为第一步行动，网络合作组织研究了成功社区的特征，通过分析讨论，他们制定了十条“精明增长”的规则。这些规则阐明了健康、生气勃勃的多样化的社区能为其居民提供如何生活和在哪里生活的选择。该组织网络同时建议在地方水平上形成政策导向，有选择地实施“精明增长”具体内容。

---

❶❷❸❹ 参见：Getting to Smart Growth (I) U. S. A

1. “精明增长”的十个步骤及中国面临的主要问题

(1) 促进混合土地利用。在中国，传统的城市规划系统依靠的是明确的分区规划控制下的土地利用模式。这意味着浪费了大量的土地和增加了越来越多的交通堵塞。

(2) 从紧凑的建筑设计中受益。在过去的20年中，中国有超过6000个经济开发区和科技园区被规划和开发[1]。传统的紧凑的城市开发模式被逐渐破坏了。

(3) 创造广泛的住房选择机会。市场经济通常产生了高收入家庭和低收入家庭在选择住房上的不公平，各级政府应注意协调市场机制不能发挥作用的方面。

(4) 创建适于步行的社区。越来越多的汽车意味着步行者使用道路和公共空间的机会越来越少。许多城市拆除了道路两侧的自行车道、人行道，有的甚至砍掉了路边的树木，为汽车让路。

(5) 培育有特色、有吸引力的社区。中国越来越多带有历史和文化意义的建筑及独特的传统街道区域在快速的城市化过程中正在遭受破坏。

(6) 保护开敞的空间、农田、自然景色、重要的生态环境。由于人口的扩张和农业土地的限制，中国人均可耕地仅为美国十几分之一，高速的工业化和城市化过多地占用开敞空间和农业土地，后果要比美国严重得多。

(7) 强调直接开发现存的社区。中国城市地区的大多数传统社区是在改革开放政策实施前建成的，其中的一些地区急需重建和复兴以改善发展状况和居住条件。

(8) 提供多种多样的交通选择。在过去的几年中“公交优先的策略”在中国主要的城市并没有很好地实施。城市地区居民

---

[1] 国土资源部报告. 2004

步行和自行车的份额下降很快，而汽车排放的有毒气体正在成为主要的污染源。

(9) 使发展决策变得有预见性、公平并节约费用。虽然中国的党中央和国务院宣布了“科学的发展观”，但我们还有漫长的路要走。错误的经济计划、不公平、无效率行政的情况在中国随处可见。

(10) 鼓励社区与资金持有者之间的合作。市场化的改革在中国已经实践了1/4个世纪，但不少政府有时在许多方面还扮演了错误的角色。部分低收入市民和农民的利益正在遭到忽视。

简而言之，美国的精明增长把支持在社区开发过程中采用土地混合使用作为一种至关重要的达到良好生活空间的方式。当家庭临近于商业步行区或高品质就业中心，选择出行方式——如步行或骑自行车——能再一次成为可能，这会使更多的人从便利的生活方式中获益。美国的经验表明，土地的混合使用由于公共交通的支持，可以提供更多的差异化的选择、大量人口居住就业和广泛商业机会。混合的土地利用可以增强地区的活力和安全，并可以获得财政的支持和经济的利益。

2. 在中国如何实践“精明增长计划”

(1) 改善我们城市规划体系。在中国快速的城市化过程中，城市规划体系在确保大、中、小城市和城镇和谐发展过程中扮演着重要的角色。这个体系应具有双重的功能，一方面，城市规划应遵从社会合理和公平的原则，防止市场非合理性的过度扩张，保护大多数人民的利益和生态环境；另一方面，这个体系应按照市场经济的法则，界定和保护财产权，提供公共设施，对城市的发展项目提供指导，保护投资者的合法权利。显然，在市场化、全球化和机动化的时代，中国现有的城市规划体系只是满足了国家短期快速的城市化过程的需要。

(2) 与城市规划体系相结合，实施更加严格的土地控制政策。考虑到中国近年来大量的农用土地流失，历史证明，原有的计划经济理论正面临土地利用失控的巨大挑战。当然，城市土地利用不仅是地方问题，而且也是国家层次的问题。惟一能均衡市场力量的方式是加强从中央到地方的各层次城市规划体系。中央政府在土地利用方面将扮演更重要的角色，作为一个有效的监督者，必须在项目建设前纠正地方在土地利用方面的一些错误。主要的控制目标包括土地利用密度和定向位置。

(3) 改变科技园区和经济开发区的土地利用模式，使之成为土地混合使用的区域。毋庸置疑，在过去的二十年里这些园区在中国的经济发展中发挥了重要作用，但过于简单化的土地利用模式导致了严重的土地浪费和交通压力。我们应该把卫星城开发与科技园区和经济开发区相结合，采用具有灵活性的控规和绩效规划（Performance Zoning），允许开发商根据市场需要适度调整土地的使用性质，并使土地得到有效利用。我们还应该提供土地混合使用的范例，对就业与居住平衡发展的园区或开发区进行奖励。

(4) 建立省级城市规划标准和规范，鼓励省地型和舒适的居民区设计和开发模式。新区设计应充分听取居民、地方群众和开发商的意见，保证通过精心设计的住房、小型花园和院落具有良好的私密性。我们可以学习欧洲一些高密度城市的开发经验。各级政府可利用税收、奖励和补贴的办法，鼓励地方社区、设计师和开发商合理增加建筑密度。

(5) 保护开放的空间、历史和文化遗产，创建与众不同的社区。我们应该通过调整街区、城市、大城市和区域的规划，保护和合理开发土地。在快速的城市化时期，在中国没有什么比保护国家公园、独特的自然景观和带有明显的历史和传统文化特征的古建筑更重要了。这是保护或创造与众不同的社区或城市的惟一方法。在这方面应使用的一些有用的新工具包括地理信息系统

(GIS)、集群规划、倡导性规划、区域规划来保护自然和文化遗产，强调绿色基础设施规划等。这些新的工具，与城市规划许可证制度和金融补贴政策相结合，将共同保护我们的资源财富。这意味着中国城市规划体系应不仅作为一个有用的指南为发展服务，还应成为一种重要的工具来界定一些区域及地块如何被严禁或限制开发。

三、进一步关注和改善城市公共交通系统

由于中国城市化和现代化的发展都比预计的迅速，在过去的十年中私人汽车每年增加30%，主要城市5%的人口拥有私人汽车。城市交通问题正在成为中国一个非常紧迫的问题❶。

1. 主要问题：数量和趋势

（1）交通堵塞：由于中国快速的机动化，整个国家都市区的交通堵塞越来越严重。特别是在一些主要城市，如北京、上海和广州，中心区主要干道的平均时速仅为5km/h。另一方面，在过去的20年里，主要的大城市，步行者和骑车人数量减少了❷。

（2）排放和空气污染：近年来，大城市空气污染源主要来自汽车。一些市民放弃了骑车只因为严重的空气污染。交通的堵塞、污染及频发的交通事故成为城市居民日常生活的一部分，不仅恶化了城市的生活状况，而且恶化了城市投资环境。尽管机动化对温室气体排放（GHG）的影响还在争论之中，但早已成为国际关注的重大问题了。

（3）低收入的市民损失最大，他们从机动化中没有得到任何益处，还得忍受汽车带来的相关问题：许多城市拆除了自行车

❶ 秦虹等．汽车进入家庭对城市交通的影响及对策．城市交通，2004（1）：8

❷ 新世纪的城市规划交通与发展．中国城市交通规划学术委员会2001年年会暨第十八次学术研讨会论文集．23～29

道，人行道，甚至是砍掉了行道树为汽车让路。情况正在变得日益严峻。这些错误应归结于某些政策制定者的无知，而非所谓骑车人或长距离步行者对机动车干扰的原因。

（4）关注能源的安全：现今中国已成为第二大石油消费国，从原来的原油出口国变成了石油进口大国。虽然汽车用汽油消耗量占石油总消耗量还较小，但增长很快。这是由于汽车价格降低很快，有效的汽车贷款、近年来的财政政策，以及向高速公路建设投入了大量资金造成的。据专家预测，中国的汽车数量将从（2003 年）的1000 万辆增加到（2010 年）的 1.3 亿辆❶。到那时国家的能源安全将处于一种更加严峻的状态。

2. 一些相关的政策选择

（1）建立国家城市交通发展战略（NUTDS）。中央政府在处理一些重要问题上应扮演更重要的角色，如节约能源、汽车排放控制，减少农业土地流失等等。

（2）尽可能建立新的石油消费税体系。随着机动化时代的到来，根据 WTO 规则关税将变得越来越低，中央政府的石油消费税体系应鼓励节约汽油产品。

（3）低收入阶层所需的公共交通应在每个城市明确地强调。所有以“公共交通优先”为内容的项目都应保持各方面的均衡，必须为步行者和骑自行车者提供便利。城市地区的公共交通系统、步行道、自行车道应有系统地设计和施工。

（4）大城市应实施国有城市公共交通公司的改革，改善经济效率、引入竞争机制。同时，各级政府应建立适当的法规。城市交通不仅仅是技术问题，更主要是制度能力建设问题。另一方面，大多数城市政府没有足够的制度和有专业工作能力的公务员来启动交通企业的改革，规范城市交通战略的规划。这就意味

❶ 参见：国务院发展研究中心报告．2003

着，针对官员和管理者工作能力提高的培训计划将非常重要。

(5) 显然，有效的城市公共交通系统涉及的不仅是经济成本，还包括社会和环境等两方面的成本。因此地方政府应建立长期稳定的财政补贴政策来补贴公共汽车公司。

3. 各级政府的优先行动

(1) 每一个大中城市及特大城市应设计城市综合交通规划（UTCP），预测未来的交通需求，改善地方公共交通系统，满足所有收入阶层居民的需求，特别是低收入阶层的交通需求。

(2) 在2006年以前，主要的大、中城市应建立公交专用道。“公交优先”的含义是公共汽车在使用道路上有优先权。大多数大城市应安排建立快速公共交通（BRT）系统，一些特大城市可以规划建造昂贵的地铁系统。

(3) 所有的城市都应参与到创建“绿色城市公共交通系统”的竞赛中来，根据城市公共交通系统标准来落实各项措施，改善它们的交通状况和公共交通系统的管理。

(4) 各大城市和特大城市建立智能交通系统（ITS），包括GIS、绿波系统和电子导航系统。应用现代化的IT技术将改善城市交通状况，有效地节约能源消耗。这些成果已经被一些示范城市所证明。

(5) 重新定义中央政府在政策协调中的作用，设立可持续的中央财政补贴机制，设立改善公共交通奖，以鼓励市长们更多地关注改善公共交通系统和满足低收入市民的交通需要。

四、发展绿色建筑和相关的政策

中国拥有世界上最大的建筑行业，发展绿色建筑是实施中国能源优先战略的需要。在过去的几年里，中国在发展绿色建筑方面做了许多工作，包括开展绿色建筑的关键技术研究、设立“国家绿色建筑创新奖”、在不同的建筑类型中进行绿色建筑设计、修建并运行管理等等。

中国发展绿色建筑遵循可持续发展的原则，体现的是建筑和环境生态协调发展的概念；示范着人类自身与建筑的和谐统一，环境友好与科学技术的和谐统一。与美国的LEED系统相似，中国的绿色建筑行动计划是寻求城镇建设减少对土地和水资源的影响、节能、高效使用材料和资源、改善室内健康环境。其基本的政策如下：

1. 积极地促进建筑节能

绿色建筑首先要解决节能问题。因此各级政府应建立新的政策和法规来改善建筑的能源效率。所有的新建筑都要达到建筑节能标准。中央部门应为每个基本的气候区制定严格的技术标准，以区分北部寒冷区、中部炎热夏季和寒冷冬季区、南部炎热夏季和温暖冬季区等等。另外，建立一个特别的基金来支持开发和使用新型高能效墙体材料。

2. 促进绿色建筑的健康发展

中国建设部设立了“国家绿色建筑创新奖”，基于科学和标准的评估系统，评估绿色建筑项目、材料和产品。近期，还应系统地建立评估和认证绿色建筑项目的政策、指南和程序，促进开发绿色建筑的认证制度的建立。

3. 加快开发和推广绿色建筑关键技术

每个省应根据区域状况建立绿色建筑规划设计指南与绿色建筑设计评估系统，建立绿色建筑的综合评估方法。关键技术领域包括能源、水、室内环境和健康。另外，还应支持新型建筑材料、产品和新建筑等方面的研究、开发和市场推广，加速扩大绿色建筑和改善其质量。

4. 建筑节能项目

中国所有的新建筑应符合新颁布的建筑节能标准。标准要求建筑设计能源消耗应比20世纪80年代的建筑减少50%，还要翻新大量的现存建筑，其目标是使现存的居民和商业建筑减少耗能，其中大城市25%、中等城市15%、小城市10%的旧建筑要在2010年前实施节能改造。另外的目标包括建造8000万m^2利用太阳能和其他可再生的能源的示范性建筑。到2020年，建筑节能和节能标准将提高到65%，中国大中城市的绝大部分旧建筑都将得到翻新，小城市和农村地区也能广泛地执行绿色建筑标准。此期间将有1.8亿m^2新建筑使用可再生资源。

5. 绿色材料

目前，中国建筑消耗了25%的钢材、40%的木材、70%的水泥和玻璃。中国建筑材料行业存在劳动生产率低，科学技术含量低，能源和材料使用浪费等问题。新生的绿色材料行业需要在全行业采用先进技术和来自全世界的新投资的支持。越来越多的先进国家将被邀请参与到中国这一全球性的绿色节能建筑发展机会中来。

6. 智能建筑项目

推行智能建筑意味着我们能够通过信息技术代替能源消耗。较多信息使用，较少能源消耗意味着更多的可持续发展。中国智能建筑市场在迅速发展。对这些产品的需求和服务不断增长，已经占到了建筑市场的15%。在中国没有什么比建立一些规范性的政策来鼓励人们使用更多的信息技术来控制或减少能源的消耗更重要的了。

因此，不能否认，中国在城市化和机动化过程中，面临一系列由能源、土地和水危机派生出来的严峻问题。本文提出了建立三个层面的法规和政策的选择，以处理这些紧迫性的课题。第一层面的政策选择是学习美国的“精明增长计划”，改革中国的城市规划体系，保持紧凑型城市或城镇开发模式。第二层面的政策是把大量修建高速公路的投资，转移到城市公共交通系统中去改善和创建可步行的城市，为市民提供更多的交通选择。最后，在整个国家推行“绿色建筑运动”，限制能源浪费，改善室内空气质量。所有以上三方面的政策选择都是相互联系的，目的是在中国推行节约能源和有效保护相对有限的土地、水和其他资源。

参考资料

1. Sukkoo Kim and Robert A. Margo. 2003 Historical Perspectives on U. S. Economic Geography. NBER Working Paper No. 959
2. Hobbs, F. and N. Stoops, 2002 U. S. Gensus Bureau, 2002 Special Reports, Series-4, Demographic Trends in the 20th Century, U. S. Government Printing Office, Washington, D. C.
3. Getting to Smart Growth (I) —100 Policies for Implementations, http://smartgrowth. org 01/02. 02 - 202
4. David Gottfried, Green to Green— The transformation of an industry and a life, World Build Publishing, 2004
5. Getting to Smart Growth (II) —100 more Policies for Implementations, http://smartgrowth. org, 2004, Director of Smart Growth Founders and Lending Institutions
6. Jose A. Gomez-Ibanez, regulating infrastructure—Monopoly, Contracts, and Discretion, Harvard University Press, 2003
7. Robert A. Hefner III, the GHK Company, The Age of Energy Gases—in the new millennium, 2002
8. Ray C. Anderson, Mid-Course Correction—toward a sustainable enterprise; the interface model, May 2000
9. 仇保兴. 中国城市化进程中的城市规划变革. 上海：同济大学出版社，2004

发展绿色建筑　加强住宅科技创新

随着科学技术的飞速发展和技术革命，特别是工业化时代的来临，人们开始应用工业技术和工业产品去建造认为能够对抗大自然规律的住宅，这可以说就是住宅技术的创新，但是这种创新一方面迟迟解决不了住宅的质量通病，一方面又引起爆发式的资源消费、高密度的污染及大规模的废弃物排放。这种城市化进程加速中的生态矛盾，要求我们在城市建设中充分利用现代技术解决人类面临的危机。党中央提出的“要大力发展节能省地型住宅，全面推广节能技术，制定并强制执行节能、节地、节材、节水标准，按照减量化、再利用、资源化的原则，搞好资源综合利用，实现经济社会的可持续发展”，就是住宅技术创新的指导思想。坚持走资源节约型和环境友好型的可持续发展道路，从每一栋建筑、每一个社区、每一个城市做起，让越来越多的绿色建筑、绿色社区、绿色城市构成我国未来希望的发展前景。

一、住宅技术创新以建筑“四节”为切入点

1. 节地技术创新

著名经济学家舒马赫认为：在物质资源中，最大的资源无疑是土地。调查一个社会如何利用它的土地，就能得到这个社会未来将是怎样的可靠的结论。我国仅仅用占全世界 7% 的耕地和淡水资源，养活了全球 21% 的人口，而且我国不均衡城镇化的趋

势将导致人口更迅速地向东南沿海省份转移，这无疑会更多地消耗这些地方的优质耕地和淡水资源。

简单地理解节地，似乎只有提高住宅的容积率是最能吹糠见米的。但是，这又与环境、绿化、舒适度发生矛盾，没有人认为长期生活在水泥森林里的人是很舒服的。所以，住宅技术创新首先得抓好规划设计关，怎样节地，规划和设计是源头。城市规划、建设和管理的最高目标是，让人类在资源受限制的条件下也能“诗意地”栖息。如何正确解读人们对舒适、便利与和谐的理解和追求？如何处理十分有限的土地资源、生态资源与市民追求居住质量及城市扩张的矛盾？最起码是要合理地利用土地，在有限的土地上，盖出高品质、高舒适度、对生态环境干扰最小的住宅，这才是节地的真正目的。住宅小区的规划，一方面要满足节地和生态环保的要求，另一方面又要满足居住者对户型、朝向、面积、层高、间距、美观、绿化和隐私等方面的需求。这就有个合理确定建筑密度和容积率的问题；住宅小区的规划和设计必须适应时代的要求，适时进行创新。这就要求我们要从先行国家的紧凑型城市（Compact City）、新都市主义（New Urbanism）、生态、绿色城市和小区（Eco，Green City and Community）、精明增长（Smart Growth）等规划设计创新模式中吸取成功经验并结合我国各地的实际和历史传统民居的优点，大胆进行借鉴、继承和创新。同时，这种创新还包括规划设计理论、技术、法律和政府管理体系等方面。充分利用公众参与和市场机制来实现规划调控的目标，从而实现日益短缺的土地资源与日益增长的住宅和建筑需求之间的和谐共存。

2. 节能技术创新

近年来，我国每年约新建 20 亿 m^2 建筑，现有的 441 亿 m^2 存量建筑，绝大部分属于高耗能建筑。据欧洲建筑师协会测算，建筑在整个过程中的能耗占用了 50% 的全部能源。如建筑用的水泥，从石灰石矿的开采，到石灰石烧制成水泥，水泥运输至生产厂家制成商品混凝土或成品建材，再应用于建筑施工，这一过程需要消耗大量的能源。建筑建成之后，建筑的使用运行和建筑最后的废弃处理，都需要大量耗能。除此之外，建筑消耗了50% 的水资源，50% 的原材料，并对 48% 的农地减少量负责。同时，50% 的空气污染、42% 的温室气体效应、50% 水污染、48% 的固体废物和 50% 的氟氯化物均来自于建筑。无论是能源、物质消耗，还是污染的产生，建筑都是问题的关键所在。

国家之所以提出发展节能省地型建筑，就是要解决住宅建设中的高耗能和浪费土地的问题。我国建筑节能制定了两阶段的目标，第一阶段是到 2010 年要达到 50% 的节能率，第二阶段是到 2020 年要达到 65% 的节能率。建设部从 1999 年开始实施的国家康居示范工程，推行屋面、外墙、门窗、楼地面一体化的系统节能集成，率先在住宅建筑围护体系中推广应用双层中空节能门窗及遮阳技术等，对提高住宅建筑整体节能功效进行了有益的尝试，取得了明显的效果。同时，在示范工程中积极推广太阳能技术、水源热泵技术、中水回用技术等，突破了许多建筑节能的技术瓶颈。在今后的住宅及公共建筑中，还应继续发扬并加大其技术创新的力度，在倡导绿色建筑的基础上，积极进行节能技术及其产品的技术攻关，尤其是对建筑和住宅小区的太阳能、风能、地热能、沼气能等可再生能源的开发与利用，尚有许多问题需要我们去解决。另外，住宅节能技术的创新，一定要围绕建立节约型社会，构建和谐人居的目标，兼顾经济、社会和生态环境效益，让居住者住得实惠、健康和舒适。这样的技术创新才有价值，才有广阔的市场空间，才有更大的普及范围。

3. 节水技术创新

节水技术创新重点在强化节水器具的推广应用，我国卫生洁具的耗水量比发达国家高出 30% 以上。要提高污水再生利用率，积极推进污水再生利用、雨水收集利用。着重抓好建筑和住宅小区设计环节执行节水标准和节水措施。合理布局污水处理设施，为尽可能利用再生水创造条件。绿化用水应推广利用再生水。

澳大利亚、以色列等一些发达国家，许多住宅下面就有三种简易的水处理系统：一是雨水，把它收存起来。二是灰水储存系统，他们将洗澡的水，洗碗和洗衣机的水，经简单处理以后成为灰水，这种水马上回用作为冲洗坐便器的水。三是冲洗坐便器的水再经过污水处理系统深度处理后循环使用，这样水在一个建筑物和小区里面的回用率可以达到60%以上。

节水技术创新在住宅建设中大有可为。且不说国外先进的三级水处理技术，我们就连中水回用的问题，也还没有在住宅小区里普及，我们现在中水的处理是两种，一种就是集中处理，污水处理以后，经过深层次的处理，或者再反渗透。通过二级处理、三级处理出来的水即使达不到饮用水标准，但是用于冲洗坐便器或洗地板是绝对没问题的。直接作为饮用水，还有一个心理上的接受问题。在建筑里边的这种方法是非常简单的、非常实用，而且非常便宜的水处理方法。

所以，从节水创新的目标来看，要从单一的供水或者污水的处理，转向水的综合循环利用；从水处理技术来看，从单纯除掉污染物和单项的技术流程转向实现污水资源化，因为污水本身如果能够循环利用的话，可以节省70%的城市用水；另外，从节水实施途径方面，应从集中式的、工厂化的向集中式的、高技术的、分散式的、以家庭节水器械为主的方式转变，就是家庭、社会、个人、企业、政府实现联动，这三个方面，就是节水技术创新的最主要的内容。同时配以“阶梯水价”、“推行市场化改革”等制度创新，节水型社会的建立就指日可待了。

4. 节材技术创新

建材对能源和资源的消耗在国家能源和资源消耗中所占的比

例非常大。中国的水泥和玻璃陶瓷在制造过程中的能耗，比国外要高出50~200倍。据有关调查显示，我国用于制造水泥的主要原材料石灰石储藏量已经很少，照现在的方法继续生产下去，只够用30~50年。所以，“节材”已成为建筑业资源节约和循环经济中的重要内容之一，节能建筑应抓好源头，那就是“节材”。节材技术创新在于积极采用新型建筑体系，推广应用高性能、低材（能）耗、高耐久性、低污染、可再生循环利用的建筑材料，因地制宜，就地取材。要提高建筑品质，延长建筑物使用寿命，努力降低对建筑材料的消耗，要大力推广应用高强钢和高性能混凝土，要积极研究和开展建筑垃圾与部品的回收和利用。

开展墙体材料革新是节材的重要内容，所以我们要创新工作思路和机制，提高新型墙体材料应用与节能建筑推广工作的水平。要制定和完善各类新型墙体材料产品工程应用及节能建筑技术标准，加快研究制定复合墙体材料应用技术标准，促进绿色建筑发展。

各级建设行政主管部门和建筑工程质量监督机构要加强对进入建筑工地的各类新型墙体材料的质量检验，坚决杜绝质量不合格的墙体材料及其产品流入建筑工地，避免给工程质量和节能措施带来隐患。

加快绿色建筑、低能耗或超低能耗建筑的示范推广工作。绿色建筑对新型墙体材料革新提出了更高的要求。当前着重要从规划、标准、科技、政策及产业化等方面进行研究和落实，加快示范推广工作，开创出一条既适合我国国情，又具有自主知识产权的绿色建筑、低能耗或超低能耗建筑技术体系的路子。

二、突破住宅技术创新的瓶颈

住宅技术创新，以“四节”为切入点，同时应解决制约住宅产业化发展的技术瓶颈问题，这包括法规政策、标准规范、推广措施、科技攻关等方面的工作。

一是全过程监管，包括在立项、规划、设计、审图、施工、监理、检测、竣工验收、核准销售、维护使用等环节的技术监管。二是全领域展开，在资源能源消耗的各个领域制定并强制执行包括节能、节地、节水、节材和环境保护等方面的标准规范。三是全行业联动，绿色建材、绿色能源技术、绿色家电产业、绿色照明以及绿色建筑的设计、关键技术攻关和新产品示范推广等等涉及许多行业，都必须在市场机制和国家政策的双重引导下联合动作，共同推进。要重点解决一些当前住宅领域比较突出的质量通病问题。

1. 住宅供热体制和技术的创新

住宅供热创新体现在两方面，一个是体制创新，一个是技术创新。供热体制改革的核心就是市场化，建立“谁用热、谁交费”的热费制度，实现供热的商品化、货币化。全面启动北方的供热体制改革，新推行集中供热的地区与城市，应该全面采用新体制。认真研究和寻求供热市场化途径是当前住宅供热制度创新的重要内容。供热体制的改革，可以使得这些地区的建筑节能达到30%左右，并能够推动既有建筑的绿色化改造。但是，供热体制的改革必须辅以必要的技术手段，比如，单室温控、分户计量等问题。管道设施、计量设备的改造，就需要我们建设科技工作者开动脑筋，加大科研力度，开发出经久耐用的高质量的分户计量设备。逐步淘汰落后的分散供热锅炉和工艺设备，积极研究开发利用供热新能源、新技术，积极运用先进适用技术改进和完善集中供热系统，进一步提高节能水平。各地一定要注重发展热电联产工作。从国际经验来看，国外实现建筑节能的关键环节就是大力发展规模适中、技术先进的热电联产，通过制定能耗标准来遏制发展单纯火电机组，通过环境能源税收机制，补贴可再生能源和超低排放的热电联产。要借鉴国际先进经验，完善相关政策、法规，鼓励并支持发展能效更高的热电冷联产项目。逐步淘汰小型、分散、高耗、污染重的燃煤锅炉房，不断整合优化城市的各种供热资源。

2. 住宅绿色技术与住宅成套技术的创新

住宅绿色技术应围绕居住健康、生态、环保这三大主题去创新，而住宅产业化成套技术则应从解决住宅的质量通病抓起，也就是说应从住宅的基础技术方面进行创新。如果说住宅的有害气体排放属于住宅的绿色技术应解决的问题的话，那么，墙体的隔热隔音，水管和热力管跑冒滴漏、外遮阳抗风和自然寿命等问题，就应该通过加大住宅基础技术的创新来解决。科技发展到今天，我们的载人航天飞船都发射成功了，却解决不了楼上放水，楼下哗哗响、楼下炒菜，楼上呛得流泪的问题。近几年通过国家康居示范工程的实施，住宅产业化成套技术在一些示范小区的应用，基本解决了一些质量通病的问题。但是，在经济适用房、普通商品房推广住宅产业化成套技术还几乎是零。所以要制定新的更加宽泛、实用的“四节”标准与技术规范，允许各地根据本地的原材料、风俗习惯和居住条件，引导多种形式、多种途径的创新，广泛地应用新技术来进行创新，包容日新月异的新技术和新材料。

在支持关键技术攻关方面，可争取纳入国家科技攻关项目的重大课题研究中去，围绕百姓反映强烈的住宅技术质量问题，加强相关的关键技术、标准规范和政策的研究，加快关键技术的推广应用和试点示范工程的建设。

3. 成品住宅建设体制创新

中国的住宅与房地产业，经过十多年的发展，到现在为止还没有一个能生产真正意义上的成品住宅的企业，没有一个能将土地开发、建筑施工、建材、部品、装修等上中下游产业链绑在一起，形成利益共享、风险共担的住宅企业集团。商品住宅仍然以半成品的形态在市场上流通，我国每年因二次装修导致的浪费达300多亿元，这与我们所倡导的资源节约型建筑极不相适应。国家康居示范工程推广住宅装修一次到位，为避免浪费，减少环境污染，提高人居质量发挥了积极作用。但是目前绝大部分住宅还是以毛坯房的形式出售，老百姓买来后还要自己装修。这种不完整的住宅产品，将许多安全隐患、污染隐患、质量隐患转嫁给消费者，不利于和谐社会的建设。因此，当前，要重点解决成品住宅建设体制的问题，资源的整合、资金的整合、技术的整合是打造成品住宅的核心，也是发展绿色建筑的重要内容之一。

4. 结构设计技术继承与创新

发展绿色建筑与住宅，应注重地域性，尊重民族习俗和历史建筑的有益“四节”的传统经验，依据当地自然资源条件、经济状况、气候地理特点等，因地制宜地创造出具有鲜明地方文化特色和时代特征的绿色住宅，防止盲目跟风，片面迎合部分消费者追求发达国家时尚建筑形式的错误导向。

5. 可再生能源应用技术创新

绿色住宅应充分利用当地的自然资源条件，最大限度开发利用可再生能源，如太阳能、风能、地热能、海洋能、生物质能以及通过热泵等先进技术取自自然环境（如地表水、污水、浅层地下水、江河湖泊、土壤等）的能量。这些方面的应用技术创新的关键，一方面是要与建筑实行一体化，从而发挥出最高的效益。另一方面，可再生能源的开发使用不会造成对周边环境和原生态系统的破坏以及对生态环境的污染。

三、体制创新是保障

技术创新是根本，体制创新是保障。然而，在住宅建设体制创新方面我们还存在许多问题，对推进绿色建筑和住宅产业化工作还存在许多制约因素。

一是缺乏创新意识；二是缺乏强有力的激励政策和法律法规；三是缺乏有效的新技术推广交流平台；四是缺乏系统的标准规范体系；五是缺乏严密的行政监管体系；六是缺乏合理的城市能源结构。

这六个方面的问题，都需要我们通过体制创新来加以解决。

1. 创新意识

必须通过激励机制来引起各级政府的重视。对绿色建筑关键技术与新型结构创新，除设立必要的基金或绿色建筑创新奖外，还要将建筑“四节”及绿色建筑的推广作为评选鲁班奖、詹天佑奖、国家园林城市、环境保护模范城市、生态园林城市和中国人居奖等城市荣誉称号的必要条件之一。鼓励地方政府制定适度标准的建筑“四节”、推行绿色建筑的税收等经济激励优惠政策，推动绿色建筑技术创新平台的建立和集成创新体系的建设。

2. 标准规范体系

要以刚出台实施的《民用建筑节能管理规定》、《绿色建筑技术导则》、《住宅建筑规范》、《住宅性能评定技术标准》等一系列新标准和技术规范为契机，研究实施细则，加大贯标力度。让我们的住宅建设和建筑节能走上规范化道路。鼓励地方政府和企业以更高的要求执行“四节”标准。各级财政投资和补贴的公共建筑，应率先达到严格的节能标准和绿色建筑规范。鼓励地方制定和执行更高的“四节”标准和法规，这是体制、机制创新的关键环节，体制新，机制活，在一线开展住宅技术创新的人员才有积极性，科研机构和企业才有创新的动力。

3. 政策法规

研究确定发展绿色建筑的战略目标、发展规划、技术经济政策；制定国家推进实施的鼓励和扶持政策；制定有机利用市场机制和国家特殊的财政鼓励政策相结合的推广政策；综合运用财政、税收、投资、信贷、价格、收费、土地等经济手段，促进绿色建筑的发展。

4. 推进产业化

绿色建筑和住宅技术产业化应以大中型企业为主导，设立跨学科的研究、开发和推广机构，构建绿色建筑的技术保障体系、建筑结构体系、部品与构配件研发与生产体系和质量控制体系；开展绿色建筑技术产业化基地示范工程；将绿色建筑的研究、设计、施工、部品与构配件的生产、评估认证、销售和服务等诸环节联结为一个完整的新产业系统。实现绿色建筑技术的标准化、系列化、工业化、专业化与集约化。

总之，发展绿色建筑，加强住宅科技创新，是一项整体性和创新性都很强的系统工程，必须在《国家中长期科学和技术发展规划纲要》的指导下，以建筑“四节”为切入点，突破供热体制和技术、成套技术、结构设计技术、成品住宅建设和可再生能源应用技术等方面的创新，并建立起有利于绿色建筑技术创新和推广应用的社会舆论意识、标准规范体系、政策法规体系和产业化促进体系等。只有通过多方面、多层次的技术、体制和机制的创新，才能加快绿色建筑在我国的推广应用。

（原载《住宅产业》2006 年第 3 期）

第三篇　环境友好与城镇水问题

树立系统的水治理观
构建和谐的城市水系

当前，我国正处在快速城镇化阶段，许多城市都面临着城市水资源、水环境、水景观、水生态遭受破坏和城市严重缺水等紧迫性问题；另一方面，不少地方仍然盲目照搬大江大河的防洪工程，或奉行单纯的排水工程式的治理方法，不仅无助于问题的解决，反而造成更严重的资源破坏、水生态恶化等问题。本文主要讨论的是应用系统的水治理观来进行城市水系的保护与改造问题，共分三个方面的内容：一是对以前各种错误的城市水系改造的总结。错误的城市水系改造方式，正是造成目前我国城市特色和水系综合功能退化的主要原因之一。二是讨论城市水系的复合功能，城市水系是城市生态和文化灵魂。三是探讨如何构建城市和谐水系和具体的、综合的城市水系治理方法。

一、错误的城市水系改造——城市特色、功能退化的主因之一

良好的城市水系实际上是构筑资源节约型、环境友好型社会和社会和谐发展的基础之一，是改善城市环境、提升城市形象的主要重点。如果以错误的方式对城市水系进行改造，城市的可持续发展能力、走环境友好型的城市化道路将无从谈起。总结目前我国错误的城市水系改造方式，主要有以下几个方面：

1. 填埋城市的河、海、湖来造地、修路和盖房

这几乎是一种普遍的现象。在城镇化的高潮中，每年都有成千条的城乡河道被填埋，上万亩的河滩、湖泊、海涂、湿地正在消失，而且这些事情就发生在我们的身边。这些错误的水系治理模式，有的还正在进行或者正在计划中，有的甚至浪费了大量宝贵的国家财政资金和部门预算，肆无忌惮地向城市的生态之魂开刀，大量地毁灭这些建立未来环境友好型城市的生态资源。要知道，单位体积的淡水水系中生物种类平均比海洋要高出59倍之多。但正是这些错误的水系改造方式，致使我们许多城市优美的明河变成了暗渠，昔日流连忘返的独特环境变得十分平庸，原来流动互通的水系变成了支离破碎的污水沟或者污水池。原有河道、湖泊中生物生育繁殖的环境与自然生态群落遭到彻底毁灭，使城市水系失去了自我净化的能力。现在，全国城市中90%的河道受到了不同程度的污染，50%以上的河道存在严重的污染，75%的湖泊受到人工的污染，而且其中绝大部分的湖泊已经超越了生态自我修复的临界点。这些大自然发出的呼唤，给我们的一个警示，就是我们再也不能延续这样的错误了，生态环境再也不能经受如此的折磨了。

2. 城市河道、江岸变成了单纯的防洪工程

在许多地方，城市河道治理机械地执行100年或150年一遇、一刀切的设计标准，简单地截弯取直，造成了巨大的经济浪费，而且城市内部高大的防洪堤，严重地影响了原有的城市排水、交通系统和生态系统。原水利部部长、科学院院士钱正英也认为：过去水利方面主要是搞工程，但对于如何与环境和睦相处，如何真正把水利作为生态环境中间的一个因素从未加以考虑……造成水资源问题的根本原因是水利发展的模式属于粗放型，制约了可持续发展。如防洪堤防从解放初的9万km，到20世纪70年代的11万km，20世纪80年代的16万km，目前的25

万 km，造成堤线越来越长，堤身越来越高，相应的洪水位也越来越高，形成恶性循环。❶ 我在杭州任市长时，某水利设计单位按照 100 年一遇的防洪标准编制杭州城市防洪规划，规划中居然提出要用两米高的堤坝把美丽的西湖围起来。我就对设计单位的负责人说："如果实施你们这个设计方案的话，我和你都要下地狱。"但在我国许多城市正是这样一种单一水系治理的思路，使得昔日非常漂亮的河道成了单纯的防洪工程。而采用亲水方式对河道堤坝进行治理改造，其河岸景观就大不相同（图 1）。为什么我们要做费巨资毁资源的蠢事？为什么不能把人民的钱进行很好地计算？为什么我们不能对生态和我们城市的未来负责？

图 1　不同的河道治理方式的景观对比

3. 河道、湖泊的硬质驳岸和砌底

这样一种"二面光"或"三面光"的水工程建造模式，使得原有的自然河堤或土坝变成了钢筋混凝土或浆砌块石护岸，河道断面形式单一生硬，造成了水岸景观的千篇一律，水生态和历史文化景观的严重破坏。许多城市内所有河道河岸的处理，全部是一个设计模式，一种风格。各类防渗工程所造成的生态破坏也

---

❶ 摘自：思于斯、事于斯、乐于斯——访原全国政协副主席、著名水利专家钱正英院士．城乡建设，2004（9）：27

比比皆是，连我国北京著名的圆明园也不能幸免。有的城市更是在原有的河道、古渠道中简单地放下一根水泥涵管然后填平变成城市的下水道，还美其名曰给城市交通留出了空间。这些机械的、错误的河道治理模式，破坏了原来河道的综合功能、独特文化遗产和景观，毁坏了城市水系是供老百姓亲水休憩的宝贵公共资产的特性，而且还会因难以清除淤积造成引洪不畅，导致一场暴雨就到处积水的弊端。

4. 过度集中式的城市污水处理系统

过度集中式的城市污水处理系统，导致了巨额的投资费用、营运的高能耗和无法进行中水的就地利用。我国一些城市都采取了污水集中处理的方式，把污水集中起来通过污水干管送到十几公里以外的污水处理厂集中处理，然后把处理后的中水再通过管网运送回来，造成巨大的能源浪费，而且使得城市的污水处理系统非常不经济。我在这里向大家介绍最近正在进行的一场争论，这场争论已经进行了一年多的时间，就是深圳的污水处理系统的设计方案之争。深圳是一座快速发展的城市，从十几万人口的小城市发展到700多万人口的大城市，仅仅用了20多年的时间。深圳城市布局共分十多个城市组团，这一组团式的城市总体规划获得了国际金奖。按照城市总体规划，深圳市区应该布局九个污水处理厂，分别进行上游、中游、下游污水的处理，中水就地回用，最后排入深圳河，用来滋养深圳湾的红树林。这个方案通过长时间的污水管道埋设和污水处理厂的建设，污水的二级处理和中水就地回用，已经取得很好的社会效益和经济效益。但是，有人却抛出一个巨大的改天换地的方案叫“大截排方案”，居然要求取消5个污水处理厂，只保留4个污水处理厂，同时在临近珠江口下游的地方重建一个200万 m^3/d 的污水处理，把市区所有的污水集中起来以后通过几十公里的地下管道长途跋涉运到这个污水处理厂，处理以后统一向珠江口排放。这样一个方案，首先是造成了原有大部分污水处理厂作废，其次是增加了高达300多亿元的投资，而且总的运输管道是30km长，要么是高压管道，要么是巨大的挖掘工程。最主要的是，这一方案无法实现中水回用和水的可持续利用。那么不能可持续利用怎么办呢？深圳市区有七条河道和深圳河相通，它的换水要通过远距离的东江或西部调水来进行。大家知道，远距离调水的成本极其高昂，而且东江和西江流域本身也缺水。最后这个方案被由钱正英院士带领多学科的专家队伍给彻底否定了，恢复了原城市规划所确定的方案。但是这个方案被推迟实施长达一年零两个月。在城市超高速发展的时期，这造成了多大的生态破坏！如果实施这个“大截排方案”，那将会造成多大的损失啊！我们应该从错误中汲取教训，在没有付诸实施的错误方案的分析中，我们可以避免惨痛的后果。

5. 远距离调水冲污

实施远距离的调水冲污，首先将使调水区的生态受到影响。根据国际生态组织的统计，如果把一条河流30%的径流量调走的话，就会对这条河流本身的生态造成难以恢复的影响。我们许多调水工程的实施，往往是不计生态成本和社会成本，而只计了一个经济成本，这不是环境友好型，也不是资源节约型的发展道路。其次是无偿调水，打击了水源地群众和政府治理水污染的积极性。第三是巨大的工程成本。我们许多调水工程，动不动就是几百、上千公里，长距离的调水要防止水的渗漏、蒸发造成的损失，要保证沿岸的污水能够深度处理，从而保证调水水质，这需要消耗多少的管理成本、经济成本和社会成本？同时，简单的污水搬家只会导致污染范围的进一步扩大。

6. 滥采地下水改变了城郊湿地的生态功能

对地下水源的滥采，改变了城郊湿地的生态功能，影响了作为城市“水肾”的生态效用。城郊湿地是城市周边最主要的水的过滤系统、地下水的净化系统、生态的聚集系统和保障系统。从经济学的角度来看，一块湿地的价值比相同面积的海洋高58倍，因为湿地可以保护濒临灭绝的物种和食用鱼类。❶ 但这些系统由于湿地的功能改变带来了灭顶之灾，造成了水生态和物种的衰退。许多湿地衰退以后，使得成百上千种的物种消失。我国因为湿地系统和其他生态的破坏，导致每年有两千多个物种濒临绝种，迁徙鸟类的不断减少甚至消失。无节制地抽取城市地下水，不仅使昔日的湿地迅速变成干涸的荒漠，而且也造成了大面积的地层沉陷。目前，全国已经出现区域性漏斗56个，总面积大约8.2km^2，地层沉陷的城市多达50多个。地处江南水乡的嘉兴市，地面沉降量超过了800mm，每年还下沉30mm。北京市累计的最大沉降量也超过了800mm，造成了地下水管道断裂，建筑基础倾斜。对有限的地下水源，我们本应只利用其“利息”——补给量的一部分，但现在我们已经在大量地使用它的“本钱”。可以预见，这种状况不改变，城市区域的水生态将会被人类彻底破坏。

二、城市水系的复合功能——活的城市生态和文化灵魂

1. 泄洪排涝作用

城市“现代化”的负面影响之一，就是使得城市不透水地表面积不断增加，严重地削弱了地表蓄洪、植物拦截和土壤下渗的功能。对洪水的截流作用的消失，造成的后果就是地下水补给日益不足、地表径流量逐年提高。而且由于城市所产生的空气污染物为降水提供了大量的凝结核，所以一般而论，城市

❶ 参见：［加］莫德·巴洛，托尼·克拉克，《蓝金》当代中国出版社，2004年3月第1版，第36页

化地区的降雨量要比农村高 5% ~15%，雷暴雨天气多 10% ~15%。城市水系应更多地担当起蓄积雨洪、分流下渗、调节行洪、增补地下水资源、提高水蒸发量、缓解热岛效应等方面的功能。但是由于水系的破坏，这些功能都不可挽回地衰退了。这些功能决不是目前城市中广泛采用的管道排水或防洪工程能取代的。

2. 城市水系是历史文化的沉淀

城市，大都是因为水而兴起，因水而繁荣、发展。绝大多数的历史城市，都是先有河，后有城，许多的城市历史是沉淀在河道、湖泊、海滨和湿地上。如北京，它的起源就是莲花池，北京城区所有的河流，都可以找到其历史文化古迹与典故；杭州城里的浣纱河，传说是西施浣纱的地方。但是这条美丽的河道，20年前已经被改造成了街道。许多城市因水而建，也因水而具有“灵气”。即使北方最缺水的城市，如北京、天津，我们也可以找到许许多多的街道，原来都是河道，如建设部门前的三里河路，以前此处也是河道。一些原本没有水面的城市，为了创造生态景观而人工修造出一系列的水面。如澳大利亚首都堪培拉的格里芬湖。格里芬是一位美国的规划师，他设计的堪培拉规划方案在多个投标方案中胜出，按他的规划修建的堪培拉是非常秀美的，尤其是中间的人工湖，虽为人工开挖，但却利用了山谷地形，蜿蜒曲折，调节了城市内部的气候，造就了堪培拉独特的水景观。所以，堪培拉市民就把这位设计师的名字作为这个城市湖泊的名字。

3. 城市的水上交通线和防护地带

自古以来，内河船运由于其低成本、高可靠性、安全性和可观赏性，始终得到商家的重视。英国许多地方近几年还纷纷疏通古代运河以供城市间输送游客和农产品所需。城市水系又是城市各组团之间的天然隔离带。在古代所谓的护城河就具有保护城市、阻隔敌人的功效。而在现代，这些天然的河流是城市最壮观的公共空间，在人口日益稠密的现代城市中，城市水系与绿带公园结合在一起，构成了城市最漂亮的、最令人流连忘返的、最具有生态和文化功能的城市亮点。

4. 廉价消解净化城市污染物的场所

城市的水系是廉价的、有效的、长期起作用的消解净化城市污染物的场所，是城市污水降解净化的天然场所。如果按照生态的方式而不仅仅是按水利的要求、当地的要求来修建城市水系，使水面与岸边的生态系统相连接，就可以将水系改造为“城市之肾”，大大增强对污水的自然降解能力。城市的许多水生植物、微生物吸收COD、磷化合物的能力强，而投资成本又很低，如果换算成每吨污水处理费用，通常仅为传统二级污水处理厂的1/5~1/2，运行成本只有1/10~1/5。由此我们可以得出，什么是环境友好型和资源节约型的城市发展模式，我们可通过这些数据找到答案。将这种人工湿地式的城市水系与污水处理厂的尾水回用再处理系统相连接，就可以将Ⅳ类水净化处理后达到饮用水源取水标准，使城市水源重复循环地利用。这是根本解决城市缺水的百年大计。

5. 城市生态的重要组成、生物多样性的集中表达

生态学家卡琳·克里斯坦森在《绿色生活——21世纪生活手册》一书中指出，“乡土感情可由本地多种多样特有的生物来增强”，忠告“不可破坏现存的生态系统和荒野”，“在花园和邻近地区提供野生动物活动场所”，“建造一个池塘”并种植本地特有的野花、灌木和树，因草林多、昆虫长、鸟类聚、小兽生，而构成完整的小水系生物群落。这种生物群落在城市里面尤为宝贵。我在杭州当市长的时候，当时的省委书记张德江同志，曾给我们提出西湖整治成功与否的一个简单的生态标准，他说：“如果野天鹅、野鸭子能在西湖里生出蛋而且孵出小天鹅、小野鸭的时候，我可以据此判断西湖的整治是成功的。”我们许多城市的水系远没有达到这个标准，而且有许多城市水系改造更是偏离了这个标准。城市水系作为均质人工构筑物中的异质斑块，一旦与城市绿地系统相互连接，使野生动物可以通过廊道在斑块间进行迁徙，就可以提高城市生态系统整体抗风险的能力。按这样的思路发展的城市，不仅是人工的，而且是生态的、环境友好的，是资源节约型的。

6. 休闲旅游功能

城市水系是城市最美好的公共空间，是人工建筑之中反映自然景观、田园风貌的主要场所。我们在扬州可以看到，中国古代造园艺术中对水景观的处理，讲究师法自然，虽为人工，宛如天成。城市水系有多种美学功能：生态美、特色美、意境美、动态美、人文美、整体美。城市的特色离不开城市的水系，城市的水系就像城市的指纹，建筑可以千篇一律，但是水系没有一个城市是一样的。城市的意境美对人的心态可以进行调节。水系具有动态美，因为城市的水是流动的，它的柔性、运动性、消化污染的作用、水生物的生成和养育性。城市水系的人文美，因为它是文化的载体，甚至有的河道可以追溯到五千年之前，历代的名人雅士都在水边留下了他们的痕迹。城市水系当然还有和谐美，因为它是一个整体复合的系统。从一个城市水系可以看到一个城市领导人的抱负，就像我国古代剧作家，号称东方莎士比亚的李渔所说的那样：山水者，情怀也；情怀者，心中之山水也。就是说，要在城市里面造就人工环境和保护自然景观，采用什么样的水环境治理思路是由领导者的美学修养和情操来决定的。什么样情怀的领导人就会造就什么样的城市山水景观。如果胸中只有“一根”单纯的调水排洪的“竹子”，那么城市的水景观肯定十分单调枯燥，对历史文化遗存的水生态的“建设性”破坏就难以避免了；如果是将前面讲的七种美都凝聚在治理方案之中，造就出的城市就是一个非常美丽的，能够迎合市民和各种游客所需要的休憩场所。有了这种美学境界，心中就有山水的方案，就有科学的发展观。大家都去过云南的丽江古城，城内最诱人的就是三条弯弯曲曲潺潺流动的溪水，这就是拨动心弦的城市水系之美。

7. 城市的应急救助系统

如城市发生火灾，城市水系的储存用水就可以用于灭火救灾。城市水系又是很好的备用水源。如果出现自来水供应安全事故（污染、恐怖活动、被投毒等），就可以用地表水作为水源。城市水系是城市生活和生产用水的备用系统、防灾系统和城市安全的保障系统。

三、构建城市和谐水系——系统综合的城市水系治理观

1. 系统规划、综合治理

城市水系的治理，要执行整体与生态最优原则。就是要综合考虑水生态、水景观、给水、排水、污水处理、中水回用、排涝和文化遗产、旅游等各种功能的有机的结合，还要与城市的园林绿化紧密结合。城市水系是社会——经济——自然复合的生态系统，只有按照这样的生态观、复合观去设计城市的水系，才能做到心中有山水，才会避免出现像深圳那样耗时一年多、耗资巨大的、愚蠢的大截排污水的方案。同时，治理城市水系，我们还要遵循资源最节约原则。水资源是影响城市发展的最稀缺资源之一，必须将污水资源化、再生利用和节水、节能、节材紧密结合。要组织多学科专家学者协同跟踪研究，对一个城市的水系的设计要上溯及历史文化和经济社会的渊源，下放眼未来，来构建城市的独特性和可持续发展能力。

2. 法制保障、重在保护

城市和城郊原生水生态的脆弱性和难以修复性，警示我们水系生态环境一旦破坏就很难恢复。假如要恢复，也需花巨额的成本。我们必须依据《城市规划法》、《水法》和《环境污染防治法》等诸多法律来规范治理。保护了城市水系和其他自然水斑痕，就等于保护城市的特色景观和城市的生态以及城市的未来和繁荣；必须依据《城市规划法》所推出的城市“蓝线”与“绿线”管治的综合作用来系统考虑城市水系的管理。当前尤其要防止单纯考虑城市防洪功能的破坏性建设行为，这方面我们可以向世界名城巴黎学习。流经巴黎市中心的塞纳河水量充沛，也有洪水成灾之患，但巴黎河堤不是按200年或千年一遇的标准筑堤，而是整治河道，仅建低堤。经过水文统计的科学分析，了解到巴黎百年一遇的洪水仅可能淹没巴黎近郊一小片农业地区，于是采取向监测系统大量投入，获取准确测量数据，大洪水来之前向居民通知的办法，让居民疏散。如果真的淹没，由政府赔偿损失。这种办法不但大大减少筑堤的投入，而且使百姓满意，还符合生态防洪的原则，一举三得，值得我们借鉴。[1] 这也是巴黎之源的塞纳河的魅力能保持经久不衰的主要原因。

3. 协同管理、科学考核

城市水系的多功能性，要求强化部门管理的协同性。城市水系涉及市政（给排水、污水和节水）、水源保护、园林、水利、环保、交通、航运、旅游、农业水产……等方面。我们不可能把这么多功能都纳入到一个部门来管理，它将失去相互制约，而且有可能造成巨大的决策错误或者单一机械的治理方案。我们必须系统、全面地来整合这些功能，统一进行规划，统一落实责任。要从多功能、复合性来制订规划治理方案，分部门实施与管理。

---

[1] 吴季松. 中国可以不缺水——资源系统工程管理学的十二年研究与实践. 北京，北京出版社，2005：399

我们讲究水资源的统一管理，但必须着眼于整个水系的多种功能协调管理。要设立科学评价体系，合理评估各部门之间的协同性，减少和预防冲突，形成整体优化效果。

4. 突出重点、拨乱反正

我们要勇于、敢于纠正以往的错误工程。通过整合或分别采用整体重构、园林护堤、水体净化和生态修复等多种技术，包括恢复文化资源遗产等方面，来恢复城市水系的复合功能。我们已经有了很多好的经验，如绍兴、桂林、杭州、贵阳、成都的河道治理经验，都非常好。但是，我们要看到每个城市有成功经验也有不足之处，我们应该有勇气来承认我们所犯的错误。韩国汉城对清溪川的治理经验教训很值得我们学习借鉴。清溪川是流经汉城的一条河流，1950 年这条河道被覆盖（图 2），后来这条河道被改造成了双层高架路，成为市区主要的街道，车辆川流不息（图 3）。现在，汉城市政府决定重新复原清溪川，其主要构思是，河川具有水的运输、排水、环境美化三大功能，因为工业化、城市化的发展，使得河道受到污染、干涸、荒废，现在要通过治理、改善河道环境，重新恢复生态栖息空间，复原为城市及河川的自然原貌（图 4）。

图 2　1950 年汉城清溪川覆盖工程一景

图 3　河道复原前的清溪川周围实景

图 4　清溪川东大门地区复原前后对比

5. 要市民参与、公众受益

尊重自然、尊重当地历史文化和尊重普通百姓的长远利益是作为城市规划、建设、管理的三大主要原则。要做到这“三尊重”，就要动员市民成为保护和监督城市水系管理的主体。任何有关城市水系的修复、重建方案，都要进行公开讨论，尊重民意，提高维护城市水系的自觉性。

总之，应统筹考虑城市水系的整体性、历史性、协调性、安全性和综合性，来保障城市水系安全，改善城市生态，优化人居环境，提升城市功能，实现城市可持续发展。

（原载《北京水务》2006年第1期）

城镇水环境的形势、挑战和对策

建设健康的城镇水环境，是我们在反思以往城镇供水、节水和水污染防治工作经验教训，推进节水型城镇建设和建立水务市场的基础上，为缓解日益紧迫的人口、资源、环境矛盾而作出的必然选择。我国是一个人口众多、水资源相对不足、生态脆弱的发展中国家。随着经济快速增长，城镇化水平提高和人口不断增加，水资源短缺、水污染加剧和城镇水生态的日趋退化，已成为当前影响我国可持续发展的主要因素之一。本文提出以建设健康的城镇水环境为主策略的行动纲领来实现水循环利用，进而统筹解决快速城镇化进程中的水危机。

一、当前城镇水环境面临的形势与挑战

近年来，我国城镇水务产业发展迅速，成效显著：城市供水设施不足的矛盾进一步得到缓解，居民用水质量得到明显改善和提高，水安全保障机制初步建立；城市节约用水工作步入法制化的轨道，节水型城市建设不断深入，工业用水量快速增长的势头得到了有效遏制，城市人均综合用水量呈稳中有降趋势，用水结构正朝着合理的方向调整，用水效率不断提高，近5年来平均每年城市节水量约35亿立方米以上。2004年，全国城市节约用水量39亿m^3，比上年增加5亿m^3；城市污水处理进入快速发展阶段，“十五”计划确定的“污水处理率达到45%”，“新增污水

处理能力2600万m^3/日”的目标，提前一年完成，并形成了适合国情的污水处理技术路线和管理模式；城市供水和污水处理市场机制的建立取得了积极的成果，初步建立了市场准入制度和特许经营制度；城镇绿化面积逐年提高，自然水面减少的局面得到控制。

在取得上述成绩的同时，我们还应清醒地认识到，我国城镇水环境仍然面临十分严峻的挑战。具体表现在以下几个方面：

（一）城镇水环境污染日益加剧的局面尚未得到扭转

一方面是水体污染依然十分严重。2004年有监测数据的745个水体断面中（其中河流断面489个，湖库点位256个），Ⅰ类占3.8%，Ⅱ类占16.9%，Ⅲ类占17.0%，Ⅳ类占20.5%，Ⅴ类占13.6%，劣Ⅴ类占28.2%。失去直接利用价值的劣Ⅴ类水体呈现逐年上升的趋势（已从20世纪末的12%上升为2004年的28.2%）。主要污染指标为氨氮、石油类、高锰酸盐指数等。统计情况表明，水质符合或优于Ⅲ类以上水体断面仅占37.7%。另一方面是污水处理设施总量仍然不足。2004年底，全国建制市污水排放总量大约为356亿m^3，污水处理率仅为45.7%，661个城市中还有297个城市没有污水处理厂，全国有一半以上的城市和绝大多数建制镇污水没有经过有效处理，直接排入江河湖海。不仅使地面水污染严重，而且还波及地下水资源和近岸海域（图1）。据环保部门对118个大中城市的调查，地下水严重污染的城市占64%，轻污染的占33%。此外，不少城市已建的污水处理设施运行效益不佳。据建设部2005年9月的统计，全国至少有40个城市的污水处理厂，因收集管网不配套、运行经费不到位等原因，运行负荷率不足30%，30个城市的运行负荷率为零，造成了极大的浪费。与此同时，污水处理的监管机制亟待建立。一些工业企业将超标污水排入城市排水设施，导致污水处理厂不能正常运行。

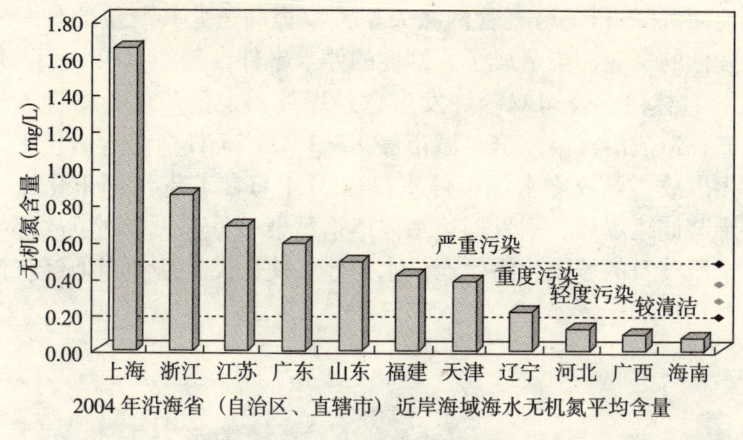

图 1　近岸海域海水污染情况

（二）城镇供水安全保障正面临严峻挑战

一是水资源短缺与过量开发对城镇供水安全已构成潜在威胁；二是水源污染的加剧和供水水质标准的提高，使传统的水处理技术难以处理原水中的一些有毒有害物质；三是供排水企业经营主体的多元化和市场竞争机制的建立，增加了政府部门对城镇水业市场的监管难度；四是自建设施供水和二次供水管理薄弱，影响了供水安全；五是地下水长期超采，不仅造成了水位急骤下降，水源枯竭，而且还造成了地面沉降，管网漏水率增加；六是社会不安定因素对供水系统安全影响的可能性在加大，同时，随着大规模、长距离跨流域调水工程的实施，受水城市的供水安全保障任务将更加艰巨。近年以来，随着水源污染不断加重，供水水质状况不容乐观。据 2004 年 10 月建设部组织对全国 36 个重点城市进行的城市供水水质监督检查情况来看，采集的 634 个水样中，全分析样品除公共供水合格率 90. 11% 外，二次供水合格率 80. 83%，各类自建设施供水合格率只有 45. 12%。地下水长期超采，不仅造成了地下水位急剧下降、水源枯竭，而且还引发了地面沉降（图2），管网漏失率大幅提高。尤其严重的是一些突发性的工业污染造成了悲剧性的停水事件。例如2005年11月13日吉林化工公司双苯厂发生意外爆炸，大量苯化合物进入松花江，造成沿江哈尔滨等城市停水；11月25日湖南金信化工厂发生事故，导致冷水江市停水；12月1日江苏省江都市化工厂丙烯腈储罐爆炸，引发周边水体严重污染……这一系列事故都导致了所波及的城镇生活生产供水暂停，使人民生活和当地经济遭受严重影响。

图2　地下水长期超采造成的地面沉降

（三）城镇用水效率不高，浪费严重

2004年全国总供水量为5548亿m^3，占当年水资源总量的23%。其中，地表水源供水量占81.2%，地下水源供水量占18.5%，其他水源供水量占0.3%；生活用水占11.7%，工业用水占22.2%，农业用水占64.6%，生态用水（仅包括人为措施供给的城镇环境用水和部分河湖、湿地补水）占1.5%。按生活（单指居民生活）、生产、生态用水划分，生活用水占8.0%，生产用水占90.5%，生态用水占1.5%。与2003年比较，全国总用水量增加227亿m^3，其中农业用水增加153亿m^3，工业用水增加52亿m^3（其中火电用水增加48亿m^3），生活用水增加20亿m^3。近年来，一方面城市缺水形势严峻，缺水性质从以工程型缺水为主向资源型缺水和水质型缺水为主转变。城市缺水有从地区性问题演化为全国性问题的趋势，一些城市由于缺水严重影响了城市的生活、生产秩序。另一方面，城镇仍有较大的节水潜力，目前我国万元工业产值取水量是发达国家的5～10倍，城镇供水管网漏失率为20%左右，是发达国家的3倍。再生水、雨水、海水和微咸水等非传统水源有待进一步开发利用，用水效率有待进一步提高。再生水价格仅在少数城市实行。科学的比价关系没有形成。规划和政策滞后，对再生水设施布局的调控及激励力度不够。

（四）城镇水系生态正在逐步退化

大多数城镇因工业、生活污水排放和农业面源污染超过了当地水系生态自我修复的临界点，不仅引发了大量水生物种的消失，而且导致蓝藻爆发使水质不断恶化，昆明滇池就是一个鲜明的例子（图3）。许多地方的水系即使有少数鱼类存活和人工养殖水产，也因污染严重而不能食用。这种严峻的形势，一方面是由城镇化高速发展的过程中大量吞占和填埋自然水系所引发的（仅上海市在近二十年间就填埋了170km^2的水面，约占全市自然和人工水面总和的1/4强）；另一方面的原因是地方领导错误的政绩观——先污染后治理的错误思路所造成的。城镇水系的生态一旦步入恶性循环之后，要恢复昔日的水生态，代价就十分高昂。水污染物不仅会被土壤吸附和随地下水流扩散而难以在短期见到治理成效，而且由于动植物对有害物质的集聚效应使处于生物链高端的人类遭受最大的危险。美国和许多欧洲工业国家30年前遭受工业化污染的湖泊和河流，尽管现在已经得到根本性的治理，但由于沉积于水系底泥中的污染导致鱼虾体内所积累的毒素至今仍严重超标而被禁止食用。

图3 昆明滇池蓝藻爆发导致水质恶化

二、实现城镇水环境健康化的基本思路

城镇水系作为人工和自然复合的生态系统，是由无数个相关的子系统有机构成的开放系统。实践证明，构建一个协调、健康、可持续发展的城镇水环境，必须让各相关子系统和谐地一起工作。如果只独立地着眼于单个城镇水问题的解决，有时只能使城镇整体水环境陷入更为严重的恶性循环的衰退过程之中。

健康的城镇水环境，是提升城镇功能和竞争力，改善人居环境和投资环境，实现城镇可持续发展的前提和基础，也是确保区域、城乡、人与自然协调发展的重点，是实现我国城镇化健康发展的必要条件。

实现健康的城镇水环境的主要思路：

（一）从开发——排放的单向利用向循环利用转变

健康的水循环利用方式主要是指水在循环使用过程中，尊重水的自然运动规律和品质特征，科学合理地使用水资源，同时将使用过的废水经过深度无害化处理和再生利用；使得上游地区的用水循环不影响下游的水体功能，地表水的循环利用不影响地下水的功能与水质，水的人工循环不损害水的自然循环，维系或恢复城镇乃至整个流域的良好水环境；将传统的“资源—产品—废水达标排放”的单向式直线用水过程，向“资源—产品—废水处理达标再生利用”的反馈式循环用水的过程转变，实现水资源的可持续利用。

（二）从单项治理向水生态的整体优化转变

城镇水系的生物多样性稳定改良，水体生态自我修复能力稳步提高，城镇水体水产品健康无害，野生动植物能健康繁育，人类能在城镇江河湖泊中游泳……总之，要构建城镇和谐水系，即在城镇水系的保护和治理过程中，要执行整体与生态最优原则。就是要综合考虑水生态、水景观、给水、排水、污水处理、再生利用、排涝和文化遗产、旅游等各种功能的有机地结合，还要与城镇的园林绿化紧密结合，真正形成城镇水系统的良性循环。

（三）从简单地对洪水截排向与洪水和谐相处转变

现代的城镇建设由于实行了许多错误的建设方式，使排水、防洪性能越来越退化，城镇水系也变得越来越脆弱。如宽马路、硬铺装的大广场、停车场，城市不透水的硬化铺装所占的面积越来越大，再加上近日大行其道的城镇河道、沟渠、湖泊的硬质砌底和护坡，开发填埋了大量的城镇和郊区自然河流、湖泊和湿地，造成了雨水无法下渗和积蓄，排水径流量逐步上升。这一方面使日益枯竭的地下水资源无法得到补充，另一方面也使得城镇自身和下游地区极易形成洪涝灾害。除此之外，大量的过去生活在“湿地毯”上的动植物在“水泥地”上遭受灭顶之灾，严重肢解了城镇和区域的生物链。构建健康的城镇排水体系，就必须尊重水系的循环规律，纠正以上这些错误的建设行为，维护水系生态健康程度和系统的自适应调节能力。

城镇水环境是一个至少由以上三方面组合而成的人工自然复合的巨系统，如果对其合理规划建设和维护的话，其自身具有较强的抵御外界干扰和自我修复生态的能力。但如果人工系统设计不合理，或干扰（主要表现在污染和用水）超过自身修复能力，城镇水环境将不可逆转地迅速退化，最终影响甚至威胁居住人的生存和发展。

三、实现城镇水环境健康化的主要方法与途径

（一）制定城镇水系统规划

在城镇体系规划阶段，城镇水系统规划要做好区域水资源的供需平衡分析，合理选择城镇供水水源，划定水源保护区；在城镇总体规划阶段，水系统规划的主要任务是保护好原有的水系，分析城镇规划区内的各类用水需求，合理安排生活、生产和生态用水，以及确定水源地、供水厂、污水处理厂及其管网设施发展目标及建设布局。尤其重要的是污水处理厂应以“规模合理、分散布局、便利回用、节约能源”的原则进行规划；在城镇控制性详规阶段，水系统规划的主要任务是综合协调并确定规划期内城镇水系统及其管网设施的详细布局，包括河湖水系的治理措施等。城镇硬化面积应控制在60%以下（德国规定不高于45%）。规划的编制工作应坚持立足水资源条件，促进资源节约，系统地、综合地考虑城镇供水、污水处理、节水、污水再生利用等问题，特别注意厂网配套、设施能力的协调增长以及防止对城镇江河湖泊、海滩湿地的破坏性建设以及非法填埋占用，切实维护城镇及其近郊水系的原生态。

（二）加强污水处理及再生利用

城镇污水再生利用，具有水量集中、相对稳定的优势，是

城镇水循环利用的重要环节，是节水的重要举措。再生水作为城市的第二水源，将为缓解城镇水的供需矛盾起着日趋重要的作用。再生水水源主要由城镇污水处理厂供给，其利用范围覆盖了城镇用水和农业用水，其重点是水质安全和输配安全，必须在城镇水系统管理中通过规划、建设和管理等综合措施统筹解决。要努力实现水的四个循环：一是建筑中水回用；二是小区范围污水的再生利用；三是城镇污水的再生利用；四是区域水的循环利用。通过这四个循环，实现社会经济发展对外界水的最少依赖和对自然生态的最少干扰。同时，也使城镇用水对环境和资源的压力能够充分释放。据此，城镇给排水系统的任务早已超出了供水保障、排除雨、污水，保护城市水环境，防止公共水域污染的范畴，已成为促进城镇水的良性循环，恢复水环境和水生态的"生命线工程"。

（三）着力构建节水型城镇

以最少的水资源消耗和尽可能小的环境代价，取得最大的经济产出和最少的废物排放，是建设健康的城镇水环境的有效途径。推进城镇节水工作，要加大节水设备和器具的推广力度；加快供水管网改造，降低管网漏损；要推动公共建筑、生活小区、住宅节水和再生水利用；将雨水利用与天然洼地、公园的河湖等湿地保护和湿地恢复相结合，并通过城镇绿地、城镇水系、交通道路网的透水路面、道路两侧专门用于集雨的透水排水沟、生活小区雨水集蓄利用系统、公共建筑集水入渗回补利用系统等充分利用雨洪水；沿海缺水城镇，应积极发展海水淡化及输配技术和海水直接利用技术。总之，要以提高水资源利用效率为核心，以发展循环经济为重点，从体制、政策、技术、管理等方面，采取综合措施，指导各地着力创建节水型城镇。

（四）提高城镇水系统防灾减灾能力

提高城镇供水系统的防灾减灾能力和安全性能，是以城镇社会经济与资源环境协调发展为目标，依据水系生态循环的原理统筹规划城市供水、节水与水污染防治，增强城镇水系统的整体性、适配性、扩展性和应急能力，提高系统抗御外部干扰的稳定性，以及具备可靠的多途径供水水源、安全运行的供水排水系统、满足城镇正常需求的安全供水和与改善人居环境相适应的健康水环境等方面的要求。并着眼于流域的整体治理，以“深掏滩、低做堰”与洪水和谐相处的原则，尽可能提高城镇化地区和城郊蓄洪、滞洪的能力，力求化害为利；建立包括城镇供水突发事件应急预案等有关防灾减灾应急机制，提高城镇水系统抵御自然灾害包括地质（如地震）、地理（如咸潮）、气候（如台风暴雨）、气象（如雷电）和突发性污染等方面的能力，以及应对社会性事故包括突发的公共卫生事故（如非典和突发性水质污染）、蓄意破坏（如战争、恐怖袭击）、安全事故（如氯氨泄漏、电力中断、管网爆漏）等方面的能力，对于实现城镇水系统的生态健康具有重要的作用。

（五）依靠科技进步，促进水环境的优化

近年来，一些经济适用、简易高效的污水处理工艺技术得到推广，100 余项标准与技术规范正在广泛应用。针对水源短缺和水体污染的状况，应加速研发推广以膜过滤和反渗透技术为代表的深度处理工艺、微污染水人工湿地处理技术以及有关生态无害化净水药剂等等，提高水质监测技术水平，建立和健全监管、督察体系，积极开发各种消除供水水源有机物污染的新技术和开发推广各地小城镇水污染防治的适用技术与装置，以及以 GIS 为代表的信息化技术的应用等，都将为污水资源化和供水安全提供必要的技术支撑。

（六）积极引入市场机制，加强政府监管，优化城镇水务市场资源配置效率

近些年，建设部先后印发了《关于加快市政公用行业市场化进程的意见》、《市政公用事业特许经营管理办法》、《关于加强市政公用事业监管的意见》等文件，加强了对城镇水务市场进入与退出、运行安全与服务质量、运营成本与水价和收费标准等的监管；初步建立了特许经营制度、城市供水督察体系和城市排水许可管理制度；推进了国有供水和污水处理企业的改制。水作为特殊的资源和商品，一方面应该借助市场机制来优化水商品的生产效率；另一方面，需要各级建设部门综合运用法律、经济、行政、技术的手段，加强对城镇水务市场的监管，尤其是强化规划体系中“绿、蓝、黄”等管制线的运用，强制性地保护城市水系生态和防污治污设施用地。城镇水务、规划、园林、市政部门都要转变职能，与有关部门协同配合，重点抓好政策法规、行业规划、标准规范和宣传教育，强化对城镇水务经营服务市场的培育、调控和监管。维护公平竞争，监督企业的运行，监控城镇水系生态安全，确保公共利益。

总之，在城镇化快速发展的过程中，充分树立城镇水环境健康化的整体治理观，切实从源头治理水污染、保护水环境，修复和恢复城镇水生态，实现水资源的可持续利用。

（原载《城镇供水》2005 年第 11 期）

城市湿地公园的社会、经济和生态意义

——以绍兴市镜湖国家城市湿地公园为例

《湿地公约》是针对单一生态系统开展全球合作与行动的国际公约。到 2005 年 1 月，已有 144 个国家成为缔约国。各缔约国约定：要通过国家、地区政府行动和国际间的合作，促进全球湿地生态系统保护与合理利用，致力于人类的可持续发展。这不仅是国际社会的约定，也是人类与自然之约。我国国家城市湿地公园的设立，不仅体现了我国政府履行公约的义务，也意味着我国重要的湿地保护和合理开发利用有了一个良好的开端，而更重要的是表明我国城市发展要选择什么样的道路。

一、城市湿地公园的六大功能

湿地拥有巨大的生态功能和效益，国际上通常把它与森林和海洋并称为全球三大生态系统，充分体现了湿地生态系统的重要性。尤其是与人类家园密切相关的城市湿地，不但具有丰富的资源，还具有巨大的环境调节功能、景观美化和生态效益。城市湿地在保护生物多样性、维持淡水资源、均化洪水、调节气候、降解污染物和为人类提供生产、生活资源以及发展城市旅游业诸方面都发挥了重要作用。城市湿地的这些重要功能和价值一直是人类社会发展和城市文明进步的物质和环境基础，可进一步归纳为以下六个方面：

1. 保护生物和遗传多样性

自然湿地生态系统结构的复杂性和稳定性较高，是生物演替的温床和遗传基因仓库。许多自然湿地不但为水生动物、水生植物提供了优良的生存场所，也为多种珍稀濒危野生动物，特别是为水禽提供了必需的栖息和迁徙、越冬和繁殖的场所。同时，自然湿地为许多物种保存了基因特性，使得许多野生生物能在不受干扰的情况下生存和繁衍。因此，湿地当之无愧地被称为“生物超市”和“物种基因库”。总之，关系到城市可持续发展能力的城市生物多样性，在一定程度上是由城郊的湿地决定的。

2. 减缓径流和蓄洪防旱

许多湿地地区是地势低洼地带，与河流相连，所以是天然的调节洪水的理想场所；湿地被围困或淤积后，这些功能会大受损失。据科学家研究，1998 年长江流域的特大洪水与湿地破坏有密切关系，近几年洪水的基本特点是“低洪量、高水位、大危害”。流量远没有几十年前的大，却出现了比以往更高的水位和更大的威胁，其原因除森林资源遭到大量破坏、城市区域封闭地面过多造成蓄水功能退化、单一的水泥护岸等错误的水利工程使城市河道下渗功能改变外，湿地被大量围垦侵占和功能急剧退化等等是最直接的原因。

3. 固定二氧化碳和调节区域气候

导致全球气温变暖的主要原因是 CO_2 过多。湿地由于其特殊的生态特性，在植物生长、促淤造陆等生态过程中积累了大量的无机碳和有机碳，由于湿地环境中，微生物活动弱，土壤吸引和释放 CO_2 十分缓慢，形成了富含有机质的湿地土壤和泥炭层，起到了固定碳的作用。尤其是临近城市的湿地公园，还具有净化空气、美化环境和减缓热岛效应等功能。

4. 降解污染和净化水质

湿地具有很强的降解污染的功能，许多自然湿地生长的湿地植物、微生物通过物理过滤、生物吸收和化学合成与分解等把人类排入湖泊、河流等湿地的有毒有害物质转化为无毒无害甚至有益的物质，如某些可以导致人类致癌的重金属和化工原料等，能被湿地吸收和转化，使湿地水体得到净化。湿地在降解污染和净化水质上的强大功能使其被誉为“地球之肾”。

5. 防浪固岸作用

通常海浪、湖浪和河水等对沿岸地区具有一定威胁，在许多湿地没有保护好的地区，这些威胁会对农田、鱼塘、盐田甚至城镇造成不同程度的破坏。在我国南部沿海地区，由于缺乏红树林等湿地植被的保护，有些地方海岸线每年都要倒退几米。而湿地植被生长良好的地方，海浪的流速和冲击力都会减弱，使水中泥沙逐步沉淀形成新的陆地。

6. 美化城市环境

城市湿地是城市周边最有美学和生态价值的自然斑痕之一，是城市特色的主要组成部分，也是发展城市旅游业的重要载体。现代化、人工化的都市景观与充满野趣的湿地公园共同构成和谐丰富的城市人居环境。

据国际权威自然资源保护组织测算，全球生态系统的总价值为33万亿美元，仅占陆地面积6%的湿地，生态系统价值就高达5万亿美元。我国的生态系统总价值为7.8万亿元人民币，占国土面积3.77%的湿地，生态系统价值达2.7万亿元人民币，单位面积生态系统价值非常高。

二、城市湿地遭到破坏的三大主因

自从中央提出落实科学发展观，要走资源节约型、环境友好型的发展道路以来，各地都在认真思考如何落实中央的号召。事实上，无论是资源的节约，还是环境的友好，城市都是重中之重。几乎所有的污染都是城市造成的；几乎所有的浪费都是由于不正确的建设方针所造成的；几乎所有的生态破坏也都是城市盲目发展造成的。这是因为城市是人类创造的最庞大、最复杂的人工与生态的复合体，是消耗资源和能源的最主要的载体。同时，任一个国家和地区 90% 以上的 GDP 总量是由城市创造的，城市又是人类的家园。联合国提出 21 世纪是城市的世纪。到 2010 年，将有 50% 以上的全球人口居住在城市，人类正式迎来了城市的世纪。而中国正处在城市化高速发展的阶段，越是高速发展，对环境的破坏、资源的消耗也越厉害。城市湿地作为湿地家族最脆弱、但也是对人类美好家园贡献最直接的部分正在遭受快速城市化的疯狂摧残。1995 年首次全国湿地资源调查表明，我国单块面积大于 100ha 的湿地总面积为 3848 万 ha（人工湿地只包括库塘湿地），其中自然湿地 3620 万 ha。湿地内分布有高等植物 2276 种，野生动物 724 种，鱼类 1000 多种。但短短的十年间，不仅湿地物种的数量急剧减少，生态功能恶化，而且湿地面积与数量也大幅下降。其主要原因可归纳为以下三点：

1. 过度围垦和建设用地扩张造成湿地资源损失殆尽

20 世纪 50 年代初，天然湿地在海河平原广泛分布，白洋淀、衡水湖、七里海、大港、永年洼等湖泊密布、湿地连片，基本形成了白洋淀——文安洼等三大洼淀群。由于人口增加及经济快速发展，海河流域对水资源的利用程度逐步提高，主要湿地面积从 20 世纪 50 年代的 3801km^2 下降到 21 世纪初的 538km^2，减少了 5/6。历史上的江苏省白马湖，水草茂盛，水生动植物资源丰富，湖区水产品捕捞单产居江苏省各大湖泊之首，有“日出斗金”的盛誉。20 世纪 90 年代初期以来，经过十多年的无序、无度、大规模养殖开发，白马湖湖区环境已今非昔比，目前白马湖围湖养殖的水面已达12万余亩，占湖区水域总面积的75%以上，极大地超过了湖泊的承载能力。白马湖水草资源已近枯竭，水体富营养化程度严重，极大地破坏了湖区原有的生态平衡，湖区防洪、抗旱、自净能力日趋减弱，抵御各种自然灾害的能力下降。

2. 掠夺式经营使湿地生态环境恶化

随着利用湿地开展生态旅游和居民生产生活的需要，一些地方不断在湖泊周边地区兴建宾馆、游乐场所，基建和城市化逐渐成为威胁湿地的主要因素。例如环太湖的苏州、无锡等地原本是我国重要的风景名胜区，由于乡镇企业大量发展，生活污水大量增加，这些地区的湿地污染也日趋严重。一些沿湖的乡镇依靠对外发包湖面收取租金，增加集体收入，致使湖区渔业生产秩序混乱。外地承包户和沿湖农民搞资源掠夺性开发、粗放式经营，渔民为了追求鱼、蟹苗种的成活率和产量，向湖中大量投放以激素和药物为主的外源饵料，造成水体富营养化程度越来越高，形成了大规模、高密度、全封闭的投苗、投饵、投药的恶性循环，致使渔业生态环境严重恶化，湖泊自身的水草、螺蛳、浮游生物等已消耗殆尽。

3. 水体污染导致湿地生态功能锐减

湿地是地球上具有多功能的独特的生态系统，是重要的自然资源和人类生存环境资本，被称作是陆地上的天然蓄水库。它在蓄洪防旱、调节气候、控制水土流失、降解污染物等方面均有重要作用。但所有这些湿地效益的发挥都离不开良好的湿地生态系统作为保证，一旦湿地生态系统遭到破坏，湿地效益也随之削弱甚至丧失。例如地处苏南经济发达地区的太湖，沿岸水质不断恶化，富营养化持续加剧，水体污染对于湿地植被的干扰将会给太湖周边环境带来不利影响。有关部门的调查还显示，洪泽湖每年接纳污染物总量已超过总库容的1/4。

三、城市湿地保护与建设资源节约型、环境友好型社会的关系

从促进城市经济的角度来看，任何一个城市都是因水而建，一般的城市都诞生于水滨。人类的所有文明也是由水系发育的，无论是古巴比伦文明、古埃及文明，还是中国的古代文明，都起源于河流湿地。江浙一带5000年前的良渚文化，“渚”就是沼泽湿地之意。水系又是现代城市生存和发展的生命线，是城市运输、贸易、防灾、生态、生产、生活……等诸方面的不可取代的载体。历史上几乎所有城市的衰亡都是因为水源枯竭或水环境被污染了，导致整个城市甚至民族的衰败。城市又是因水而秀，城市景观最美的部分就是水景，城不在大，有水则灵。例如，地处江南水乡的绍兴，作为国内外著名的历史文化名城，有两张王牌：一是众多的历史文化遗迹。绍兴的历史文化保护片区有五处，再加上两小片，这项保护工作得到了中央政府以及联合国有关组织的认同，而且颁发了奖状。历史文化遗存，随着时代的变迁，将越来越展现其价值，将越来越发挥出其促进城市经济发展，带来旅游业兴旺的巨大作用。同时，它又是历史的文脉，标志着2500年的古城是怎么样经历了精心的呵护，怎么样在保护和发展的历程中走上了可持续发展的道路。另一张王牌就是绍兴的水网地带。众所周知，意大利的威尼斯是世界著名的水城，该市90%以上的GDP来自于旅游业的收入，旅游业发展的主要资源就是靠保存完好的历史古迹和城市水网，这两者结合所奠定的独特的城市特色，引发了持续几百年至今依然不断强化的威尼斯旅游高潮。绍兴的吸引力、魅力在于她具有众多的而又保存良好的水网生态和文态。绍兴旅游业的发展，应当通过水网地带改善、实施水景观的再创造、与水有关的历史文化古

迹的保护利用以及生态公园和湿地公园的建设，努力使这些水景观成为巨大的旅游资源，吸引国内外众多的客商，到绍兴来投资兴业，到绍兴来参观旅游，到绍兴来定居，这样就会使这座历史文化名城更进一步迸发出经济活力。这两张王牌，是绍兴走向世界的名片，是促进经济腾飞的台阶，是绍兴实现现代化的“敲门砖”。

从资源节约和环境友好型社会建设来看，城市的水环境是环境保护的重中之重。空气污染，一般是会被风吹散的，而水污染却会在土壤中沉淀，渗透到地下水层去，可能会造成整个生态系统毁灭性的破坏。史实证明，凡是水污染超过水生态承受能力的城市和地区，将来的治理代价是极其巨大的。英国伦敦泰晤士河治理的费用，超过了工业化时代获得的利润。城市湿地公园的水生态是城市生态的核心。绍兴有三大城市组团，越城、柯桥、袍江，这三大组团的地理中心，就是面积达 $60km^2$ 的镜湖国家城市湿地公园（图 1），是整个大绍兴的健康生态的心脏。如果不把这块城市湿地公园保护好、利用好、开发好，就会成为三大城市组团排污的核心，将来这就是一个污水团长期盘踞的场所，从而污染地下水源、污染土壤、毁灭生态。生态系统具有敏感性、复杂性、自适应性和多样性等特征，而湿地是生态特性最主要的载体。水域陆地交界的湿地，它生物的含量比一般的陆地要高出 25～40 倍，一旦遭受污染和破坏，生态损失也会同比率地提高。

城市的健康水环境是城市安全的关键，最近松花江的污染造成了哈尔滨市断水 5 天，许多国际会议被取消，许多宾客、游客无法到访，许多市民被迫疏散到其他城市，对整个地区的经济社会发展造成了巨大的损失，而且对哈尔滨今后的发展都带来阴影。所以城市的安全，水安全是最基本的元素。如果没有健康的水环境，市民的饮水安全，还有城市灾害的防治、人居环境、投

图 1 绍兴镜湖湿地

资环境的改善都无从谈起。城市的水循环又是城市循环经济最主要的组成部分之一。我们说循环经济要学之于大自然的生态系统，因为在大自然的生态系统循环过程中，不会产生任何废物，一切物质都是循环利用的。水是可以流动的，要实现循环经济应该从水的循环利用抓起，而水的循环利用就要保证水质是干净的，才能实现水的循环利用。一旦实现水的循环利用，就意味着循环经济有了一个良好的起步。我国已有二十多个城市获得了节水型城市的称号，但从进一步发展来看，水在建筑中间的循环利用，水在小区里的循环利用，水在城市中的循环利用，水在区域大自然之中的良性循环利用，这四层次水循环利用是微观和宏观水循环利用的有机结合，是每一个城市所要努力的方向，同时也揭示了城市湿地作为“大地之肾”在水资源循环利用过程中的重要作用。

从改善人居环境来看，人类的天性，一是追求景观的多样性；二是天生具有亲水性。我国古代《诗经》中许多诗句，例如“关关雎鸠，在河之洲”、“参差荇菜，左右流之”，描述的是只有沼泽与河流交织的湿地才可能呈现的美境。而古代的绍兴王羲之邀众文人行修禊之礼、曲水流觞，可算是文化人欣赏水流的最高境界了。所以凡是有水景观的城市，就是有魅力的城市。独特、优良的水景观是城市经济发展、旅游振兴的王牌，是吸引外部投资的台阶，也是改善人居环境的抓手。有许多房地产项目，都打水景观的牌子，没有水，也要造出一个水景观来。绍兴是举世闻名的水乡城市，有众多的水景观资源，其中最为典型的就是镜湖国家城市湿地公园。因而镜湖国家城市湿地公园的合理利用，无论是对绍兴旅游业的发展，还是对绍兴经济社会的发展都会起到促进作用。

总之，我们一方面要反对北方一些缺水的城市，盲目地挖出几个比西湖还大的人工湖泊来。因为当地气候干燥，地表水蒸发量很大，水的来源又没有，要挖比西湖还大的湖泊，会造成水资源的巨大浪费和生态环境的恶化，这我们当然要反对。另一方面，我们更要反对已经具有悠久历史的水网地带的城市，不注意保护历史的遗存，不注意保护古人的创造，不注意保护生态的多样性和水景观的丰富性，毁掉了这些水景观就是毁掉了这些城市的未来。水是可利用的最宝贵的城市资源之一，城市的水景观作为人居环境最核心的内容，是最具有魅力的，这是人的天性所要求的，也是改善人居环境的切入点。

当然，建立湿地公园，仅仅是走出了城市水环境保护利用和促进其生态健康化的第一步，我们更需要在制定科学的保护和利用规划上花精力，更需要在合理处理开发与保护的关系上下功夫，更需要在建立严格的规划审批制度上抓落实。实践已证明：充分认识湿地保护的重要性和紧迫性并采取实际行动，可以将城市湿地公园建设成为非常优美的生态场所，成为众多水乡城镇最靓丽的风景区和旅游区。尤其是通过国家城市湿地公园的申报和规划建设，将会使所在城市获得新的经济和社会发展动力，并在构造和谐社会和可持续发展的道路上进一步奠定扎实的基础。同时，城市湿地公园自身也将成为全国同类湿地的保护和利用的典范。

（原载《风景园林》2006 年第 1 期）

坚持城乡统筹 发展区域供水

近年来，江苏、广东等地在推进城乡统筹、实施区域供水方面进行了探索实践，取得了一定的成效，也积累了一些经验。但就全国而言，尚只能说是处于起步阶段，许多地方对坚持城乡统筹发展区域供水的重大意义认识还不足，有相当多的领导对这一事关国民经济和城市化发展命运的基础性工作还没有清醒的认识。当前，我国正处在城镇化高速发展时期，城镇人口年均增长率在1.5%～2%之间。城镇人口的剧烈膨胀，使人口与土地、水资源、能源等方面的矛盾越来越尖锐。在任何一个国家，任何一个地区，城市的发展都会受到资源和环境的约束，谁能树立可持续发展的观念，采取科学的方法突破这些约束，谁就可以获得快速、健康、可持续的发展，这是任何一个领导者都应该在宏观上掌握的命脉性的概念。树立科学的发展观，统筹城乡供水等基础设施建设，发展区域供水，是解决水资源与城市快速发展这对尖锐矛盾的根本途径。

一、坚持城乡统筹，发展区域供水的重要性和必要性

（一）坚持城乡统筹，发展区域供水，是落实党中央、国务院战略部署的重要措施

党的十六届三中全会提出了“五个统筹”的要求，而水资源问题涉及到“五个统筹”要求的各个方面，涉及到城乡发展、

区域发展、人与自然的发展、社会与经济的发展，涉及到对外开放和对内搞活，也涉及到如何完善政府社会管理和公众服务职能，为全面建设小康社会提供有力的机制保证。江苏等地发展区域供水的经验表明，许多地方如果没有清洁水、合格水的供应，就无法引进大量的外资。胡锦涛总书记指出，要坚持用科学发展观来指导人口资源环境工作，牢固树立以人为本的观念，牢固树立节约资源的观念，牢固树立保护环境的观念，牢固树立人与自然和谐相处的观念。这四个“牢固树立”的观念是做好城乡统筹发展区域供水工作的重要指导思想。牢固树立以人为本的观念，就是要着眼于充分调动人民群众的积极性、主动性和创造性，着眼于满足人民群众的需要和促进人的全面发展，着眼于提高人民群众的生活质量和健康素质，切实为人民群众创造良好的生产生活环境。清洁的水是人民群众最低的生活保障。做好城乡统筹发展区域供水工作，正是着眼于满足人民生活日益增长的物质需求，同时也是为城乡创造良好的生产生活环境。牢固树立节约资源的观念，就是要建设“一个体系”和“一个社会”，即要建立资源节约型的国民经济体系和资源节约型的社会。一是国民经济体系要节约，要形成资源节约型的产业结构和改变资源利用的方式；二是全社会包括城市、镇、村都要走资源节约型的发展道路。要做到资源节约，就要考虑到城乡的统筹、经济社会的统筹、区域的统筹，使每一滴水都发挥自己应有的功能，这是基础性的工作。国务院在加强城乡规划建设管理工作的意见中，也要求地方各级人民政府要积极支持与小城镇发展密切相关的区域基础设施的建设，要为小城镇发展创造良好的区域条件和投资环境。在发达国家，小城镇和农村的生活质量、生活水平、基础服务、设施水平与城市相差无几，而我国则截然不同。目前，我国基础设施短缺的问题主要不在大城市，大城市的基础设施水平与国外城市相当，而小城市、小城镇、农村的基础设施水平与国外相差太大，因而城乡差别越来越大，这是一个非常危险的现象。

（二）坚持城乡统筹，发展区域供水，是城市发展带动农村发展的具体体现

城市化的过程，是农村人口逐步向城市转移的过程，也是城市文明逐步向农村扩散的过程，这两个过程是密切联系的。这种文明的转移，使农村人口尤其是小城镇居民享受到了城市居民能够享受的基础设施。“九五”以来，我国在城市供水基础设施上的投入是比较大的，但目前农村的供水设施水平非常低。全国城市用水普及率为77.85%，而全国村镇用水普及率不到50%，自来水受益的村庄不到村庄总数的20%，建有供水设施的村庄仅占全国村庄总数的16.8%。我国村镇虽然有将近60万座供水设施，但其中达到标准的自来水厂仅占4%。要全面实现建设小康社会的目标，首先就要保证城镇尤其是广大农村居民喝上安全卫生的饮用水，这是全面提高广大人民群众生活质量的最基本条件。

（三）坚持城乡统筹，发展区域供水，对于保障供水安全、节约资源、改善环境等具有突破性、示范性的重要意义

各地的实践充分证明，坚持城乡统筹发展区域供水，一是有利于促进城乡居民生活水平的提高。实施城乡区域供水，改善了供水条件，提高了供水水质。实施区域供水的江苏省常熟市经验表明，这一地区常见病的发病率显著降低。以肠道传染病为例，在每10万人中，平均每年发病人数从区域供水前5年的162人下降到目前的28人，下降了近6倍。过去，浙江省的一些地方也因存在一些非常严重的肠道疾病而经常出现死人的现象。近几年，由于供水设施水平的提高，肠道疾病造成的死亡率大大下降。黑龙江省克山县有些地方采用地下水，出现了大关节病即克山病。氟污染对人体健康的影响也非常严重，联合国对此非常关注。在一些农村，越来越多的农民患肾结石、胆结石等各种各样的结石病，实际上就是饮用了不合格的地下水。以前，江苏省有几个地方的癌症发病率非常高，其中肝癌等多种癌症均与水的污染有直接关系。自从这些地区实施区域供水，提高供水水质以后，疾病的发病率都在逐年下降。以上事例都表明，城乡统筹发展区域供水确实有利于居民的身体健康。

二是有利于控制地下水资源的过度开采。地下水资源的过量开采，不仅造成了大面积地面沉降和地面建筑的损坏，也造成了地下水的污染。地下水一旦受到污染，短期内难以治理。实施城乡统筹区域供水后，在区域供水服务范围内，就可以把直接取用地下水的深水泵等自建设施全部关闭，地面的沉降和地下漏斗现象将得到全面控制和改善，从而保障地上建筑和基础设施的安全。

三是有利于扩大污水处理收费范围，推动环境保护措施的实施。目前，污染防治工作中最困难的是水环境治理问题。曾培炎副总理指出：受季节、风向、风力和大气承载能力的影响，空气的污染程度时空变化较大，而现在每一条河流，已经到了“有河皆臭”的地步。例如，广东省东莞市是全国降水量最大的地区之一，年平均降雨量 1777.7mm，但除东江以外，东莞市其他的河流都不能取水，是严重的水质型缺水城市。人类创造了城市，创造了工业文明，结果也创造了自己的灾难，创造了许许多多的疾病，甚至使自己的下一代都受到了损害。东莞市有 300 多个自来水厂，但是该市几年前却没有一个污水处理厂。广东省省委书记曾经下决心地说过，如果东莞不建污水处理厂，采取的一个措施就是把东莞从地级市降为县级市。因此，市里领导非常紧张，但是短期内解决水污染问题，谈何容易。东莞有几百个自来水厂，水经过千家万户使用后，就成了污水。

统一的区域供水是统一的区域污水处理的前提和条件。首先，哪里的供水集中，哪里的污水排放就集中，使用了多少自来水就会排放一定比例的污水，就要在哪里建设污水处理厂。在高速城市化发展的过程中，污水处理设施必须同自来水设施同步建设。其次，自来水和污水处理设施的建设都有一个共同的特征，就是厂站的建设投资低于管网建设的投资，管网建设的投资往往是厂站的两倍多。第三，管道建设必须与道路建设同步。城市供水、污水、道路在城乡建设中紧密相连，是城乡重要的基础设施。因此，没有区域化的供水，就不可能有区域化的污水治理设施。没有区域化的污水治理设施，城乡环境的改善、污染的治理、可持续发展就不可能实现。区域供水、连片供水是基础中的基础。实施区域供水能有力地推进区域的污水治理。常熟市自来水价格只有0.92元/m^3，但是叠加了1.0元的污水处理费，而包括折旧在内的污水处理成本是每吨0.8元左右。由于1元的污水处理费随水价征收，污水处理设施的建设和运行经费就迎刃而解了。

四是有利于大幅度提高乡镇供水水平和供水设施的效率。自来水供应具有天然的垄断性和规模性，规模越大，效益越明显。过去村村有水厂，村村建供水设施，镇镇建供水设施，使得整个区域的供水不成体系，效益低、水价高，浪费巨大，供水质量也不符合要求。区域供水人工费用、排污和排污口建设、取水口匹配等费用都非常低，供水水质也比较稳定。这样，人民群众就得到了实惠。常熟市供水公司不仅无需政府一分钱的补贴，每年还要上缴2000万的税收，而且资产已从开始政府投入供水设施建设的2亿多元，上升到现在的6亿多元。

五是有利于促进区域经济结构的调整。供水安全、供水质量直接关系到城镇的社会经济的可持续发展。苏锡常、宁镇扬泰通等地区区域供水设施的实施，以及浙江省的湖州、嘉兴、绍兴等地区的区域供水实现了设施的共建、共享，为这些地区城乡经济的高速发展、大规模引进外资提供了最基础的保障，同时，也强化了供水的安全。常熟的城乡统筹供水网络，共有三个取水口，如果一个取水口被投了毒或者出现水质异常，可以从其他两个取水口取水，所以，整个系统的稳定性、可靠性就非常好，供水安全和水质都能得到有效的保障。

在城市的文明向农村扩散的城镇化过程中，解决好水的问题是首当其冲的，这是最为重要的。实施区域性供水后，将为区域性的污水处理、区域性的供气、区域性的公共交通系统的实施提供有益的经验，推动区域性市政基础设施的发展。建设部门要结合这四个方面的区域性设施建设，把城市的文明带到农村。国家通过推进城乡电网改造，基本实现了城乡用电的同网同价；通过市场化运作，也基本解决了城乡通信问题。解决城乡供水、城乡交通、城乡燃气供应、城乡污水处理问题，这是建设部门神圣的职责。城乡区域供水的实施，从理论、实践、规划等方面为后面的几项工作开拓了道路、提供了经验。

二、以科学的发展观指导发展区域供水工作

（一）充分发挥城镇体系规划的综合指导和宏观调控作用

目前，一些地区镇里建供水设施，村里也建供水设施，甚至不预先编制规划就盲目建设。重复建设不仅造成了浪费，而且也不能很好地控制和保护水资源。因此，发展区域供水必须要作好规划，首先是要作好城镇体系规划。城镇体系规划是把人口在空间上的分布作为点来表达，每一个城镇每年发展至多大规模，都经过了精细的测算。区域性的供水、区域性的污水处理等这些基础设施都是通过城镇体系规划的空间分布来进行统筹安排的，区域供水设施的建设要按照规划实施。省域城镇体系规划、市域城镇体系规划、县域城镇体系规划，体现了城市发展、农村发展之间的关系，为区域供水的建设奠定了基础，是实施区域供水的科

学依据。一是要通过省域、市域、县域城镇体系规划指导供水设施建设规划的制定，逐层编制供水设施建设规划。二是要发挥城镇体系规划对重要基础设施，尤其是水厂和主干管建设的指导作用，要以重点镇、卫星镇、专业镇、大中小城市的布局，系统地安排供水等基础设施的建设。当前，一些卫星镇发展很快，要做到水的供应量、自来水的管网、设施布局与其发展相匹配。三是要发挥城镇体系规划对资源保护和利用的统筹作用。城镇体系规划规定了开发和保护的区域，不仅规定了哪些地方可以开发建设，也规定了哪些地方不能开发建设，比如水源保护区内就禁止开发活动，否则水源水质难以保证。过去一些地方在水源保护地养猪，1 头猪排放的污染物量相当于 7 个人排污量的总和，在水源保护区内大规模养猪所造成的污染难以治理，治理成本是养猪所产生的经济效益的数十倍。十年前，常熟市的尚湖就有 160 多个养猪场、养鸡场，湖水水质受到严重污染，通过搬迁养猪场、养鸡场和清淤后，水体逐渐达到了Ⅱ类水体的标准。同时，城镇体系规划也从系统上统筹考虑了基础设施的合理布局、排污口、取水口设置等。四是要通过城镇体系规划调节城市之间、城乡之间的合作，增强区域供水设施的互补性。浙江省湖州市没有编制城镇体系规划之前，建设自来水和污水处理设施计划投资 100 多亿元，编制了城镇体系规划后，供排水系统建设按照城镇体系规划重新进行了布局，总投资减少了 20 多亿元。

（二）要科学制定城乡统筹发展区域供水的计划和目标

城乡供水等基础设施水平的高低直接影响城乡经济协调发展、自然与人居环境改善、社会与经济的和谐发展。区域供水计划和目标的制定要围绕“五个统筹”，做到合理布局、科学规划、规模适度、注重实效。在区域规划编制中，要放弃原来的大城市、大水厂的做法。例如，东莞所有的河流都受到污染，只能从东江取水，只能建若干个大水厂。别的地区有山塘和水库等许多备用水源，就要把这些水源系统地进行考虑，形成多水源的供水结构，据此合理布局水厂和供水的主干线，不能贪大求洋，不能照搬城市的模式，要因地制宜。污水处理设施的建设同供水一样，也存在合理布局的问题。例如，南方某城市的污水处理厂由世界银行投资，规模越大，投资也就大，结果建了一个日处理能力为120万m^3的污水处理厂，距离城市20km，污水需要多级加压送至厂区。污水处理后，每天有120万m^3的中水可以利用，还需通过20km管道再送回来，造成了巨大的浪费。所以，污水和供水设施的建设应规模适当，布局合理，就近用户建设，有利于水的再生利用。目前，污水经二级处理后的水质可以达到一级排放标准，可以用于灌溉和替代部分工业用水。污水经反渗透处理后的水质可以达到饮用水的标准，可以作为城市饮水源的补充，达到水循环利用的目的。中央再三强调发展循环经济，循环经济就是废弃物的减量化、循环化、再利用化。所以在规划中要早考虑、早研究水资源的再生利用问题，做到从供水、污水治理、中水回用三者的成本降到最低。目前，水价呈不断上升的趋势，当水价提高到2元时，中水回用的经济价值就体现出来了。同时还要考虑现阶段农民的承受能力。江苏省出台了在区域供水地区暂时免征农村的水价“四费”的政策，但是随着当地经济社会的发展和承受能力的提高，各县镇可以作出决定哪一项收费不再免征。例如，常熟市就没有免征污水处理费。

（三）积极推进城乡基础设施建设投融资体制改革和公用事业管理体制改革

实施城乡统筹发展区域供水必须要遵循市场经济原则，必须用市场经济的办法，以价格规律作为载体，扩大供水设施建设的投资，多渠道融资，引进民间资本和外资，加快城乡供水事业的发展。要解决好政府统包统揽旧机制、体制的弊端，但是政府的作用是必不可少的。政府的作用首先体现在规划布局，其次是特许经营许可证的颁发，第三是质量监督。另外还有一个作用，是政府在一般情况下可先投资建设供水设施，其好处在于：一是可以充分调动村、镇、县、市的积极性，如江苏省村、镇、县、市都入股建设供水设施，镇长当董事，市公用局长当董事长，是一种“不伦不类”的官商不分的过渡体制。这种体制在供水设施建设管理的初期有优势，它调动了各级政府的积极性；二是可以统筹协调，加快建设进度。水厂由市里建设、干管由镇里建设、支管由村里建设，各自包干，三级互动，同道路的建设主体相统一，把管网迅速建起来。三是有利于取得各种资金的支持，便于筹集资金。四是为特许经营权的出让、转让创造了条件。政府先建好设施，并运转正常了，再进行招商引资，把整个系统整体或切块有偿转让给较大的水务运营商，收回投资，降低运营成本。我国市政公用事业经营体制的改革，不是拍卖产权，而是拍卖经营权，20或25年后，政府要全部回收再进行新一轮的拍卖。必须按照还本付息、略有盈余的原则，提高水价，逐步实现城乡区域的同水同价、同质同价。现在的难点是政府职能的转变，政府要在基础设施的种类、布局、环境标准、容量、排污等从环境的总体质量提高和环境污染的控制方面发挥巨大的作用。政府要作为社会公众利益的代表，对供水等基础设施的运营进行监管，监管供水的水质、价格、水量、安全可靠性。当前，要采取先建后特许经营的办法，使政府逐步在区域供水的环节中有计划地撤退、引进市场的激励机制，政府退到社会监管中去。

（四）要加强技术指导，确保工程质量。百年大计、质量第一

在项目实施中要严格执行项目法人制、招投标制、工程监理制、质量监督制，建立和实施全方位、全过程的质量责任体系和质量终身负责制，同时要加强技术指导。

（五）各部门再积极配合，通力合作

城乡联网供水涉及面广，工作难度大，关系到十几个部门的职能，需要打破行政格局的限制，一定要在各级党委和政府的统一领导下，结合各个部门的职能，充分调动他们的积极性，密切配合，分工协作，统一计划，才能顺利开展城乡统筹发展区域供水工作。

（原载《城镇供水》2005 年第 2 期）

第四篇　城市规划体制创新与和谐

转型期的城市规划变革纲要

转型期城市规划变革的成功与否，直接关系到我国的城镇化进程以及资源节约型、环境友好型社会的建设进程和城镇化的健康发展。转型期的城市规划变革，主要包括四部分内容。第一，我国转型期城镇化的特征和面临的危机。有些危机是潜在的，而有的正在到来。第二，转型期城市规划调控的原理。第三，转型期城市规划变革的基本原则，哪些方面需要变革，变革的方式是什么。第四，规划变革的具体的内容，尤其是最近一两年来，我们推出了一系列城市规划变革的新内容，虽然有的已经形成法律法规了，但是许多从事规划的人实际上对此还不够熟悉，所以本文也一并加以介绍。

一、我国转型期城镇化的基本的特征和面临的问题

第一，我国的城镇化进程是与市场化、全球化、法治化、信息化相伴随的，不是一个独立的过程。我国已实施了几十年的计划经济，正好在快速城镇化的过程中，实行体制改革，引进市场机制，发挥市场配置资源的基础性作用。所以，在我国的城镇化过程中，从头到尾都伴随着市场化，是市场机制逐步发挥资源配置作用的过程。城镇化与市场化相伴随，这是我国城镇化发展的一个特点。而其他先行国家一般是先市场化，然后才有城镇化。

另一方面，我国的城镇化过程又伴随着全球化。全球化时代

的到来，关贸壁垒的降低，使得全球经济一体化明显加快，国际资本的转移大大加速，加工业在全球的扩散形成趋势，尤其是跨国大公司，在全球资本的流动过程中起了主导作用，促使资本向着高盈利的地方流动。当然，全球化也带来了很多的问题。比如，发达国家把整个制造业高附加值的两端控制在自己手里。一端就是技术开发，标准制定；另一端就是市场销售，售后服务。一手抓技术开发，游戏规则的制定，一手抓市场，把中间那一段即产品加工和组装扩散到第三世界。而产品加工和组装这一环节，是最需要原材料和低成本劳动力的，而且会产生严重的环境污染，消耗大量的能源。把这一环节转到发展中国家，如我国就成了世界加工业的大工厂，实际上是消耗了大量的能源、原材料，留下了污染，而利润却被他们拿走了，然后还指责我们低价倾销。包括纺织业、电视机、电冰箱等都遇到过这样的问题。所以，全球化弊端之一，就是穷的更穷，富的更富，一些地区和城市被边缘化。

我国的城镇化又伴随着法治化，依法治国正在成为我们全党和各级政府的行动准则，一切活动都要符合法律法规，都要依法行政。而且我国的城镇化又伴随着信息化。信息化一方面使人们面临信息爆炸而无所适从，另一方面由于因特网等现代通讯工具的发展使信息的不对称性有所改善。过去通过很复杂手段才能获得的信息，现在通过因特网就非常容易获得。个人通信工具，现在成了最普遍的必需品，对人们的活动模式产生日益深刻的影响。所有这一切，都使我国的城镇化比其他国家的城镇化更复杂，因为在此阶段有那么多的“化”在我国同时进行。

第二，城镇化不仅仅是人口在空间上的迁移过程，更是社会文化模式的变迁过程。城镇化之前，人们是分散居住、活动的，这种居住模式基本上是以分散就业的自然经济为依托的。城镇化的发展，使得人们向城镇集聚，人与人之间交往的密度和频度大大提高。文化、法制、社会的组织构架及其变革将对城镇化发生很大的交互作用。所以，城镇化不仅是人口迁移，更是一个社会文明的变迁过程，也就是从农业文明转向工业文明、从农村文明逐步转向城市文明的过程。

第三，我国的城镇化主要依靠工业化来推动。城镇化健康发展的主要条件，就是城镇要通过发展工业和服务业来提供就业岗位，使农村和牧区的富余劳动力逐步转移到城市里来。

我国目前处在城镇化的初期，主要是靠工业化推动城镇化，城镇化在一定的程度上又能促进工业化。转型期的城镇化除了以上几方面的特征以外，还潜在一系列的危机。

一是城市的过度蔓延。在东南沿海，城市与城市已经连成一片了，而且新开发的地区建筑密度越来越低。史实证明，如果城镇化的过程伴随着机动化，城市的过度蔓延就会同时发生。因为机动化意味着小汽车进入家庭，人们一旦拥有了小汽车，人的空间移动自由度和便利性就大大提高，人们就能在更广的空间中有自由居住的选择权。此时，人们就会离开拥挤和污染的城市中心，到郊区去定居、生活、工作。这样一来，城市的过度蔓延就难以避免了。美国在 100 多年城镇化的过程中，也同时伴随着机动化，城镇的人口密度从每平方英里大约 8000 多人，降到 1980 年的每平方英里只有 1800 人，降低了 3 倍多。过度的郊区化造成美国以 5% 的全球人口消耗了 1/4 的全球能源。

二是城市特色风貌丧失。在我国快速的城镇化进程中，全国各地已经出现了旧城改造过度、盲目克隆国外建筑风格、标新立异乱上标志性建筑、乱拆精美的古建筑、盲目攀比建筑高度等问题，割断了许多历史文化名城的文脉，造成了“千城一面”的景观，破坏了宝贵的文化遗产资源。

三是基础设施短缺。城市是人口高度密集的地方，需要解决城市的防灾、环境卫生、污染等问题，需要足够数量的基础设施来达到公共卫生、公共安全的目的。城市规划法和现代城市规划理论，就来源于欧洲黑死病、伤寒病等城镇化初期传染病的流行。早期的城镇化，认为把分散的人口聚集在一起就是城市。在农村，一个村里几百人，与外界很少交往，到了城市里，人与人之间的交往就突然增加了，这个时候传染病就会迅速蔓延开来。人类历史上最早开始城镇化的法国、德国、英国、意大利等欧洲国家，曾出现了严重的黑死病、伤寒和霍乱，夺走了大约一亿两千万人的生命，比两次世界大战中死去的人口总和还多。所以，英国出台的世界上第一部城市规划法，就明确规定了必须有清洁的供水、房子之间的足够距离、每个房间居住的人数、人行道路的宽度等。由此可见，城市规划就是为了应对日益恶化的城市环境和疾病丛生的城市居住区而产生的。我国几年前发生的SARS，也是一个警告。所以城市人口越密集，发展越快，越需要足够的基础设施去抗衡人口密集所产生的各种各样的污染物和不卫生的环境。

四是房地产泡沫。我国的宜居土地仅为全部土地的10%，大部分位于沿海地区。与美国等发达国家有三条海岸线不同的是，我国仅有一条海岸线，宜居地区与少量的高产农田在地理上高度重合。从前20年人口迁移的规律来看，60%~70%的外迁人口是迁往东南沿海一带。所以，最易发生房地产危机的是东南沿海，人口密集，可建设的土地供求失衡，很容易出现房地产价格的大起大落。

五是交通拥堵。现在北京、上海等特大城市上下班时段的堵车情况日趋严重，平均车速从原来40km/h降到现在平均只有20km/h，与自行车速度差不多，中心区甚至只有5~7km/h，比人走路快不了多少。交通拥堵作为全球大城市的通病，正在我国大多数大城市中迅速蔓延。

六是城市污染加剧。城市的微环境的热空气循环会造成温室效应，像一个大锅盖罩在上面，几千个烟囱排出的CO_2、SO_2就笼罩在城市的上空。世界银行评定的全球污染最严重的20个城市，中国占了14个。

七是城市灾害频发。一些城市跨在地震带上，有的下面是矿井，把地下掏空了，导致地面沉降。还有的是城市大量抽取地下水，造成巨大的漏斗。北京解放初期，挖5m就可以找到地下水，现在要挖150m，大量抽取地下水以后，就形成了漏斗，土地的承载能力就变化了，造成了建筑设施的倾斜、断裂。在美国城镇化过程中，当时没发现抽地下水会造成这么大的影响，结果有的地方，一幢建筑或一个小学突然之间全部陷到地底下去，造成很大的恐慌。在我国华北地区，目前存在地下漏斗的面积达四万多平方公里，最深的地方，水位已经降到200多米以下。而且最快的是每年降1.5m。再加上有的城市地下有许多矿井，如乌鲁木齐市的地下就全部是煤，如果一不小心挖到断裂带上，或者靠近地面太近，就容易造成突然塌陷，并引发城市灾难。另外城市火灾、洪水、地层陷落等灾害也都会频繁出现。

八是城乡收入差距扩大（图1）。

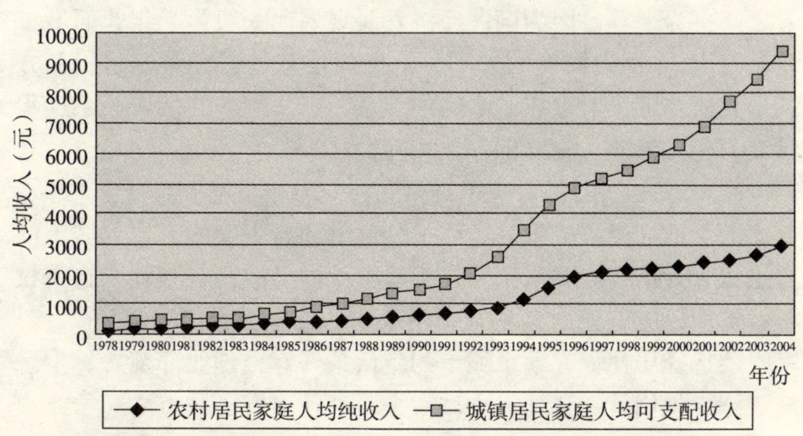

图1 1978~2004年城镇和农村居民家庭人均收入水平

这些问题都需要我们在城镇化的过程中加以克服或者缓解出现，否则我国的城镇化就不可能是健康的城镇化。这无论对一个国家，对一个区域来说，都是一样的。

二、转型期城市规划调控的原理

（一）计划经济与市场经济时代城市规划模式的区别

1. 经济社会发展计划与城市规划之间的关系

在计划经济时代，国家或地方的经济、社会发展计划与城市规划的关系是后者服从前者，国民经济和社会发展计划在空间上的投影就是城市规划。当时中国受苏联模式的强烈影响，把城市规划与国民经济发展计划之间的关系，说成是投影和转译的关系。城市规划成为国民经济发展计划的附属物，是落实计划的空间手段之一。后来随着市场经济的发展，城市规划演变成为国民生产发展计划的“支撑”和“载体”，城市规划的地位有所上升，经济和社会发展计划需要城市规划去贯彻去落实。现在这两者之间更为平等。因为国民经济发展规划期一般为5年，而城市规划是以20年为周期的规划，依据的信息数据和管制目标、方式都有所差别，所以它们之间的关系，已从原来的从属关系逐步转变为相互依赖、相互依存、相互衔接。

2. 城市之间的关系从相对孤立转变为相互竞争与合作

因为市场经济决策的主体是分散型和自主型的，导致城市的自主权大大扩大。城市政府成为最基础的经济调节细胞，自主权日益扩大，能够独立自主地作出决定。此外，市民可以用“脚”来投票选择居住权，哪个城市的生活条件好，创业环境好，生态景观好，他们就迁移到哪个城市去。这就引发了城市之间争夺中产阶层、企业家、投资者的竞争。同时，产业发展引发了城市之间的竞争和合作浪潮，产业之间既竞争又合作。以旅游业为例，旅游业是一个区域互补性很强的产业，没有人愿意孤立地搞旅游业，一般是周边几个城市特色互补共同发展旅游业。如到新疆吐鲁番去看火焰山，看葡萄沟，然后再经过天池去看天山风光，这样不同的景观能够相互补充，形成一个相互合作的协作网络。各景点既是竞争又是合作的关系。旅游业是这样，农业、工业、第三产业也同样如此。

3. 城市规划建设的模式从政府包揽一切转向明晰产权、政府监管

政府做好市场监管，以企业为主体进行城市基础设施建设。建设模式也不能让政府包揽一切，而政府只是起引导和监管的作用。通过城市规划合理分配城市空间资源，去引导和调控各建设业主的行为；通过建立监管体系来加强对自然垄断企业的监管。计划经济时期政府包揽替代一切，不需要界定产权关系，不需要保护财产的所有权。而市场经济是民间和企业投资为主，必须以规划来界定和保护土地的产权、空间的界线，引导投资。

4. 城市规划的可控性从刚性和简单转向柔性和复杂

原来的城市规划就是刚性的规划，功能分区、土地利用性质、建筑强度、基础设施等方面一旦确定，名义上谁都不能改变，简单明了，但十分僵化，一旦投资项目和经济形势发生变化，规划就难以适应。因为计划经济就是政府说了算，认为未来一切都是可以预测的，可以事先调控的。而市场经济有无数个决策主体，不确定的因素大大增加。比如规划上确定某区块要建一个化工厂，但引进了一个投资者，他想在该区块建一个纺织厂。原来确定的化工厂，现在要改成纺织厂，计划变了，规划就要相应调整。这就要求规划具有一定的灵活性，来适应市场的变化，因为未来是不可预测的。所以，规划就要变得既要有限止性、规定性，管住应该管的，能对不可再生的资源进行保护，又要有适应性和灵活性，能够适应外部的变化，适应投资者的需要。这样

一来，城市规划的管理体系就变得越来越复杂了，既具有灵活性，又有复杂性。

（二）转型期的“市场失效”

在转型时期，政府要管住那些市场管不了、“市场失效”的事情，这是政府职能转变的主要方向。现在县市政府都面临着精简机构的问题，哪些机构要减掉，哪些机构要强化，如果搞不清楚，就要学习这方面的理论知识。政府的主要职能是解决“市场失效”问题，市场能做的事，全部让市场去做；市场做不了的事，必须由政府来做。这个原则定下来以后，政府该管什么就清楚了，设立哪些机构也就明确了。

1. 典型的“市场失效”

一是垄断经营。垄断经营会导致“市场失效”。在一个城市里，自来水供水网络、燃气管道网络等只能是一套，不能有两套网络，否则就会浪费。但一套网络经营容易导致自然垄断，没有动力去改良效益和改善服务质量，需要政府对这些自然垄断行业加以管制，就是说政府要干预，要注重公平，引进竞争机制，否则市场容易失效。

二是外部性。所谓外部性，意指一个人或者企业在追求自身利益过程中损害或者增加他人和社会利益。给他人带来坏处或者带来好处，都属外部性。外部性有两种，带来好处的是正外部性，带来损害的是负外部性。如一个新的住宅小区，如果建在名校旁边，房价就会上升，因为享受到了学校带来的正外部性。如果其周边是一个化工厂，时有臭气排放出来，那房价就会明显下降，因为化工厂给居住环境带来了损害，所以造成房价下降，这是负外部性。政府的作用就是要限制负外部性，增加正外部性，这就要求控制噪音、污染和社会犯罪，增加社会福利，增加教育、卫生设施和绿地建设。从外部性来看，政府的职能就非常明确。

三是信息不对称性。到医院里去看病，医生与病人之间信息是不对称的。他说你生什么病，病人搞不清楚，没病他说你有病，小病他说你是大病，然后给你开了一大堆药，他赚钱，医生和病人之间就存在着信息不对称。正因为信息不对称，政府就要监督，要建立一系列的规章制度，如医生从医必须要有执业资格，要有职业道德和行为守则，违反就要处理等等。而且药价也要进行监控，药品出厂价与卖到病人手里的价差应该合理，但要控制这个幅度，这就是政府为什么要对药价进行干预的原因。要通过政府正当的监控来减少信息的不对称性。通过政府的强制介入，强制性进行信息披露，使消费者与服务者之间信息不对称的程度能够降下来。

四是公共品提供。比如城市道路、桥梁、绿地、残疾人专用道、卫生防疫、医疗和工伤保险、九年义务教育、社会保障制度等这些都是社会的公共品。这些公共品，市场是无法提供的，企业不可能提供，个人也不会永远做雷锋，这就需要政府通过税收转变成公共品。用最少的财政支出来提供最多的公共品，这就是最好的政府的职能之一。由于公共品是人人都可以用，就会出现“搭便车”的问题。政府提供的公共品存在着大量的浪费，因为它没有投入产出的概念，没有回收期，也不可能回收，如城市里的道路、桥梁是不可以收费的。问题在于政府往往是低效益的代名词，提供了多少公共品，难以被市民们所监督，也不可能主动建立这样一种反馈机制。所以，政府往往缺乏提供公共品的动力，提供多少，对政府官员本身没有直接的好处。这些问题都需要政府解决。政府就是因为提供公共品而存在，但是政府不会自动地优化提供公共品的数量和质量，所以要建立一种激励机制。

2. 从“市场失效”引发的“市场界限”

“市场失效”引出了政府必需的机构和政府必须的行为，从国家部委一直到城市政府都是如此。原来国务院所属部委中有第一机械工业部、第二机械工业部、化工部、轻工部、纺织工业部、冶金部等，现在都撤销了，因为这些部都是管具体产业的，而随着市场化进程的深化，这些产业发展都是市场能做的事情，所以相应的机构被撤销，政府职能转向市场不能做的事情上了。但市场在一些领域是失效的，这就引出了“市场界限”，进一步说明超越“市场界限”的事情，政府是可以有所作为的，即市场无能为力的事情，政府要做。

一是公平界限。政府要提供社会公平，人人都可以享受城市的福利，不仅是市民，甚至是移民、进城务工人员、旅游者都可以享受；保障社会的环境、社会的安宁，这就是社会公平。许多国家的宪法甚至写明人人与生俱来就是平等的。因为保证社会公平是市场做不到的。

二是公共品界限。政府必须要为居民们提供的城乡公共空间，包括道路、桥梁、绿地、公园广场，小桥流水，优美的环境，良好的空气质量，这是最基本的公共空间素质。所以胡锦涛总书记提出，让人们喝上干净的水，呼吸清洁的空气，这就是公共空间最基本的要求，这就需要政府去提供。

三是伦理界限。如为残疾人、儿童、老年人提供服务，就是伦理的界限。

四是生态界限。不仅我们这一代人要享受良好的城市空间，而且还要让下一代人，我们的子孙后代都能够享受，也就是生态要延续，资源要节约，实现可持续发展。

五是城市防灾界限。如何迅速应对天灾人祸或恐怖活动都是市场机制难以奏效的。尤其是人口稠密的城市，一旦发生灾难或遭遇人为破坏，都需要政府机构及时采取有效措施，甚至启动紧急预案，将事故的破坏性减少到最低的程度，来保障市民的生命财产和城市的正常运转。这一切都必须由政府提供。

六是城市风貌保护的界限。因为市场只是做投入最少产出最多的事情，不会注意历史风貌的保护。像建于1954年的建设部办公大楼，是北京十大建筑同一批的建筑，整座大楼具有浓郁的民族风格。但由于当年建造时用的钢筋较细和使用年限的因素，现在属于危房。对于这样的危房，推倒重建是最简单、最便宜的。但对于此类历史文化建筑，要予以保护，而保护要比新建多花两倍多的钱。要先对大楼结构进行加固，然后进行内部改造，这比推倒重来花得钱更多。但是保住了这些历史风貌，就保存了城市形成的历史文脉和多样化的优美空间。

除此以外，政府还要注意城市产业、人口的集聚力培育和区域内的均衡。

城市是产业的聚集地。为什么在城市化的初、中期，区域的人口和产业向城市聚集而不是相反？首先，因为城市具有共享的效应。各种各样的企业、产业聚集在城市，相互之间可以共同享受其正外部性。当然也有负外部性，如污染问题，某个企业污染严重，其他企业也就不愿意来了。但是城市正外部性更为突出，所以企业都愿意向城市集聚以获取这种共享的效应。其次，专业化分工与合作的效应。这一点在大城市尤为明显。在农村、牧区医疗所的医生，肯定是全科医生，从内科到外科只有一个人。但是在城市的医院里，牙科医生就只治牙病，耳科医生只看耳病，专业分工很细，相互之间又进行紧密的合作，共同为病人服务，这就是专业化分工与合作的效能。医学是这样，工业、商业也是如此，专业化分工细了，服务质量就可以提高，技术就精湛，知识积累就快。这是城市文明带来的财富新源泉。第三，城市会产生一种自组织强化效应。城市的经济体、社会体是自我组织、自我演进的，其结构的复杂度越高，自我演进的性能就越好。一般而论，大城市之所以比小城市的竞争力更强，就是因为大城市复杂度高，自适应调控能力强。第四，城市具有规模效应。无论是单个企业，还是零部件提供、企业集群，都有其合理的规模效应。一旦它们在城市集聚，就可以利用城市的外部性，使它们的收益更高。也有人将其称之为集聚效应或外部规模经济效应。第五，城市具有交易成本整体下降的效应。比如购买同类电冰箱、电视机以及服装等诸多工业和服务业的商品，大城市肯定要比小城市便宜，这不仅是运输成本的问题，而是因为大城市的进货渠道多，竞争激烈，尽管它库存的成本比较高，但是价格水平总体是下降的。

城市不仅对产业有集聚力，对人口同样有集聚力。城市对人口的吸引，存在三种很强的拉力。第一是城市与农村的工资的差距。现阶段我国城市与农村一般劳动力的工资差距约为4.8倍，劳动效率相差4倍多。此差距越大，城市的吸引力就越大。第二是城市提供的就业机会非常多，甚至城市提供生存的机会也比农村多。第三是移民未来的预期收益。有些人迁居城市后，虽然眼前没有什么好处，但是子女可以得到良好的教育，自己老了以后还可享受社会医疗保障。这三大拉力吸引周边的人到大城市里来。在非洲、南亚和拉丁美洲的一些国家，许多农民放弃农村土地迁移到城市边缘，居住在随意搭建的棚屋，住在生活条件十分恶劣的“贫民窟”中，也没什么正规的就业，一些人靠在城市里捡破烂和乞讨过活，造成了极大的社会问题。

（三）转型期的“政府失效”问题

政府不能介入所有的社会、经济事务，因为政府不是万能的，有许多事情，政府是不能做或者做起来不合算的。

一是合乎理性的无知。计划经济之所以低效甚至无效已经证明了政府确实存在合乎理性的无知。计划经济体制在苏联最早实行，当时列宁对计划经济和共产主义作了经典的解释，他认为共产主义就是苏维埃的政权，加德国的电气化，加美国的大学制度，它是一个简单的公式。什么是计划经济？计划经济就是由中央政府根据老百姓的需求来制造商品。设想挺好，就是不要生产多余的商品，因为资本主义国家生产过剩出现严重的经济危机。所以，就需要中央政府来控制，使生产不过剩，避免产生经济危机。也就是说，用一台计算机来控制所有人的爱好和需求，并据此来生产与需求等量的商品。这是一个很美妙的设想，但是实际上行不通。这就是典型的合乎理性，却是无知的。因为人的爱好是会变化的，是无穷无尽的，不可能通过计划事先设定来满足人们的需求。这就是计划经济的一个悖论。计划经济是全能和强势政府的行为模式之一，但因为“无知”而被实践证明行不通。

二是公共利益的冷漠。私人利益与某些自然人切身利益直接紧密相联，而公共利益只能由政府来提供和保护，但难以与政府的某个具体成员自身利益直接挂钩，就难以激励公务员认真负责。我们有许多干部忙忙碌碌，往往是在为某些企业服务，实际上做的不是公共利益的事情。这样的干部还不是少数。我有一次去新疆检查某个著名风景区的工作，当地官员们给予了隆重接待，我还不明白这么客气干什么。原来是要我点头，同意他们把风景区的经营权、门票全部让给一个公司。这个公司是他们上级家属办的。风景区是大自然的造化，是祖先留给我们的宝贵财富，现在政府设一个景区大门，然后就收门票，而且每年来的旅客人数增长30%以上。因为旅游业是方兴未艾的产业，没有一个产业会像风景区游客这样持续增长，像风景区收门票那样简单的经营模式。收了门票以后，政府将一部分收益用于景区基础设施建设，一部分用于风景区的生态环境维护。但在现实生活中，相当一部分公务员对公共利益冷漠，而只热衷于私人利益。

三是忽视少数人或弱势群体的利益，尤其是那些弱势群体的利益被忽视。西方发达国家在城市化过程中普遍出现了城市中心区的衰败，其原因在于，一旦掌握着政治权力的中产阶级迁往郊区之后，城市中心成为有色人种和穷人生活的场所，由于他们属弱势群体不拥有政府财政拨款的影响力，老城区的维修资金被大量转移到富人聚集的郊区，城市中心就不可逆转地衰落了。

四是受到俘获。所谓俘获，就是借助政府的力量来发展私人利益。现在，许多企业特别是大企业都设有公共关系部，这个公共关系部是干什么的？就是走政府的门道，与政府建立各种各样的关系，给政府的官员尤其是关键岗位有权的官员提供各种各样的好处，提供灰色收入，来换取企业的利益。这就是企业公共关系部的妙用。我们许多政府官员被俘虏了，就为私营企业忙碌了，而不是为公共利益服务了。一旦政府多数公务员被俘获，政府就失去了为人民服务的效能。

五是信任危机。政府所行使的是公信权。只有公众信任，政府所拥有的公共权力才能顺利运行。如果产生了信任危机，公信力就大大地降低，政府施政效率就会大大地下降，政府就会失效。

六是官僚作风。不关心老百姓的需求、不关心老百姓的痛痒、不关心实际问题的解决，这三个“不关心”产生官僚主义，也会导致政府失效。

七是管制时滞。事情发生在去年，今年才采取措施，事情已经时过境迁了。如果政府工作人员不能及时解决问题，而是办事拖拉，决策缓慢，无人及时拍板并承担责任，政府失效也就不可避免了。

以上是转型期最容易出现的七类政府失效。因为转型期是一个快速变化的时代，是复杂性日益增长的时代，是文化多元化的时代，是全球化和信息爆炸的时代，任何停滞、守旧的政府都会失去效能。但必须要指出的是，这些都与城市规划密切相关。

（四）解决“规划失效”的基本思路

一是城市规划的重点应该放在克服市场失效上。凡是市场失效的那些领域，都是城市规划要关注的重点。市场机制能发挥作用的，企业能有效处理的，政府都不必去关注，也不必发挥调节功能。

二是城市规划的编制、审批、实施过程中要防止政府失效。前面讲了七种政府失效。其中的企业俘获有一个典型的例子。有一次，中纪委书记吴官正同志到成都视察，他是从基层干上来的，当过市委书记、市长，对基层工作非常了解，当车行至某一主街道时，他看到道路边有一座房子明显占据了人行道。规划管理体系中的红线规定了街道的宽度，该城市主街道由机动车道、非机动车道、人行道三大部分组成。80m的道路红线控制，怎么会在这一段突然缩小到60m，有20m公共空间被房子占了呢？他当场就在车上对成都市委书记说，这个房子占了红线，肯定存在以权谋私，你们要查查看。市委书记就让纪委去查，结果查明，规划局有两位副局长和一名总工程师在审批该开发项目时，违反国家有关规定和城市规划，擅自将20m的绿化带违规调成10m，造成一万多平方米的公共绿地被侵占，这三人也因犯滥用职权罪、受贿罪等而受到法律制裁。这是政府受俘获的典型案例。

三是注重城市体系变革的实际问题导向和渐进性。城市规划体系变革的方向，就是为了解决现实存在的问题，解决由于转型期所导致的种种市场失效、政府失效和能有效调控城市的两种聚集力。总之，这种变革不能脱离实际，只能与我国的法治进程和市场化的程度相适应，不能采取急风暴雨式的改革方式。

三、转型期城市规划变革的基本原则

（一）公共政策研究与物质空间规划并重

以前的城市规划只注重研究城市的物质空间，现在既要注重空间资源的合理分配，又必须研究公共政策。因为许多现实的城市问题需要有相应的公共政策去应对。现代城市规划决不只是一个引导城市建设的规划，它的涉及面很广，政策性很强。

1. 公共政策研究与物质空间规划并重的必然性

原来的城市规划只是引导建设，现在还要关注社会问题。这是因为，首先是城市发展目标的多元性。城市发展既要创造良好的人居环境，又要为产业的发展提供良好的支撑，形成区域的发展核，带动农村的发展，反哺农村、支持农村。整个地区的开放，都要通过城市的发展来带动；其次是城市面临的问题越来越复杂了。现在作为城市政府官员，遇到的许多问题都是极其复杂和棘手的。城市是人类智慧所造就的最复杂的人工与自然复合体。世界上没有其他人造事物比城市更复杂的了。随着市场化、全球化、信息化和机动化的到来，现代城市变得越来越复杂了；第三是影响城市竞争力的因素越来越广泛。所以，城市规划必须研究城市经济、社会和生态环保等问题，不能局限于原来的物质空间。

2. 落实“五个统筹”的要求

“五个统筹”核心在城市。统筹城乡发展，城市是主动者，是农村发展的领头羊。在目前的发展阶段，农村要致富，解决“三农”问题，必须通过城市支持农村、工业反哺农业。城市要通过基础设施延伸服务带动周边农村的发展，如城市公交线路延伸到农村，改善农村交通状况。现在有些地方的思路刚好相反，农村的小巴、三轮车涌到城市里来，结果周边农村享受不到城市定期的舒适干净的公交车，反而造成了交通混乱。再如自来水，以城市为基础向周边农村联网扩散，是保证饮用水质最好的方法。英国社会学家霍华德是城市规划的老祖宗，他最早提出的“田园城市”理念奠定了现代城市规划理论基础。对于城镇化的发展，他提出了一个著名的观点，就是要把城市的经济活力和现代文明送到农村，把与自然和谐相处的农村田园风光引入城市。城市中要有绿地、树林、公园、小桥流水，市民能通过接触这些自然景观来保持身心健康。英国的田园城市莱奇沃思、20 世纪新镇规划甚至法国巴黎的香榭里大道的取名等都受到霍华德“田园城市”理论的深刻影响。

从统筹区域发展来看，区域一般由节点、通道、腹地三种要素构成。城市是区域的节点，是区域的发展极，是区域经济发展的火车头；通道就是城市向周边辐射的交通、能源、通信等网络以及现代的信息流、商业流、物质流等等；腹地指的是广泛的小城镇和农村。实现区域的协调发展，要求中心城市必须健康发展，通道的密度要加大，节点城市数量要增多，功能要提升，腹地要有良好的生态环境和较高的农副产品产出能力。

从统筹经济与社会发展来看，城市规划是统筹经济社会发展的抓手。社会的健康发展需要有足够的公共品提供，包括教育、卫生、文化、体育设施和防灾等公共品都需要通过城市规划加以落实；经济发展需要城市规划提供足够的工业和服务业用地，而且各类用地的基础设施要配套。没有“三通一平”和合理的服务设施配套布局，城市的经济和社会发展就不可能协调健康。

从统筹人与自然的和谐发展来看，城市实际上是把需求、污染、能源使用、资源消耗集中到一起，这就带来了人与自然关系的失衡和当代人与子孙后代的环境资源冲突等问题，因此需要规划来加以控制和集约利用。如用地分配，我国一般城市每平方公里是11000~12000人，其中包括工业用地15%~25%，道路用地8%~10%，绿化用地15%~20%，其余为居住用地，还有其他第三产业用地。通过城市规划，合理分配城市各类用地，确定数量与空间分布，实现人与自然和谐相处。以城市绿地规划为例，绿地规划要把分散的公园、绿化带、湿地、生态走廊和绿地连成系统，使得动物在此生态网络中可以迁徙繁殖。城市中的人工环境比重很大，然而通过正确的规划引导，能够实现人与自然的和谐相处、可持续发展，这就是规划要做的事情。城市周边地区也要通过规划的调控，使城市自身与周边自然生态环境和谐相处。

再从统筹国内发展与对外开放来看，现代城市本身是对外开放的主阵地，所谓整个国家的对外开放，就要以城市为桥头堡。外资投资二、三产业，不会直接进入农村，首先是在城市驻脚，然后再争取周边的农村、农业服务等消费市场。跨国公司总部也不会设在农村，而是设在城市里面，然后把农副产品加工基地建在农村。例如新疆非常适合种植葡萄特别是酿制葡萄酒的葡萄，这类葡萄的种植，要求年降雨量约为200mm，阳光充足，土质要疏松，昼夜温差要大，这几点新疆都符合，有条件发展成为中国的“香槟地区”。在这方面引进外资，比如引进法国、意大利的葡萄酒酿造技术，肯定是在大中小城市立足，设立销售中心和总部，然后在农村建立基地。对外开放实际上是以城市为桥头堡的对外开放，没有城市的对外开放，是不可能实现国家和区域开放的。

此外，从理论上分析也可以得出同样的结论，著名的华裔经济学家杨小凯提出超边际分析经济理论，他认为，大、中、小城市有各自的职能分工。大城市是国际交易的跳板，像上海、北京、广州和各省会城市，凡是国际贸易会议都在这些城市开，不会在其他小城市举办，因为这些城市是周边国家国际贸易的跳板，在国际贸易方面交易成本最低。然后是中等城市、地市级城市，是某特定地区或区域贸易的中心。而小城市是周边地区农村农副产品的交易中心。城市自然就会产生不同的区域服务功能和辐射能力的序列以及相互之间的分工协作，这是城市为什么分等级存在的主要原因。

3. 英国两层次规划的启示

英国是世界上最早开始城镇化的国家之一，现代城市规划学起源于英国，规划管理体系完善程度较高的地区也在英国。首先是英国的地区发展战略规划，实际上相当于我国的城镇体系规划加上城市总体规划的发展战略部分，其内容主要涉及城市未来的经济社会发展、对外开放、减少环境污染、生态平衡和实现可持续发展等战略问题，内涵与“五个统筹”相似，包含的层面非常之广；其次是地方的分区规划，相当于我国总规的图则和策略部分以及控制性详规等，主要内容是政府管制、行动计划等。这两个层次的规划的功能区别是相当明显的，一个是落实“五个统筹”的要求，另一个是解决具体的规划控制、引导、建设问题。这两层次的规划是相互配套的，反映了现代城市规划管理体系变革的趋势。规划涉及的事务越来越多了，既要关注五个统筹等战略问题，同时又要解决微观的空间管制问题；既是宏观调控手段，又是微观建设管理的依据。

（二）他组织与自组织的城镇化模式相均衡

1. 东西部城镇化道路的区别

我国东部的城镇化，主要是从下而上城镇化，大多数农村、小城镇成长非常迅速，城市体系比较健全，大城市就一两个，中小城市、小城镇的数量呈宝塔式的排列。而在西部，基本上是从上而下的城镇化，大城市只有一个，就是省会城市。以新疆为例，乌鲁木齐市的经济总量占整个自治区的45%。而杭州的经济实力很强，GDP是2543亿元（2004年），财政收入400多亿，但仅占浙江省经济总量的1/4都不到。乌鲁木齐从经济总量来讲，只有杭州的1/4，但是占新疆自治区经济总量的一半左右。新疆除乌鲁木齐是特大城市外，下面没有50～100万人口的大城市，城镇体系中缺了大城市这一档。这不仅是在新疆，我国西部、东北老工业基地都存在这个问题。四川省除成都市之外，下面就没有大城市了，城镇体系也不健全。

东部的城镇化是工业化的结果，因为工业化促进了城镇化的迅猛发展。西部城镇化往往只是工业化的陪衬，如新疆的克拉玛依，发现了油田之后建了个城镇，其他地区也是发现了矿藏建了加工厂之后，然后通过配套建设生活区等方式来进行城镇化。所以，西部地区以矿产、油田和大企业命名的城镇很多，例如酒泉发射中心、大庆、攀枝花等等，在东部就不是这样。

东部的工业企业相互之间具有高度分工与合作关系，在地理上就成群存在，进而有力推动了城镇的发展。而在西部，工业企业相对独立，大而全，专业化程度不高，企业与企业之间的合作分工不细密，企业的产品生产从原料、配件到精加工以及零配件组装全是在一、二个企业内部完成的。虽然现在情况有所好转，但是专业化程度仍然不够。

东部的城镇化是农民主动进入当地集群创办企业，甚至创建农民城，“自组织”式地形成了城镇化的动力。在西部地区，则是农民或牧民被动地等待城市工业扩张，通过征地招收为合同工人，被动地由农民转变为工人，不是主动创业。两地的城镇化机制是不同的。

东部的城镇化是每个小城镇和中小城市因为有了一个以上的企业集群的依托，产生了自我发展的动力。西部则缺乏这种动力，或者原有动力衰退，如矿产资源、石油资源枯竭进而导致了城市发展动力衰退。现在我国许多煤矿城出现了这个问题。如辽宁省阜新市拥有80万人口，算是大城市了，由于煤矿资源的枯竭，造成煤矿工人的大量失业，80万人口中失业人口达30万，使城市发展长期停滞不前。

2. 集群现象具有相似性

大多数生物系统都是呈集群形态存在的。如蜜蜂以蜂王为中心，但也存在没有中心的生物系统；经济系统以母公司为中心形成集群，有以商标为中心的集群，以大学为中心的集群，但是也存在没有中心的市场型、网络型等集群。像许多城市的贸易区，小贩们定期或不定期从四面八方向这里汇集，没有集市的总头领，但是商品交易还是很活跃；城市群系统也可区分为单核心城市群和多核心城市群，像珠江三角洲群雄并起，多头竞争，就形成混合产业的城市集群，成为多核心的城市密集区。没有中心的集群和有中心的集群在大自然和人类社会结构中普遍存在。

3. 城镇集群的自组织特征

城镇集群的特征首先在于其具有自组织的作用。城市及其体系在演化过程中形成了一套有效利用社会和自然资源的循环方式，在这一过程中，不能有效利用各种资源的城市肯定会衰退，最终被淘汰。像新疆的楼兰古城，它之所以由远古丝绸之路时的繁华到后来湮没为遗迹，就是因为周边生态退化，地下水变迁，导致环境恶化，人类无法生存。反之，如果历史久远的城镇能留存发展至今，就说明该城镇具有一套对自然和资源有效的利用方式。从这个意义上说，保护利用历史文化遗迹，是我们学习古人的智慧、汲取教训、研究现代城市怎样有效利用自然资源的好方式。

第二个特征是自下而上的自组织城镇化优于自上而下他组织的城镇化。因为自下而上的自组织城镇化会自动对外部环境变化作出调节和适应，活力比较强，生存的适应性和对外竞争能力较强。所以，健全的城市体系结构对于区域的发展是非常重要的。城市空间结构形态是决定一个地区的竞争力的重要因素。

第三个特征是自组织系统的进化有其内在规律性。从低组织度向高组织度演化，从简单向复杂演化，从网络节点少向节点多的模式转化，转化的形式越快，区域经济就越繁荣。

第四个特征是自组织与他组织系统可以相互转化。计划经济就是一个他组织的经济系统，市场经济则属于自组织系统，这两个系统相互之间可以转化。以前沿海地区也是计划经济为主，经济没有活力，但是转化得比西部地区早，比中部地区快，活力就展现出来了。

第五个特征是产生自组织结构最重要的是要具有构筑自组织

结构的条件和环境。从理论上讲要具有累积初始条件，这些条件实际上相当于经济和社会发展的各种政策和人文精神。比如自组织结构中的涨落，指的是给企业和个人创业充分宽容的政策，居民、农民们自己能够动员起来自由发展，此外要有好的劳动力素质，社会智力支撑，外部贸易条件，社会治安要稳定，政府的政策要稳定，要有稳定的发展空间。自组织体系高级的有序状态，就要求政府管住应该管的，放开应该放开的，促使社会经济系统进入“混沌”——高级有序状态。这些都可以从政策角度去描述。

最后一个特征是城镇系统内部各层次个体之间是相互作用的。这种相互作用越强，越频繁，城市集群发展的动力就越强，城市的经济发展也就越快。城市本身是为增加人与人之间的接触、交流而创造条件的，是实现社会专业化分工与合作的平台。在城市中会形成高度细密的专业化分工，而专业化分工又能促进社会经济的发展。总之，只有细密的专业化分工与合作才会导致信息、能源、交通规划等方面的技术创新，而技术创新和政策变更会对城市个体间相互作用的强度和频率产生影响，这种良性循环进而对城市演进、发展产生影响。

4. 企业集群的基本特征与城市核心竞争力

西部地区如何才能形成企业集群？其条件是什么呢？首先必须有很低的创业门槛，就是说所有创业者都可以自由进入市场，也可以随时退出。政府只管老百姓一家一户管不了的事情，就能降低创业的门槛；第二，一定数量的企业在某一地理空间上聚集在一起。美国的经济学家作了一项统计，某个地方的某产业要繁荣，至少要有 32 家以上的企业聚在一起，才能产生企业之间的专业化分工与合作；第三，要有很快的知识积累速度。没有高度专业化分工与合作，知识积累、人力资源提升和技术创新速度就上不去；第四，要有很低的创新成本。企业集群存在内部的协作体系，既有分散的工艺创新，又能合作进行技术创新；第五，要有很高的市场适应性，市场需要什么，就研制与生产什么，主动适应市场需求；第六，很高的分离型生产环节。例如气体打火机有60多个零部件，集成商把这60个零部件的图纸往公告栏和因特网上公示，凡具有加工能力的个体户都来报名，一个零部件可能是好几家加工，加工样品送来检验，合格的就订货，而且订两家以上，鼓励公平竞争，从而促进企业想方设法提高质量，降低成本。把各零部件按照这样的模式再组装起来，推销出去。日本生产组装这么一个打火机，成本需要五十多元人民币，而在温州市场上卖的同等质量的只要20元。以至于欧盟提出反倾销，说温州产的打火机这么便宜，肯定有政府补贴，后来打火机协会就组织应对，说明成本下降是由于企业集群组织生产的原因，一千多家企业在一地协作生产，所以成本低、创新快。高分离性的生产环节的企业集群可在某一产品形成合力，切入了全球的生产链，使企业集群和所在的城镇具有很高的外向度，所以温州打火机有全球50%~60%的市场控制能力。

综上所述，我们可以得出这样的结论：企业集群所具有的竞争力实际上就是中小城市核心竞争力的主要组成部分。大城市综合竞争力也是由各种产业集群和人才集群构成的，只要把集群这个关键抓住，经济发展的龙头、奥秘、钥匙也就拿到手了。企业集群的集聚能力是城市之间争夺人才、资金等资源的主要手段。集群能提供最低的生产成本，最高生产效率，最强的对外协作能力，最快的工艺创新和新产品开发速度。所以，城市没有企业集群，就失去发展的动力。

（三）倡导城市之间合作与竞争的统一

1. 规模经济与范围经济

十六届五中全会决议中有几个关键词，一是规模经济，二是自主创新，三是新农村建设，这些都是全新的提法。规模经济有两种，一种是外部的规模经济，一种是内部的规模经济。内部的规模经济指的是单个企业规模，但外部的规模经济是众多相关企业在某个区域的集聚所产生的经济效益，这是现代制造业主要的规模经济形式。就单个企业而言，温州的打火机生产集群，每个企业都很小，都是个体户，由 1500 多家个体户组成的集群却是强大的，世界上没有任何一个企业能比它具有更强的竞争力。如果按照传统内部规模经济的理论就说不通。如何培育和提升这种外部规模经济，就是我们城市规划要关注的问题。

范围经济有外部规模经济的效应。就是说在同一个地方，因为企业的多样化、产品的多样化和经营区域的广泛化所获得的经济利益。比如，浙江省的大唐镇，专门生产各种袜子，这个镇由计算机控制的制袜机大概有五千台，年生产能力为 20 亿双袜子。袜子的原料供应商、设备供应和维修商、信息提供商、贸易商、相关的设计商都集聚在这儿，形成了一个具有世界级竞争能力的集群。旁边有一个镇叫大陈镇，年生产 8 亿件衬衣，专门做衬衣，把衬衣的生产环节分开，领子、钮扣、锁眼所有的工序都能分离，500 多家企业之间形成细密的专业化分工和合作网络，而且从衬衣设计到销售专业企业也集中在这儿。由这些例子可归纳出此类规模经济的特征，首先，此类规模经济可与范围经济共存、交互和相容互补。第二，这种互补组合能够促进技术自主创新。第三，此类新型的规模经济是带动城市经济发展的主动力。

2. 最佳城市规模

中国经济学家经常说最佳城市规模至少在一百万人口以上。德国经济学家认为，20 万左右的城市形成最佳规模经济。而意大利的理论界则认为 5 万人口就可达最佳城市规模。由此可见，各国城市规划师和经济学家们对什么是最佳城市规模的评价差别很大。其实最佳城市规模，首先与城市的产业特性有关系。越是高度化的产业，交易范围越广泛的产业，对城市的规模要求就越小。瑞士的会展城达沃斯和法国电影城戛纳都是非常专业化的城市，主要的产业是旅游业和会展业，都属高端产业，所以城市规模很小，5～10万人口就能成为很有竞争力的城市。法国格拉斯是个专门产香水的小城市，只有1.5万人口，但是几乎所有的法国香水都是从那个城市里面产出来的，因为它生产高端产品，所以城市规模就很小。其次是与城市之间的互补合作有关系。在功能互补性强的城市群中，单个的小城市甚至小城镇都具有规模效应。例如为什么8亿件衬衣能从一个镇里生产出来。原来旁边有个义乌市是全国最大的小商品交易中心，衬衣生产出来马上拿到义乌去销售，距离只有20公里，这两个城镇把销售和生产组合起来了，义乌与大陈之间的协作关系非常密切，形成了地区规模经济。所以大陈镇尽管不到5万人，但从经济活力上看，其规模经济很好。城市之间的合作与分工关系越强，单个城市规模要求越小。第三是城市的独特性。凡具有独特的产业，比如独特的集群，独特的资源，独特的景观，其最佳规模就小。如云南省的丽江，就是因为具有独特的城市历史文化遗产、风貌独特，旅游者越来越多，城市发展就快。

3. 城市间的合作和目标

城市之间的合作目标和方式，基础设施的共建、资源共享、生态环境共保等，都需要通过规划协调安排。既然最佳城市规模影响的因素众多，城市群规划和体系规划就要着眼于保护和利用这些影响因素，才能确保大中小城市协调发展。经济发展更要通过企业集群和大中小城市之间的功能互补，来达到优势产业共树的目的。

4. 城市间竞争的协调模式

城市之间竞争协调的模式较多，例如召开圆桌会议、签订合作契约、成立区域性协调大政府、及时调整行政区划等等。共性的问题要通过统一规划来提供协调所需的共识。目前珠三角的城市群协调发展规划已经完成。我们有许多市委书记、市长们，经常参加各种区域、城市群发展协调会，但一般这种协调会一点用处也没有，因为没有科学有效的规划，协调目的、手段都没搞清楚，无非大家坐在一起吃喝一顿，不能解决任何问题。城镇群协调发展一定要建立在有效的规划上，然后围绕规划开展共同行动。而且相互之间要开放边界、消除交易的门槛，共同建立贸易质量、污染控制等标准。尤其是新疆、内蒙古、黑龙江等省区，更要与周边国家建立区域贸易区来降低创业门槛，繁荣地方经济。所以城市之间的合作不仅是区域、省际之间的协作，还要跨国界进行协作。

四、城市规划变革的几项近期任务

（一）强化城镇体系规划

城镇体系规划现在越来越健全，实际上已经成为当前国内最为成熟的区域规划。但要其承担起区域协调发展的重任，还需进一步改进。首先，要强化上下级城镇体系规划之间的衔接。当前，正在修编全国城镇体系规划。在这个城市体系规划中，我们不仅注重城市密集区的协调发展，而且还关注口岸城市，因为正是这些口岸城市决定了我国与别的国家争夺能源、资源的区域竞争力。在城镇体系规划中，尽管口岸城市规模比较小，但是地位和发展潜力巨大，要加快交通设施的建设，进一步发挥口岸城市的作用。从某种意义上说，提高口岸城市的竞争力，就等于提高了区域和国家的竞争力；其次，区域的城镇体系规划要强化。尤其在经济快速发展的城镇密集区、城市带和生态敏感度高的地区，都要跨区域、省域和城市行政区编制城镇体系规划；再次，要提高省域的城市体系规划的修编质量和管理力度。省域城市体系规划是法定的规划，要报国务院批准，此类规划要根据变化，一般5~10年修编一次；最后是市域的城镇体系规划。现在各地纷纷提出修编城市群协调规划，但原有的市域城镇体系规划编制内容简单，管理制度缺失，原来是作为修编城市总体规划参考用的，但现在胡锦涛主席提出来要编制全国城市体系规划，所以此类规划的调控作用将大大加强。在城市体系规划中，应划定禁止建设区、调控建设区和宜建区。禁止建设区就是生态保护、灾害频发和水土容易流失的地方，这些地方要禁止进行建设开发，包括文化、自然遗产集中的地方、古墓葬区等都要禁止开发。调控建设区是指经过严格的批准可以进行建设，批准权要上收，要进行控制和管理。例如港口、交通枢纽、生态敏感度高的地区、城市风貌影响区等等。而宜建区就是一般的城市规划、城镇规划、村庄规划调控的范围。而且"一书两证"等许可证管理制度要与城镇体系规划配套，在城市规划区外围建设电厂、高速公路，也都要通过城镇体系规划来进行"一书两证"的管理。

（二）深化城市总体规划调控内容

首先，要增强城市总体规划的综合调控性。发达国家的城市规划体系中的地区发展战略规划，一般都强调综合调控性，既要关注社会公平、经济发展，又要关注城市建设，综合性越来越强。第二，要明确强制性的内容，哪些资源和内容是需要总体规划强制性保护的。比如城市的边界，落脚点在什么地方，城市的水系、绿地、水源地、大容量交通枢纽、飞机场选址、高速铁路的接口用地要严格保护，这些都是强制性的内容。这方面的教训不少，例如有个城市，水源地周边用地没有控制好，结果在水源地建了一个铁矿厂，有一天发现自来水全变臭变黄了，原来是铁矿厂管道漏水，水进入自来水水源，整个城市停水好几天。幸好是铁矿，如果是金矿的话就要用氰化钠，那就是剧毒品，城市的所有居民都要遭殃。所以，城市总体规划要列出强制性内容，以现代法律的强制力对其进行保护和管制。第三，城市总体规划要把综合交通体系规划、湖泊水系规划和历史名城的保护规划作为其有机组成部分。综合交通体系规划包括城市主要的交通线、与外部交通线的接口、航空、港口、铁路之间的衔接和定位，以及城市的主要交通干道等等，包括城市自行车道、步行道都要统一进行考虑。不能像珠海等少数南方城市，取消了城市中的自行车道，那不是资源节约型、环境友好型的城市。城市总体规划中还必须要有湖泊水系规划。大多数城市自古以来就是傍水建立的，例如杭州就有三百多条河流，这些水系就要通过编制专门的规划进行细致的保护和合理利用。此类规划也是城市总体规划有机组成部分。再就是历史名城的保护规划。作为文明古国的我国有102个国家级的历史文化名城，这些不可再生的高等资源是全民族的瑰宝和全人类的财富，必须认真进行保护。历史文化名城保护规划有三个层次：一是重点文物的保护，二是历史街区的保护，三是风貌协调带的保护。这三层次保护的内容，保护的重点和控制的对象都是不一样的，需要分门别类进行监控。

（三）强调“四线”的控制

首先是绿线管制，通过在总体规划和下一个层次规划里划定绿线来明确生态保护区、水源保护区、城市公园、城市公共绿地等等，这些范围都要以绿线加以控制，边界已经定了，谁都不能占领，这是公共财产，是城市可持续发展的资本；紫线管制历史街区、风貌控制区，城市老区风貌必须要得到控制，否则，在历史街区里面或旁边建几座摩天大楼或玻璃幕墙的大楼，老城区的整体风格就荡然无存了，城市历史文脉就会中断，城市就失去了魅力；黄线管制城市的重大基础设施用地，比如城市交通要道、高速公路、机场的预留地、运动场的预留地，甚至城市的污水处理厂、发电厂、城市的垃圾中转站、垃圾场等等，这些用地都要事先规划控制，谁都不能动。现在我们遇到一个问题，谁都不愿意把垃圾中转站放到自己的旁边，当市长最痛苦的事之一就是经常有人告状，要求某个垃圾场或中转站搬迁，而且来的又都是强有力的人物，往往拿了书记或上一级领导批示。但是城市没有垃圾中转站，没有垃圾处理场行吗？就因为我们以前的规划没有确定它们的用地，而造成此类困惑。现在的规划就要求首先把黄线划出来，这几条黄线控制的地方，就是垃圾处理场、垃圾中转站、污水处理厂、污水泵站、发电厂、发电厂的灰厂用地，这些都需要通过法定的规划将其严格控制和充分公开，要购买旁边的房地产，就得注意分析，这旁边有垃圾场，价格就上不去。如果预先没有控制，现在突然说要建一个垃圾处理场，人家当然要告状，或者就不允许你建，垃圾处理场就建不起来，城市垃圾就没法堆放。太原市中心有个很大的垃圾村，就是垃圾中转站没解决，所以乱堆放在那里。蓝线是管制城市的水系，这些自然和人工的水系，是上千年城市演变的见证和健康运行的保障系统，应严格加以保护。水系涉及城市的防灾、生态环境和独特风貌，水系同时又是城市灵魂，有水才有城。城市水系包括河流、湖泊、湿地、海岸线、防洪渠道等等，都要由蓝线进行管制，不能随意更改。

（四）提高控制性详规的质量

因为城市总体规划往往是在1∶10000的图上进行制作，实际上总体规划严格说来是一种战略性规划，必须通过编制后续的控制性详规来引导建设的控制用地，控制性详规的地理坐标非常明显，它能真正起到引导城市建设、控制用地的目的。控制性详规往往有这么几个调控要素：容积率，即这块地上盖多少房子，建筑的高度，公共配套怎么配，出口、公共服务设施，比方说管道。红线、黄线、蓝线、绿线、紫线都要划到控制性详规里面才能落实，像这些东西都是最主要的控制类要素。控制性详规一方面要提高编制质量，另一方面要扩大在城市里的覆盖面，没有编制控制性详规不能建设，不能批地，不能征地，任何开发建设都必须要控制性详规编制先行；第二控制性详规本身就是一种强制性实施的法律，经过城市人民政府批准以后，对外公布，各方都要遵守控制性详规，依法实施，任何人不得违反；第三要严格程序，控制性详规本身的编制、实施、管理、修改都要公开运作，接受公众的监督；第四要在控制性详规的编制执行过程中认真贯彻四线管制。

（五）健全规划许可制度

城市规划是一整套管理体系，除了空间规划以外，还要有“一书两证”等许可制度。“一书”就是选址意见书，由规划部门根据城市总体规划、控规，对建设项目在地理空间上的定位的可行性、合理性如何进行分析，提出选址意见。当然，现在搞土地拍卖，选址意见书也就变了个形式。拍卖一个地块，事先要对土地性质、环境容量和建设项目种类等进行论证，这就是选址意见书的一种变形。土地卖给某个人、某个公司后，根据选址意见书、土地合同的条款以及控规，申请规划许可证。开发商领了规划许可证以后，进行建筑设计，再根据建筑设计的审查来决定是否颁发建筑许可证，这就是“两证”的功能。没有这套许可证制度，总体规划的调控目标也会落空。因此，规划的许可制度一定要健全。许可制度是有法可循的，谁要是违反这个制度，乱干预，必须受到处罚。

（六）建立规划监督员制度

城市规划建设的结果是刚性的，城市如果建了不应该建的建筑，再想把它拆掉就会造成巨大的损失。比如，建筑压了黄线，或是压了紫线，或是侵犯了紫线，或是占据了城市绿化带，那就要进行拆除。而如果这个建筑是政府批准建的，那政府就要按照法律全额赔偿，费用极其高昂，纠正的周期也很长。再比如这是个古老的建筑，要是把它拆掉了重新建起来就是假古董，一分钱也不值。现在，我们有些干部非常喜欢拆老的街区、老的街道，把它面貌更新，这是最愚蠢的表现之一。有的人以为新的就是好的，在任几年就要改造一番，旧貌变新颜。这千万要不得。这些老建筑有几百年的历史积淀，一旦把它们变成新建筑，看上去很摩登，实际上这个城市失去魅力了。这两者一个是艺术品，另一个只是现代化建筑，相差很大。这就相当于你们家里有一幅祖传的画，看上去是黄黄的、灰溜溜的，但它是艺术珍品，价值几百万。如果你的儿孙提出来，这陈旧的画有什么好看的，拿来把它重新涂画成水彩画，你同意不同意？现在，对待城市的古建筑、历史街区，就有很多人干这种傻事。甘肃天水市是历史文化名城，居然有人把一条街全改成仿古建筑。云南的建水县城是国家级历史文化名城，省人大副主任的儿子搞房地产公司，拆掉了30幢清朝的建筑，盖起了仿清建筑，不伦不类的。为此，负决策责任的县委书记、县长全部免职。一定要记住这些教训。所谓规划监督员，就是由建设厅派到各个历史文化名城、各个风景区去，在那里长期蹲点，帮助地方政府进行城市规划方面的决策。尤其是对拆除旧建筑，都要经过规划监督员的批准，这样就能有效地保护这些地方的建筑和风貌。现在，四川、贵州都已经建立了这样的制度。我国绝大多数省份历史古迹非常多，自然遗产、景观资源也非常丰富，许多古建筑式样独特、精美绝伦。如果把这些老祖宗留下的东西破坏了，那么民族风格也没有了，旅游景点也消失了，可持续发展的资源也被葬送了。所以，这些不可再生的资源都要通过事先的保护、专家的把关。

（七）完善规划委员会制度

重大的项目、规划的修编都要经过规划委员会集体讨论审批。建立和完善此项制度有几项重点：一是专家人数要多于行政官员，不能是市长办公会议的翻版；二是专家中的大多数一定是城市规划类的专家，隔行如隔山，以别的专家凑数往往会误事；三是决策要民主，少数服从多数；四是要强化规划委员会执法功能，对违反规划的人与事，委员会要作出决定，向党委政府和司法部门报告，及时依法作出处罚和纠正。规划委员会主任一般都是市长或分管副市长，但主要是起召集人的作用，是平等的一员，不能照搬行政首长负责制。

（八）优化规划过程控制

一要强化近期建设规划。城市总体规划期限为20年，时间很长，因此要通过五年一编的近期建设规划的修编，对近几年要开发的区域和实施的项目进行周密的规划论证并制订行动方案，以确保总体规划的实施。二要强调规划的公示，从编制一直到执行、修改都要公开，尽最大可能来吸收群众的意见和智慧，并接受他们的监督，切实防止权力对规划的乱干预。三要坚决遏制违法建筑。要下决心坚决拆除，要把挑战城市规划法规的违法建筑控制在萌芽状态，不能让它泛滥成灾。

（九）城市经营与城市规划的协同

城市规划实际上为城市的可持续发展奠定了基础。第一，规划着眼于长远利益，城市经营着眼于眼前利益；规划是从整个区域的均衡来强调五个统筹式调控，城市经营是注重局部利益的改善和满足；规划是讲求社会的公平，经营是利用市场的机制作用来提高资源配置的效率。这两者之间是互补的。第二，规划为城市建设和扩张设置科学的轨道。城镇化速率越快，城市发展动力越强，轨道要越精密、越严格，可控性越强。正如火车跑得越快，就需要构造越高级的轨道。第三，要间接地和直接地增强城市的竞争力。城市规划就是要制定好轨道，使城市经营所导致的各种各样作用力，都朝着增强城市竞争力的方向发挥，而不仅仅是为个人和企业谋利益。显然在市场化不断深入的今天，规划变革的方向不仅要弥补市场的失效，而且还要强化与城市经营的协同性。

总之，我国城市规划变革是一项无先例可援的系统工程，首先必须依据我国经济和社会转型的特征和面临的实际问题，有针对性地进行变革。其次是必须从理论上分清市场失效、市场的界限、政府的失效和发挥城市两个凝聚力的作用等现象和规律，有的放矢地进行变革。再次要注意到城镇化是一种集群现象，而不能“单打独斗”，必须充分发挥集群的作用，深刻理解城市是一种复杂的自组织主体，要发挥城市自组织的引导作用。最后还应该注意到城市规划变革要从逐项体制的改良入手，积少成多，稳步扩展，才能确保对城镇化的持续有效的调控。

（原载《规划师》2006 年第 3 期）

关于城市总体规划修编的几个问题

在快速城镇化进程中城市规划被认定为城市的第一资源。各地要充分发挥城市规划对城镇化和城镇健康发展的引导和调控作用，就必须明确城市总体规划修编工作的重要性、指导思想和变革的主要任务。正是基于如何在城市总体规划领域贯彻落实科学的发展观、构建资源节约型、环境友好型城市的基本思路，本文先从阐述城市总体规划不可替代的功能作用入手，深入分析一些地方在总体规划修编过程中存在着一定的盲目性，最后提出纠正此类盲目性的基本策略。

一、城市总体规划的作用越来越明显

党的十一届三中全会就已经强调了城市政府的主要职能在于规划、建设和管理城市。在这三者之间，城市规划是龙头，没有规划就没有健康有序的建设和管理。但是，我们以往在讲城市发展成绩时，很少提及规划的功劳，反而是将城市建设的过失归咎于规划，城市规划往往成了替罪羊。大家都记得20世纪60年代大跃进时期，城市发展过快，各地乱建设也曾风起云涌，那时我国还没有《城市规划法》，却居然作出了城市规划停三年的决定。幸好这随后的三年正是我国经济发展处于萧条期，各地也无钱搞建设，才不至于出现大的问题。假如在当前我国城镇化高速发展过程中，错误地让城市规划工作停三年，这就意味着行驶中的火车头动力非常足，却突然把轨道撤掉了那样糟糕。因为城镇化就像一列快速行驶的火车，城乡规划是轨道，是保持火车健康运行的轨道。如果把轨道拆掉，火车没有轨道而继续行驶，你说会出现什么问题？所以，我们现在都认识到规划的地位是越来越重要了，这一点是毫无疑问的。但我们必须指出容易被忽视的事实，即我国的城市总体规划管理体系在保证国民经济健康发展方面功不可没，其作用可概括为以下几个方面：

一是有效地指导了我国城市基础设施建设，使城市的功能日趋完善。到过印度及非洲一些国家的同志都深有感触，在这些国家和地区的大多数城市中，30% ~50%的面积被贫民窟所占据，城市道路拥挤不堪，污水横流，自来水普遍受污染等造成疾病流行。但是我国没有出现这样的情况，就是因为城市规划有效地指导了城市必要的基础设施建设，保证了城市的健康发展。尤其是城镇化的进程促使人口分布从农村的松散状态转向了紧凑，人们交往的密度和频度大大提高了，城市规划在指导基础设施合理分布、保证城市环境卫生、制止流行疾病的传播等方面发挥了主要的作用。现代城乡规划就是起源于欧洲的黑死病和其他流行疾病的防治。我国的城市规划在这方面也起到了很大的作用。

二是保持了我国城市紧凑型的发展形态。除了开发区以外，我国城市建成区人均用地面积，建国50多年以来一直没有什么变化，建成区人口密度居世界前列，是世界上城市土地集约化使用程度最高的国家。特别是进入快速城镇化阶段后的十多年来，我国城市集约用地的成绩也非常突出，人均用地面积仍然保持很高的水平。当然，各类开发园区脱离城市总体规划的调控造成土地大量浪费则另当别论。开发区实际上是在挑战我们的城市规划。当初设立开发区的出发点是好的，是想避开老体制建一个新试验区，但到了现在，在新经济体制和城市规划法比较完善的情况下，再挑战城市总体规划当然成了一个严重问题了。因为现行城市规划标准中规定人均 $100m^2$ 用地，是包括除了农业以外的工业、绿化、商业、居住和交通等所有的基础设施的用地。中国是世界上至今为止成功保持城市紧凑型集约用地的少数几个国家之一。

三是起到了各级政府宏观、中观调控和保持经济社会协调发展的作用。曾培炎副总理指出，城乡规划的节约是最大的节约，城乡规划的浪费是最大的浪费。近几年来，城市规划对城市基础设施、房地产市场、旧城拆迁改造和建筑业都发挥了调节作用，对保证宏观经济健康和发展、城市建设有序进行都发挥了很大作用。

四是发挥了维护社会公平、促进经济发展的作用。作为规划实施工具的“一书两证”，在协调社会各类利益主体的矛盾，尤其在土地制度改革过程中发挥了巨大的政府监管作用。我国的土地制度改革，如果没有城市规划“一书两证”制度和控制性详规，其局面的混乱程度，大家可以想象得到。

五是保护了一大批的城市历史文化街区和历史文化名城。全国共有 102 座历史文化名城和数百个积淀着民族瑰宝的历史文化街区。这些不可再生的历史宝藏全赖于城市规划的有效保护。至今为止所有的历史文化名城都编制了历史文化名城保护规划，部分城市还纳入数字化遥感监测的范围。

六是规范了全国各地的规划体系变革。作为法定规划体系中较高层次的城市总体规划，在编制实施的过程中也对各地风起云涌的各类变革起到规范作用。在其指导下，深圳的法定图则，广东省的区域规划、控规的立法，四川省的规划督察员制度，江苏省集约用地，湖北、山东、安徽等地的近期规划和区域总体协调规划等等，有许多好的经验和创造。事实证明，在发展过程中，城乡规划本身也需要变革。

七是突出了对城市全面发展和可持续发展的指导作用。规划是第一资源。现在大家都强调，研讨一个地区的经济发展，如中部崛起，首先要从城乡规划入手。东北振兴也是从规划着手，西部大开发更是在规划上起步并抓好落实。城市总体规划作为指导社会经济发展的理性的工具，已越来越受到人们的重视并在构建和谐社会中发挥着越来越大的作用。

八是推动了社会主义法治的进程。社会主义的法治过程实际上是民众自我觉醒和启蒙的过程，是用法律协调私人空间与公共空间关系的过程，是把自身的利益与国家利益、集体利益直接用法律进行调节的过程。法治的本质之一是制衡公共权力使用随意性，规划法在这方面起到了很好的作用。

总之，城市总体规划功不可没。如果没有城市总体规划，那么我们全国各地的城市发展战略从何而来？城市总体规划及其编制管理者是我国社会主义事业健康发展的无名英雄。在西方国家，城市总体规划被称之为 Comprehensive Planning 或 Master Planning，也就是指此类规划具有其他规划无法取代的综合调控性质。

正因为总体规划如此重要，所以我们对它的修编也格外重视。

二、当前总体规划修编过程中的若干盲目性

城市总体规划在保证我国社会经济和城市的健康发展中发挥了巨大的作用，主流是好的，这一点要肯定。但是我们也不能否认在当前高速城市化的过程中，一些城市领导也存在着某些急躁情绪，一些地方在城市总体规划修编过程中存在着若干的盲目性，这要引起我们的警惕。高速城市化的过程，可以说是一个泥沙俱下、鱼龙混杂、各种各样的思想文化流派蜂拥而来的大潮，是一个大变革的年代，更需要我们保持清醒的头脑，认真分析研

究总体规划修编过程中存在的各种矛盾。我觉得，我们有不少的城市规划修编都存在轻重不同的某些盲目性问题。当然，城市规划总体上是健康的，但是盲目性也不能否认和忽视，哪怕95%是好的，存在5%的盲目性，也会对我们的第一资源产生影响。所以，我们应该为了人民的利益尽可能追求完美。

当前，城市总体规划修编过程中存在的盲目性，主要表现在以下几个方面：

一是盲目拔高城市的定位。在全国661个大中小城市中，有100多个城市提出要建国际化的大都市或国际化城市，有30多个城市要建CBD。这是曾培炎副总理在昨天的座谈会上总结的。我想，真正要建CBD的城市数字可能翻一番还不只。CBD的概念当前在国际上已经不流行了，现在是Business Park，即商务公园的概念，对跨国公司才有吸引力。高楼林立的集中商务区概念已经不倡导了，但我国现在不少城市领导人还盲目热衷于CBD。今年5月份在南京开了一个CBD的国际研讨会，居然有400多人到会，如按一个城市来2个人算，就有200个城市，可见CBD的热度仍很高。一座城市要得到全球的认可当然重要。但在全球化的大时代背景下，有的城市会成为城市网络的节点而得到繁荣，有的会被边缘化而失去发展的动力。所有城市都向区域的中心挤，向网络化的节点上挤，显然是不现实的。在全球化的时代，一座城市要取得国际的认可，就要有特色的城市文化、特色的城市风貌、特色的城市产业，以特取胜，而不是盲目地拔高城市的定位，或克隆国外大城市上世纪初流行的CBD。

二是盲目扩大城市人口规模。确实像两位领导所说的那样，要准确预测城市未来的人口规模是极其困难的，城市规划师不是算命先生。特别是城市化的高速发展，20年以后城市人口规模到底是多少更难预测。那么为什么又要重视城市人口规模呢？这不是矛盾吗？但是正因为国家的土地调控政策需要根据城市人口规模对用地进行审批管理，所以这种扩大人口规模的冲动就越来越强了。原来地方政府是“跑部钱进”，现在不要钱了，也不要项目，就要城市人口规模指标。这既有客观的体制策动，又有主观的盲目性。

三是盲目提倡多组团的城市空间布局。片面地认为多组团的城市空间布局就是城市生态良好。其实，多组团与单核心的城市布局适应的条件是不同的。多组团布局适应于规模非常大的城市，一般是市区人口规模超过 150 ~ 200 万以上的城市才会考虑多组团。多组团又适合于发展非常快的城市，像深圳那样 9 个组团并列同时发展，这在世界城市史上是罕见的。在总体规划修编过程中对城市发展空间盲目地进行多组团布局，首先将导致城市集聚效应的大大降低；其次是能耗大增，土地利用效益下降；第三是基础设施的成本成倍增加。我们所说的另一种多组团布局，主要是针对那些历史文化名城，我们主张采取双核心城市的模式，新建区游离于古城之外，互相不要干扰，不要多个中心重合。对于像上海、北京等超大型城市，我们主张多中心。这一次北京总体规划修编中，确定了“两带多中心”的空间布局。对于一般的中小城市，我们还是主张单核发展，发展到一定程度以后，按照基础设施的建设布局走向，发展交通走廊式线状城市，或者根据地型地貌发展指状式城市，这比盲目的多组团式的城市布局要好得多。对于多组团的城市空间布局，不要盲目追求，而是要因地制宜，因城制宜，因产业制宜。

四是盲目进行旧城的成片改造。一些地方领导对外宾介绍自己所在城市时非常骄傲，有二三千年的建城史，但是我们却无法看到这个城市的历史痕迹。老城区是城市之根、文脉之本和风貌特色的基本组成部分，也是众多文物古迹聚集的聚宝盆。大部分西方国家把在二战期间被炸平了的城市古建筑，都按照原风貌重新建起来，现在获得了巨大的观光收益。相当多的城市，60% 以上的收入来自于无烟工业，来自于越来越多的国际游客。那我国50年以后还能给世界留下什么样的城市风貌呢？也许来自国外的游客看到我们许多城市将来就变成这样了：站在高楼往下望，世界各国的建筑都有了，唯独没有中国风格的建筑，没有本地风貌的建筑。我们应该如何保护和创造城市的特色？许多人认为，西方建筑之所以能保存至今，是因为它们的建筑是石头建的；而我国的古代建筑大都是木头建的，木头烂掉了，建筑就倒塌了。同时为了人民群众利益，为了防止火灾，应该对老城区实施成片的改造，推倒重来。这真是大错特错了。西方建筑师则认为，正是因为他们的建筑是石头建的，所以维护的成本非常高，不像木头建筑，只需对朽烂的部分进行更新修复就可以了。你说木头的建筑就不能保持城市特色？最好到日本的京都去看看，它号称东方文化之都，所有的建筑式样都是从中国唐朝照搬过去的，城市的风貌保持得很好，没有任何高层建筑，基本是三、四层，城市的整体风貌十分协调。我们城市的风貌保持得怎么样？有一个历史文化名城的市长居然把富有当地历史文化特色的一条街全部拆了，最后由一个规划师设计搞成了欧陆风格的步行街，一些西方人来看了以后，非常失望，因为他们到中国是来看中国特色的，结果还是他们家乡的建筑。

五是盲目迎合小轿车的交通需求。片面强调防止道路交通堵塞，而规划建造大马路、立交桥和拓宽旧街道。决策者们是坐小汽车的，他们希望能加快行车速度，以至于在城市规划过程中盲目布置超宽的马路、不分青红皂白地拓宽机动车道、砍伐行道树、取消自行车道。个别南方城市还对取消自行车道予以立法。现在，西方所有的城市都恢复了人行道、自行车道。耗能最低的城市是一个可步行的城市（Walkable City），而我们现在有的城市却是反其道而行之。我国本是一个自行车大国，而现在发生的一些事件却很有讽刺意义。上海有几个白领人士告诉我，他们一天要开二三个小时的车（大部分是堵车时间），为了锻炼身体，下班后先开车到健身房，骑假的自行车 1h，再开车回来。我们的城市道路宽度远远比欧洲这些国家的城市道路宽得多，为什么没有组织好交通？主要是路网不够而不是城市的道路宽度不够，消灭绿化带、人行道、自行车道来确保小汽车畅通，是再愚蠢不过的事。西方多数城市为了保证公交车、自行车畅通，正在纷纷压缩一般机动车道的宽度，从需求上控制私人小汽车的使用以达到整体节能的目的。

六是盲目地进行功能分区。片面强调功能单一的各类园区。西方国家在 100 年前就曾经发展过功能单一的工业城和卧城（Sleeping Town），后者仅用于居住，上班又在另外一个地方。那个时期的城市可谓是焦炭城，工业区污染非常严重，居住与工业必须分开。而我国走新型工业化的道路，在城市中发展的是低污染、劳动力密集、低耗能的工业，这种工业用地完全可以与居住或其他用地混合。西方国家现在强调的就是土地混合使用模式，这样可以做到节地、节能、节材和减污。西方的城市规划中提出了土地混合使用和推行绩效规划（Performance Zoning），意思是什么呢？规划对一个建筑的使用功能的强调是弱化的，但对建筑所带来的噪声、污水排放、废气的排放三个指标则是严格限制。这样，我们就可以把新型工业、IT 产业与居住、商业、教育混合在一个地方，从而做到就业与居住就地平衡，没有"钟摆式"交通的弊端，这是最节能的城市。我们正在致力于建设资源节约型社会、建设节约型城市，为什么实际工作却是反其道而行之呢？我们应该把各类开发园区与城市新区和卫星镇建设统一起来，不能变成两张皮。

七是盲目进行周边环境的改造。昨天有报道说，我国西部某一缺水的城市，在城市外围开挖一个人工湖，其面积比西湖还大 5 倍，何必呢？有的城市在容易发生洪灾的地方填河变路，按理泄洪疏导都来不及，却把河填掉，变路了；风貌单一的城市劈山为地，城市内部或周边山丘及其绿化本来应该是由城市规划严格保护的，用于引景入城或供市民休憩的公园，少数城市却把山推平等等，这些都是违反人与自然和谐发展规律的。一些地方领导想为官一任，就应该在地球上留下烙印，思路错了就变成了遗臭，这也玷污了我们当市长的名声。虽不是说大多数市长都是这样的，但661个城市中有几个市长有这样片面的认识也是非常糟糕的。

八是盲目地体现第一责任人的权威。中央领导再三强调市长是城市规划的第一责任人。有些市长或书记就这样认为，我既然是第一责任人，就应该有绝对权力修改规划。这麻烦就大了。有的城市一换届，书记、市长就急于修编城市总体规划，出现了一届政府一张规划的现象。胡锦涛同志在去年的经济工作会上指出，城市规划一定要有严肃性、权威性。但是他讲的严肃性、权威性是指法的权威、法的严肃，而不是指个人的。城市规划第一责任人是市长，指的是规划搞得不好，市长要受到处罚，不是说你真的拥有不受制约的权力，而是负有责任。当然，市长也有相应的权力，一般城市规划委员会的主任就是市长，这说明权力和责任是平衡的。

城市总体规划固然是非常重要的，但是在修编过程中，面对城市化高速发展形势和法制还不健全、人们道德觉悟还不那么高的现实背景，出现了以上八个方面的盲目性。尽管这些盲目性只出现在局部地区，或者说是少数个人行为，但是正因为城市总体规划是第一资源，所以在这个环节发生错误影响就大了。总体规划错误就会导致建设错误，建设的错误往往是难以弥补的。

三、纠正总体规划修编盲目性的基本策略

城市总体规划的修编，总的来说是要根据温家宝同志在总结

北京总体规划修编成功经验时提出的“政府组织、专家领衔、公众参与、科学决策”的要求进行。

第一，明确修编的原则。修编城市总体规划的原则是什么？曾培炎同志在昨日的讲话已讲得非常透彻，主要应遵循以人为本、社会公平的原则；经济社会和生态协调发展的原则；城乡互动、区域协调的原则；资源集约最大化的原则；保护自然和文化遗产的原则；提高城市竞争力的原则等等。这些原则都应该在总体规划修编的过程中加以坚持。

第二，规范修编的审批。规划修编不是要不要审批的问题，而是要规范化。在快速的城市化进程中，规划修编的周期短于法定周期，这是正常的。即使是城市规划法，在西方城市化快速发展过程中也是5~7年动态调整的，如果城市总体规划一经制定20年不用调整，那才是不现实的。既然规划存在动态变化，那就容易出现“一任书记、市长，一张规划”这种盲目现象。所以我们就要强调规范规划修编的审批。根据汪光焘同志的意见，我想在这么几种情况下，规划需要重新修编并报批：一是上一轮规划实施时间到期的。二是建成区到期的。建成区已接近或超过原来的规划区，城市总体规划当然要重新修编，这是对城市发展调控的需要。三是影响城市发展格局的重大项目的设立。如举行亚运会、奥运会，需要重新布局卫星镇，总体规划不修编行吗？首钢搬迁，总体规划不修编行吗？四是规划之间的衔接。五是行政区划调整。除此之外，应采用总体规划局部调整的方法来替代而不一定要重新修编规划。总之，总体规划的修编审批应该有适当的规范，既要适应快速城镇化期间强化对城市发展的调控需要，又要能对“一届政府、一张规划”的盲目性起到制止的作用。

第三，突出规划的强制内容。强制内容是规划的底线，但是强制内容的范围应该减少，不能搞得太多，而且有些规定的强制内容可以授权省厅进行调整，各省根据不同性质的城市（是否为历史文化名城）有所增舍。强制性的内容主要包括：一是规划区的范围。规划区实际上是一个规划调整圈，规划区范围的扩大是保护区范围的扩大，是规划管制范围的扩大，是为了保证城市健康发展的需要，这一点很重要。现在，规划修编中的城市规划区的范围都在扩大，这是正常的。北京市现在的总体规划的规划区范围涵盖了所有的行政区，把西边的山地全部划入规划区范围，就是为了保护山地。如果不把山地纳入规划区范围之内，失去规划的管制就会导致在山区乱砍树、乱建房或开山炸石。所以，温家宝同志反复强调北京的山是要保护的，山是北京的一个城市特色。为了保山，把山也划入规划区，这是很对的。二是禁止开发的地区，一定要严格划定。经科学划定的永久性基本农田应该是禁止开发的。我们希望这些基本农田都应该是科学划定的，不能在现在的规划区外围简单地再划一个圈就是基本农田了，这是不对的。三是风景名胜区、湿地、水源保护地、地质灾害带等等都应该作为禁止和限制开发区域。四是重要的基础设施用地一定要留出来。像合肥的总体规划，我觉得其设想还是比较好的，规划中的6个污水处理厂，分散布局、中水就地回用，这就是资源节约型的总体规划思路。五是文化遗产和自然遗产保护的界线。六是生态治理的目标和防灾工程。强制性内容是城市总体规划的底线，是城市发展的基本骨架。底线是不可轻意改变的。如果要改变，必须要通过严格的程序。所以，对于总体规划的修编审批，应该突出强制性内容，减少对一般指导性内容的审查，从而保证编制审批的及时性和科学性，提高对城市不可再生资源的保护力度。这对我们城市的健康发展是很有利的。

第四，注重专家领衔。不论是在总体规划修编前的专题研究，还是规划编制结果的审查，都要注重专家领衔，专家要领衔规划编制的全过程，规划的跟踪研究、监督检查也要由专家领衔。任何一个城市的总体规划的修编，都要由其规划审批机关相对应的部门派出或指定一些专家检查把关。如总体规划由省政府审批的，就由省建设厅指定派出1/3以上的专家到这个城市，为这个城市的规划把关。现在有这么一种倾向，一些城市的书记、市长为了使体现其个人意志的规划得以通过，就有所选择地找若干专家，像风景区规划的会审就找旅游专家来，这样当然就容易通过了。打个比方，一只熊猫生病了，需要请专家来救治，结果请来了一个美食专家，美食专家能对生病熊猫的救治出什么高招呢？炖汤。你说这样的专家能为规划把什么关？所以，规划编制与审查应该以城市规划类专家为主体，吸收其他方面的专家参加，绝对不能请不懂行的专家来评审或修订城市总体规划。这方面的教训已经够深刻的了。如深圳市近年来准备搞一个城市内部的污水处理方案，邀请了单一的水利专家来做，结果搞了一个污水大搬家的方案，投资额达几百个亿。城市规划专家和污水处理专家们都表示反对。一次次的研究讨论，足足搞了一年零五个月，花了几千万元钱。最后由钱正英带队的综合型专家队伍来了，认为水利部门原来搞的规划是彻头彻尾的错误。对于城市总体规划的审定来讲，必须以城市规划专家为主，再结合其他专家共同领衔审查。组建以城市规划专家为主体的城市规划委员会，不仅对保证总体规划的修编质量，而且对提高城市重大基础设施论证研究的科学性来说，都是很重要的。

第五，强调持续研究。这是曾培炎同志在昨日的讲话中所强调的。每个城市都要有一二个或者三五个重点研究的课题。而且每一轮总体规划的修编都有一二个研究的侧重点。新一轮的北京城市总体规划要解决城区空间有机分散布局的问题。因为北京是一座超大型城市，主城区人口已经超过了900万，必须建立若干卫星城分流人口，所以提出来“两带多中心”的布局，这就是本次规划修编的核心。如再不进行空间分离的话，那北京此次的总体规划是失败的。为解决北京的空间布局问题，在开始进行总体规划修编一年前，中国城市规划设计研究院就召集了一些专家进行了北京空间形态的专题研究，提出了“两带多中心”方案，这就是一个持续研究、重点研究的结果。只有进行超前的重点研究，才能使得整个规划的修编取得比较好的效果。

第六，倡导部门合作。部门合作有两个方面的含义：一是相关部门要协同，合作与服从是一致的。现在，我们强调城市规划法是基本法之一，要求所有的单位都要服从规划法。规划修编内容涉及铁路、交通、航空、军事机关等部门，在规划的讨论、修编过程中，一定要广泛地征求这些部门的意见，只有征求了他们的意见，我们的规划才可以在他们的任何大院之内实施。因为这个规划是经你们讨论同意的，必须遵守。更何况经审批的规划具有明确的法律地位，任何人都要服从规划法。现在我们发现，正在编制的京沪高速铁路没有一个入口是与城市规划协调的，这就遇到问题了，根本的原因是高速铁路建设规划与城市总体规划协调不够。二是要与土地利用规划相衔接、相协调。大家之所以认为河北省的经验非常重要，就是因为山东、河北都采用了这种办法。城市总体规划与土地利用总体规划这两个规划，既要强调规模上的协调，更要强调布局上的协调，只有空间布局上协调了，才可以把建设用地、基本农田协调起来。任何一种制度，它的成熟都是有一个历史过程的。城市规划作为一种制度，在西方已经有 100 多年的历史，在中国也有 50 年的历史。我们的院校培养规划专业本科生，院校专业设置要花多长时间？我们可以自豪地说，我国城市规划作为一门工程科学和社会制度，起码得到了有 50 年历史的院校相关专业的培养制度的支撑、法规的支撑、人才的支撑，如果这些都没有，光是订出一个制度来，发一个文件，叫各地执行，后果是非常糟糕的。现在是不同成熟程度的制度在碰撞，这就需要我们具备高度的政治技巧，高度的协调能力。我们主张在省一级统一协调比较好，因为省以下的土地是统一管理的，在这个层次上进行协调比较有意义。对此，建设厅要主动，建设部当然也负有一定责任，你们提的意见都有合理性。所以倡导部门合作是非常重要的。

第七，优化公众参与。公众参与是一种民主化制度，应该相信群众、依靠群众，充分地吸收民智来保证规划修编的科学性。总体规划作为一种法定的规划，必须要有全体市民的监督和拥护。所以说我们主张规划研究成果公示、规划的多方案公示、规划的结果公示，而且要组织专家、群众对话。群众的意见采纳与否，其原因也要公示，规划审批以后再公示。这里强调专家与群众对话是吸收民智、引导民主最好的途径，专家领衔与公众参与两者是可以相互强化的。

第八，强化监督检查。我们要缩短规划的审批周期，严格专家把关，严格部际评审，但更重要的是要推行规划督察员制度，同时还要布置规划的效能检查。同志们都要求进行一次全国的规划执法检查，所以，我们这一次将联合国家监察部对全国的规划进行一次效能检查，实际上也就是一次城市规划执法检查，希望各个省厅和市长高度重视。检查的主要内容包括：是否依法修编和执行规划、行政领导是不是越权干预规划、相关部门是不是协同实施规划，同时要检查到底是谁在挑战规划法。当然我们也要经常性地通过效能督察来检查城市规划的审批流程是不是公开、公正、廉洁、高效。

总之，我们应该通过以上这八个方面的措施来纠正少数地方、少数同志在规划修编过程中存在的盲目性，切实按照构建资源节约型、环境友好型社会的要求，把城市总体规划修编工作做得更好，以促进我国城镇化的健康发展。

在城市建设中容易出现的八种错误倾向

“任何一个主动的执政者都希望在地球上留下自己的痕迹”，而中国空前的城镇化高潮又为这种“痕迹”的产生及其蔓延提供了巨大的动力。但最重要的是留下什么样的“痕迹”。这不仅取决于执政者的思想境界（是为百姓还是为自己的利益），而且还由其思维方式（是遵循科学发展观、可持续发展理念，还是热衷于表面形象工程）所决定的。从错误中进行学习是少犯错误的最佳办法。可惜的是众多的文章和传统的教科书只是教导人们如何去规划、建设梦想中的“理想城”，而很少将造成巨大损害的案例作为引导树立正确的世界观及思维方式的途径。本文从近期众多常见的错误建设事例中归纳出了八种错误的倾向，并分析其原因和后果，以敦促更多的城市“执政者”为构建资源节约型、环境友好型的和谐社会，实现健康的城镇化而留下执政“痕迹”。

一、旧城改造模式不当，破坏城市历史风貌

在高速城镇化进程中，由于部分城市领导盲目的崇洋媚外、喜新厌旧和贪大求洋，在这些不正确的认识作用下，不少历史文化名城惨遭毁灭性地破坏，历史风貌荡然无存，少数国家级文物保护单位也成了现代建筑海洋中的孤岛而痛失其历史原真性和环境的整体性。例如，浙江省作为一个文化和自然资源大省，现在

居然还没有一个世界文化遗产或世界自然、文化双遗产。该省最有希望列入世界文化遗产名录的是嘉兴的乌镇和湖州的南浔镇等。江南六镇联合申报世界文化遗产，可能性较大。而对于世界自然遗产的申报，则是雁荡山、楠溪江这一带最有可能。其他老县城的独特风貌，其实也都是非常宝贵的资源，是城镇可持续发展的重要基础之一。国外旅游业发展的历史证明，城市中成片的老建筑都是逐年增值但又不可再生的资源，是城镇独特风貌的载体。但不幸的是我国许多地方，在争创“国际化大都市”、实现“一年一小变，三年大变样”等豪言壮语的驱动下，在“人民城市人民建、消灭危旧房为人民”等貌似正确而且“鼓舞人心”的口号策动下，城市发展之源、文脉之根的旧城区或历史文化街区纷纷被推倒、拆平，取而代之的是大量毫无特色的“现代”楼宇，彻底破坏了上千年历史形成的独特风貌，成为失去记忆的城市，这等于将祖传的名画涂改成现代水彩画。当前，国家采取收紧银根和土地审批两道闸门来实现宏观调控，建筑容积率较低的旧城区就有可能被作为城市建设挖潜改造对象而处于更危险的境地。我们要建设资源节约型、环境友好型的社会，这些老建筑和城市街区就是最好的资源，是老祖宗留给我们取之不尽、用之不竭、不断增值的宝贵资源。应采取“修旧如旧”、“延年益寿”和“有机更新”等正确的模式来进行旧城整治型改造[1]，使这些独特的历史文化遗产能为现代城市发展再谱新曲。

---

[1] “延年益寿”是20世纪50年代，我国著名建筑学家梁思成先生提出的古建筑保护方针。这一正确的修复方针是完全符合世界文化遗产保护公约精神的。“有机更新”是两院院士、清华大学建筑系教授吴良镛先生提出并在北京菊儿胡同得到成功实践的旧城改造模式。该模式要求在充分尊重旧城原有的历史文脉和建筑风格的基础上，适度提高建筑的容积率和居住舒适度，对其进行镶牙式的改造。几年前菊儿胡同改造项目获得国际金奖。显而易见，这两种修复改造模式的适应对象是不同的，前者适用于优秀的历史建筑和重点文物保护单位；后者则适用于一般性的旧城历史街区风貌连续带的改造。

二、随意拓宽城市道路，毁坏行道树

城市道路的格局，与城市道路两侧建筑进退、绿化的布局、非机动车道和人行道的格局以及对车辆流量的控制等，早就形成了一种为市民所熟悉和喜爱的和谐的环境。国际经验表明，这种局部的道路拓宽无助于解决整个城市的畅通问题。如伦敦市曾对城市国际交通进行计算机模拟，发现即使将内城区所有的建筑全部架空变成道路，也解决不了内城区的向心交通流量过大问题。这方面资深的专家美国人理查德·莫曾尖锐地指出："以这种办法来缓解交通拥塞，恰似以松解腰带来治疗肥胖症。"❶ 而国际著名的城市设计专家、全球生态城市协会的创始人、美国建筑学家理查德·瑞吉斯特则更为明白地告诫世人："使原有城市向生态良好的城市转化途径之一，就是减少道路的宽度，并非如常人想象的那样是通过增加道路面积的供应来改善道路系统。"❷ 合理的对策，首先是增加路网，打通断头路，而不是增加道路宽度。国外城市的街道比我国城市的道路窄多了，但是路网密度高、管理规则严，更重要的是采用科学的单行线管理模式，尽管市民中私家车拥有量比我国同等级城市多出数十倍，但其机动车的通行秩序仍然较好。其次是设置公交专用道。随着汽车时代的来临，我们作为人民的政府，只能保证普通老百姓乘坐的公交车的畅通，不能保证所有车辆通行畅通。这是真正践行"三个代表"重要思想的非常重要的观念。我们要代表的是大多数普通老百姓的利益，不能只代表少部分坐豪华车人的利益。不然的话，

---

❶ 参见：[美] 莱斯特·R·布朗．生态经济——有利于地球的经济构想．林志新，守志等译．东方出版社，2002：218

❷ 参见：Ecocity Berkeley：Building Cities for a Healthy Future by Richard Register，North Atlantic Books com 1987，P40

我们的政府就会脱离人民群众，更不能构建起资源节约型的社会。再一个是要珍惜和保护道路两侧已经成荫的行道树，这些行道树被称之为“百姓树”，行道树下面是自行车道，夏天遮阳，冬天挡风，为普通百姓所喜爱，也是消除城市空气和灰尘污染的主力军。

三、取消或压缩自行车道，错误选择高耗能城市模式

这是逆时代潮流而动的错误决策。所有的交通工具中，自行车是最节能的，零排放、零能耗，而且骑自行车出行还可以锻炼身体，提高市民素质。同时，多使用自行车可减少交通拥塞和铺路用地。一辆汽车占用的路面一般可以容纳6辆自行车，而一辆汽车停车所占用的空间则可使20辆自行车停放。[1] 现在，所有的发达国家的城市都正在倡导可步行的城市（Walkable City），恢复了自行车道，自行车与机动车拥有同等的道路通行权力，城市行政首长带头骑自行车或步行上班等等。在荷兰，城市交通系统甚至还给骑自行车者优于开车者在使用道路和绿灯先行权。一些交通信号允许骑车者先于汽车行驶。[2] 实践证明：在公共汽车停车站建立立体的自行车停放处，使公交与自行车两者有机结合成全面便捷的交通系统，可使城市的噪声、污染和交通拥塞大为减少。而我国少数城市交通管理部门的负责人却是“屁股指挥脑袋”，不去考虑普通百姓的利益和可持续发展的大局，而只单纯

---

[1] 参见：［美］莱斯特·R·布朗．生态经济——有利于地球的经济构想．林志新，守志等译．东方出版社，2002：227

[2] 参见：莫利·O·希思．为人民和地球重塑城市．世界观察专论147号．华盛顿．世界观察研究所，1999年6月，第14~15页；联合国资料：《世界人口展望》，纽约，2001年2月

从“城市形象的现代化”出发，取消自行车道。这样的决策者以后是要被子孙指着脊梁骨骂的。国外成功的经验证明，践行资源节约型和环境友好型的社会，必须是政府官员们带头，才有资格号召和领导普通百姓。

四、城市污水处理滞后，水环境日益恶化

全国661个城市中，290个城市污水处理率等于零。中央文明办与建设部讨论全国文明城市候选名单时，就提出凡是污水处理率等于零的城市，不能成为文明城市。这次我们取消了7个城市的候选资格。所谓城市文明，就是精神文明、物质文明和生态文明的总和。污水处理率等于零就说明城市政府不重视生态文明，那还怎么能成为文明城市？全国有近一半的城市和大部分小城镇污水处理率为零，连经济大省浙江省也有几个城市榜上有名。污水随意排放污染环境，导致江南水乡缺水等一系列严峻的问题。有人以“人定胜天”的错误观点，片面强调远距离调水来解决城市用水问题。正因为长距离调水耗能、耗资又会造成调水地的生态破坏和大量移民从而引发社会问题，所以并不应大力提倡，而应重视污水资源化和节水。当然也要防止有的经济发达、财力富裕的城市，把污水处理厂规模建得很大，标准很高，将其变成另一类“形象工程”而造成浪费。我们主张一个污水处理厂的处理能力在20～30万t之间，分散布局处理，中水就地循环利用，这是最节能和最节约投资的布局方式。因为按照现有的氧化沟污水处理技术，经处理后的出水可以稳定地达到Ⅳ类以上的标准，经过二级处理后的中水完全可以用于景观用水，而且进入河道的中水经过沉淀或生态处理以后，还可以作为自来水的备用水源，这就达到循环利用的目的。

五、垃圾填埋场无防渗漏处理，地下水污染严重

目前全国有近90%垃圾填埋场没有隔水层。长期以来，垃圾填埋场渗透出的污水全渗入到地下水中去了。据国土资源部1981~1984年和2000~2002年两轮全国地下水资源评价结果表明，我国地下水污染范围日益扩大，全国2/3城市地下水水质普遍下降，300多个城市由于地下水污染造成供水紧张；不仅地下水污染物的成分越来越复杂，而且污染程度和深度也在不断地增加，有些地区深层地下水中已有污染物检出。更为严重的是，国外的实践证明，一旦把地下水污染了，200年也治理不好。此外，垃圾中排放到大气中的沼气，每单位造成的温室效应比CO_2还强21倍。如果沼气排放不畅还会引起爆炸。几年前泰国曾发生此类事故造成上百人死亡。对这一问题，各地都没有引起足够的重视。

六、随意地劈山、填湖、改河，毁坏城市周边的景观和环境

我们应把城镇周边的山景、水景和田园风光保护好，并通过城市规划的细心安排，将这些自然景观引入到城市里来，让市民在城市中也能欣赏到大自然的美，才能让人与自然和谐相处。如把城市周边这些山全劈了，还谈什么自然环境。土地资源缺少的省份，近日有人提出要把建筑建到山上去，我看也应慎重决策，这些山体其实是生态环境的主要载体。浙江省为什么比江苏省能够早一步提出建设生态省的目标，就是因为山脉众多（号称"七山一水二分田"），特别是城市周边的山，那更是城市之"肺"。如在山上建设大量的房子，不仅毁坏绿化，容易引发泥

石流，而且污染山上的本是清鲜的空气，通过冷空气下沉，结果将会使我们的城市变成聚污盆。最近温家宝总理在北京市总体规划的批示中明确指出要保护好北京的山区，严禁毁林建房。所以，房子不宜建到山上去，《建筑法》对此也有明文规定。

七、园区土地利用单一，资源浪费严重

除了重化工园区或污染难以治理的工矿区以外，其他园区我们应讲求住宅、商用、IT 产业包括一些新兴产业混合布局，这样可以最有效地节地、节能。例如，杭州下沙的经济技术开发区，原先的规划是单一的工业结构，我们后来迁入了大学园区，并建了若干居民住宅。否则的话，按开发区 40 万人的就业规模，早上浩浩荡荡的人流车流从主城区到开发区上班，下班后又从开发区返回主城区，所造成的“钟摆式的交通”，带来了能源和土地的巨大浪费。这种早在 50 年前已为西方发达国家所否定的土地利用浪费的模式，我们现在还在推行。所以，这次开发区的治理整顿，把省级以下的大学园区、旅游区都取消了，因为这些园区建设完全可以与新城的建设相结合。土地利用模式的改变，可以使整个城市的耗能结构也随之改变。

八、“形象工程”盛行，地下水源枯竭

大而无当的硬铺面的大广场、标志性大道，正在被我国许多大中城市主政者们所喜爱。这些都是耗能大、浪费严重的工程。经济发达的欧洲各国哪里看得到大广场、宽 100 米的标志性大道？城市政府应该将有限的财力用于城市生态环境建设。研究表明，在城市中此类不渗水的形象工程越多，城市地下水的补充就越少，而积蓄洪水的能力也就越差。这就是为什么在城镇密集的

地区经常性地发生洪涝灾害的原因之一。因此，在城市规划调控体系较为成熟的发达国家，如德国、奥地利、法国等都将城市的硬质地面（包括不渗水的房顶、广场、道路等等）总面积控制在50%以内，以防止雨季径流量过大而引发洪涝灾害。我国不少城市只重视地面的形象工程，不顾地下管网和人居生态设施建设的错误倾向应坚决纠正。

总之，在快速城镇化的进程中，全国各地城市都正在经历大建设的过程，而且城市建设的结果是刚性的，如果建设行为脱离了科学规划的引导和有效制度的约束，“大建设”就可能成为大浪费甚至“大破坏”。当前尤其要及时纠正上述八个方面的错误倾向。切实解决急功近利、竭泽而渔、贪大求洋、铺张浪费、“屁股指挥脑袋”等有害的思维方式。科学规划，精打细算，用好每一元投资，使有限的城建投资为城市功能的提升和人居环境的改善产生良性循环的效应。

（原载《城市规划》2005 年第 12 期）

强化城乡规划　构建和谐社会

最近认真学习了胡锦涛总书记关于构建社会主义和谐社会的重要讲话。我在学习中思考这么一些问题：为什么我们党在现阶段明确地提出要建立社会主义和谐社会？它与城镇化健康发展和城乡规划变革的关系如何？我在学习和反思中认识到：社会主义和谐社会的构建是全党的共同任务，需要全党上下的共同实践。从我分管的工作来说，城乡规划与构建和谐社会的关系是最密切的，必须服务和服从于党的现阶段这一中心任务来推进城乡规划的变革。下面我从几个方面谈谈对这个问题的认识。

一、当前我国城镇化过程中的若干不和谐因素

当前，我国城镇化过程中存在以下几个不和谐的因素。

第一，在我国的城镇化过程中伴随着机动化、工业化，这“三化”是并存的。这是任何一个西方发达国家的城镇化过程都没有经历过的情况，他们往往是工业化与城镇化同步进行，而机动化则在城市化后期才起步。正因为我国是“三化”并行，所以能源的消费水平增长更快，资源、能源的短缺程度比其他国家在同时期表现得更加严重。1993 年前我国的石油进出口还是平衡的，而到了去年我国的石油进口量占消费总量的 30%，可能很快就要达到 50% 的进口比率，因为我国人均石油储存量只有世界平均水平的 1/10。所以，这“三化”进程并行造成了巨大

的能源需求瓶颈。

第二，城乡之间的收入差距、地区之间的发展不平衡加剧的趋势没有扭转。表现在城市规划、建设上，就是财政转移支付力度的不平衡，社会财富分配的不均衡程度在加大，公共物品提供不均衡，也就是城乡生活条件的失衡越来越严重。我曾与印度的建设部部长会谈，他觉得印度跟中国不一样，他说印度当前是要稳定农村，他们正千方百计把人口留在农村，而我们不少地方是鼓励农村人口转移出来。他说现在印度所有的大城市附近都有贫民窟，有的城市三分之一以上的人口住在贫民窟，所以印度的城市环境卫生情况很糟糕。如果我国采取不适当的土地制度和政策措施，印度现在的困境，可能就是我们的未来。

第三，城镇基础设施投资的短缺与形象工程过多过滥并存。我们不少城市政府在生活垃圾收集处理、污水处理方面的投资很少，而地面上的建筑富丽堂皇，地底下的管网建设却非常滞后，自来水漏失率很高，污水处理设施也因管网不配套而大量闲置，这是一个严重的问题。我国各地的政府大楼和广场之多、之大，装饰之豪华，在世界上发达国家中也是少有的。我曾带一个代表团到美国的波特兰，该市是美国综合生活水平较好的一个城市，整个都市区有 150 万人口，核心城区有 60 万人口，但是没有一个大广场，只有一个面积仅为几百平方米的小广场。我国许多城市的政府大楼、广场实际上是超过了西方发达国家的水平。这种追求气派的坏习惯与我国在解放前长达数千年的封建主义文化积淀有关系。

第四，城市灾难的频发，对城市的和谐运行和健康发展带来越来越多的干扰。前两年的 SARS、禽流感流行我们还记忆犹新，今后这一类问题可能会越来越多，因为城镇化促使人口在地理空间上集中，人与人之间交往的密度和频度就会大大增大，如果不注意环境卫生，不重视必要的公共设施建设，必然会导致传染性疾病大流行，这是已被城市发展史反复证明过的事实。

第五，开发区和各类园区的面积和数量的盲目扩张，造成了耕地的短缺、国有资产的大量流失和历史文化资源的破坏。当前我国工业区、居民区、城市的扩展势头在东南沿海远甚于其他地区，西部、中部人口大量向东南沿海转移的趋势越来越明显，东南沿海每年新增加1000万人口。在这个过程中，我国与其他发达国家不一样，因为我国只有一条宜居的海岸线，与美国相比，后者人口只有我们的零头，却有三条海岸线可以转移内地人口；我们最优质的耕地也全部在这条海岸线上，全国财富总量的70%都集中在海岸线200km以内。所以，从地理上看，我国是一个经济发展极不均衡的国家，人口的流动将进一步加剧这种不均衡。

第六，在城镇化的高潮中，我们又迎来了市场化、全球化和信息化。这“三化”导致了利益主体的多元化、思想的多元化、技术的多元化、资本流动的快速化，这就对我们的城市管理、房地产市场管理带来了很大的挑战。

第七，沿海地区的房价上涨过快过猛，为以后城市化中后期社会稳定运行带来了巨大的压力。一般来讲，任一个国家房地产市场泡沫的整体破灭，一般都发生在城市化的中后期，其中日本是最典型的，日本的城市化到了75%以后，出现了房地产市场的大崩溃。本来城市人口每年都在增加，到了这个时候突然稳定住了，但同时社会巨大的惯性使房地产、建筑业、资本的供应，还是保持惯性的运转。更重要的是，房价的持续上涨造成了地价只升不跌的假象，促使越来越多的人加入炒房队伍，日本当时房价上涨时，连卖菜的老太婆都去炒房，日本所有的大公司没有一家公司不囤积土地的，在炒房地产最高峰时，仅日本大公司囤积的土地总面积就达到75.36万ha，相当于东京都面积的3.65倍。日本虽然人口密度很高，但是宜居区域的分布还是比较均衡的，而我国适宜居住的地区主要就是一条海岸线，如果发生房地产泡沫的崩溃，后果将更为严重。

第八，交通拥堵引发了高昂的社会成本。我国的城市交通拥堵在城市化的初期就开始了，现在我国汽车的拥有量还只有百分之几，已经发生了严重的交通拥堵，一部分城市中心区的行车速度仅为每小时5km。如果每百户汽车拥有量到了60%怎么办？这个问题同样值得我们深思。

二、保持城镇化健康发展的必要性和我们的有利条件

第一，保持城镇化的健康发展，是构建社会主义和谐社会的主要基础性工程之一，也关系到最广大人民群众的根本利益。因为城市化进程的健康和谐与否，关系到每一个人。城市化从地理学上讲是一种空间人口的转移过程，实际上它是生活环境、工作环境、文化环境的大变革，是农民“化为”市民的过程。此时，整个社会关系、社会交往模式都在经历变迁，是一种社会的大变革过程。

第二，保持城镇化的健康发展，关系到我们党的执政地位的巩固和执政使命的完成。正因为城镇化是一场空前绝后的大变革，能不能在这场大变革中实现我国城镇化和工业化、市场化、信息化、机动化的和谐发展，是构建社会主义和谐社会的关键。能不能在这个过程中实现社会、经济、生态的良性循环，也是对我们党的执政能力的考验，执政能力不是虚构的，而是具体实在的。

第三，保持城镇化的健康发展，关系到全面建设小康社会的全局。城镇化直接关系到城市与农村的协调发展，关系到工业与农业的协调发展，关系到市民与农民的协调发展，所以，从这个意义上说，保持城镇化的健康发展，关系到全面建设小康社会的

全局。

第四，保持城镇化的健康发展，关系到党的事业的兴旺发达和国家的长治久安。城镇化与其他领域的变革不一样的地方在于，城镇化的错误如果一旦铸成，它在空间上就是刚性的，是不可逆转的，生态资源的破坏也是难以恢复的。同样是人均年收入达到20000美金的发达国家，因为美国城镇化的道路模式与欧盟国家不一样，尽管经济发达程度和户均汽车拥有量相同，美国人均汽油的消耗量是欧盟的5倍，美国人均商业能源的消耗量是全球平均水平的5倍以上。如果说中国和印度都达到美国这样的消费水平的话，要有三个地球才能支撑人类的生存，因此美国的城市化教训是非常值得我们汲取的。

尽管我国在城镇化进程中正在经历或即将面临严峻的挑战，但我国解决这些问题也是具有有利条件的，不能悲观失望。

第一个有利条件是我们的政治制度，即我们党的坚强领导。共产党是世界上所有的政党中惟一没有自身利益的党，她把人民的利益当成自己全部的利益，这跟其他政党是不一样的。学过城市规划史的人都知道，城市规划作为一种公共政策，是跟着政党的利益走的。不同的政党上台，意味着不同的施政纲领的实施，也带来了城市规划政策的变化无常。但中国共产党是一党执政，我们的政治决策机制在理论上应该是稳定的，我们党是体现“三个代表”的政党。所以这是非常好的前提条件。

第二个有利条件是我们的土地是公有制。温家宝总理曾经深刻地指出了我们土地制度的优越性，他说土地制度不仅是财富之母，同时也是一个巨大的社会稳定器。农村的土地承包期是30年不变，但土地不是个人所有。如果农民进城后遭遇失败或失业，他们还可以回去耕作土地，土地在30年内是归他们使用的。这不像拉美、非洲，土地私有化以后，农民一旦处于婚丧嫁娶急需用钱的时期，就把土地卖掉，大量地涌到城里去，导致土地越来越集中到少数人手中，甚至出现南美一个农场主拥有的土地比一个州的面积还大的恶果，这就造成了“农民驱赶型的城市化”。驱赶型的城市化的后果是，一方面城市生活条件、工作条件、投资环境，因为贫民窟泛滥以及城市公共空间和设施不堪重负而越来越恶化，另一方面大量的农田荒芜，导致农产品产量的急剧下降。所以，非洲的饥饿问题、贫民窟及许多社会问题的重要原因之一，就是盲目照搬了西方的土地私有制度。相比之下，我们的土地制度正确处理了社会整体的长远发展和个人利益的关系，这是我们的优势之一。

第三个有利条件是我们坚持了50多年的紧凑式的城市发展道路已初见成效。我国城市的平均人口密度是全球最高的，尽管国家标准规定一平方公里一万人，但实际上在大城市平均每个居民占有空间仅为90m^2，在镇一级是人均占地110～120m^2，农村更大一点，人均占地约为150～170m^2。美国城市化初期都市区人口密度是每平方英里7000人，现在只有2000人，与我们相比，相差很大，仅相当于现在我国东部省份农村的人口密度。

第四个有利条件是我们的基础设施投入与其他发展中国家相比是领先的。与印度相比，我们的优势之一就是城市基础设施比较健全，外国人到印度去出差或旅游，定要自己带水去，那里的水一喝就会拉肚子，自来水放出来都是黄的。城市道路到处坑坑洼洼，交通管理混乱，环境尘土漫天，严重影响了吸引外国投资和经济社会的发展。

看到了这些有利条件，对我国城镇化的健康发展应该充满信心。

三、城市规划在构建和谐社会方面的历史经验和现实抓手

从先行国家城市规划的发展历程来看。英国城市化在世界上

是最早的，与城市规划之间的互动关系经历了9个阶段。

第一个阶段是工业化的初期。18世纪时，马克斯、恩格斯的书里面就大量地描写过工人阶级的悲惨生活。法国作家雨果和英国作家狄更斯当时在他们的著作中生动地刻画了那时混乱的局面，当时伦敦的地下室住了伦敦人口的五分之一，曼彻斯特的居民的平均寿命是24岁，居住、工作环境污水横流、乌烟瘴气，污染非常严重。难怪城市规划学家格迪斯曾指出：在那个时候，贫民窟、次贫民窟、超级贫民窟——这就是城市化的进程。这时，企业家兼社会活动家罗伯特·欧文就提出了要建立工人住宅区，区内有学校，较好的生活条件，工人可就近工作。然后英国实业家理查德·桑于1846年也建立了工人住宅新区，后来还有列文·布劳森，一名肥皂公司的厂长，更进一步提出建立工人新城，把蓝领和白领混合住在一起，提供足够的室外空间，而且区内有图书馆、学校、教堂、花园。他把自己所有的积蓄拿出来，改造工人住宅。当时有这么一些人在进行原始的城市规划实践。

第二个阶段，著名的英国社会活动家霍华德，全面总结了前人的经验，在1898年创造性地提出“田园城市”的理念，这一理念及其实施实际上不仅是一种城市结构的变革，同时也是社会经济形态的变革、就业结构的变革、交通结构的变革、土地制度的变革，涉及到多个方面的革命，而且这是一种漫长的过程。所以，现在我们在城市规划变革方面提出的许多措施，实际上还在实践霍华德的田园城市理念。英国规划学家翁温和帕克设计的世界上第一座田园城市莱奇华斯，始建于1905年，规划人口3.5万人。现代城市规划原理的雏形就是霍华德提出来的。

第三个阶段，1909年的时候，英国的第一部城市规划法产生了。霍华德作为一个社会学家，他敏锐地看到了工业化初期资本主义国家存在的严重的环境污染和疾病流行，当时的疾病流行在英国等工业化国家是非常严重的，有一次黑死病，伦敦一下子死了 1/4 的人口；19 世纪初叶始于西班牙的流感大流行，造成了欧洲 1800 万人死亡，超过了世界大战的死亡人数。在这个时候，英国率先制定了世界上第一部城市规划法，当时的城市规划法实际上可称之为城市传染病防治法，其主要内容是对房屋的间隔、采光、交通、供排水、街道等等都作了一些规定。当时，这个规划法是由地方政府组织实施的。随后的实践证明它有效地控制了流行病的传播，改善了社会环境，为这些国家后来的社会和谐发展起到了促进作用。

第四个阶段是从 1920 年开始的，当时英国成立了健康部，该部颁布了新的城市规划法，取代了地方政府为主导的旧规划法，由中央政府统管，并从义务性的规划变成了强制性规划，中央政府颁布法令强制要求所有人口超过 5 万的城市都要限时编制和实施城市规划。这个时候，英国城市化的各种矛盾仍然较为突出，因为城市人口增加，产业转型，同时伴随机动化的起步。英国在 1920 年的时候，机动车是 65 万辆，到 1939 年时则达到 300 多万辆。此时各类专业规划开始起步，例如交通规划、区域规划等等，实际上所有的规划都是为了解决当时的社会矛盾而创立的，都是为了城市和国家的和谐发展。1933 年在雅典举行的世界建筑师大会上，与会者提出的著名的“雅典宪章”，将城市的功能区分为居住、工作、游憩、交通等四个方面，从而大大减少了城市空间布局的混乱，这是规划史上的里程碑。

到了第五个阶段，就是 1937 年的时候，英国社会矛盾还在不断地演变。在这以后的几年中，英国城市规划史上有三大著名的报告，首先是二战以后的“巴罗报告”，这个报告针对伦敦人口过于密集的问题，请了著名社会活动家巴罗任主席，组织了一批专家，作了一年多的研究，提出了英国工业人口重新分布和城镇直接关系的报告。紧接着是“优斯·沃德报告”，这个报告是关于土地开发、地价控制和土地补偿的报告。当时英国的房价疯涨，房价涨价实际上就是地价在涨，因为工程建安成本基本上是固定的，当时他们就全面调查了地价控制、控制开发和土地开发补偿之间的关系，并提出了强制征用和补偿的政策。到1940年的时候，又形成了“斯考特报告”，就是关于农业区开发的报告，报告认为英国必须要保留占国土面积4%的基本农田，而且必须要严格保护自然保护区，建立国家公园以保护生态环境。这与我们国家现阶段的决策是非常相似的。这就给我们很大启发。这三大报告就自然成为后来城市规划变革的依据。

根据这三大报告，1943年，英国的城市规划部成立，取代了健康部，提出了大伦敦规划重建报告，随后建立了规划监督员制度，各城市编制的总体规划不仅要由中央政府审批，而且中央政府要派监督员去监督地方规划的实施。

到了1946年，是第七个阶段，时任英国首相的丘吉尔想到英国二战以后大量的军人要复员，每个人都要建立家庭，英国的城乡空间人口就要重新分布。这关系到英国以后能不能实现和谐发展，这是一个关键时期，于是他就提出要建立“新镇”。国家拨大量的资金，在土地资源比较宽裕和交通相对便利的地方建镇，1971年建立了28个新镇，转移了140万人口，相当于当时全国小镇人口的两倍。最后是建立了31个新镇，实现了200多万人口的转移，这对英国来说是一个很大的数字。1947年的《规划法》还修改了土地补偿办法，提出一个重要的新概念，即土地开发权归政府所有，并形成强制征购土地的办法，出台了一系列的政策，目的就是解决土地的私有与长期的社会公平之间的矛盾。

第八个阶段就是1961年，城市规划从专门技术演变成了统筹协调社会、经济发展、生态环境保护等三个方面的平衡策略，从主题规划转向综合规划，从单纯的城市规划、新城规划、住宅区规划、工业区规划、农业区规划向综合规划转变。

最后一个阶段是到1970年的时候，英国的环境建设部成立，取代了规划部，更加重视经济、社会、生态三个方面的协调统一，而且将建设政策扶持的重点从新镇转向大城市内城的复兴。1975年的《社区土地法》还为政府征购土地、调配土地及出售土地提供了详细的法律依据。当然，这种政府的强制权是受到公众评议、审查及上级派驻的规划督察员的制约的。

分析英国的规划历史，是要借鉴先行国家的经验，思考我国的城市规划体系变革与实现和谐社会之间的关系。我认为现阶段我国城乡规划变革要坚持“六个必须”：

第一，必须坚持法治和民主的统一，尊重社会和经济发展的内在规律。城市规划史有一句名言叫做“向权力阐述真理”，就是指掌握了城市发展知识的规划师在实际工作中要最大限度地影响当权者的决策。胡锦涛总书记最近提出的要加强城乡规划的科学性和权威性，是规划体系改革的重要内容。我们必须遵循法治的原则，使规划技术行政与一般政治行政适度分离和相互制约，最大限度地制衡各级政府首脑在城市规划建设方面的盲目决策，这是实现法治社会的一个很重要的方面。

第二，必须全面落实科学发展观，以人为本，尊重自然，尊重环境，坚持“五个统筹”，这是现代城市规划的灵魂。社会各界尤其是各级领导都要学会依据法律和法规办事，注重用城乡规划统筹解决我国当前发展过程中出现的各类矛盾。

第三，必须以人为本，尊重普通人的利益，把最广大人民群众的根本利益作为我们规划工作的根本出发点和落脚点。有的城市作规划时压缩了自行车道，是非常不人道和非生态的，不是从普通百姓的利益出发，而是从先富起来少数坐车人的利益出发。

第四，必须尊重人民群众的创造，一切为了人民群众，人民的城市应该动员、调动人民的积极性，来规划、建设和管理自己的城市。城市规划是基层群众创造的，而不是当官人发明的。

第五，必须充分注重社会公平，因为城乡规划本身就是处理个体与集体、短期与长远等各种利益之间冲突和均衡、效率与公平的有效工具，规划的过程必须遵循目标公平和程序公平的原则。

第六，必须正确处理改革发展稳定的关系。中央提出构建社会主义和谐社会，我理解，从城市规划和建设体制的角度讲，急风暴雨式的改革已经终结，现阶段我们需要的是渐进型的、稳定的、持续的和深层次的变革，这种变革方式就要体现在我们城乡规划体系的创新上。

总之，构建社会主义和谐社会，是我们当前和今后相当长的时期内党的中心任务。从这一点出发，我们为什么要进行城乡规划的变革？依据是什么？目的是什么？坚持什么方向和原则？就有了遵循。

（原载《中华建设》2006 年）

第五篇　城乡统筹规划与村镇建设

城乡统筹规划的原则、方法和途径

中央提出要在“十一五”期间开始着眼于社会主义新农村建设，并将其作为我国长期的战略决策。而进行村庄整治、加强农村基础设施建设、改善农村人居环境是建设社会主义新农村的关键环节和基本条件，也是城市支持农村、工业反哺农业的着力点。这就首先需要我们理清村庄整治的思路，其次是将这种正确的思路以城乡统筹规划来进行落实，从而建立起“支持和反哺”的科学途径和方法。本文就是从这一要求出发，先从城乡规划史的分析入手，总结先人的经验教训，然后提出城乡统筹规划的三大原则，进而来探索该规划的基本要求，最后给出此类规划的办法和途径。

一、从规划史的角度来看城乡统筹规划

从城市规划史上来看，在城市规划学科的自身发展历程中，始终贯穿着三大学术派别：一是理想主义。许多社会学家、规划学家，或者有志于改造社会的人士，不断抛出许多理想主义的方案，希望引导整个社会和城市以及城乡的发展。就像著名规划学家刘易斯·芒福德所说的那样：人类五千年文明史可以用人们对乌托邦不断追求的思想史来进行剖析。二是理性主义。尤其是文艺复兴以后，按照德国社会学家韦伯的说法，西方的资本主义对人类的贡献就在于用理性主义取代“上帝创造一切”的神学思

想。实际上理性主义直接发源于文艺复兴之后的自然科学的蓬勃发展。也正是理性主义的兴起，为现代城市规划奠定了第一块里程碑——《雅典宪章》（1933）。三是实用主义，即崇尚解决实际问题，不纠缠于形而上学的学术体系。我们把城乡统筹规划放在这三大主义的历程中分析，任何历史实际上就是思想史，历史的沉淀可以为我们提供营养。

那么，我们的城乡统筹规划可以从这一思想发展历程中获得哪些有益的启示呢？

（1）从理想主义来看，我们每一次针对城乡关系的调整，或者说对农村的一些改造，实际上也就是为了实现城里人的梦想，怎样使农民的生活更加美好。没有理想，当然也就可能没有前进的方向，理想代表着方向。有人说，我们的城乡规划像一只船，理想主义始终是掌舵的，掌握前进的方向，而理性和实用主义呢，是两把桨，缺一不可。既有方向，又有均衡的动力，这样船就可以平稳地行驶。

理想主义会给城乡发展带来什么？现在，一些理想主义者提出，城乡居民收入应该均等；农业作为弱势产业应该得到根本的改变；城乡之间的社会服务和社会保障水平应该趋同。这都是理想主义者为之奋斗的目标。解放初期，我们也曾提出农村的发展前景是“楼上楼下，电灯电话”，大办按需分配性质的公社食堂，这些都是理想主义的表现。我国每一次农村运动都充满着理想。当然其中也有一些反面的教训，就是说我们经常会超越现实，空想的乌托邦的成分多于实践要解决的问题，有些运动超越了农村实际的承受能力和农民的真正需要。这些运动的设计方——城市中的文人的思想取代了农民的实际需求，这些超现实的苦果是历史留给我们的教训。

（2）从理性主义来看，就我国的工业化发展阶段而言，现在我国发达的省份已经到了工业支撑和带动农业并促进农业产业化的时期。以前我们讲农业产业化，但是由于没有成熟的工业来支撑，农业产业化、服务社会化也就难免步履维艰。凭空讲产业化无异于缘木求鱼。我记得我们曾硬性布置城市工业带农村乡镇企业、硬性推行农业机械化，但是由于没有成熟的工业化作为基础，结果不仅这类城乡结对的乡镇企业纷纷倒闭，而且农业机械化也夭折了，两头都不着边。从城镇化的角度来看，现在我国的城镇化水平到了41%，现在中央不失时机地提出城市应反哺农村，支持农民改善居住质量，优化农村生活环境。在中国国情的大背景下，要防止出现非洲、印度、拉美等国家那样的驱赶型的城镇化，就必须要适度稳住农村人口，城镇化才能整体健康发展。从理性主义的角度来讲，我国农村经济的健康与否决定了城镇化发展能否健康。

（3）从市场化的角度来思考，市场化的过程实际上是明确个人、企业、政府应该各作什么事的过程。现在，这三者之间的职责已经比较明了了。因为，在市场化以前或市场化的初期，政府包办了一切。农村人民公社就是政府万能论的派生物，连农民早上起床劳动的时间都要统一吹号，表面上轰轰烈烈，实际上压制了每个人的创造能力和工作积极性，造成了巨大的浪费。市场化发展到今天这个程度，已经把个人、企业、政府各自的职责定位基本搞清楚了。也就是说，现在要研究的是，农村的公共品谁来提供？也就是如何解决当前农村公共品提供的双缺位：即市场提供不足，政府提供也不足的困境。在农村已经推行二十多年的家庭联产承包制为基础的双层经营体制，符合农业的产业本质，应稳定政策长期不变，但其缺陷是提供必需的公共品不足，就连农业的社会服务都难以进一步完善。从理性主义角度讲，应该实事求是地解决这些问题。这也就是现阶段在基本土地制度不变的情况下，城市怎么样反哺农村，工业怎么样支持农业，也就是找准农村必需公共品提供机制的问题。理性主义者固然重数据分析，以及善于将复杂问题分解处理。但理性主义的局限性在于忽视了价值观的影响，忽视了农村作为真实的社会系统的历史性和文化特征。

（4）从实用主义的角度来看，实用主义者崇尚的是以问题导向来建立理论，有什么问题就解决什么问题，尽量把眼前的现实问题予以解决。同时，实用主义还提出，任何理论，只要能够解决问题的就是好理论，而且这种解决的方法要通过实践来检验。所以说，实用主义有的时候可以弥补理想主义的缺陷。在城市规划史上，实用主义之所以长盛不衰，道理就在这里。那么实用主义针对我们目前农村的现状，可以解决什么样的问题呢？比如说城乡统筹，城乡差距的问题如何解决？目前不少农村的生活条件非常糟糕，环境污染日益严重。一些人去农村看了以后非常震惊，特别是最近出版的几本描写农村现状的书，从作家、社会学家的角度，分别提出了目前农村问题的紧迫性，有些农村的情景可以说30年没有什么变化。这样的状况当然是不允许继续存在的。先行国家城市化历史已经证明，如果执政党不关注农民、不善待农村，其结果就是坑害了城市。非洲的教训实际上就是这样，因为放任农村生活、生产环境持续恶化，大量的人口逃离农村、涌入城市，结果使得农田没人耕作，导致非洲出现了大饥荒。而城市又被大量的贫民所包围，城市30%～40%居住区被贫民窟所取代。所以，联合国专门提议要消除贫民窟。不然的话，城市环境越来越糟，农村粮食生产、农作物生产连年下降，两头一夹，这个国家，这个民族就危险了。

再反过来看一看英国、荷兰、德国、日本和其他城乡规划搞得好的国家。数次国土综合整治规划，就是引导政府各部门把钱都投在农村小城镇，扶持农业，只有农民收入提高了，才能实现良性的城市化。所以，城乡规划必须解决农村现实问题。记得当年朱镕基总理讲过：我们的农村，是过了一村又一村，村村像城镇；过了一镇又一镇，镇镇像农村。说我们的城市像欧洲，农村像非洲。但是，我们以前没有足够的财力去解决这些问题。从城乡统筹规划的时机来说，已经到了应该把问题提出来并付之于解决的时候了。当然，实用主义也有很大的弊端，比如光注重实用的策略而缺乏前瞻性，就可能会出现以局部代表整体，也有可能以短期来代替长远。解决短期问题的策略可能会对长远造成障碍。这正是实用主义自己要检讨的。应该把三种主义协调起来统筹解决问题。解决我国的“三农”问题，显然是可以从人类的发展史和城乡规划的历史中汲取养料的。

二、城乡统筹规划的若干原则

既然分析了那些历史的教训，那么就应回过头来面对现实问题，我们如果要编制和落实城乡统筹规划，应该坚持什么样的原则？

一是要尊重普通农民的利益，按照他们的愿望，引导和帮助他们去完善农村生活环境。这应是重中之重。首先，我们就要放弃以城市规划建设模式为中心的思想，认为农村就得按照城市的模式来改造，以城市的生活模式去占领。这搞得不好将是农村建设的悲剧。我们以前搞过许多农村运动，但是，真正受农民欢迎的东西比较少，我们常说的有句话叫：城市有病，农村吃药。

全国不少地方在改善村容村貌，改善农村居住环境等方面开展了许多创新性的工作。例如浙江省湖州市，他们把城乡统筹规划建设的着眼点就放在改路、改水、改厕、改线等方面，达到道路硬化、村庄绿化、河道净化、环境美化的目标。这一“百村示范、千村整治”工程做得较成功，基本上是按照农民的需要去做的。农民对此的评价是什么呢？他们说：解放以来共产党在农村办的两件事我们最拥护，第一件就是土改和后来的家庭联产承包责任制，把地分到我们手里了，我们翻身了，生产能力提高了；第二件就是政府解决了我们一家一户解决不了的问题，比如“四改四化”，这恰是农村迫切需要解决的问题，政府帮助和领导我们做了。

城乡统筹规划也应该本着这个原则去做。比如我们提出要让城市的文明辐射农村，让农民享受城市现代的文明，关键是通过什么样的途径什么样的方式去实施。现代城市规划的老祖宗——英国人霍华德，他早在一百多年前就想到了，他认为理想社会模式应该是让城市的现代文明、城市的活力涌到农村去，让农村也充满着城市的生机和活力；而且要让农村的田园风光来点缀城市，使城市的生活环境环绕着优美的田园环境。人们对此在许多方面都充满着美好的向往和众多的实践。比方说城市街道的命名，像巴黎的香榭里舍大街，就是田园大街的意思，它深受霍华德的影响。霍华德提出这一理想一点都没有错，方向非常正确，但采取什么样的措施去实现梦想，这恰恰是我们这一代人要解决的。如果错误地把城市的大马路、大草坪、大广场和高楼大厦搬到农村去，造就资源消耗非常大或者是说生态环境恶化的农村，那就南辕北辙了。

二是要尊重地方的历史文化，重在建立一种适应现阶段的农村和农民需要的工作机制。在社会主义市场经济不断发展的今天，现在农民着急的不是生产自主权问题，着急的是政府应该足量地提供必须的公共品。从某种意义上说，现在农村公共品的提供还不如改革开放前。改革前农村还有赤脚医生、合作医疗，还有各种产前产后的服务中心等等。而现在这些医疗、教育、信用合作制度，这些产前、产后的服务，随着市场化的发展，已是老线断了，老网破了，老人们都走了。许多必需公共品提供，在大多数农村正处在一种上不着天下不着地的地步。所以说，现在相当一部分农村的居住和生产环境在恶化。

针对这样一种情况，我们的工作实际上就要顺从农民的意愿，尊重当地历史和文化传统来建立一种新的体制。像胡锦涛总书记最近所说的那样，新农村的建设，不需要花很多钱，而是重在建立一种机制。这种机制，我认为就是农民、农村和农业所必需的公共品提供的机制。所谓公共品，就是一家一户提供不了的，必须要由政府来提供的，像教育、卫生，环境保护，或者说科学知识传播、文化和必要的基础设施等。这些必需的公共品充足与否，关系到让人能否尊严地生活在农村。城乡居民应该有平等地享受现代文明、现代经济和科技恩泽的机会。所以说，我们不仅要提供，而且要创造一种不断为农民提供公共品的机制。一旦这种机制建立了，农村许多问题就会迎刃而解。

当然，这种机制有的是有形的，比如说整洁的村容村貌，受到良好保护的历史文化遗存等等。要发起一场针对农村的改造运动，很容易出现泥沙俱下、鱼龙混杂、教条主义复活的局面。比如说有些地方在村容村貌改造的时候，由城里人从上而下地定了一些规则，比如说民居要用陶瓷锦砖贴面，或者是装铝合金的窗子，甚至被强制要求建三层楼的瓦房等等。如果以这样的要求来进行新农村建设，那就劳民伤财了。曾经有过这样的反面典型。在北方有些地方，当地政府提出新农村改造，但是农民盖不起房，怎么办呢？结果就盖假房子，二层以上是假楼。不少地方曾出现干部强制性地要求农民应该怎么干怎么干，农民也只好做假动作，如在安徽阜阳市就曾出现过，当领导来检查农村工作时，当地干部命令农民把所有的牛都牵到马路两边，以证明牛饲养量的“高产”。新农村的建设，如果采用这种从上而下的框框套下去，结果只能是摧残了农民的生产能力，这不是中央所要求的新农村建设。我们要从中吸取教训。我国农民，尤其是广大贫困地区的农民，正是因为缺乏“话语权”，太容易被欺负了。如果我们再拿出一种他们不受欢迎的模式套下去，可能他们也不会反抗，但是会造成经济上、环境上以及我党威信上的很大损失。

从有形的机制来讲，我们要抢救性地保护村容村貌中的历史文化遗产。国家已明确提出历史文化名镇名村要加以保护。这些都是历史所遗留下来的，也就是说几千年或者几百年遗留下来的东西，肯定存在着合理性。这些独特的建筑结构和村容村貌，将来是取之不尽的旅游资源，也是构建资源节约型社会的重要内容。记得浙江省兰溪市的诸葛村，当年只花了几十万元钱，保护了古村落，去年的门票收入达到了380万元，全村农民的收入大大提高。就因为独特的村容村貌，当地独特的历史文化，吸引了国内外旅游者。

当然，这种机制的建立还有无形的。比方说我国的农村社会结构为什么能长期稳定，是因为实际上存在一种以血缘关系为核心的邻里关系建立起来的制度支撑着农村的稳定。就像费孝通当年在剑桥大学做的博士论文中所提到的，中国的社会结构，就像一块石头抛到水里所形成的水纹一样，中间那个最核心的圆就是血缘关系，如家庭成员等至亲；紧接着的外面这一圈，就是亲朋好友；再外层的一圈就是同学，然后就是同乡，一圈一圈扩大，是个同心圆结构。如我们很多农村的村庄里都有祠堂，村民经常由一个或两个同姓的家族族亲所组成，这里面隐含着一种合理的结构，但也有不合理性，有封建思想，有宗法思想在里面。在第一批获得国家历史文化名村的名单中，有一个浙江省武义县的俞源村，这个村最早历史涉及明代宰相刘伯温的太极图型规划，更妙的是该村的后山，是一座300m高的小山包，上面长满了各种各样的大树，如600～800年的红豆树，几个人都抱不过来。这个小山上的珍稀树种不计其数。那为什么这座被村子包围着的小山的绿化能保护得那么好？就是因为这座山是非常松的石块构成的，一旦下大雨，就可能造成大的泥石流。所以几百年前村民们定了规矩：谁要是动了山上一棵树，就砍掉一个手指头。这个不成文的乡规民约，居然把这座山就保存得很好，这个村也一直平安存在。村民们也非常知书达理，还出过状元。

这种独特的乡规民约，作为制度的一个形式起了很多的作用。所以，我们在新农村建设中不能贸然地把整套的城市规划，什么总体规划、分区规划，然后控规等这套东西，盲目套到农村去。我们应该从乡规民约里边汲取新农村整治建设的养料。要让农民能够自我适应现代文明，你必须要用农民熟悉的语言、文化去引导，并在他们熟悉的制度的基础上来建立新制度，不能肢解原有的地方传统文化，更不能推倒重来。我们过去农村的“电气化”、“大跃进”、“四清”等运动，搞来搞去是把农民熟悉的那一套彻底粉碎了。实际上这些运动工作组一走，照样恢复原样，真是在瞎折腾。

三是尊重自然生态的环境。中央提出的五个统筹，对农村来讲，就是要走资源节约型或者环境友好型的道路，核心就是要尊重自然生态。农村规划建设不能像城市那样，对大自然进行无限的挑战。应该尊重和悉心呵护自然环境，继承村民们尊重周边生态环境、与之共存的传统思想。我们很多人到过云南丽江，比起江南，在那个地方草木是很难生长的，上千年来，纳西族人居然能与当地的自然和平相处，凭的就是善待大自然的传统文化，譬如砍一棵树就得种三棵树、不杀生等等。他们非常珍惜自然环境，把它看作是自己的母亲。如果违背了这些优良传统，我国农村破旧的仍然破旧，洁净健康的却变得污染和肮脏，优美的景观变得平庸和杂乱，广大农村就没有前途，整个国家和经济结构将会越来越不稳固。此外，我国人口众多而资源匮乏的国情，说明城乡统筹规划不仅要提高农业的物质技术和装备水平，而且要着眼于改善和充分利用农村的人力资源；不仅要着眼于提高农村的劳动生产效率，而且要提高土地的产出率；不仅要着眼于农业自然资源，而且要切实保护和改善生态环境。应将传统农业的内涵和外延拓展为与自然生态环境相重叠的大生态概念。总之，我们只有把现代的生态文明建在当地民众朴素的传统自然观之上，才能在新农村建设中遵循和落实构建环境友好型、资源节约型社会的要求。

三、城乡统筹规划的一些基本要求

城乡统筹规划有哪些基本要求呢?

一是规划的系统性。系统性是规划是否体现科学性的本质要求。我国原来的区域规划体系，实际上存在很多弊端，以至于我们国家搞了几次此类区域规划，最后都不了了之，就是因为当时的区域规划只注重产业的布局，也就是说只注重经济的发展，而不重视生态环境，也很少研究社会文化和社会公平问题。在实施机制上更无法解决市场失效和政府失效等问题，只是僵化的计划经济的附庸。所以，这样的一种规划旧思路就缺乏系统性和生命力。

二是规划的预警性。因为生态环境初期的变化是渐进性的，一旦超过了某个临界点，就会出现突变。如我国江南地区的水污染，开始时污染物一步一步地增加，水生态环境还可以承受，一旦超过了一定的阈值，水质就会发生突然变化，原先对水质有净化作用的水生物全死光。这个时候就出现了江南水乡没水喝。就水环境而言，一旦污染超过了生态不能修复的阶段之后，整个水生态就死掉了，再恢复的难度和代价就非常巨大。云南滇池的污染就是一个例子，至今已经投入一百多亿，基本没有什么成效。我们的城乡统筹规划，应该为村民们提供生态的预警性。

三是规划的整合性。湖州的郊区通过编制城乡供排水规划，统筹解决了地表水和地下水、供水和污水处理的问题，因为只有这样才能把整个水系统综合起来考虑。但是我们以往作规划的时候，经常关注地表水而把地下水忘记了，有的规划盲目提出地下水源可以供我们用多少年等等。实际上地下水和地表水是一个系统，我们取地下水的时候，只能取它的“利息”，不能取它的“本钱”，只能在补给水量中取一部分。开发利用任何一条河流，按照国际惯例，只能取它年均径流量的30%，再多的话就会对生态带来影响。这些东西往往在传统的规划中没有加以考虑。我们经常超越大自然的承受程度，向大自然索取，大自然反过来的报复就非常厉害。如浙江省嘉兴市城乡的地面沉降现在已经有好几米了，地下存在的巨大漏斗，导致地面建筑极易产生裂缝，造成海水倒灌，良田变成盐碱地。所以，如果不从规划整合性方面去考虑这些问题，那今天的行为就有可能会变成明天的灾难。

四是规划的可操作性。一个规划如果是不可操作的，就不是政府规划。规划的目的是什么？就是针对市场失效的政府管制，以管制来提供资源的合理利用模式和可持续发展的路子。城乡统筹规划首先就要明确哪些是环境敏感的资源和地块，要加以严格保护；哪些是可再生的资源，就只需进行引导性管制。各类允许开发或者是禁止开发的地域，都要区别清楚，规划才有可操作性。在珠江三角洲，我们就做了这方面的工作。

四、城乡统筹规划的方法和途径

我们现在有许多规划，给人家的感觉是规划已经太多了，所以，有人就提出把所有规划整合成一个规划。我认为，如果把这么多规划整合成一个规划，将难以执行。因为计划经济就是一个规划，下级规划盲目服从上级规划，上面的规划错了以后，下面的规划全错；上面有一点错，各级规划就起放大效应，到最后就会铸成大错。所以，科学的规划体系本身就是由各种规划相互补充而成。有的从上而下编制，有的从下而上编制，并从不同的角度和学科来编制，然后整合成一个合理的规划体系，从整体上来解决市场失效的问题。这样一来，城乡统筹规划就应有不同的方法和途径，一般而论，应有以下几类：

一是扩大管制区域的城市总体规划。有的地方就提出要扩大规划区的范围，如江苏省的昆山市、张家港市把城市总体规划扩大到整个市域，因为昆山市地域本来就很小；张家港市域面积一共才 1000km^2，把总体规划范围一扩散，就可以对这个范围之内的所有空间资源进行管制，再加上土地利用规划的配合，就做得比较好。北京市也一样，北京新一轮的城市总体规划，温家宝同志亲自指导把关，总体规划把北京的行政区全覆盖。温家宝总理还特别强调要用规划的手段来保护北京的山资源。北京的山区资源是非常重要的，你如果把北京的山破坏了，那北京空气污染就会更加严重。这种思路在经济非常发达的地方可以采取，但不适用于不发达的省份。

二是深化市域的城镇体系规划。城镇体系规划已经比较成熟，在编制深度上要进一步提高，增强它的系统性、预警性、整合性和可操作性。比方说要明确由小城镇对村庄进行组合，以及由几个村庄围绕中心村构成村庄集群等等。城镇体系规划也就可以延伸到村庄。这样，就可以对村镇及相关的基础设施和公共品进行更加合理的布局，再加上土地利用规划的配合，就可以基本上从区域的角度对村镇的整治和发展起到指导作用。

三是把原有的区域规划空间化。原来的区域规划往往只局限于经济发展战略的研究和实施，如何把它空间化并增加相关的社会文化和生态保护内容，也是一种新的规划思路。对此应该在城乡统筹规划中来加以研究改进。

四是城乡一体化的规划。我在担任金华市委书记时，与原杭州大学副校长马裕祥教授一起编写了《金华市城乡一体化发展规划》（浙江大学出版）。当时我们的思路，就是城市和农村应该一起统筹规划以解决面临的问题。当然这也是一种方法，也只能适应于经济相对发达的地区。

五是专项的城乡统筹规划。因为不同的地方，所面临的城乡关系和矛盾以及要解决的问题是不一样的，我们要抓住最主要的矛盾，来修编解决这些矛盾的专项区域规划。这实际上也是英国区域规划的起源之一。20 世纪初，英国的区域规划是由各种不同种类的专项区域规划来起步的，例如交通、国家公园、工业区、永久性农田规划等等。我觉得这个思路也值得我们去研究，尤其是经济欠发达、人口较为稀少的地区更适应。随着条件一步一步地成熟，再把各类专业规划整合，比较成熟的城乡统筹规划自然而然地就出来了。

总之，城乡统筹规划不能割断历史，只能在先行国家的历史教训和成功经验中汲取营养，并从我国的国情和变化了的形势出发，切实遵循尊重当地历史文化、尊重自然生态、尊重农民的意愿和利益，并尽量在现有的规划手段、制度的基础上进行创新，才能有效地指导社会主义新农村建设。

（原载《城市规划》2005 年第 10 期）

“三农”与村镇建设的若干前沿问题

众所周知，当前党中央国务院非常重视三农问题，三农问题应该是影响我国国民经济健康发展的重点和难点。我们经常说三农问题的重要性、紧迫性、长期性，但是有的时候却忽视了三农问题的复杂性和广泛的关联性。可以说，三农问题涉及到我国社会、政治、经济和生态甚至历史文化等方方面面，三农问题可以也应该从多个角度来审视，来探讨。那今天我们就从村镇建设这个角度来审视三农问题，来寻找应对之道。从这一新视角来审视三农，我认为有以下几个前沿问题需要认真进行探讨：

第一，我国城镇化的道路，是以大城市为主来发展还是大中小城市和小城镇并举？以大城市为基点的学者认为：大城市经济效益好，土地资源利用率高，有利于技术创新等等；而强调大中小城市和小城镇协调发展观点的同行们则认为，不同规模的城市之间存在着合理的分工。大城市主要是国际间的交易平台，国际贸易的跳板；而中等城市是区域的核心，小城市是服务农村的基点，相互之间不可取代。而且西方发达国家尽管充分推行了市场化和城镇化，但是还是有90%的小城市生存下来了，所以说实践证明小城市的存在是合理的。从另外一个角度来讲，大城市本身在城镇化过程中有很大的凝聚力，西方各国的规划都是着眼于如何提高小城镇的反磁力或平衡力上，使城乡发展和资源的分布逐步均衡。如果人为地增强大城市的凝聚力，就会进一步加剧城乡差距。

第二，从我国生产力发展水平来看，遵循从上而下的城镇化模式还是从下而上的城镇化模式或者两者并存？所谓从上而下的城镇化，最初就是东北的模式。改革开放之后，苏南的模式也可以归结为此类别。到现在为止，该模式就是由政府大规模兴办国有企业或引进外资企业来推进工业化，把农民通过征地变成工人，这样一种城镇化的格局就是农民没有多少城镇化的主动权。而广东、浙江、福建一带是从下而上的城镇化，农民自主地建设农民城，走城镇化的路子。这种从下而上的城镇化往往规划做得不怎么样，城市基础设施配套也短缺，但是经济却很繁荣。该模式的优势在于农民自主地“化”为城镇居民，农民主动创造就业岗位，主动通过发展产业来推动城镇化，所以这两条城镇化道路及其结果是不一样的。

第三，形成城镇化拉力和推力以及它们之间的均衡在于工业化和农业的产业化之间的协同。农业的产业化包括小城镇的工业化到底是走规模经营还是集群经营之路？我们经常把工作重点放在规模经营上，把土地集中起来，或追求单个龙头企业的规模。不少学者认为，没有土地的规模经营就没有农业的产业化，就难以形成现代化的社会化服务，也就会弱化城镇化的推动力，农民也不可能富裕。我国解放以来实行多年的农村公社合作化走的就是这条路子，但是实践证明这条路子并不解决问题。而日本在战后提出的“一村一品”，使一家一户农户既是一个独体的企业，又是一个独体的空间单位，在某一地理空间上聚在一起，形成了“一村一品”或“一镇一品”的集群式生产模式，走出了既是家庭经营，又是农产品规模化和市场化、商品化和社会化服务的新路。这样一种格局恰恰跟现在国际上流行、我国正在推行的优质农产品“证明商标”或原产地证明是一致的。所以，在国外无论是工业、农业还是服务业，单个的企业规模和企业群体的规模以及企业的区域规模之间的矛盾，现在已经解决了。但是在我国的农业产业化模式上并没有形成共识，这就带来了以什么样的途径去解决空心村、空心镇的实际问题。

第四，三农问题的症结之一就是农民的组织度不高。提高组织度就要通过走合作化的道路来解决，但合适的合作化模式应该着重于人的合作化还是物的合作化？我们以前较重视通过土地的股份化来走合作化道路，我们也希望通过金融组织来实现合作化。但是我们有的时候忘记了最主要的创造性因素——农民，如果排除了人的合作化，实际上效果就不好。但也有不少的学者认为合作化应着眼于当前农村最稀缺的资源即资本或企业家，这就派生出"农村信用社式"或"公司加农户式"的合作化模式。也有人认为土地是农村的一切财富之母，是最基本的生产要素，应该以此为合作化的基点。所以，人的合作化和物的合作化怎么结合？这是合作化必须要研究的问题，这才是提高农民组织度，走新型农业产业化道路的重要途径。

第五，农村的土地制度是单轨运行好还是多轨并行好？多轨之间怎么转换协同？现在一方面不少人提倡个人承包的集体土地可以直接入市。他们认为让农民拥有承包地的较完备的处置权和收益权，有利于促进农民有序向城市转移，减少农民工潮和城市流动人口，有利于推进农田规模经营。而从另一方面看，我国现有的国土资源管理从城市一直到农村都采取了世界上最严格的行政管理，几乎所有的建设用地都是征用了以后再进入市场交易，土地征用是我们国家为保护耕地设置的一道特殊的门槛、特殊的制度。如果说集体土地的房产可以不受限制地直接进入城市房地产市场，那么目前我国这一种经营了多年的国土资源管理模式就有可能被冲垮。我曾问过多个农民，我说你们觉得农业结构调整怎么样较好？他们说现阶段种什么东西都不赚钱，就是"种房子"最赚钱。现在这些集体土地上的房产只能通过租赁或自己使用才能有收益，如果能自由入市交易，那城郊农民都会种房子去了，因为他可以自由地处置他们的承包地，农民种房子不种田了怎么办？非洲和拉美的城市贫民窟盛行和农田抛荒、粮食减产，就是由于土地私有化造成的恶果。所以，有许多现实问题等着我们解决。另一方面，家宝同志讲到，我国现行的土地制度是一种有效的社会稳定器，不仅要考虑它的经济效益问题，还要考虑到它的社会效益和生态效益，考虑它的长期的特殊的社会保障功能。

第六，向农民征地是采用一次性买断还是以土地换保险好？由于快速的城镇化、工业化和退耕还林、还草，我国因建设每年减少的耕地数量约300万亩，也就是说每年约有250~300万农民失去土地。一部分学者认为，应该严格限制"公共目的"征地范围，按市场价而不能按现有的农地产出能力补偿来使农民增加收入。而另一部分学者和大部分基层工作者则认为，这种方法只是抄袭了西方私有土地制度，不利于不同地区农民征地的公平待遇，无法回收由于城市基础设施的投资建设所带来的地价升值。后者主张在适度提高征地标准的基础上，以土地换保险来解决失地农民的后顾之忧。他们认为，饱受前者指责的城市政府拍卖土地收益，除了一部分不正当的支出——"形象工程"而需要纠正之外，大部分都重新用于城市基础设施的建设上。正是因为我国许多农村集镇没有条件沿用城市的土地制度，造成了大多数集镇基础设施严重不足而爆发了"非洲病"。如果这种状况得不到改进，就有可能引发全国性的生态环境危机。事实上，世界各国大多数学者都认为土地不仅是财富之母，而且由于其不可移动性、稀缺性，其价格与周边基础设施投资的密切相关性——土地天然具有公共属性，从而不同程度上启用了强制性土地征用的法案，以应对城市化过程中的基础设施短缺问题。20世纪西方城市规划者们还发展了交通导向土地开发模式TOD（Transport Oriented Development），通过规划管制和土地先期征用等方法，使因公共交通设施建设投资而引起的土地升值回归于全体市民。处于快速城镇化时期的我国，应该认真总结城市化先行国家正反两方面的经验，采用多样化、渐进式而且能与城市社会保障体系接轨的试验来解决失地农民的保障问题。

第七，现在农村小城镇的市政管理模式遇到问题了，因为绝大多数的小城镇都简单地沿用了城市的模式，建立党委、人大、政府、政协四套班子，然后配上庞大的行政队伍，不仅农民负担不起，而且管理也十分杂乱，低效率。在西方的城镇化进程中，在中小城市和小城镇早已普遍推行社区物业化的市政管理模式，所以不存在照搬大城市的管理模式的问题。城市管理早已专业化了，一般由兼职的市政管理委员会公开招聘市政管理经理（City Manager）来实施具体的管理，这种管理成本是最低的。城市之间可以充分竞争。如果城镇居民认为这个管理服务公司不好，该公司可随时走人，另选其他物业管理公司或专业化服务企业来干，所以他们的行政效率很高。从我国的实际出发，我们应该积极探索一种经济有效的行政机构与完备的物业专业服务公司之间实行密切结合的管理模式。有条件的镇可试行由县政府派出机构——镇公所加物业管理公司来实现小政府大市场的模式，这在我们的大中城市卫星镇中可以先行试验，切实提高城镇市政管理效率，解决我国大部分地区“城市像欧洲、村镇像非洲”的镇容村貌差的难题。

第八，农业的服务体系是行政化还是市场化？原来的行政化的农业的服务体系已经到了老线断、旧网破、人心散的边缘。但是，新的市场化的服务体系要建立在什么样的合作化的道路之上？在各地的实践中，我们都遇到了类似的挑战，中国地域之大，发展水平千差万别，肯定不是一种性质的服务模式所能包括的。我国各级政府在以往的农业服务体系发展过程中，习惯于运用计划而不是运用弥补市场不足的思路来引导农业社会化服务体系的发展，从而存在严重的“错位”、“越位”、“缺位”现象。因此，转变政府职能就成了当务之急。除了为农业产业化经营创造良好的市场环境之外，各地政府都应立足于当地的条件采取多样化的对策。但是一个共性的基础是完善这一体系必须以小城市和集镇建设为基地。以美国为例，尽管直接务农的人口仅为总人口的3%，但住在中小城市里间接为农业服务的人口为26%。可见这一平台的重要性。

第九，村镇的公用设施建设。现在每个部门都强调“村村通、镇镇通”，这类“××通”到底指的是现在的村镇，还是经过规划调整后的村镇就大有讲究了。目前的村镇规模偏小而且分布不合理已成为共识。是按城镇体系规划撤并以后的“××通”，还是先“××通”以后再考虑下一步的撤并，这关系到基础设施的投资的经济、社会效益和生态效益问题。另一方面，从实践上来看，过分强调从上而下的“××通”已经肢解了基层县、镇政府的综合调控功能和村镇服务功能，不利于依照村镇规划统筹解决基层村镇建设问题。

第十，解决“三农”问题必须让城市的文明向农村辐射，反哺农村。这种辐射、反哺途径到底是像过去那样层层建立行政或事业单位，还是采用专业化的分支机构来解决？比方说农村的教育，原来的复式班水平很低，一到六年级学生都集中在一个教室学习，数学、语文也只能由一位教师教，当然是误人子弟了。但现在有的地方让县城里边最好的中学，把原来那个落后的农村学校承包了，变成它的一个分支机构，复式班办学模式完全淘汰了，而且“克隆”了优秀中学的全套制度，引进了高级教师队伍，教育质量出现了飞跃。医院也一样，原来农村是合作医疗，农村缺医少药难以解决，但是它现在把这个合作医疗机构与大医院联姻，作为某某市中心医院的分医院。这样就把城市的医疗资源、教育资源在整个农村区域共享。这样做，既能通过专业化服务达到城市资源共享，解决农村的缺医少药、教育误人子弟的问题，保证了服务质量，又能防止旧行政体系的盲目投资布点的顽症和小而全的弊端。建设部在苏南地区推行了两年，就是把城镇的供水模式向农村辐射，供水、污水处理一体化，成本低，效益好，而且使当地的肠道发病率从3.6%降到0.2%。全国人大蒋正华副委员长还亲自到那里调查。所以，城市的文明辐射农村，应采取多种新模式来进行。

最后一个问题，村镇的民主自治。比方说村民委员会作为自治组织的村长选举，基层政权的民主化，在农村叫“海选”。一方面，农民有了选择权之后，就会顺着追求自身利益最大化的方向来扩展民主化空间，这体现了民主和法治的进程。另一方面，这种朴素的意愿也极容易被少数别有用心的人所利用。现在有许多地方，已应了费孝通以前说的那个话，他说中国的农村实际上长期以来是宗法结构与官僚体制相结合的一种管理模式。这种以乡规民约为主的管理模式在法治化的进程中间有可能会出现一段时间的真空，这种真空阶段有可能会出现流氓当家。村镇管理的民主化的程度实际上应该与农民的民主觉悟、珍惜民主权利的程度和法治的进程相匹配。也正如著名的西方政治学家霍布斯所说的那样：在一切政体中，最坏的政体并不是专制而是无政府状态。显然，中国的村镇民主管理应该采取一种渐进的民主化，不一定是完全的民主化一步到位就好。所以，这里就有一个可控的民主化和完全的民主化之间长期过渡问题。

找对问题历来比盲目地解决问题要好，尤其是从村镇建设这个角度来探索如何解决“三农”问题之道，更应着重于现实的问题、历史的经验和理想的未来三方面导向之间的协调统一。

当前村镇工作的若干问题

关注村镇工作、建设社会主义新农村，进而实现我国城镇化的协调发展已成为当前全党全国工作的重点。本文正是基于这样的时代背景，从对近几年村镇工作成就的简单论述入手，深入分析当前村镇工作中存在的主要问题和要采取的工作方针，提出村镇工作中应处理好六个关系，最后得出通过五大抓手来促进村镇工作的结论。

一、村镇建设事业成就瞩目

近几年来，党中央、国务院就发展小城镇作出了一系列的战略部署。2000 年 6 月专门下发了《关于促进小城镇健康发展的若干意见》，党的十六大指出坚持大中小城市和小城镇协调发展，而且在中央历次农村工作会议以及有关农村工作的文件中，反复提出要搞好小城镇建设。在党中央、国务院的领导下，各地区村镇建设事业的发展，取得了令人瞩目的成就。主要表现在以下几个方面：一是村镇住宅建设稳步发展，质量和水平明显提高。二是村镇基础设施、生产设施和公共设施建设力度加大，现代化水平有所提高。三是村镇人居环境受到重视，村容镇貌有所改观。四是村镇规划建设水平不断提高，调控和指导作用逐步增强。五是小城镇发展比较健康，发挥了分流农民剩余劳动力的作用，缓解了大城市的就业和居住压力。

二、村镇工作存在问题和当前工作方针

我们在村镇建设方面已经取得了很大的成绩，但也还存在一些不容忽视的问题，集中表现在以下几方面：

(1) 科学的发展观和城乡统筹发展的要求还没有落到实处。指导思想上一直还存在一定程度的偏差，在小城镇建设过程中，滥用耕地、滥设开发区、侵占农民利益，甚至照搬大城市的模式，建设大广场、宽马路、豪华办公楼等等。

(2) 各级政府和有关部门支持小城镇发展的积极性很高，但是扶植的政策措施协调性不够，扶植的资金分散，城市反哺农村的力度不够，没有形成推动小城镇协调发展的合力。

(3) 缺乏有效的分类指导政策和措施，城镇的职能和目标定位不够明确，发展重点不突出，小城镇建设相互攀比、重复建设、产业同构的问题也比较严重。

(4) 城乡规划管理存在着薄弱的地带和环节，城乡结合部的村镇和“城中村”违反规划，乱搭乱建，相当一部分村镇环境脏乱差的问题没有得到比较好的解决。

(5) 基础设施和市政公用设施市场化运作进度较慢，必要的公共品提供不足，使环境污染日益突出。

(6) 村镇建设工作的传统管理模式，已不能适应经济和社会发展、乡镇机构改革、财政体制改革和农村税费减免等改革要求，也不能适应这些改革所带来的资金来源变化以及人、财、物管理模式的变化。

(7) 以集体经济、村镇为主投资发展的乡镇企业吸纳就业的传统模式发生了变化。通过乡镇政府办企业、以工哺农、以工兴镇的机制已经衰退了，但是小城镇新的成长机制还没有形成。

当然，造成这些问题的原因是非常复杂的。但是，这些问题

不解决，势必影响着全面建设小康社会目标的全局，势必影响大中小城市协调发展的全局。从长远的目标来看，我们村镇工作主要的工作任务和指导方针必须贯彻落实“五个统筹”的要求。

从统筹城乡的关系来看，小城镇是承前启后、承上启下的“中枢”，是连接城乡、工农的基地。所以，抓住小城镇这个城乡空间网络的节点，就抓住了城乡统筹的核心环节。

从统筹经济与社会协调发展来看，我们所说的重点镇、重点村，是农村社会公共品提供的基地和服务的载体。

从统筹区域发展来讲，我国不同区域的经济发展水平不同，集中表现在村镇的经济实力、社会发展水平上，南方发达地区的重点镇，其经济实力和社会的发展水平、服务功能实际上已超过了边远贫困地区的地级市。要缩小区域发展差距，首先要提高重点镇的发展水平。要统筹区域的发展，首先要统筹重点镇、重点村的社会经济发展。

从统筹人与自然的关系来看，我们要正确处理发展经济与保护节约耕地，保护生态、资源，以人为本的关系。村镇建设必须贯彻资源保护、保护耕地、以人为本的方针，才能统筹人与自然的发展。因为在近几十年内，中国还不可能出现人口从城市向农村的倒流，而只能是农村人口向城市转移，所以抓住重点镇建设和小城镇建设，也就抓住了人与自然协调发展的主要枢纽。

从统筹国内改革与对外开放来说，小城镇是农副产品走向大城市、走向国际市场的窗口和平台。以整个镇和周边的企业集群整体参与国际产业大循环，切入全球生产链的某一个环节，这已经被证明是小城镇发展的一条新路子。

从长远的目标来看，我们的工作方针应立足于贯彻中央的“五个统筹”，做好小城镇工作。近期村镇工作要实现三个方面的转型：一是要从外延式的扩展转向内涵式的增长为主，要立足于节地、节能和可持续发展，而不能大面积地搞大开发，大拆大建；二是要防止大规模的征地拆迁，大搞各类工业园区，村村点火，镇镇扩建工业园区，要转向集中力量整治、优化人居环境和投资环境，重点建好现有的、合法的、经过批准的工业园区；三是要从仅仅着眼于投资建设、招商引资转向强化内部管理，提高经济运行效率，统筹协调经济与社会发展。环境卫生、文化教育等短腿要补齐。总之要为实现可持续发展奠定基础。

三、村镇建设应处理好六个关系

1. 村镇建设与城镇化健康发展的关系

世界各国的发展经验表明，只有稳住农村，均衡了城镇化的拉力和推力，防止驱赶农民的现象出现，城镇化才能健康发展。因此，要把村镇建设放在快速城镇化的大背景下来思考，放在实现社会与城乡和谐发展的大背景下去研究。村镇建设与城镇化的快、稳之间的关系，村镇建设与农村经济、社会和谐发展的关系，村镇建设与当前农民利益和农村长远发展的关系，这些问题都值得我们思考。

2. 村镇建设与国家发展战略的关系

根据我的理解，目前国家大的方针，包括近期的和长远的，主要围绕怎样建设资源节约型和环境友好型社会。这是中国的命脉，一切失误都可能在这儿，一切成功也都可能在这些方面。我们应该把农村问题与国家大政方针主动联系起来，要研究哪些农村的资源在快速城镇化过程中是亟待保护的，将农民居住能源消耗趋势分析作为一个重要课题。保护好历史文化名镇名村、村镇乡土建筑风格。发展好农村的实用技术、实用管理方式。

3. 建设部职能和专长与基层要解决问题的关系

建设部的职能和专长与基层要解决的问题要自动对接，不能再像过去一样，用城市人的眼光看农村，用城市的标准推动农村工作，对农村是否需要、农民是否接受考虑太少，造成“城里有毛病，农村吃药”，实际上这个药并不对农村的病症。

4. 从下到上与从上到下的关系

一个成功的活动往往是自下而上展开的，必须立足于从实际问题出发。中国地域范围大，各地情况千差万别，只有采取从下到上与从上到下结合的方式，主要始于从下而上，然后从上而下来进行机制的梳理。要研究计划经济转向市场经济体制过程中的村镇建设机制问题，明确哪些是政府、村委会所能做的事情，哪些应交由市场去做。搞运动的方式对长远的机制建设不利。

5. 建设部职能与其他部委职能的关系

要主动与其他相关部委加强联系与合作，团结方方面面的力量，包容和发挥他们的职能，利用村镇规划进行协调，共同把村镇建设工作做好。

6. 镇与村的关系

我们国家坚持走的是大中小城市与小城镇协调发展的城镇化道路，而镇是城市和农村非常重要的结合点，是城镇化过程中农民走向城市的“栏杆”，农村产业化的服务载体。

四、村镇工作的五大抓手

1. 加强村镇规划编制，注重村镇建设过程中资源节约和建设质量

（1）要用村镇体系规划合理确定中心镇和中心村的空间布局。在这些重点镇规划的空间布局上要留有余地，基础设施上也留有余地。空间布局上的节约，不仅是耕地节约的前提，也是基础设施投资节约的前提，更是资源保护的前提。这三个前提都取决于重点镇和中心村的合理布局，从而避免投资浪费和资源破坏。

（2）突出重点，编制好中心镇包括重点镇的规划。这个规划重点是处理好资源保护和村镇建设的关系。当然我们要严格按照规划要求编制，但是从原则上来讲，主要解决四个方面的问题，要贯彻“四脉”，即地脉，人脉，文脉，经脉。

（3）协调好村镇规划与土地利用规划之间的关系。利用这两个规划之间的协调，使得基本农田成为城镇和乡村之间永久性的生态隔离带，成为大城市与卫星镇之间永久的生态带，成为城镇与城镇、乡村与乡村之间田园风光的保持带。村镇的绿化与城市绿化截然不同。乡村只要把资源保护好，在空间上合理布置就形成了天然的公园。要像古人学习，将村镇“轻轻”地安放在大自然中间。村镇规划如做到人工建筑与自然风景和谐地融合在一起，就算是成功的规划了。

（4）规范规划的公示、审批、检查和修改工作。要根据先县城、重点镇，后一般镇的次序，对规划修编进行严格界定，不合理的要调整；规模过大、照搬套用城市模式、浪费资源的要坚决修改。

2. 深化村镇体制创新，促进经济与社会协调的发展和体制的创新

我们一定要注意三大原则。

首先，我们要注意改良式、渐进式地推进，防止乌托邦式和急风暴雨式的改革。

其次，管理体制的变革要多于经济体制的变革。经济体制的变革当然也需要，但更重要的是我们政府自身的改革。

第三，政府自身的改革要多于社会和企业的改革，前者是城镇体制改革的中心环节。

3. 坚持村镇整治工作，实现人居环境的逐步好转

（1）村镇的污水管道建设和收集处理是整治工作的重中之重。要采用适当的污水处理系统，建立健全的污水收集处理体系，这是村镇整治工作的重点之一。

(2) 推动垃圾清运、保洁、无害化处理。垃圾的处理绝对不能污染地下水，当代的垃圾绝对不能造成对下一代的危害和积累性的地下水污染。

(3) 坚定不移地推行粪坑封闭化、沼气化。

(4) 实施农村周边的封山育林、植树绿化。要进行田边、河边、山边、路边的“四边”植树绿化，绝对不能照套城市模式，搞大广场、大草坪。

(5) 多方式提供清洁可靠的饮用水，采用城市联网和区域联网的方式比较好。

(6) 村镇道路建设要硬化。

4. 推广新型实用技术，促进村镇的可持续发展

当前，实用的技术主要有以下几项：

(1) 在近郊区的卫星镇推广实用、小型的生活污水集中处理系统，或采用人工湿地进行深度净化。这是成本非常低、非常有效的系统。

(2) 在一般的村镇坚持推广改良的沼气化粪池。

(3) 对农民自建房提供符合当地传统的、多种标准的图册，既能够延续当地文脉，又能够注意到环保生态。标准房的图纸应具多样性，农民可以自由选择。

(4) 在近郊村镇推行公寓式的农房，以节约土地。根据国家保护耕地的政策，要大力提倡适合农民居住的公寓式、联排式的农民住房，这些经验建设部将及时总结推广。

(5) 大力推行小型的风能和太阳能以及地热的利用技术。在农村，可以一个村、一个居住小区为单位，进行集中利用风能、太阳能、地热的试点。

5. 加强对村镇的分类指导，拓宽农民奔小康的道路

在这方面，尤其要注重发展“一村一品”或“一镇一品”

的专业化生产基地来加速农村经济发展和农民致富步伐。村镇建设的核心问题还是经济发展，避免出现“空心镇村”。发展经济的道路应是多模式的。

总之，尽管近几年村镇工作取得了一定的成绩，但现存的七个方面紧迫性的问题更需立即着手解决。由于解决此类问题的社会条件已发生了较大的变化，所以在实际工作中应依照“五个统筹”的要求认真处理好六个关系，并从科学编制村镇规划、深入进行村镇体制创新、搞好村镇整治、推行新型实用技术和加强分类指导等方面的具体工作来促进社会主义新农村建设。

（原载《小城镇建设》2005 年第 11 期）

我国农村村庄整治的意义、误区与对策

我国解放以后，针对农村的各种运动此起彼落、种类繁多，但相当一部分并没有实际效果。当前正值社会主义新农村建设的初期，全国一些省份正在开展声势浩大的村庄整治工作。本文正是基于这样的背景，从总结历史经验和教训出发，分析村庄整治工作的重要意义和基层干部容易陷入的四种误区，进而提出村庄整治必须做到五个“先行”来确立正确的方针政策，同时还强调必须在整治过程中同步建立五种长效机制来纠正我国农村公共品提供不足的问题。

一、村庄整治工作的重要性

村庄整治工作是社会主义新农村建设的基础性工作之一。党的十六届五中全会提出“生产发展、生活富裕、乡风文明、村容整洁、管理民主”的二十字方针，这既是我国新农村建设长期奋斗的目标，也包含着新农村建设的深刻内涵，同时又是新农村建设的途径。这二十字方针是目标、内涵、途径的统一，所涵盖的五个方面是相互联系、互为因果的。

首先，从“生产发展”来讲，村庄环境是经济发展的前提条件。生产发展必须依靠好的环境，广大农民只有安居，才能乐业、创业，才能逐步实现农业现代化。如果我们村庄的路难行、水难饮、环境“脏乱差”，造成疾病流行、缺医少药的话，这样的地方，人们惟恐避之都不及，还谈什么创业，发展经济和解决“三农”问题就更无从谈起。城市需要优质的投资环境，农村也需要良好的创业条件和安居环境。

其次，从“生活富裕”来讲，村庄整洁是农民生活富裕的要义之一。我们要减小城乡收入差别，实现城乡共同富裕。如果村庄人居环境改善了，尽管以货币计算的农民收入不比城里人高，但农村的实际购买力以及与自然环境紧密结合的居住条件比城里好，从而形成了一种均衡。村庄整治所产生的效果是让农民直接受惠、感受生活质量的富裕。

再次，从“乡风文明”来讲，村庄整治是乡风文明的载体。环境好了，文明的程度才能提高。有位哲学家就讲过，“环境能够塑造人，人能够改造环境”，这两者是相互作用、相互促进的，也会引起良性循环发展的。抓乡风文明，应该从看得见、摸得着，让农民真正得到实惠的文明抓起。江西省有个村庄原来有座庙，庙中供了几尊菩萨，干部捣毁几次，农民就重修几次。在这次村庄整治中，老百姓真正看到了环境的变化，感受到了文明的好处，过去菩萨帮不了忙的，而现在共产党人却做到了。“不靠菩萨，靠支部”，百姓内心就发出了这种呼唤，所以菩萨也顺利搬掉了，庙也就变成了文化活动室。如果我们的村庄污水横流、道路泥泞、垃圾遍地，造成人畜得病，我们再去跟农民讲文明，没有环境的支撑，就很难有说服力。从历史学可知，“封建”实际上来自于农民实际生活中的许多“无奈”，迫不得已选择“封建宗法”的统治来求太平。而“迷信”则来源于农民们对众多大自然灾害和疾病的恐惧。不去消除农民们的无奈和恐惧来塑造文明，往往难以奏效。

第四，从“管理民主”来讲，管理民主实际上是一种实践，是一种农民自主从“干中学”的过程。成熟的民主体制始终伴随着永不停顿的成功实践。村庄整治是在农民自主、村民自治、自我决策过程中所形成的民主决策的新风尚，而且这种民主决策直接给农民带来利益，管理民主的习惯才会真正育成。从某种程度上说，村庄整治的过程，是实践农村民主体系的过程，是我国农村民主体系逐步发育、成长、成熟的过程。所以，离开这些与农民利益休戚相关的实践过程，谈民主管理往往就是空谈。

综上所述，正在开展的村庄整治及其社会主义新农村建设关系到我国城镇化的健康发展。有人曾说过，“中国城市像欧洲，农村像非洲”，这样的情况再也不能继续下去了。城镇化的健康发展需要拉力和推力的均衡。城镇化并不是越快就越好。目前，世界上城镇化速度最快的地区是非洲。据联合国统计，非洲的城镇化率每年达到3%左右，但非洲的许多国家也正是世界上最贫困、最混乱的国家。许多非洲国家由于照搬了原宗主国的土地私有制度，一遇到天灾、人祸，农民为了求生存就将土地一卖了之，继而在村庄里就呆不住，大量的人口涌入城市，几乎所有的城市近30%～50%的区域被贫民窟所包围，贫民窟中生存环境恶劣，传染病流行。城市本身也因贫民窟的存在，致使投资环境不佳、治安混乱，造成了经济衰退；而农村因大批农民的离开，劳动力不足，农作物产量急剧下降，导致了大面积的饥荒。所以，健康城镇化的关键是推力和拉力的均衡，是需要富余劳动力有序地从农村移民到城市的过程，这个过程应当是一个自然和谐的过程。如果城镇化不和谐、不健康，那整个社会的和谐也就无从谈起。欧洲的城镇化进程历时200多年，它是把9000万人转移到南北美洲殖民地后，才实现了城镇化的有序推进。它所走过的向外扩张、广建殖民地的掠夺性发展之路，我们不可能照做，我国要走的是和平崛起之路，只能走国内均衡的健康的城镇化道路。要缩小城乡的差距，关键也是要通过整治村庄，改善生产和生活环境，加快城乡经济发展，改善农村的人居环境。要实现工业反哺农业，城市支持农村，就要先从村庄整治抓起。现代城市规划学的老祖宗——英国人霍华德早在一百多年前就说过，“理想的城乡结构，就是让城市的活力和文明涌向农村，而让农村的田野风光在城市驻足”。我们所做的村庄整治工作，实际上就是踏踏实实地让城市的文明和活力涌向农村去，使农村焕发生机，从而改变农民、农村和农业的现状。

二、开展村庄整治须避免四种误区

认识到了村庄整治工作的重要性以后，可能有的农村同志会心潮澎湃，认为大显身手的机遇已经到来，甚至认为没有条件也要上。这样一来，我们将会陷入一些误区。在这里，必须讲清楚村庄整治要避免的四种误区。

第一个误区是大拆大建。村庄整治是新农村建设诸多内容中最容易见成效的，也是其他方面取得成就的基础、条件，但又是最容易造成偏差的环节。而且由于它是一种整治和建设行为，一旦造成偏差，就难以弥补。因为它是刚性的，不是虚的东西，犯了错误后果更为严重。比如，当年农业学大寨，全党号召，上下动员，削平了多少山头，放了那么多炸药，投入了那么多劳动力，但没有造出多少高产田来，反而破坏了生态环境，造成了山体滑坡。生态平衡是大自然需要几百年甚至上千年才能恢复，或许永久都不能恢复的。一般的村庄或者集镇，都是几百年、上千年人与自然和谐相处的见证，如果随意地推倒重建或盲目地大拆大建，就毁掉了祖先创造的财富，毁掉了文化的遗产，毁掉了人与自然和谐相处的历程。历史文化名村、名镇一旦被拆，再建就是假古董，一分钱都不值，那是应该坚决反对的。但是现在有不少的同志有这种大干促大变以体现政绩的想法。如许多省市的同志告诉我，现在土地指标很紧张，农民建房占地面积是每户 $150m^2$，城里人是 $40m^2$，包括工业、公共绿地等在内也就是每户

$90m^2$，如果把农民的村庄全部合并，让农民像城市居民一样居住生活，土地指标就可以大大节约，就可以不需要向国土资源部要指标了，自己就可以搞土地平衡。这种信誓旦旦的纯数字测算看似很有道理，但这只能适应百分之几的大城市近郊村庄。因为这些村庄已经在城市的扩张建设浪潮中翻来覆去扫荡了好几次，村民定居点并不稳定，而且因为原来缺少规划，房子也更新了好几代。

什么样的情况下，我们才需要对村庄合理地重新进行规划合并迁建？一是近郊村庄的自然形态已经消失，没有值得保护的古迹了；二是原来因为错误的规划，导致农民多次迁移，至今仍未确定永久定居点的；三是农民本身生活已经转变，这些近郊农民大部分已经不务农，生活方式已经是城里的方式了。只有这几种条件并存的情况下的村庄，我们才可以采用并村的办法来进行改造。那种所谓的土地“浪费”，在大部分农村其实并不存在。农民每户150多平方米或者200多平方米占地是事实，但它包括了庭院和宅基地的面积，大家都知道院头院尾、屋前屋后是菜地，它的产出比大块的农田还高。四川省双流县的经验，就是县委、县政府引导农民大力发展庭院经济来致富，这方面的例子很多。

还有一些同志认为，村庄建设的布局太乱，应该整齐划一。但大家有没有想到，如果我们去历史文化名村，大家肯定是流连忘返，停留的时间特别长；如果去参观按照自然形态整治的几个村，整治方案不取直道、不砍树、不填塘、不劈山、不截直河道，对这种村庄大家肯定也是饶有兴趣，这些村庄里面一般还保留许多的文物古迹。但也有一些村庄另辟了一个新区，里边是崭新的别墅，没有人会对此感兴趣，瞟一眼就走了。为什么？因为人类的天性就是爱好多样性。自然的遗产、众多的文物是大自然和千百年来能工巧匠精雕细刻而成的，现代意义上的几个月造成的东西会因景观单调枯燥难以引起人们的兴趣。历史的积淀是多样性的杰出代表，是符合人的审美观的，是我们宝贵的财富。所以说，如果要求村庄建设整齐划一，恰恰是破坏了人类喜欢多样性的天性，使村庄没有魅力。

有的同志可能还认为，保留旧房、古建筑过多，维护困难，不如推倒重建。这就犯了简单化、犯了破坏人类的珍宝而自己还认为有理的错误。我记得中央一位领导同志就曾说过：干部是需要审美观的。

更有一些同志认为，建新不拆旧，宅基地就无法流转。但是不要忘记，这些旧的老宅大院恰恰就是历史文化的见证，是某一时代历史艺术品的再现，不能因为我们贪图工作方便就一拆了之。那些旧的老宅大院稍作修缮可以改成活动室、俱乐部等等。为了宅基地流动而简单的“一刀切”推倒重来的办法，具有极大的破坏性。有的村庄原有道路是石板面铺的，整治时把石板面全部敲掉，改成水泥路，这是非常荒谬的。因为保留原来的路面体现了当地的风格，是就地取材，有艺术价值又体现了资源节约。以上这些问题都值得我们思考，大拆大建要不得。

第二个误区是大包大揽。我们这次村庄整治，应该是村民自主、自愿、自立，自我组织、自我觉悟、自我改造的过程，但是我们有的同志就喜欢用传统的大包大揽方式。在历史上，我们搞人民公社、食堂、“四清”、“文革”、学大寨，都是行政命令下的大包大揽开路的。认真分析一下那些奉行大包大揽的理由，有的是建立在农民落后论上的，认为农民愚昧落后，但天底下只有落后的领导没有落后的群众；有的是建立在农民无组织论上的，但众多的历史文化名镇、名村为什么能够保留到现在，它主要是有效地依靠当地的农民组织、有效的乡规民约。这方面的例子比比皆是。如果没有乡规民约，这些名镇、名村早就毁了；也有的认为是农民无能力论，但他们忘记了这些古村落正是农民祖祖辈辈创造出的灿烂文化的代表，是许多外国友人叹为观止的文化遗产，他们千里迢迢来中国就是为了看这些东西，这正是对农民无能力论的嘲讽。

为什么会产生大包大揽的不良风气？除了上述这些因素以外，还有的原因就是地方、部门为了创造“现代化”形象的政绩观在做怪，但是村民没有得到实惠。因此，在村庄整治过程中，我们一定要将心比心，防止屁股指挥脑袋，一定要与农民换位思考，思考我们所确定的规划、采取的措施和扶持项目是不是农民需要的，是不是受农民欢迎的，能不能让农民得到实惠。实际上我们经常做“城市有病、农村吃药”的傻事，总是站在城市的角度来要求村庄的整治，这就犯了很低级的错误。如对村庄整治，有的要求辟出一个大广场，来证明这个部门的投资是有效的；或者搞一个很大的、毫无意义的文化场所，农民还付不起维护费；有的还在村庄中心搞一块大草坪，甚至是历史文化名村，这些都是毫无意义的。农村本身就接近自然。城里因为没有自然的东西，无可奈何才搞一些草坪来代表自然；城市里的房屋比较密集，找不到场所跳舞锻炼身体，就必须建一块广场；古代城市中缺少市民聚会议政的场所，市中心搞一块空地来聚集，这是广场的起源。农村到处是空地，哪还需要建什么广场去体现这个功能?！这是城市人带着自己的眼光去要求农村，这是花了钱造了不应该造的，而且破坏了村庄原有的历史风貌的格局。

还有一个显而易见的错误是“条条”有投资，农民无需求。如有一个村 100 户人家不到，居然有 12 个各种各样的活动室，民兵有民兵的，党员有党员的，然后还有什么多种经营活动室等等。按照农民的意愿，合并成一个就行了。但是每个部门“条条”都有钱，都要往下延伸，都要留下“支农”痕迹，这样就不是整治，而是折腾了。此外，有些部门有钱，但这些钱都是指定用途的，买醋的钱不能买酱油，“一个萝卜一个坑”，结果在农村建了不需要建的，缺了农民急需的。

上述问题都是因为大包大揽造成的弊端，应该注意防止。

第三个误区是贪大求洋。盲目地追求村容的整齐划一。如北方有一个村镇，上级要求沿路新房必须盖三层楼，但盖到一层盖不上去，因为农民没钱，就被迫在沿马路的一面砌上高墙，搭个假门窗，这算是完成了上级下达的任务。这种单片的墙，一旦有个风吹草动，是要砸死人的。盲目地要求建房的楼层数，盲目地克隆城市的广场、草坪、运动场，把原先风景优美的道路、河道全改成直马路、直河道；他们在修建运动场的时候，根本就忘记了农业本身就属体力产业；盲目地要求高科技含量的、城市化的污水处理厂，要用什么先进、昂贵的技术等等，这些都是贪大求洋，把城市里的形象工程搬到村庄里去的表现。这些历史的教训都值得总结。

反过来说，现在整治得比较好的村庄，例如浙江省湖州市的村庄整治，都是突出了村民自主决策、农村劳动力众、整治途径多等特点。正确的整治方针应该是“与城市错位进行整治、进行建设”，城市里有的景观，就坚决避免，村庄就是土生土长的，小庭院爬满了丝瓜、南瓜，长着城市里看不到的农作物，反而取得了出乎意料的好效果。正因为他们整治有方，吸引了大批的城里人，如上海人、杭州人到他们那里度周末，现在那里的农民周末经济收入就非常好。因为这些乡村特色都是城里人未见过的。如果村庄里也是大广场、大草坪，城里人会到那里去吗?! 所以整治一定要以师法自然来取胜。

第四个误区是急功近利。我们确实有传统的突击运动的不良习惯，也有干部任职期限较短造成的种种弊端。一般的县市长实际任期也就两三年，一听说整治工作要十年、二十年，就说别干了。有的同志对两三年干不出什么、对升迁没什么影响的项目都不感兴趣。不少干部也有急着出政绩的强烈欲望。这些因素汇聚起来就会使我们的干部容易犯急躁病，急躁就会冒进，冒进就会使整治的效果大打折扣，造成历史的遗憾，不仅不能留芳千古，反而遗臭万年。从农民这一方来看，要改变上百年的习惯有一个过程，要有一个实惠、可行的示范引导的过程，是急不得的。改造农村的环境，也要量力而行，滚动发展，要年年迈小步，年年不停步。筹集改造的资金更要分步走，要积少成多，集腋成裘。

在整治过程中，我们要力求避免以上四个误区。农民要的是经济实惠，不要空头口号；农民要的是长效机制，不要刮风突击；农民要的是节俭办事，不要奢侈浪费；农民要的是良好的环境，不要仅有光鲜的外表。这些要求都是农民朴素的愿望，很值得我们认真换位来思考，多去想想农民喜欢什么，才能使村庄整治工作持续健康地开展下去。

三、开展村庄整治必须做到五个“先行”

这四个误区我们分析了以后，有的同志可能会认为，目前他正在做的事情可能就属于这四个误区之一，如果一纠正就会兴趣索然，没事可干了。其实要做的事情还多的是。开展村庄整治必须做到五个先行。

第一，编制村庄整治规划和落实管理机构要先行。曾培炎同志在谈城乡规划时提到，“规划的节约是最大的节约，规划的浪费是最大的浪费。”没有规划的村庄整治，就是瞎整治；不编制规划的建设，就是乱建设。所以，我们一定要认真科学地编制好规划。这个规划与城市规划要有所区别，区别性要体现在这几个方面：一是要城乡统筹。村庄整治规划是城市文明涌向农村的桥梁，是城市支持农村、工业反哺农业的蓝图。二是要因地制宜，注意有针对性地解决所规划村庄的大部分实际问题。三是要延续特色，延续文脉，保护整体景观。四是要节约用地。五是要体现生态优先。生态是“三农”的命脉，不仅关系到当代人，还关系到子孙后代。六是要群众参与。规划编制必须充分尊重村民的意见，倡导和鼓励农民自治。七是要简单明了，让农民看得懂。例如江西省赣州市的规划部门为农民制作的村庄整治规划图，是电脑制作的立体图，而且成本低廉，只需 8000 元费用就把整套规划全部编好，让村民一看就清楚未来的村庄是怎么回事。八是突出重点，明确建设的时序。规划一定要尊重自然，因为村庄是与自然相依为命的；要尊重历史的传统文化，只有文脉的延伸，才能带来村庄的活力；要尊重普通农民的利益和愿望，不能用城里人的观念来编制农村规划。好的村庄整治规划和实施机制，就像浙江湖州村庄整治那样，就要“适度超前编规划，量力而行搞建设，先易后难来整治”。规划要适度超前，因为规划要管十年，甚至管永久；搞建设要量力而行。在城市化的过程中，会有很多的村庄消失，这是不可避免的，尤其是深山老林中资源条件非常贫乏的村庄，现在许多已经消失了。这些村庄数量要根据村镇体系规划适当地裁减。如果仍然搞“××通”，到后来就浪费了。韩国实践中就产生过许多“无人村庄”。这些问题都要认真考虑。没有规划的整治是万万要不得的，否则就是瞎整治、乱整治、白整治。

第二，历史文化名镇名村评选要先行。在大整治过程中，一是要抢救性保护不可再生的文化遗产资源，此时不抢救，更待何时?!我们所做的工作就好比建设三峡工程中的先把有关文物发掘保护起来一样。二是要弘扬传承优秀的历史文化，丰富农村的多样性。这也是农村生活改善的一个主要方面。三是要增加农民的收入，发展无烟产业，推动地方经济的发展。我在浙江金华当地委书记的时候发现，下辖的兰溪市有个诸葛村，在明末时诸葛亮的一批后裔聚居在这个村庄，这个村庄基本保留了当年的形态，布局像一个八卦图。记得当时从省里只要了 80 万元，把村庄整治了一下，原来连县级文物都不是的村庄，后来成了国家级

浙江省兰溪市诸葛村

重点保护单位。现在每年村民光门票的收入就有360万，而且收益每年递增30%，这80万元的整治就起到了这么大的效果。所以说，村庄整治只要科学规划、方法对路，就会“四两拨千斤”。如果当时我们用推土机开路，把村庄拆了，就毁了宝贝。而且这些都是世世代代增值的资源，只要守住这个，就会财源滚滚。事实证明，发展经济应该有不同的思路。我曾调查过苏南两个镇，一个是毁掉旧镇建筑，引进一个大型的计算机组装厂，产值100个亿，但当地村民只得到包括农民工资在内的2亿元的收入；另外一个镇原汁原味地保留下来，每年的游客带来的收入就有3个多亿。前者毁掉了大片的土地，留下来的是很多的污染，说不定明天这个厂一关门，那2亿的收入就没有了；而后者会越来越兴旺。因为一个是不可持续的，另一个是可持续发展的；一个是资源浪费的，另一个是集约利用的；一个是说不定明天就倒闭的，另一个是世世代代增值的；一个是给少数农民带来利益的，另一个是给大多数农民带来利益的，最后的结果截然不同。

要搞好历史文化名镇名村评选。首先是每个县、地市、省都要建立名镇名村的评选机制。现在有的省没有推荐一个名镇名村上来，就是因为自身没有建立起名镇名村的评选机制。全国历史文化名镇名村的评选，应先有县级的，然后才有地级的、省级的，最后才是国家级的。不要认为我国已经评选出近百个名镇名村数量就很多了，像英国这样面积不大的国家就有30万个历史文化遗迹，而且成为了巨大的旅游资源。我们国土面积这么大，文明史如此悠久，起码应该好几倍于英国才是。另外，一定要编制好历史文化名镇名村保护的规划，在整治规划中一定要突出保护历史风貌，防止有历史价值的建筑和体现传统风貌的村落被拆毁。文化遗产的保护要讲究整体性、可持续性、原真性。这几点是工作的重中之重，与村庄的整治工作密切相关。

第三，自下而上明确整治重点的工作要先行。农民是非常朴实的。江西省村庄整治示范点中有条标语我还记得，“走平坦路，饮干净水，上卫生厕，用沼气炉”。根据农民的意愿，我们提出了“三清三改”。但在整治之前，定下“几个不”更为重要。像赣州市提出来的“不劈山、不砍树、不填池塘河流”，后面还要接上去，“不拆优秀的传统文化建筑”、“不破坏历史文化名镇名村的风貌”、“不改直道路”、“不截弯河道”。这“七不”应该是选择村庄整治项目的底线。

第四，确立长期行动计划和试点示范要先行。村庄整治本身是开创性、探索性的工作，是紧密结合实际为农民创造利益的工作。不能像过去那样突击刮风，从上到下高压下去。必须通过编制整治规划来明确整治的重点、时序、组织领导的方式和费用分担的模式，所有的整治内容都必须由农民自主投票决定。成功的试点说明采取“自主申报、集体投票、动态管理”的办法是可行的。要通过示范点总结评比、提炼、分析，然后一步一个脚印地逐步展开。在试点过程中，恐怕有三类整治项目是投票机制难以解决的，要注意引导：第一类是生态的保护。比如地下水源的保护非常重要，往往农民不能直接看到后果。现在很多地方直接在浅水层打井，一旦地表水被污染，整个水源就毁了；第二类是村庄的安全防灾。这也比较容易忽视，如防灾、防洪、防泥石流等等，需要通过规划布局和合理建设来确保村庄安全；第三类是历史文化建筑保护。这也常常不易被村民所认识。在看到许多保护好的历史文化名镇名村带来众多游客时，村民们才会认识到历史文化建筑是值钱的，但之前就将历史风貌破坏了，就会后悔莫及。除了这三类要在规划上加以强制性明确，其他的整治项目都应由自主申报、集体投票、动态管理来确定。

第五，形成部门联动、上下反馈的制度要先行。我们现在苦于许多单位各吹各的号、各下各的令、各拨各的钱，令出多门，农民难以适从。所以国家各个部委下去检查投资的“政绩”，基层乡镇也有对付的办法。今天××部来人了，就把该部的示范点牌子挂上去。明天其他部的人来了，又挂另外部的示范点牌子。有一次一个部委的同志下去，因牌子太多，乡镇插错了牌子，该同志就大发雷霆，第二天，乡镇赶紧重新插牌子，其实都是一回事。实际上应该在规划的统一协调下，凝成合力，形成上下部门联动支农的局面，这是很重要的。另一方面，历史的经验告诉我们，中国的农民仍属弱势群体。他们表达自己声音的渠道分散。有些农民长期受各种“声势大、无实惠”的政治运动所冲击，已经“见怪不怪”，麻木了，更不愿向干部提意见。他们非常善良，在被欺负时往往保持沉默。所以在整治过程中，要形成下情上达的信息渠道，时刻听取他们的意见，形成纠错的机制，这点尤为重要。我们过去有许多运动出发点是好的，但搞到半路就出问题了，一个小的决策错误到了底下就放大成一个大错误，如果得不到准确的反馈信号，周而复始就形成恶性循环，到那时再纠正就困难了。

总之，在村庄整治开展之前，要坚定清醒地认识到村庄整治是社会主义新农村建设的先行条件，是重要的抓手；要坚定清醒地认识到要及时总结试点的经验教训，切实防止种种错误思维而步入误区；要坚定清醒地实施规划的编制、风貌的保护和部门的联动，以及五个方面的“先行”。

四、整治过程中要同步建立五种新机制

要及时建立“农民自主整治养护、多方持续帮扶”等多种长效机制。因为村庄整治的过程不仅是一揽子的整治项目，更重要的是要建立一种新的农村公共品提供的机制。为什么城乡的差别会越来越大？因为城市有集中的二、三产业、高额的税收，有强有力的组织领导，有成熟的市场机制与国内外投资，而农村恰恰没有形成这样一种公共产品的提供机制，所以才有盖新房没有新貌，才会出现生活环境越来越恶化的问题。要在整治过程中创建新的机制，从根本上来弥补现在农村面临的种种公共品短缺。

首先，要建立农村基础设施、公益事业改造维护的长效机制。要通过农民自立，村庄自治，村民自筹，上级补助，乡规民约管理，理事会决策，公开账目，让农民相信这次村庄整治是完全为了他们的利益，为了农村、农民、农业的复兴。这不仅涉及村庄公共品的提供，而且还涉及到每个农民家庭生活条件的改善。正如浙江省湖州市在农村整治过程中通过村民自治达到“七有”那样，村庄整治过程中要实现有“目标、制度、队伍、经费、督查、奖励、无害化垃圾处理”。

第二，要建立统一规划、各方参与、城乡联动、持续帮扶的长效机制。城市支持农村，工业反哺农业，其实是城市政府和企业反哺“三农”。这除了传统的筹资机制以外，还要发动鼓励政府机关、企业帮扶农村，比如“一企一村”、“一局一村”长期帮扶，防止短期行为“打一枪换一个地方”。韩国就有这方面的经验。如

三星公司有30多个子公司帮扶了195个村，去年一年的投入相当于人民币4000多万。各部门和企业应有钱出钱、有技术出技术、有物资出物资、有信息出信息，促进整治、促进发展。

第三，要建立村庄整治从规划、建设到管理上下联动、左右协调的协同机制。城乡规划应成为一个完整的过程，要实行规划编制一张图、审批一支笔、建设一盘棋、管理一个法。一方面通过规划的编制，建立一种机制，把规划、建设、管理和整治有机揉合在一起，而不是零敲碎打；另一方面要通过规划来捆绑各种渠道的资金和物资，投到关节眼上去，投到刀刃上去，让有限资金发挥出最大的效益，而不是“天女散花”。要通过规划明确“七个不”的底线是不能侵犯的，要注意保护好各类不可再生的资源和节约搞整治。要运用规划统筹城乡协调公共品的提供和优化服务，比如垃圾、供水、公交等，这些都要通过规划来统一协调。

第四，要建立长期稳定的城乡财政转移支撑的投入机制。城市支持农村，工业反哺农业，是一个符合历史规律的大趋势，是农村工作创新性转折，这就必须要通过建立制度来落实。对农村的公益事业、公共服务设施的建设和运营等问题，不可能通过市场机制一步到位来解决。市场机制是从城市发源的，许多在城市都无法实施的市场机制，要在农村去实施，近期是难以办到的。市场机制也是一种经济文明，也有一个从城市到农村逐步扩散的过程。所以我们不能苛求农村能马上引进市场机制。记得以前朱镕基同志到金华考察农村时，有一个县委书记汇报说农村建立什么股份制来代替联产承包责任制，朱镕基同志就说股份制在城里有的人都没搞明白，农村能搞明白吗?! 在市场机制不足的情况下，就要通过长期稳定的政府财政转移的投入来补偿。

第五，要建立科学、稳定的、分阶段的奖励评价机制。这方面做得好的单位一般都把资金进行捆绑，然后以奖代拨、以补促投，以政府的补贴来促进社会的投资，发挥“四两拨千斤”的作用，不能沿用老的体制。

总之，要搞好农村村庄整治工作，既要摆正村庄整治在新农村建设中的地位，明确自己的责任，抓紧编制科学合理的整治规划，切实保护好历史文化名镇、名村等不可再生的资源，又要克服急躁情绪，防止步入四种误区。要及时做好五项先行的工作，在试点建设的过程中还要着重抓好五项长效机制的建立，尽快使整治工作步入良性循环。

（原载《城市发展研究》2006 年第 1 期）

当前我国小城镇发展的困境及其对策

在我国历史上，小城镇的发展经历了数次高潮，但对其重要性的认识和相关的发展策略始终摇摆不定。尽管党的十六届五中全会提出了开展社会主义新农村建设的要求，但仍有专家认为中国城镇化的模式应以效率高的大城市优先发展。❶ 本文主要针对这些观点，阐述小城镇的功能和发展存在的问题及解决问题的基本对策，主要有以下五个方面的内容：一是小城镇的六大功能，说明小城镇的地位、功能是不可取代的；二是我国小城镇存在的问题；三是解决问题的三种基本思路；四是小城镇工作的五项重点；五是培育具有“规模经济”的六种专业镇。

一、小城镇的六大功能

1. 小城镇的中间传导作用

首先，小城镇承担着大中城市向农村的经济辐射的传递功能。100 多年前，英国社会学家、城市规划学家霍华德（Ebenezer Howard）就认为，理想的城乡结构，就是让城市的现代文明及经济活力涌向农村，让农村的田园风光在城市驻足。霍华德堪称现代城市规划的鼻祖，其名著《明日的田园城市》一书可以说是奠定了现代城市规划的基础，他较早地提出了城乡应协调发

❶ 参见：魏杰. 简论我国城市化战略的新选择. 光明日报，2005. 11. 8

展，并以田园式的新城进行了这方面的实践。第二，小城镇是城市与农村之间进行商品、劳动力以及科技信息交换的桥头堡。城乡之间的商品交换，只有通过小城镇才能最便捷地得以实现。农副产品不可能直接进入大中城市，必须有一个中转站，有一个农产品的物流中心，那就是小城镇。第三，小城镇是城市服务农村、反哺农村的“中途岛”。城市不可能把所有的产业、网络直接延伸到农村去，它必须在小城镇建立自己的“中途岛”。第四，小城镇是城乡科、教、文、卫、体、社保等社会服务网络的节点。城乡之间呈现的是网络关系，网络具有两大特征，即节点和通道，而小城镇正是城乡协调发展的各个领域的节点。

2. 小城镇的分工作用

小城镇与大中城市存在着分工协作关系。这种关系，除了专业上的分工与合作以外，还存在三个方面的协同。一是生产成本方面的协同，如土地、劳动力、原材料、水资源、农副产品、运输等等；二是环境容量方面的协同，城市工业之所以要“退二进三”，其动机就是由于市区环境容量不够，在城市里兴办工厂，所带来的噪音、废水排放、空气污染等，往往会超越城市环境的容量；三是自然禀赋方面的协同，小城镇的山川风光、文化遗产等自然人文资源，成为城市人休闲、旅游、度假以及聚会交流和培训的场所，成为城市的后花园。

3. 小城镇的示范作用

首先，小城镇是向农民展示城市文明的基地，是城市文明向农村扩散的第一站，农民的一切现代文明行为和工业文明的知识都是从小城镇学来的；第二，小城镇是推行适用技术的示范基地，农民学技术与知识分子学技术有所区别，农民是从成熟技术里进行学习，是“亲帮亲”、“戚帮戚”地从“干中学”，所以必须有一个看得见、摸得着、投入产出比较好的示范场所，然后迅速传播开来；第三，小城镇是农民选购城市商品的橱窗；第四，小城镇是农民学习文化知识的“学校”。还有，小城镇还是患病症的农民接受医疗救治的场所。著名的城市经济学家沃纳·赫希提出：城市化过程中存在着拉力和推力。❶ 小城镇的工作生活环境对于农民来说就具有拉力作用，它具有三个方面的特征：一是就业场所，小城镇可以为农民提供更多的工作岗位；二是未来的预期，如子女在小城镇接受教育，又有良好的社会保障及医疗卫生条件，晚年有保障，未来的预期可能会比较好；三是生活的便利性。离开了这三大拉力，小城镇的示范作用和功能就无从发挥。

4. 小城镇提供了低门槛、低成本的创业与就业环境

我国的城镇化存在着由上而下和由下而上的两种模式。如东北老工业基地的城镇化是自上而下的模式，就容易导致过度的城镇化，主要靠工业扩展、企业发展，通过土地征用将农民转化为农民工，这样的城镇化模式只会产生一种动力，即城市工业的扩展推动；而东部沿海地区的城镇化，是农民主动参与型的，大量农民城的涌现，是自下而上的城镇化。因此，首先，小城镇就是由下而上城镇化的载体。我国沿海经济发达省份的实践证明，什么地方出现了由下而上的城镇化，那里的经济就发展得较快。第二，小城镇是农民创业的基地。目前在农村的非农就业中，有60%以上的就业门路是农民依托小城镇，通过自身努力创造的，所以这些地方的城镇化就是农民通过自己创造就业、转变为城市市民的一个过程，农民成为城镇化的主力军。第三，小城镇创造就业岗位的低成本特性。大城市新增一个就业岗位大约需要投资40万元，而小城镇只需二三万元。第四，小城镇是农民创办“城市”的场所。改革开放以来，南方许多“农民城”拔地而起，其建设也是有档次的。农民自主工业化必须有跳板，这个跳

---

❶ 参见：［美］沃纳·赫希. 城市经济学. 刘世庆等译. 中国社会科学出版社，1990，83

板就是小城镇。最后，小城镇是企业集群的依托。凡是企业集群的地方，农民创业成功率就高，企业集群发展也迅速，这样的小城镇就发展得快。如浙江省600多个城镇就有600多个产业集群，全省60%的工业产值就来自于小城镇。

5. 小城镇的引导分流作用

1978～1999年，我国城镇人口增加了2.1亿，扣除自然增长部分，全部城镇共吸纳农村人口1.4亿，其中小城镇吸纳了8000万左右。当时，小城镇的乡镇企业对农村富余劳动力的吸纳力很强，60%是靠小城镇吸收的，这样就避免了大城市的过度膨胀，避免了农村富余劳动力全部涌向大城市，也防止了非洲、南亚等地区的“城市病”。这些国家的城市贫民窟所占的面积占整个建成区面积的50%～60%，这样一来，城市的周边都是贫民窟，治安混乱、疾病流行、环境污染、政治动荡，许多社会问题都出来了，结果非洲成为一个没有希望的非洲。而我们主动发展小城镇，分流了城市人口，避免了出现像非洲、南亚这些地区的社会危机，也缓解了大中城市的就业压力。另外，卫星镇还发挥了大城市地理空间的有机疏散功能。像上海、北京、广州和武汉这样超大规模的城市，如没有周边小城镇对人口的分流疏散，其结果是不可想像的。

6. 小城镇的服务功能

小城镇是农业结构调整的引导中心。国际经验表明，小城镇为“一乡一品”式的农副产品结构调整、种植业调整提供了前、中、后服务，农业产业结构调整的服务基地在小城镇。农业的规模化经营、社会化服务、企业化管理、机械化生产等等都离不开小城镇。如美国直接务农劳动力仅3%，但居住在小城镇为农业服务的人口为16%。所以，许多小城镇的服务功能主要是为农业服务的，小城镇繁荣了，农业就会繁荣。如非洲本是气候土壤条件较好、农副产品非常丰富的地区，但现在出现了大量的农村人口涌入大城市的问题，其中一个重要的原因是在许多国家和区域的城镇结构体系中，只有大城市和农村，中间缺少了小城镇这一节点的过渡，从而导致农业的社会化服务不足，务农劳力流失过快，农村土地荒芜、粮食歉收，大面积地出现了饥荒，全球80%的粮食援助都在给非洲。同时又由于农村人口涌入城市过多，没有工作岗位，大量地聚居在城市贫民窟，以至于“城市病”和“农村病”并发，导致整个民族的衰退和国家的落后。由此可见，充分发挥小城镇的六大功能，是保障我国城镇化健康发展、经济社会协调发展，避免出现非洲一些国家那种“城市病”和“农村病”并发的基础。

二、我国小城镇存在的问题

1. 错误的规划建设方针

小城镇建设需要基础设施和公用品投资，但这个投资必须用在刀口上。目前小城镇规划建设存在几个突出问题：一是滥设开发区、过多地占用耕地的情况较为普遍。一般而言，一个工业型的小城镇只需一个开发区，但有的镇多达5个。在去年的全国开发区清理整顿工作中，仅浙江省一下子清理出了1000多个开发区。全国的开发区规划占地面积超过总的城镇建成区面积；二是盲目追求“现代化”，在小城镇照搬大城市的旧城改造模式，将许多优秀的古建筑院落推平重建，造成历史文化遗产和特色风貌的破坏，截断了小城镇将来的发展之路；三是形象工程太多太乱，把大广场、大马路、豪华办公楼、大草坪都搬到城镇去了。小城镇规划建设本来应以田园风光展现自身特色，以自然的资源优势取胜，不应盲目拷贝大城市。

2. 分散的扶持政策措施

在没有统一规划和缺乏区域、城镇体系规划指导的前提下，盲目地在小城镇实施“××通”建设，如镇镇都建自来水厂、镇镇都建公交公司、镇镇都通高等级公路等等，造成了极大的浪费。小城镇自来水的供应应是城镇区域供水；小城镇的公交也应是区域化，由城市公交向农村集镇延伸；高等级公路应按照城镇体系规划来实施。部委“条条”要求小城镇怎么建，导致政令不协调，开发建设不务实。小城镇建设离不开人居环境的改善、经济载体功能的发挥和基础服务设施的改善，这三条才是小城镇的命脉。单一、片面的“群众运动”成了新的形象工程的策源地。如某地的“××一条街”，房子的二楼只有沿街的一堵墙，纯粹是自欺欺人的形象工程。这样分散、混乱的投资渠道，不可能形成推动小城镇健康发展的合力。

3. 雷同的产业结构

小城镇发展盲目攀比，产业结构与大中城市雷同，投资项目重复建设，搞小而全，大城市有的，小城镇也有，造成资源浪费；许多小城镇由于没有产业群的支撑，而成了空心镇；对重点镇的产业扶持缺乏针对性，其结果就是与周边城镇相互之间协同性不足。

4. 脏乱差的镇容镇貌

目前，小城镇的卫生、镇容、环境管理滞后，脏乱差依然存在，“城市像欧洲、小城镇像非洲”可谓是形象的比喻；环境污染日益严重，特别是水污染，如江南有些小城镇，已出现了水乡城镇没水喝的局面，因为水污染较严重，造成了水质性缺水；另外还有乱搭乱建、违法建筑难以制止。农民认为，调整农业种植结构，不论调整什么，种什么，也都不如种房子赚钱。这就容易引发大规模的违法建筑进而造成土地资源的浪费。相比之下，城乡规划对土地的控制和引导严重不足。

5. 短缺的公共品提供

许多小城镇的供水质量与安全令人担忧，供水水源受有机物与农药污染严重，供水质量难以保证；污水处理正在“零”起步，目前很多小城镇没有污水处理设施，以至于出现了工业污染——农村生活用水的循环污染；小城镇的小巷支路道路硬化和排水设施投资短缺。有的镇里农民房子建得很好，但出门就是烂泥路；绿化面积过少；医院、学校数量质量双短缺，不能成为城镇居民生活的服务中心。

6. 僵化的政府管理模式

绝大多数的小城镇照搬城市的管理模式，机构众多，人浮于事。但规划、建设、管理的职能不突出，无法定执法权，县执法机构“管得着、看不见”，镇里的机构“看得见、管不着”。这样的小城镇管理模式，注定要失败；日常管理经费严重不足，许多小城镇土地出让金上交县市政府，返回很少。而实际上，小城镇的土地收益来自于城镇财政对基础设施的投入、绿化和环境的改善，土地出让所得应全部返回小城镇；在绝大多数小城镇中，市场机制和政府服务双不足，公共品服务提供不足，小城镇利用市场机制实行市政公用设施市场化运营尚未起步，又难以引入，所以两方面不着边。

7. 衰退的乡镇企业

目前，传统乡镇企业提供就业岗位的能力明显下降。“七五”期间乡镇企业年均提供761万个工作岗位，“十五”期间年均仅能提供300万个工作岗位。大中城市不仅难以反哺农村，反而吸引了大批农民企业家进城办厂，造成了农村最稀缺的资源——企业家更为短缺。近些年，农村经济发展之所以缓慢，企业家的流失是一个重要因素。“一镇一品”的专业化企业集群尚未形成，非农产业的创业成本居高不下。

三、小城镇规划建设的三种思路

解决我国小城镇存在的这些问题，从城乡规划的角度来看，有三种基本思路：

1. 理想导向——理想主义

优点是：充满改造社会的使命感和激情；具有明确的目标，怀有强烈的同情心，体现人本主义。例如霍华德受早期乌托邦思潮的影响，针对当时英国工业化过程中城乡存在的尖锐矛盾，于1898年出版了著名的《明日：一条通向真正改革的和平道路》（后改为《明日的花园城市》）。该书主张在实现土地归社区公有的基础上，建设城乡结合、工农结合的“田园城市”：在6000英亩的土地上，1000英亩作为城镇用地，5000英亩作为农业用地。他是从理想主义出发，以城乡一体化的田园城市来解决城乡问题的先驱之一。他在书中写道：苍穹笼罩、微风吹拂、阳光送暖、雨露滋润下的我们美丽的土地，体现着上苍对人类的热爱。使人民返回土地的解决办法，肯定是一把万能的钥匙，因为它能疏导人口。由此，即使是人口稍微转移，就能看到（城市中的）酗酒、过度劳累、无休止的烦恼和难忍的贫困等问题就有被解决的光明前景……人类社会和自然美景本应兼而有之。城市和乡村必须成婚，这种愉快的结合将迸发出新的希望、新的生活、新的文明。❶ 由此可见理想主义者仍寄希望于小城镇来解决尖锐的城乡冲突的良苦用心和语言感染力。

其缺点是：容易犯超越实际的“乌托邦”式错误；以城里知识分子的热情和理想化的要求来规划建设小城镇；片面强调理想的模式和政府的作用，忽视了农民自主创新、主动创业的积极性。

2. 功能导向——理性主义

优点是：强调整体方案的设计；运用现代经济学和地理学等理论以及市场化来解决经济效率优先的问题；注意各方面的协同

---

❶ 参见：金经元．社会·人和城市规划的理性思维．中国城市出版社，1993，66

配套。

其缺点是：

一是由于理性主义思想对事物采取分解而不是组合，“以从最简单和最容易认识的对象开始，一步一步地循序而进至最复杂的认识”。受笛卡尔思想的影响，以至于把城镇整体搞得支离破碎，城市总体规划与分区规划割裂，功能分区截然分明。如柯布西耶在印度搞的城市规划，工业区与生活区相距很远，以至于现在这一城市还非常萧条。因为按照他的思路和《雅典宪章》规划的城市，简单的分区使城市成了有纪律、技术美的机械社会、居住机器，但否认了人类活动要求流动的、连续的空间这一事实。

二是由于理性主义思想强调非常清楚而明确地认识所有事物。因此，根据这一思想，规划师对于城市的认识停留在纯粹的物质空间，对各类丰富多彩的社会现象不予理睬，认为城镇规划是扩大了的建筑学，是家具的放大，家具放大就是房间，再逐一放大就是建筑、小区，最后就是城镇。但是建筑放大为小区，小区放大为城镇时，空间已发生了质变。也就是说，城镇作为人居环境，在小尺度物质空间设计方面，可以力学和艺术分析的方法进行研究，但到了整体层次，实际影响的因素日趋复杂，已发生质变。影响家具的因素是有限的，而影响城镇的要素是无限的，而且世界上所有的人造系统中，惟有城镇是最复杂的，不能将家具和城镇放在等同的地位中。这也是导致当今规划教学认识和解决手段不足的重要原因。

三是理性主义所要求的清晰与明确，非此即彼，黑白分明，恰恰成为城镇规划与城镇现实相脱离的价值基础。《雅典宪章》提出：“城市规划预见到城市在时间和空间上不同的阶段。”可见，该宪章把城市规划看作是对城镇终极状态清晰的设计，这是一种不切实际的幻想，反映出传统理性主义的片面性。实际上，城镇规划要解决的实际问题是活生生的城镇社会，本质是试图用变量极少的规划来调控变量极大的社会的问题。但城镇本身是在过去连续发展与变化的过程中的一个结构体系，它的最后形式是很难事先看到或确定下来的。

总之，理性主义在小城镇规划方面常常忽视市场失效的方面。政府不是万能的，市场也有失效的方面，尤其是在小城镇领域，有许多事情是市场难以发挥作用的，如污水、垃圾处理的市场化，在大城市都还没有能实施，更何况小城镇；信息的不对称往往会导致方案设计的不科学；忽视多样化的发展路径。

3. 问题导向——实用主义

遵循以上两种方法，常常会在小城镇规划建设中简单模仿大中城市“成熟”的方法和程序。但小城镇的成长动力的不确定以及与自然环境密切的关系，常常导致这种简单套用的方法捉襟见肘，无的放矢。针对我国大多数小城镇存在的众多问题和粗放的规划建设水平，迫切需要的是解决实际问题的“管理中的规划方法”。无独有偶的是，尽管各种后现代主义流派的规划理论众说纷纭，但规划建设方面的实用主义的地位在发达国家始终未受根本动摇。实用主义对抽象和华丽的理论不屑一顾而崇扬“把事情做了”（Getting Thing Done）。例如霍奇（Charles Hoch）认为：实用主义的规划有三大特点：①在实践中经验是比理论更好的仲裁者（Arbiter）。②实践中来的答案面对真正的问题。③实践的方法要通过社会共识和民主的手段来实现。❶

优点是：能针对性解决问题；从当地实际出发而不是“本本”出发；有利于调动基层积极性和创造性。

缺点是：上下目标的协调困难；解决问题的短视；局部利益与大局的稳定存在矛盾等等。

---

❶ 参见：梁鹤年．规划战略：来自生态学的启发．城市规划．2000，5：51

总之，理想主义可谓是方向，是舵，而理性主义、实用主义则是两把桨，要实现三者的有机结合，才能端正小城镇规划、建设的指导思想，系统有序地推进小城镇的持续发展。

四、当前小城镇工作的五项重点

1. 加强规划编制与执行，注重小城镇建设过程中资源节约和建设质量

对于小城镇的建设，一是要用城镇体系规划合理确定中心镇和中心村的空间布局，安排好重点建设时序，以免因农村人口迁移造成公共投资浪费。另一方面要切实保护好不可开发建设的生态、文化遗产保护区域。二是要突出重点，编制好中心镇包括重点镇的规划。三是要防止照搬大城市的规划编制与管理模式。规划要有利于农民自主创业，有利于自下而上的城镇化的推进。小城镇尤其要强调“四线”管制，即以蓝线管制水系，这是小城镇发展的命脉；以紫线管制历史文化遗产和地方特色风貌，这是小城镇未来发展取之不竭的财源；以绿线管制水源地、生态用地和绿化；以黄线控制引导基础设施建设，尤其是交通、污水处理和供水设施建设。总之，规划要管住必须要管的空间领域，放开市场力量能发挥作用的地方。四是要规范规划的公示，规划的公开要与编制、审批、执行和修改密切结合。五是要以规划引导、调控各专业部门的“××通”，形成合力，减少浪费。

2. 深化小城镇管理体制创新，促进经济与社会转型

管理体制创新的目标：有利于资源节约型、环境友好型社会的建立；有利于解决小城镇的实际问题；有利于以最少的公共财政支出提供最有效的公共服务。小城镇不应搞成上下对口，条条一插到底，搞得机构林立，造成人浮于事。像美国几万人口的小城市，通常只有民选产生的5个兼职的市政委员，从中选出一个

市长，然后再公开招聘城市经理（City Manager），再由他招募各专业市政服务机构。以最少的支出为社会大众提供最有效的服务，有利于充分发挥市场机制的作用。

3. 坚持村镇整治工作，实现人居环境的逐步好转

要坚持村镇环境整治，防止大拆大建；主要解决城镇道巷硬化、水渠净化、粪坑封闭化和沼气化、垃圾堆肥化、路旁绿化等问题；实施改路、改水、改厕、改线以及垃圾、路障、水系清理等务实的整治工作。

4. 推广新型实用技术，促进小城镇可持续发展

首先，我们要非常强调推广实用、小型的生活污水集中处理系统，或采用人工湿地进行净化，切实改善小城镇的水环境；其次，为农民自建房提供符合当地文化传统的、多样化的标准图册，使农居房屋既能够延续当地文脉，又能够注意环保节能；再次，要切实制止乱搭乱建，严肃规划法规。目前，在大多数的城镇中，农民建房大都是照搬发达地区的模式及相互拷贝，没有延续和体现当地的风格。要在大中城市近郊村镇倡导建设适合农民居住的公寓式、联排式的多层住房，以节约土地；除此之外，要大力推行小型的风能和太阳能以及地热的利用技术。

5. 建立统一的扶持协调机制，促进小城镇的经济发展

首先要突出金融扶持，防止农村信用社存款返城。财政转移扶持非常重要，除了土地出让金全部返还外，财政的扶持要协同其他的扶持，特别要与农业和技术龙头企业的扶持相结合；发挥文化、教育、卫生等社会事业财政扶持的引导作用，应逐步推行大中城市的中心医院、名牌中小学到重点小城镇建立分院、分网、分校，这有助于快速提高小城镇医疗和教育质量；但最有效的上级财政扶持，是通过科学的政绩评价体系对先进城镇进行奖励扶持，以调动基层干部的积极性。

五、培育具有“规模经济”的六种专业镇

1. 城镇的合理规模问题

小城镇的建设绝不能搞成空心镇，其成长动力还在于经济的发展。什么是城市的合理规模，存在长期未决的争论。我国许多专家认为100万人口的城市才是最佳规模；德国专家则认为10～20万人口是城市最佳规模；而意大利专家认为5万人口就已经是城市最佳规模了。为什么会出现如此巨大的城镇合理规模差别，其原因就在于影响城镇合理规模的因素至少有三类：一是产业性质——越高端的产业，其城镇合理规模越小。如瑞士的达沃斯，只是几万人的一个小镇，但由于国际会展业和旅游业的发展，而成为经济活力非常强的城市；二是与大中城市协同度——城镇与大中城市的协同与分工越紧密，其合理规模就越小；三是独特性——越具有独特性的产业、城镇风貌，其合理规模越小。如云南的丽江，只是一个约十万人口的小城市，但由于传统的建筑和街区保存良好，形成了使人流连忘返的独特景观，全市GDP的80%来自于旅游业的发展。

2. 六种具有规模经济的专业镇

一是历史文化、风景名胜名镇。镇容镇貌基本保持原貌，有独特的观赏价值，这些就是城镇经济收入不断增长的源泉。如在江苏的两个镇，一个是工业镇，主要是来料加工装配，年产值达100多亿元，但城镇真正的收益只占2%，留下的却是环境的污染和巨额的能源消耗。而另一个小城镇因古建筑得到保护而成为旅游镇，年门票收入就达数千万元，再加上其他旅游业的收入全部留在城镇，给百姓们带来的直接经济收益数倍于5亿元，近几年还以年均30%的速度发展，而且还促进和带动了城镇其他产业的增长，真正实现了资源节约型、环境友好型的发展。

二是大城市的卫星镇。大城市的卫星镇不仅可以转移大城市中心区重叠的功能，有利于保护老城区，而且它由于与大城市形成了产业和功能互补而具有规模经济效益。这些卫星镇只要遵循可持续发展的原则，遵循深化、细化、专业化分工和协作的发展思路，形成产业集群，就能够持续地发展。

三是“一乡一品”的农产品镇。农村有许多很好又独特的产品，这些产品进入国际市场的利润很高。如只有法国的香槟镇生产的带汽的酒才能称之为香槟酒。但是，我国的农产品就缺乏原产地的保护，缺乏国际通用的“证明商标”。要利用原产地国际公约所制定的保护法规和推行“证明商标”来保护和发展有历史传统的“一镇一品”、“一乡一品”的农副产品，这样的小城镇就有规模经济。

四是具有工商业企业集群的镇。如浙江省和湖北省的许多小集镇，一个镇往往有上百家生产某种产品的民营企业，按照以往计划经济观点来分析，这属于重复投资，但是，那么多的企业集中在一个镇，就具有地区的配套规模经济、技术扩散规模经济、零部件和上下游原材料供应的规模经济，有产供销一条龙的一体化的规模经济，有外贸、出口的规模经济。所以，“企业集群”有六种独特的规模经济，解决了单个企业规模比较小和对外竞争力弱的问题。

五是专与风景名胜区配套的旅游镇。这种镇也有规模经济效益，现在风景名胜区核心景区里面不能建房子，原住民也不能大兴土木改进居住条件，那么就可以有组织地将他们迁出来，规划建设风貌与风景区相配套的旅游镇，这种镇就有很好的规模经济，并且会发展得非常好。

六是设有大城市名校、名医院、名店分支机构的中心镇。我们以前办医疗设施、办学校犯了一刀切、简单化的错误，就是每个建制镇和乡都办初中和卫生院，每个村都办小学和诊所，投资也普降细雨，其结果农村的教育和医疗质量每况愈下。实际上如果把城里最好的医院、学校等分支机构设在重点镇里，就会为这个镇带来繁荣，成为服务业发展的载体，就会吸引居民集中迁移到重点镇。引导农村劳动力移居的三大要素：良好的生活条件、优越的创业环境和对未来良好的预期。国外许多设有名校分校的教育产业镇就符合这三个要素。所以大中城市的名校、名医院应该托管那些小城镇原来的中学和医院，迅速提高其教育质量和医疗水平，小城镇就可成为吸引周边农民把子女送到这里来寄读的一个非常好的场所，从而形成小城镇发展的新动力。

总之，我们应该清醒地认识小城镇在城镇体系中不可取代的地位和作用，从策略上处理好理想主义、理性主义和实用主义的协同，并力求从全国各地的实际出发，坚持多条腿走路，多样化试验，分类指导，只有这样，才能使小城镇健康发展。

（原载《城乡建设》2006 年第 1 期）

第六篇　市政公用事业改革与城市管理

城市公共交通的形势与任务

城市公共交通的优先发展，事关和谐社会的构建和科学发展观的落实，是应对能源危机的主要策略之一。但实施多年的“公交优先战略”在我国许多城市奏效不大，亟需改进。本文先客观描述了二十多年来我国公交行业的长足发展和较详细地分析现存的主要问题与挑战，然后从八个方面来阐述新时期我国城市公交发展的战略措施。

一、改革开放以来，我国城市公共交通行业取得了长足发展

改革开放以来，我国城市公共交通的建设与发展的步伐加速，投资明显增大，基础设施水平显著提高，为城市居民提供了方便、快捷和舒适的出行方式，为城市经济社会的发展提供了重要的保障，具体表现在以下六个方面。

（一）城市公共交通运力有了很大提高

改革开放前，我国城市居民乘车难问题较为严重，公共交通作为城市经济活动的首要环节，一直是制约城市经济和社会发展的主要瓶颈。经过近二十年的努力，我国城市公交运力得到大幅度提高，主要体现在以下三个方面：

首先，城市公共汽电车运力得到持续稳定提高。公共汽电车是城市公交的主体。改革开放以来，我国城市公共汽电车不仅总

量大幅度提高，车况也有明显改观，逐步确立了公共汽电车在城市公共交通中的主体地位。截止2003年底，全国660个城市中93%的城市有公共汽车的运行，公共汽车达到22.7万标台，运行线路总长度10.7万km，年运客量338.2亿人次；无轨电车约3000多辆，年运客量达到了12.8亿人次。

其次，是城市轨道交通建设逐步加快。二十年前，我国只有北京有一条地铁运营，近年来，随着我国城市经济社会的快速发展，城市地铁等轨道交通有了较大发展。截止去年，有北京、天津、上海、广州、长春、大连等城市开通了地铁或轻轨交通，运营线路总长度达340km；目前，还有许多城市正在建设，预计到2010年左右，全国将有15个城市规划建设城市轨道交通1500多公里。

第三，出租汽车已成为城市公共交通不可分割的重要组成部分。改革开放初期，我国仅北京、上海等大城市、特大城市有为数不多的出租汽车公司，车辆也只有1600多辆。20年来，各地坚持“全面规划、多家经营、统一管理、协调发展”的原则，鼓励社会多种经济成分投资发展出租汽车，使城市出租汽车行业迅猛发展。截止去年，全国出租汽车总数达89万辆，从业人数近200万人，年客运量占城市公共交通运客总量的20%左右。

城市公共交通运力的大幅度提高，较有效地缓解了城市居民群众乘车难问题。

（二）清理整顿城市公共客运交通工作取得一定进展

随着市场化取向的改革不断深化，政府监管滞后的问题也逐步暴露出来。20年来，我们一直在体制改革方面下功夫，通过放权、让利来调动各方面的积极性，但政府对市场的监管始终是我们没有经历过的。在这种情况下，不少城市城镇公共客运交通市场秩序相当混乱，普遍存在非法营运猖獗，争抢客源，拉客、甩客、宰客现象；乱收费、乱检测、乱罚款问题突出；部分经营企业与职工之间经济关系不规范，以包代管，以罚代教；部分城市随意出让经营权，有的企业和个人私下违法倒买倒卖经营权。这些问题严重扰乱了城市公共客运交通市场的正常秩序，影响到城市功能的发挥和整体形象，成为社会的不稳定因素之一。在建设部组织协调下，各地政府依据有关法规，组织建设、公安、交通、财政、物价等部门，对城市公共交通市场进行了全面的清理整顿工作，加大了打击非法营运的力度，有效遏制了非法营运猖獗的势头；取消了一批涉及城市公共交通的不合法、不合理收费；城市公共交通经营行为得到有效规范，服务质量普遍提高；出租汽车经营权私下转让的混乱局面初步得到控制；有效消化了成品油价格上涨带给城市公共交通的不利因素；使城市公共客运交通秩序得到好转。

（三）大力实施“畅通工程”，城市公共交通基础设施建设得到加强

近几年来，随着我国经济、社会的快速发展，城市道路交通的需求迅速增长，但是道路供给却严重不足，特别是一些城市公共交通规划不完善，公共交通设施匮乏、拥堵严重、秩序较乱，导致城市公共交通效率下降，制约了城市经济、社会的发展。这种情况下，公安部、建设部在全国联合组织开展了旨在提高城市交通管理水平的“畅通工程”。各地建设部门和公安部门密切配合，坚持公交优先发展战略，以解决城市交通突出问题为突破口，加大资金投入，运用科学手段，完善城市公共交通基础设施，全面加强城市道路交通建设和管理，提高了城市道路的通行能力，成绩斐然。据统计，实施“畅通工程”三年来，各地新建和改造城市道路 12153 条；共有 220 个城市陆续开设了 1050 条公交专用道；投资 155 亿元，新增、更新公交车辆 7 万多辆。一些城市对公交营运线路、站点的布局进行了调整，优化了公交线网，提高了运营效率。有的城市还设置了港湾式公交站台和公交信号优先系统，提高了公交车营运车速和服务质量。

（四）城市公共交通行业市场化改革取得新进展

为了提高城市公共交通行业的服务能力，进一步引进资金，加大对城市公共交通的投入，提高城市公共交通运营效益，促进城市公共交通行业的发展，各地政府按照“产业化改革、市场化运作、企业化经营、法制化管理”的要求和“全面规划、统一管理、特许经营、有序竞争”的原则，积极转变政府职能，稳步推进市场开放，依法规范企业行为，在城市公交行业改革方面进行了有益的探索和实践。天津、江苏、贵州等省市以体制创新和机制创新为动力，在深化企业产权制度改革、规范城市公共客运交通市场、建立科学合理的价格补偿机制及打破城乡界限和体制分割，建立“大公交”体系等方面积累了宝贵经验。温州、南京、太原、兰州、合肥等地公交企业通过资产重组、股份制改造等途径，吸引多元投资，加速了城市公共交通的发展。深圳通过股权转让和国际招标，与香港九龙等境外企业进行合作，引进资本、技术和管理，全面提升企业竞争能力和服务水平。成都、无锡等城市打破地域束缚，走出了“公交下乡”服务郊区农村的新路子。可以说，通过市场化改革，我国城市公共交通行业在整体上拓宽了融资渠道，提高了服务能力、运营效率和管理水平，公交行业发展跨上了新的台阶。

（五）城市公共交通行业科技创新取得新进展

在科学技术高速发展的今天，解决城市公共交通问题，只依赖于城市道路的建设是远远不够的。近几年来，科技成果在城市公共交通领域得到了广泛的应用，取得了明显的成效。

一是公交IC卡得到普遍应用。自20世纪90年代以来，公交IC卡应用迅猛发展。目前，全国已有80多个城市实行了公交IC卡票制，上海、无锡和苏州三个城市的公交IC卡已经实现了互通，进一步方便了群众。IC卡发展潜力很大，如香港已经实现一卡多用，包括打电话、储蓄、开门、购物、保安等等。

二是环保车辆的广泛使用。近年来，北京市投入20.34亿元，购置新型环保车6709辆，占公共汽电车的51%以上，并准备开通燃料电池公共汽车；太原已选择150辆出租车和3条公交线路作为甲醇燃料的示范运营车；兰州、乌鲁木齐等城市都将公交车辆改造成了双燃料车，杭州、大连等城市也广泛使用电车等新型清洁能源车型。

三是智能化管理系统得到广泛应用。我国一些城市，如北京、广州、上海、杭州、深圳、常州等地都已确立了“公交信息化”发展战略，建设智能化交通管理系统、GIS公交线路管理系统，安装了公交电子地图、电子站牌，实现了公交可视化查询，通过应用GPS卫星定位系统实现了车辆的自动调度。这些新技术的应用，改善了我国公交营运管理效率，服务质量也进一步得到提高。

（六）城市公共交通服务质量和水平明显提高

城市公共交通作为“窗口”行业，是反映一个城市文明程度的标志，也是反映一个城市公共服务水平的质量。几年来，各地公交行业坚持“以人为本”的服务理念，狠抓服务质量，不断提高服务水平，成效显著。建设部与中央文明办、团中央、总工会等部门开展了“青年文明号”、创建文明行业等多种活动以来，培养出许多服务明星、行业能手以及模范集体和个人。公交战线涌现出李素丽、郝晓玲等一大批全国先进个人和模范代表。尤其是在前些年“抗非”期间，各地公交企业克服了前所未有的困难，坚持消毒制度，坚持出车保运营。广大公交干部职工不顾个人利益和危险，坚持服务在生产一线，同全国人民一起共抗“非典”，确保了城市公共交通的畅通和城市社会经济活动的正常运转。

二、我国城市公共交通面临的主要问题与挑战

在改革开放以来，我国城市公共交通取得了很大成绩，但随着城市化进程的加快，城市经济的迅猛发展和人民生活水平的持续提高，机动化进程明显加快。与此同时，大城市交通拥堵问题日益严重，城市公共交通发展滞后于城市经济社会发展和人民群众交通需求提高的矛盾也日益突出，城市公共交通建设和发展面临着许多问题和严峻的挑战。主要表现在以下几个方面：

（一）私家车迅猛增长，交通供需矛盾突出

按照一般规律，人均 GDP 达到 1000 美元是轿车进入家庭的起跑线，达到 3000 美元时，轿车将大规模进入家庭。到去年底，我国已有相当多的城市人均 GDP 超过 3000 美元，已经到了轿车进入家庭的快速发展阶段。小汽车的快速增长直接导致城市交通供给紧张程度的提高。这几年，我国小汽车的增幅都呈翻番的趋势。机动化时期的到来，意味着相当一部分居民有能力支配个人的自由行动，有能力支付更舒畅的人性化的交通工具，也就是说有能力用私人小轿车来代替其他交通工具，实现全家外出旅行。根据世界城市发展的规律，在这个时候，就是公共交通、城市交通与城市发展、人民群众的需求矛盾最尖锐的时候。当前北京、上海、广州等大城市交通拥堵塞现象十分严重，中心区交通主干道车行速度不足每小时 10km，有的甚至只有 5km，公交部门任务艰巨，机遇与挑战同在。与此同时，近五年来，我国城市的建成区面积扩大了 20% 以上，年均增长超过人口增长速度；城市建设用地面积增加了 31%，城市外延扩张的趋势十分明显。

但在交通道路建设方面存在许多问题：首先，不少城市规划与建设无序，没有形成城市公交的走廊，增加了发展城市公交的难度；其次，在城市改造过程中，中心区大量居民外迁，原有的

居住和就业结构被打破，中心区用地布局和城市功能高度集中，导致高强度的交通需求，形成了大量的钟摆式交通。这些现象在许多大城市已经出现；第三，城市居住区的规模也越来越大，许多已经超过 $2km^2$，而且采用封闭式管理，形成新的“大院”，切断了与城市主次干道的联系，破坏了城市道路网络系统的完整性；第四，城市道路网密度不足也较为普遍。如在美国称为典型的方格式城市中，一个街区的长度通常是75m，而我国许多城市道路却长达250m，而且许多单位还将大门直接面向主干道，致使交通管理非常困难。在城市建成区快速扩张的同时，城市道路设施水平与实际需求有比较大的差距。截止2002年，全国城市人均道路面积仅为 $7.87m^2$，城市道路网密度只有 $7.37km/km^2$，城市道路面积率只有9.1%，大大低于国际水平；第五，城市中心区道路的人行道与车行道普遍合一，车行不快，人行危险，再加上部分城市压缩甚至取消自行车道，没有形成结构合理、功能匹配的道路网络。如此等等，都造成了城市通行困难。

由于我国城市土地资源十分短缺，人均耕地占有量只有世界平均水平的1/3，所以城市的发展必须要走紧凑式模式，而不能走分散型模式，必须要用公共交通来代替其他交通方式，采取公共交通主导型模式。因此，无论在短期内或未来我们都无法也不可能通过城市道路的大量投资和快速延伸来满足交通的发展。我国城市的公共交通系统，就是要以有限的道路资源来满足日益增长的人民群众无限的交通便利需求。这是个必然趋势，这是我们的国情决定的，也是科学的发展观决定的。有人曾对伦敦中心区的交通拥堵问题做过计算机模拟测算，结果表明，即使把伦敦中心区所有的建筑架空，下层全变成道路，也不能解决交通拥堵问题。因为对于以同心圆形态扩展的城市而言，城市人口到了一定的规模，比如到了300万人时，城市外环道路建得越多，中心区的交通密度就越高，因为所有的交通流向都是向心的。外环的交通道路建设，即使人均道路面积达到 $20m^2$，也不可能替代或解决中心区的道路拥挤问题。道路资源在空间上是不可转移的，城市的中心具有多功能叠加性，包括交通密度、流量的叠加，用道路建设来解决中心区的交通问题，那是不可能奏效的。国际经验证明，特大城市中心区的交通问题只能通过发展公共交通和限制一般车辆的需求来解决。

另外，有些城市为了筹措道路建设资金，采取以经营权拍卖的方式大量地投放出租汽车是无可非议的，但如果不顾出租汽车运行实际需求，每年几百辆、上千辆的盲目投放，虽然每辆可收回 30 万元，为当地财政增加收入，但结果不仅造成出租汽车数量失控，经营效益下滑，空驶率大大提高，而且会形成新的交通拥堵，加重空气污染。

（二）对公共交通投入不足，公交优先战略落实不到位

城市公交在保障城市交通畅通，城市经济、社会健康发展和保护环境方面具有不可替代的作用。但是目前，相当一部分城市的领导对这个问题没有足够的认识，导致大部分城市对城市公共交通的投入普遍不足。2001 年，全国用于城市公交的投资虽然达到了 190 亿元，但仍不足全国城市 GDP 的 0.5%。许多城市公交场地建设严重不足，马路停车现象十分普遍。在保证场站用地方面，没有落实公交用地政策，要求公交企业与一般经营性企业一样以市场价格购买土地使用权。不少城市公交换乘枢纽设施建设滞后，线网密度、场站覆盖率、车辆配置等基础设施与经济发展水平不相协调，不能满足市民日益增长的出行需求。尤其是在一些地方，公交专用道建设步伐缓慢，港湾式停靠站设置比例、优先路段比例、优先路口比例等公交优先通行措施指标低下，严重制约了公交优先战略的推进。

公共交通基础设施短缺的主要原因，就是道路交通投资总量不足，结构不合理，以及公共交通的规划建设、政策优先、信号优先、道路优先等没有很好的落实。从投入方面来看，2002 年，全国城市维护建设税收入 316 亿元，公用事业附加 49.9 亿元，合计约 365.9 亿元。而同年全国城市公共交通和道路桥梁固定资产实际投资达到了 1476 亿元。即使所有的城建资金叠加起来也只有 366 亿元，也只是此项建设资金的零头，绝大多数资金来源要靠银行贷款和不稳定的社会化筹资。在已完成的城市道路交通投资中，公交投资不到 20%。投资结构不合理，资金不足，已经成为阻碍城市公交发展的根本性问题。

另一方面，公交优先战略没有落实到位，公交经营环境恶化。许多城市设置的公交专用道标准明显偏低，甚至有些城市设置的公交专用道并不是让公交车优先通行，而是什么车都可以通行，反而限定公交车辆不得借用其他车道，致使公交车辆速度反而下降。在国外的城市，其他道路上即使等候车辆再多，公交专用道没有公交车辆，其他车辆也不得通行。而且，我国许多城市的公交专用道设置，大都是把非机动车道稍微加宽，公交车与非机动车同行，相互干扰严重，这样反而使公交车辆行驶速度下降，由此造成公交出行时间增加，营运速度、准点率下降，导致公交出行分担率的下降。

在财政补贴和财政补偿方面，许多城市对公交企业还没有形成一套科学合理的补偿机制，财政补贴严重不到位。一些城市还出台了许多面向社会特殊人群乘坐公共交通的优惠政策，但却没有给予企业应有的补偿，致使公交企业背上了沉重的负担。

（三）城市公共交通行业改革滞后，市场运作不规范

近年来，全国各地对城市公共交通行业改革做了许多有益的尝试，取得了一些经验，但总的来看，我国城市公共交通行业市场化改革与发展的实效还不够明显。一方面城市公交行业市场化改革进展比较缓慢。一些城市政府主管部门政府职能转变不到位，习惯于直接管理企业，不善于进行市场监管。政府在市场规则的制定、企业行为的规范、服务质量的监管上缺位、失位。一些公交企业仍然存在“等、靠、要”的思想，难以成为自主经营、自负盈亏、自我发展、自我约束的市场主体。

另一方面，城市公共交通市场化改革过程中存在各种不规范的市场运作行为。一些城市在公交体制改革过程中将所有的城市公共交通企业一卖了之。而不少已改制的公共交通企业为了赢利，为了尽快收回经营权成本，不顾安全与乘客利益，争抢客源，竭尽所能地降低营运成本，提高收费标准。一些企业为了提高经济效益，内部实行以经营收入为考核目标的线路承包、单车承包、司乘人员承包等单纯的利润承包方式，司机为了完成经营任务疲劳驾驶。无序竞争导致服务质量下降，直接损害了人民群众的利益。这种只注重经济效益而忽视社会效益的改革，严重侵害了广大乘客的利益，也影响到公共交通功能的进一步发挥和持续健康发展。

（四）城市公共交通行业安全和社会稳定形势严峻

近年来，城市公共汽电车安全生产形势，总体状况良好。但在一些城市中由于公交无序竞争、争抢客源、安全投入不足、管理不到位等原因所引发的安全问题也时有发生，特别是近一个时期以来，公共汽电车交通事故又有抬头趋势，服务质量下降，有些地方还出现了多起严重的公共交通安全事故。同时，我国地铁等轨道交通的建设、运营安全等问题也日益突出。我国城市轨道交通发展历史较短，投入经营的城市较少，设计标准较低，安全设施投入不足，法规不完善，加之早期建成投入运营的轨道交通系统设备老化现象严重，防灾安全设施不足，处置应对突发事件特别是人为破坏的能力严重不足。日本、韩国以及莫斯科、纽约曾发生的地铁事故表明，地铁一旦出现事故，其后果必然是严重性的、灾难性的、全面性的。对此，我们切不可掉以轻心。

另外，城市公交行业的稳定形势也不容乐观。由于少数企业改革不规范导致企业职工利益受损，个别城市公交企业职工队伍出现不稳定情况，集体罢工、上访等时有发生。同时，出租汽车行业由于管理体制不顺、经营权出让与转让不规范、乱收费、企业经营不规范、非法运营车辆猖獗等因素，造成出租汽车司机合法权益受侵害，集体上访、冲击政府机关、堵塞交通等群体性事件也屡屡发生，也在一定程度上影响了社会稳定。

（五）城乡公共交通发展差距拉大，乡镇居民的基本出行需求得不到满足

随着我国城市化进程的发展，城市经济活力不断增强，但是城乡差别越来越大。城乡之间人、财、物流通速度大幅度增加，但乡村的道路车辆配套设施等交通条件，以及经营服务和管理水平没有城市公交那样规范和健全，导致农村客运市场交通事故不断增多，安全形势十分严峻，广大人民群众反映非常强烈。

从全国大多数地方来看，目前城市的公共交通仍然局限于城区，主要为城市居民服务，在促进城乡交流方面做得还很不够。少数地方还存在城市之间对公交车、出租车实行相互封锁，不准对方进入，有的甚至发生城市公交车与乡村客运线路的恶性竞争，导致城乡结合部公交客运市场混乱，群众利益受损。

（六）行业科技水平低，服务质量与群众要求尚存较大差距

我国城市公交行业仍停留在人力资源密集型的粗放经营阶段，人车比例较高，企业营运管理信息化水平较低，运营效率不高。城市公共交通行业从业人员的素质、职业技能和服务意识、责任追究制等还没有得到很好的完善。职业技能培训的内容和形式还比较单一，城市公共交通服务内容和方式也需要不断创新。总之，我国公共交通服务的快捷化、信息化、人性化、舒适化还有待极大改善。

三、抓住重点，狠抓落实，全面推进城市公共交通事业健康快速发展

目前，我国正处于城镇化与机动化高速发展并存阶段，城镇化比例已达到了40%，机动化也正面临起飞阶段。城镇化率从40%提高到75%，属快速发展阶段。在这一阶段，每年约有1000万~1500万人进入城市和集镇，城市面临着快速扩张。而城市人均GDP超过3000美元时，又意味着机动化的速度将大大加快。在这“两化”并存的关键时刻，能否采取决然措施推行公共交通优先发展战略，不仅决定了我们的城市交通能否满足人民群众的最大需求，决定了城市的持续健康发展，也决定了我国能源的消耗方式，决定了能不能实现科学的发展观和可持续发展。为此，建设部下发的《关于优先发展城市公共交通的意见》，提出了近一个时期优先发展城市公共交通的任务和目标，也就是争取用五年左右的时间，基本确立公共交通在城市交通中的主体地位。公共汽电车平均运营速度达到20km/h以上，准点率达到90%。站点覆盖率按300m半径计算，建成区大于50%，中心城区大于70%。特大城市建成区任意两点间公共交通可达时间不超过50min，城市公共交通占城市交通总出行的比重达到30%以上，大中型城市建成区任意两点间公共交通可达时间不超过30min，城市公共交通占城市交通总出行的比重在20%以上。面对新形势、新挑战，在这一关键时期，我们要切实抓好以下几个方面的工作，确保公交优先战略得到贯彻落实。

（一）充分认识城市公共交通的性质、地位和作用

党的十六届三中全会提出了“五统筹”、“五坚持”的方针，体现了新的科学发展理念。贯彻“五个统筹”为主要内容的科学发展观，实现“以人为本”的全面、协调和可持续发展，对

公共交通工作和城市工作都有着重大的指导意义。当前，我们要下大力气来研究城市公交在城市发展中不可取代的重要地位，研究强化城市公交与城市人居环境的协调关系，研究根据国情选择公交优先的城市交通模式的必然性。具体来说，要抓好以下几方面的工作：

一是公交优先有利于保证城市的可持续发展。我国的城市发展只能走土地节约型、资源节约型的可持续发展之路。在未来的30~50年间快速城镇化进程中，城市的人口密度必须保持在每平方公里1万人左右。这就决定了我国城市道路的面积不可能像发达国家那样达到建成区的20%甚至30%的水平，不可能通过扩大城市规模和降低城市密度来满足私人轿车的发展。因为我们没有那么多土地，也绝没有条件走美国的交通发展道路。美国的城市人口密度从城市化初期每平方英里9000人下降到城市化末期每平方英里2000人，相当于每平方公里不到1000人。美国的东、西南部都可以发展大城市群，但我国的人口仅能集中在东部、南部。我国的生存空间只是美国的1/10。美国现在的城市形态决定了其城市交通只能发展私家车，公交车没有效益，由此导致了一个美国人消耗的汽油是4~5个日本人、德国人、瑞典人、丹麦人的水平，也决定了一个美国人所消耗的世界能源相当于3个欧洲人、13个中国人、55个印度人的水平。错误地鼓励私人轿车发展的政策和城市规划失控模式，导致美国已经不能用公共交通取代私人轿车，成了世界头号能耗大国并对人类的发展带来了不可饶恕的后果。只有2亿多人口的美国，其能源消耗占世界总能源消耗的30%。而中国有13亿人口，如果达到美国现在的生产力发展水平，能源消耗相当于美国的能源消耗水平，那就意味着需要相当于2个地球的能源才能满足世界的发展。从这方面讲，一些美国人包括其他国家爱好和平的人，也很担心中国的快速发展是否会给世界带来灾难。对此，党中央提出要牢固树立科学的发展观，绝对不能走西方发达国家走过的粗放、高能耗、高污染的道路。人类只有一个地球，我国不能走低密度的城市化道路；同时，我国向世界庄严承诺，中国的发展和崛起，绝不会干扰世界的能源系统，绝不会干扰全球的可持续发展，而只会为维护世界的和平和发展作出贡献。由此可见，对内要求树立科学的发展观，对外承诺和平崛起的发展道路，二者是紧密相联的。如果不从这个高度去认识城市公共交通，我们就只能看到局部利益，而看不到中华民族复兴对全球可持续发展应承担的责任。

从某种意义上说，城市的形态是由交通工具来决定的。如果我们选择私人轿车作为居民主要的出行方式，城市的发展就将步美国郊区化之后尘，人口密度下降到每平方公里1000~2000人；如果选择公共交通作为主要的出行方式，城市的形态就是集约化的、高密度的，这样的发展是可持续的。美国人通过历史教训的痛苦反思，现在提出了“城市精明增长”的立法导则。精明增长现已成为新一轮总统竞选的纲领。美国有80%的州实施了精明增长的立法导则，也就是从现在开始，郊区化要收缩，要重建公共交通系统，走紧凑化的城市发展道路。要吸取美国郊区化蔓延的教训，认清公共交通的发展是决定城市形态和城市人口密度，节约使用土地、能源，实现城市可持续发展的关键措施，进而会决定整个国家的耕地保护、环境保护、经济社会可持续发展和中华民族和平崛起的战略。

二是公交优先发展战略所处的地位非常重要。在城市化、机动化过程中，它恰恰起着一个枢纽的作用。从全球机动化发展的经验来看，如日本、巴西、德国以及西欧的大部分国家，虽然每个家庭拥有2辆小汽车，但是，小汽车的使用率却很低，一般（75%的小汽车）只是在周末举家外出旅行时使用，而公交车日常乘坐率达到了70%以上。这就决定了这些国家以比较少的能耗实现 GDP 的增长。我国人多地少、资源贫乏，更要走一条集约使用能源、资源的城镇化道路。从土地资源限制和人口总数来看，我国城市的人口密度将可能是美国的十倍，期望我国人均道路面积达到美国的水平是不可能的。所以，必须要通过公共交通的优先发展来满足人民群众日益增长的出行需求，而决不能单纯依靠私人小汽车。居民可以拥有小汽车，但是不能代替公共交通，应该向西欧这些可持续发展搞得好的国家学习，小汽车日常使用率不能高于 30%。另一方面看，我国既然确定立了集约型的城市发展道路，城市人口密度指标应包括工业区、商业用地、道路用地、绿化用地在内，$1km^2$ 的城市建成区要容纳 1 万人左右。这就决定了我们要用非常有限的道路资源，来满足人民群众无限增长的交通安全和交通舒适的需求。解决这个矛盾只有一条路可走，就是实现公交优先，而不是私人小汽车优先。反之，我们就不能保持城市以集约型发展，也不可能实现城市的可持续发展。

三是公交优先符合最广大群众的根本利益。公共交通是城市政府直接为人民群众提供出行服务的一项重要基础设施，其社会公益性十分明显。公共交通设施的完善程度、市场管理的规范程度、经营服务的文明程度等等，都直接决定了群众的生活质量，直接影响着党和政府在群众中的形象。公交优先是落实群众优先的一项重要任务。道路资源是有限的，公交优先就是老百姓优先。这是落实“三个代表”重要思想和落实科学发展观的具体体现。因为公交服务于绝大多数人民群众，真正体现了公平、科学的发展观。如果按照过去的发展思路，我们要求所有的社会车辆行驶速度都能够越来越快，而唯独公交车行驶速度越来越慢，这就不可能充分体现普通老百姓的利益，就不可能践行“三个代表”。在西方国家也有这样一个理念，就是城市规划、建设和管理，一要尊重自然、尊重生态；二要尊重地方的文化，尊重自己的国情、市情；三要尊重普通老百姓。富人、有权的人可以逃避环境、逃避拥挤，需要我们关注的是占总数90%的普通老百姓的出行，要使他们的出行得到最大的便利和舒适。因为这些方面是市场不能自行调节的。在城市交通建设规划过程中，我们必须把注意力更多地放在公共交通上，满足绝大多数人民群众的出行需求。

（二）认真编制公交规划，加强公交优先的法规建设

抓好城市公共交通工作，重要的前提条件是科学地编制城市公共交通规划，强化法规建设。各城市建设行政主管部门要按照建设部建城〔2004〕38号文的要求，认真编制和完善《城市综合交通规划》和《城市公共交通专项规划》。《城市综合交通规划》是《城市规划法》所确定的一项规划，通过此项规划的编制来确定城市交通发展目标和战略，确定交通发展和土地利用的关系，保证城市公共交通发展的用地需求，优先建设公共交通基础设施，并将其纳入城市总体规划和各类法定规划之中。通过编制《城市公共交通专项规划》，明确不同类型的公共交通工具的功能分工、线网分布及设施配置、场站规模、空间布局形态和换乘关系。通过这两种规划，来妥善安排各类交通方式之间的衔接，进一步提高公共交通的吸引力。对拟建轨道交通的城市，要认真组织编制《城市轨道交通建设规划》。城市轨道交通是《城市公共交通规划》的一个有机组成部分，也是《城市综合交通规划》的骨干组成部分。要明确轨道交通远期目标和近期建设任务以及相应的资金筹措方案；明确轨道交通的线路站点选址、沿线用地规划控制以及与其他交通方式的衔接；明确轨道交通是整个城市公共交通的有机组成部分，而不是独立的一个系统。由于认识不到位，许多城市轨道交通建成以后，与其他交通方式的换乘非常困难。所以，必须把轨道交通与其他公共交通有机地、系统地连接在一起，努力实现零距离换乘，这是非常重要的规划编制原则。

省级建设行政主管部门要及时指导《城市综合交通规划》和《城市公共交通专项规划》的编制，并认真组织审查论证，按国家规定的程序进行报批。《城市轨道交通建设规划》应由省级建设行政主管部门初审后，报送建设部和国家发展改革委员会审查，再报国务院审批。关于《城市综合交通规划》和《城市公共交通专项规划》编制的时间问题，总的要求是：特大城市和大城市要在2004年底以前完成编制和报批工作；其他城市要在2005年上半年完成。建设部和省级建设行政主管部门将对各地规划的编制和实施工作进行全面检查，并在全国各大媒体公布检查结果，请各地按时完成并认真组织实施。

各地要按照《行政许可法》的要求，从本地实际出发，对现有公共交通的法规、规章、制度进行全面深入的清理和调整。要借鉴国外城市公共交通管理的成功经验，提出我国城市公共交通的法律法规体系框架，各个城市的公交部门都要力争通过省级人大和特大城市的立法权，对公共交通优先的法规加以明确。建设部将根据地方的立法情况及时加以收集、整理，出台我国的《城市公共交通条例》、《城市公共汽电车管理办法》以及《城市轨道交通管理办法》。各级建设行政主管部门要依法加强对城市公共交通市场的监管，规范各类市场主体的市场行为，维护市场秩序，坚决查处各类违法违规行为，保障城市公共交通经营者的合法权益和乘客的切身利益。

（三）加强城市公交基础设施建设，大力发展大运量的城市公共交通系统

各地要按照“统一规划、统一管理、政府主导、市场运作”的原则，进一步加大城市公交场站等基础设施的建设力度。各城市要积极拓展建设资金渠道，鼓励社会资金投资建设公共交通设施。加大城市公交建设的投入比例，城市公交建设资金占城市道路交通固定资产投资的比重，要从2002年的19.9%逐步增加到30%～40%。对于公交场站设施建设的用地需求，各地要按照国家有关政策，实行划拨，保证城市公共交通发展建设用地。要大力建设综合性公交换乘枢纽等基础设施，以缩短不同交通方式之间的换乘距离和时间，方便群众出行。对已投入使用的公交保养厂、停车场、首末站等场站设施，不得随意改变用途。要建设港湾式停车站，以满足城市交通发展的要求和方便居民的出行。机场、火车站、客运码头、居住小区、开发区、卫星城、大型公共活动场所等重大建设项目，应将公共交通首末站或停靠站建设作为项目的配套设施，同步设计、同步建设、同步竣工。各级建设行政主管部门要加强监督管理，按照建设部〔2004〕38号文件的要求，对于不按规定配套建设公交场站的重大建设项目一律不予审批，不予验收。各城市建设行政主管部门要与公安交警部门密切配合，根据实际需要，在城市主要交通走廊设置公交专用道，形成公交专用道网络。公共交通专用车道要配置完善的标志、标线等标识系统，做到清晰、直观。特别要加强公交专用道的监控和违规处罚的力度，真正做到“专道专用”，提高公共交通车辆的运行速度和准点率。各地要根据城市道路特点、交通流动规律以及车辆特性，优化交通信号配时，科学合理地设置公共交通车辆优先通行信号管理系统，减少公交车辆在道路交叉口的停留时间，确保快速通过路口。

目前，各地建设地铁的积极性很高，建设公交专用道热情不高，这方面一定要适度调整。通过公交专用道建设，可以发展另一种大容量的、快速的公共交通即BRT系统。这个系统的基本特征主要有以下几个方面：一是在城市道路的中间开辟公交车专用道，消除与非机动和其他机动车的相互干扰；二是建立通过交叉路口公交优先的信号系统；三是地铁式的检票、候车和快速上下车；四是实现多种模式的交通整合，形成快速的转换系统。与地铁建设相比，建设 BRT 系统的最大优势有四个方面：一是建设的成本是地铁的 1/10，但其运量是地铁的一半，甚至达到地铁的水平。如哥伦比亚首都波哥达的 BRT 系统，每小时最大运量达 4.8 万人次，巴西库里蒂巴市的 BRT 系统，最高峰时可以达到每小时 4 万人以上。二是建设周期短，一般在一年之内，而地铁则需要几年以上。三是可以分段建设，分段投入使用，而地铁是不可能这样做的。四是它是一个比较安全的系统，又是一个开放的系统，而地铁则是封闭型的。昆明市曾经在世博会期间开辟了一段，运行效果非常好，成本也非常低，但是许多城市的领导还没有认识到这一点。联合国及世界上的一些国际组织都建议我国建设快速地面公交系统，他们认为 BRT 系统是中国必须优先采用的系统。现在许多城市都盲目搞地铁，而不考虑地铁的巨额投资、系统的脆弱性、长周期性，仅把地铁看作是现代化的标志、国际大都市的标志，看作是事关城市形象的工程，这是非常片面的。为此，国务院把地铁建设也列入这次固定资产清理整顿的对象。各地必须在今后五年内，选择若干个城市推行 BRT 系统，并希望北京、上海先行，在全国起到带动作用。

（四）完善公交优先的各项经济政策，建立公交发展的政策补偿与市场补偿机制

公共交通在城市经济社会发展中具有特殊的地位和作用，其良性外部效应有利于提高城市整体效益。在某种意义上说，城市公交部分具有影响城市的竞争力和城市的形象、决定城市的运行效率、影响城市的可持续发展等方面的作用。各地要按照国家制定的法律、法规和政策，在现有政策的基础上，进一步完善市场经济条件下公交优先的经济补偿政策。

公交行业的公益性定位，决定了各地政府的责任和公交企业的责任，城市政府有责任为市民提供价格低廉、方便、舒适、快捷的交通服务，这也是为什么不能把城市公共交通完全、简单地进行市场化的主要原因。城市公共交通首先必须满足社会的需求，其次要满足可持续发展的要求，第三要满足经济效益的需求，所以它不能像一般的企业仅仅只具有一个经济目标，而没有社会和生态目标。正因为三大目标同时存在，必须通过政府的扶持、市场的监管、经营权的特许等措施系统地进行体制创新，而不能采取一般国有企业的简单市场化。同时，也因为公共交通被定性为社会公益事业，政府必须加大投入，把公共交通的发展纳入公共财政体系，统筹安排、重点扶持。在《优先发展公共交通的意见》中也提出了对于公共交通票价要有严格管理程序，政府要承担由于票价限制所带来的市场损失，要给予企业一定的、必要的政策性补贴。现在有一些误解，似乎一提补贴就是公交企业经营管理不善。当然，我们要承认一些公交企业确实也有经营不善、人员臃肿、企业办社会导致效益下滑等方面的问题。国际上每台车人车比例为 5:1 或 4:1，而我国有些城市是 8:1，甚至 10:1。当然并不是说比例越低越好，但要合理，特别是在一线工作的职工数量要足够。在城市化、机动化发展的过程中，实施公交优先的战略，就是有意识地通过低廉的票价吸引大量的客流，使城市的综合效益和生态效益得到有效地提高。公交运行票价政府定价，是按照经济规律、社会规律和生态规律来定价，不是公交企业按照市场成本定价。有时候，价格控制造成的亏损是客观的，应该通过公共财政和其他形式来加以弥补。所以，公交企业不应该是暴利行业，但也不应该完全是亏损行业。这里的关键是，通过以省为单位，进行各城市公交行业的比较分析，来确定合理的人车比、票价和竞争方式。这三个方面的合理性是很重要的。凡是公益性功能造成的政策性亏损，应由政府全额予以补贴。这种补贴必须通过政策和法规来确定，而不是通过人际关系。世界上许多国家都长期实施对公交企业给予稳定的、法定的公共财政补贴与价格政策。如法国、德国、英国、瑞士对公交企业的财政补贴占成本30%，比利时、意大利、荷兰则高达75%。有的城市、有的区域甚至免费，如美国斯坦福大学校园内的通勤车辆就是全部免费乘坐，使进入校园的私人轿车减少了40%，空气污染程度降低了70%，道路的畅通率提高了一倍。

必须建立规范的公共财政补贴制度及补偿机制，划分政策性亏损和经营性亏损的范围。省级建设行政主管部门要和公安部门密切配合，对各城市的公交优先进行评估，对财政补贴进行评价，对企业经济效益进行比较，这样可以督促每个城市提高公交经营效益。要形成城市与城市之间公交企业的有益竞赛，而不能单纯追求车与车之间的经济竞赛，国外称之为标杆式竞争，而不是自由竞争。建设部也将在全国范围内进行评价，并和公安部一起对竞赛优胜的企业经营者和主管部门负责人给予一定的奖励。

（五）坚持城市公交市场化改革的正确导向

为了推进市政公用行业市场化改革，2002年建设部下发了《关于加快市政公用行业市场化进程的意见》，其指导思想就是要逐步开放市政公用市场，引入合理的竞争机制，增强活力，加快发展。继而建设部又颁发了《市政公用事业特许经营管理办法》。温家宝总理在十届人大二次会议上所作的《政府工作报告》中明确指出：要推进市政公用事业的市场化进程。加快城市公共交通市场化改革时间紧迫，改革不能再等，必须扎实推进。对于市场化改革中遇到的问题，也必须用科学的发展观和市场经济的思路，加以正确对待。

一是要正确理解打破行业垄断。开放公共交通市场，要在政府监管的前提下，鼓励有序竞争。要进一步转变政府部门职能，依法加强对公共交通行业的监督管理，并为公共交通企业创造有利的发展政策环境。在政策导向和管理措施到位的基础上，积极鼓励优势的公共交通骨干企业通过跨地区、跨地域、跨城市的参股、控股或委托经营等形式兼并中小和弱势企业，参与中小城市公共交通的经营，通过资产重组，使骨干企业经营向集约化、规模化发展，实现各地的优势互补。同时，城市公交可以向农村延伸，小城市的公交可以由大城市的公交企业来承包。要打破城乡区域之间界限和行政区的垄断。各地应欢迎像南京、大连、上海等公交行业发展比较健全、车辆标准比较高的城市公交企业加入自己的城市。如国外许多城市，公交不是由城市政府来搞，而是通过招投标形式，引进外地的公交企业来承包经营。农村的公共交通，可以通过城市公共交通延伸来解决。城乡的发展有其自身的规律。中央提出城乡要协调发展，这符合城市规划学中的一个理念，就是把城市的文明、城市的活力带到农村，把农村的生态带到城市；把城市公共交通的舒适、安全、准点、规范带到农村，把城市的文明管理模式辐射到农村去。所以，城乡交通的发展，是城市公交走向农村，而不是相反。

二是要正确理解产权制度改革。产权制度改革应是多样化的，第一种模式是，原有的国有企业通过吸引优势企业入股甚至控股，继续保持它的规模。如原来有些公交公司，产权不清晰，通过股份制改造，吸收上海、香港、南京等地的公司来参股，股份制改革一到位，资金就到位，管理也会到位，这样组建的企业就有独立的决策和自我发展能力；第二种模式是，将公交运行管理比较好的垄断性公交企业改组为集团，公司下面组建 3 ~ 4 个独立的由集团公司控股的公交公司，公交公司之间独立核算，相互进行服务质量、效益的竞赛，通过竞赛达到良好的经营状态；第三种模式是，城市主要线路保持不变，由骨干的大公司进行稳定的经营。新建成的道路，其线路经营权可以出让，由新组建的公交公司、私人公交公司、外资公交公司来投标，择优录用，但要签订好社会服务、准点服务等服务条款；第四种模式是，中、小城市的公交企业可以由外来优势企业进行兼并承包经营，如香港九龙公司对全国许多城市都提出兼并的要求。但我国内地的公交企业也要有勇气、有魄力成为全国公交企业发展的龙头。公交企业在短期内学习先进、苦练内功，也可以走出国门。只有这样，我国的公交企业才算达到了世界一流水平。

因此，要正确理解产权制度改革，没有产权的清晰，改革就是空改、白改、瞎改，但如果是不顾一切的一刀切，全部拍卖给个体私营经济来经营，让不懂公交的企业来控股，这是不负责任的做法。像这种社会事业类资源的改革，必须要通过稳定、有序的特许经营权的转让，结合对原有企业科学合理的产权制度改革“双轨并行”，稳步进行。改革的最终目标，就是要使一个城市公交优先战略得到真正确立。这个战略的确立，应基于社会效益和生态效益目标的实现，而不能仅仅局限于经济效益，这也是科学发展观的内涵。因此，公交企业绝不是一般的工业企业和商业企业，不能“一脚踢”，这一点大家必须清醒，必须坚持，同时要坚定不移地推进改革。

三是要正确理解公共交通线路经营权授予。公共交通线路经营权的授予，也是属于特许经营的范畴。对这种特许经营的授予，应在政府的监控下实行有限度的竞争。正确的竞争方式应该是服务质量的竞争，社会效益的竞争，在此基础上再推行经济效益的竞争。要按照“打破垄断、适度竞争、规范服务、便利于民”原则，来推行公共交通线路经营权的授予。严格按照建设部《市政公用事业特许经营管理办法》，对公交企业实行线路特许经营，应该同时让企业承担社会公益性责任、准点守时的责任、社会效益的责任、车辆更新降低污染的责任，同时要签署社会目标、生态目标，防止企业间恶性竞争。大城市的公共交通应由几家企业平等竞争，不应由一家企业垄断经营。对经营管理相对较好的公交企业集团，可以在一个集团下面分成 2 ~ 3 个公司，独立核算，相互开展竞争，这在许多城市也比较成功。在大城市、特大城市应该引进多家企业经营，但是绝对不能一步放开，几百家企业同时上，把公交系统搞成万马奔腾，结果是一盘散沙，完成不了社会目标和生态目标，完成不了规模经济目标。公交线路的设置要系统科学，方便群众。尤其要防止一条线路经营权的重复授予。每条线路经营权的特许，要充分考虑对周边线路的影响。公交网络是一个相互影响的系统，不仅线路之间相互影响，而且不同类型的交通工具之间也会相互影响。如地铁对地面公交、出租车的影响，这些都应在特许经营中予以充分考虑。地铁、地面公交、出租车是不可分割的整体，而且道路建设和公交的发展也是不可分割的整体。公交优先要在道路上控制，在道路的优先权配置上得到体现。这就是为什么城市公交系统不能脱离建设系统的根本原因，也是所有国家在城镇化高速发展时期取得成功的惟一经验。我们绝不能盲目地、脱离国情地学习国外的某些管理模式。

对线路特许经营权的改革，小城市、新建城市、卫星镇等可以一步到位，但是特大城市、大城市应该分期分批进行。对于原来运营好的公交线路，应该基本保持现状；对于新建的道路、通向农村的道路、新辟的公交线路，可以采取经营权招投标的办法从优择定运营企业，但要签订包括服务质量、准点率、生态改善等指标的合同。三个效益必须同时在合同中体现，不能仅有经济目标。

（六）统筹发展城镇公交，促进城乡协调发展

党的十六届三中全会指出，完善社会主义市场经济体制要贯彻“五个统筹”、作到“五个坚持”。“五个统筹”中的统筹城乡发展、统筹区域发展，就是要以城市带动农村，打破城乡二元结构，统筹解决资源配置和城乡差距，这对城市公共交通走向农村提出了新的要求，也为城市公共交通开辟了新的发展空间。

城市人民政府应从加快城乡协调发展的角度，从财税体制、市场管理、行政职能等各方面改革入手，打破计划经济体制造成的行政区划和市场分割的弊端，将郊区乡镇的客运交通及时纳入城市公共交通系统中，统筹研究公共交通发展规划，提供必要的经济优惠政策，把城市的活力、城市的文明、城市的舒适尽快让农村的居民来享受，带动农村的发展，进而消除城乡差距。

（七）提高服务水平，确保营运安全

城市公共交通企业要加大科技投入，提高车辆、运营调度、查询、场站管理等系统的科技含量，为城市居民提供更加方便、快捷、舒适的乘车环境。同时，要不断提高行业服务质量和水平。要通过一切有效的政策和措施，让城市公共交通设施变得非常舒服、方便、快捷、安全。这样不仅是普通老百姓而且越来越多的有钱人出行时也会选择公共交通。如果不重视公共交通的人性化、以人为本的建设方针，使乘坐公交成为一件苦差使，遭白眼，那么一旦普通百姓有了足够的收入，他们一定会购买私家车来取代公交。城市公共交通行业是城市重要的“窗口”行业，也是与人民群众生活息息相关的行业，各地要坚持“以人为本”、科学的发展观等原则，创新服务理念，创优服务方式，丰富服务内涵，加强精神文明建设，充分发挥“青年文明号”的示范作用。

各地要牢固树立“安全第一，预防为主”的思想，把公共交通建设和运营安全作为头等大事切实抓好。各级政府要认真贯彻落实建设部等九部委《关于进一步加强地铁安全管理工作的意见》（建质〔2003〕177 号），切实加强轨道交通的安全管理，提高应急事件的处置能力。

（八）继续开展各项专项治理活动，创建绿色交通示范城市

要深入开展清理整顿城市公共客运交通专项治理活动，以国办发〔1999〕94 号、国办发明电〔2000〕22 号及建设部建城

〔2002〕43 号等文件精神为指导，根据城市的规模、经济发展水平、出行需求等综合因素，科学合理地制定城市出租汽车规划，严格按照市场容量和发展规划，合理确定运力投入。严禁盲目投入，出租汽车有效里程利用率低于 70% 的城市和地区，不得以任何形式增加或变相增加新的出租汽车。要严格规范出租汽车经营权出让和转让行为，坚决纠正为筹集资金盲目向市场投放车辆的做法。需要实行经营权有偿出让的城市，必须报省、自治区、直辖市人民政府批准。严禁以审批方式无偿获得出租车经营权的企业和个人擅自转让经营权。要加强出租汽车司机队伍建设，提高司机的法制观念，教育引导遵纪守法、依法维权，依法解决各类纠纷和矛盾。坚决打击非法营运行为，对非法营运的摩托车、残疾人专用车、通勤车和其他社会车辆等要严肃查处，坚决取缔。同时，各地建设、公安、交通等部门要坚决制止针对出租汽车的各种不合理收费和乱罚款，为出租汽车行业创造一个良好的发展环境。

要深入开展“畅通工程”活动和创建“绿色交通示范城市”活动。按照国办发〔2000〕18 号和建设部、公安部联合下发的建城〔2003〕169 号文件要求，各地建设和公安部门要加强协作配合，采取有效措施，真正把优先发展城市公共交通的各项政策措施落到实处，努力实现“争取用五年左右的时间，基本确立公共交通在城市交通的主体地位”的目标。从今年开始，建设部、公安部将进一步深化畅通工程工作，推动“绿色交通示范城市”创建活动，各地要精心安排，认真组织，切实抓出成效。

总之，我们非常有幸地处在城镇化、机动化高速发展阶段，也非常有幸地在自己有生之年，以本岗位的实际工作来贯彻落实科学的发展观，实现中央提出的“和平崛起”的战略目标。各位所做的一切，都将为城市化的健康、协调发展甚至为民族、国家的可持续发展做出应有的贡献。但是，我们所面临的困难和挑战也是前所未有的。要有信心、有决心实施好公交优先发展战略，并在这个过程中锤炼意志和能力，为中国的崛起与发展做出自己应有的贡献。

（原载《城市交通》2006 年第 2 期）

市政公用事业的改革与监管

市政公用事业健全与否，直接关系到社会公众利益、公共安全和城市的生活质量与投资环境，也直接关系到城市和区域的可持续发展。近年来，各地遵循打破行业垄断，引入竞争机制，扩大对外开放和充分发挥市场机制等原则，积极推进市政公用事业改革，取得了一些成绩。但从总体上来说，市政公用设施短缺的局面没有根本扭转，投资效益和运营效率不高的问题广泛存在，较规范的政府监管机制和公共利益与安全保障制度尚不健全。本文力求从我国市政公用事业改革的需求、阻力及难点分析入手，对比阐述各种改革形式的优缺点，进而对改革的关键环节——产业的相对分离与重组进行描述，并对当前此项改革存在的问题以实例来说明较为正确的改革程序和监管办法。

一、我国市政公用事业改革的需求、阻力及难点

（一）改革的需求

1. 投资需求过大，历史欠债过多

从我国主要经济指标及城市建设固定资产投资来看，我国城市建设中固定资产投资即市政公用设施这部分，从 1980 年的占国内生产总值的 0.3% 增加到 2004 年的 3.4%，幅度大大上升，占同期全社会固定资产投资的比重由 1.49% 增长到 7% ~8%。

从表1可以看出2004年全国市政公用事业的投资，比1980年增长了10倍，可以说是取得较大的进展。但联合国对发展中国家在这方面的投资有一个基本的评价，认为这些国家公用设施的投资应该占GDP的5%左右。这里所说的5%是指占整个国家GDP的5%，而不是城市GDP的5%。一个城市的公用事业投资应占该市GDP的7%～8%，这是快速发展的城市化过程中的城市基础设施投资的正常比例，一般不应低于整个国家GDP的5%，也不低于城市GDP的7%～8%。过去我国市政设施投资额所占的比例很小，自从有了国债资金推动，这一比例上升了，但是与健康的城市化的要求比例相比仍是明显不足的。有的同志认为，联合国提出发展中国家快速城市化过程中城市公用设施投资占GDP的5%，是包括了电力和通信，的确如此。但是电力和通信这一部分投资，是放在全国的大范围来看的，若从城市的角度看，市政公用设施投资占城市GDP的6%～8%是合适的。实际上我们目前已面临这样的问题，如上海市公用事业投资占GDP的比例已经达到了8%～9%，仍不能满足城市快速发展的需要。上海市的污水处理率只有30%多，正在启动几个大的垃圾填埋场项目的改造。而全国661个城市中污水处理率为零的城市就超过200个。这些问题都是我们在快速城市化过程中要面对的。我国现在每年从农村向城市转移的人口大约是1500万，而且绝大部分城市基础设施本身就比较薄弱。我国城市与国外城市相比，一个明显的区别，就是城市地面建筑都比较现代化，与国外相差不多，但地下设施部分相差太大。在我国，基础设施比较齐全的城市如大连、青岛、长春等，都曾是殖民地的城市，原来的基础设施投资比较大，现在仍然在使用。而我国许多省会城市，地下设施混乱，地下管网历史上欠债很多，投资严重不足，甚至许多城市道路还没有下水道，造成下雨天无法排水，企业居民区污水无处排放。

全国主要经济指标及城市建设固定资产投资　表1

指标 / 年份	国内生产总值		财政收入		全社会固定资产投资		城市建设固定资产投资			
	数量（亿元）	环比增长率（%）	数量（亿元）	环比增长率（%）	数量（亿元）	环比增长率（%）	数量（亿元）	环比增长率（%）	占同期全社会固定资产投资比重（%）	占同期国内生产总值比重（%）
1980	4518	11.89	1160	1.20	911	30.33	14.4	1.77	1.49	0.30
1985	8964	25.00	2005	22.00	2543	38.73	64.0	53.60	2.52	0.71
1990	18548	9.69	2937	10.20	4517	2.43	121.2	13.30	2.68	0.65
1995	58478	25.06	6242	19.60	20019	17.47	807.6	21.26	4.03	1.38
2000	89468	9.02	13395	17.00	32918	10.30	1890.7	18.85	5.74	2.11
2001	97315	8.77	16386	22.30	37214	13.05	2351.9	24.40	6.32	2.42
2002	105172	8.07	18904	15.40	43500	16.89	3123.2	32.79	7.23	3.05
2003	117390	11.62	21715	14.90	55567	27.74	4462.4	42.88	8.03	3.80
2004	136876	16.60	26356	21.37	70073	26.11	4762.2	6.72	6.80	3.48

资料来源：《建设事业统计摘要2004》建设部综合财务司编

图1反映了历年来主要经济指标的变化，从中可以看出，城市固定资产的投资随着2004年国债资金的减少也随之减少。与国内生产总值、财政收入和全社会固定资产投资的快速增长相比，城市建设固定资产投资增长很慢，不成比例。但有的经济学家认为，我国近些年城市基础设施投资量过大，增长比率过高。其实这是不了解实情，他们没有深入基层，没有接触到实际的矛盾，而武断认为城市基础设施投资过量。从国外的经验和国内的实际来看，这方面的投资正处在还历史的旧账、有效投资还不足、正遭遇到投资的瓶颈阶段，绝不是投资过大的问题。

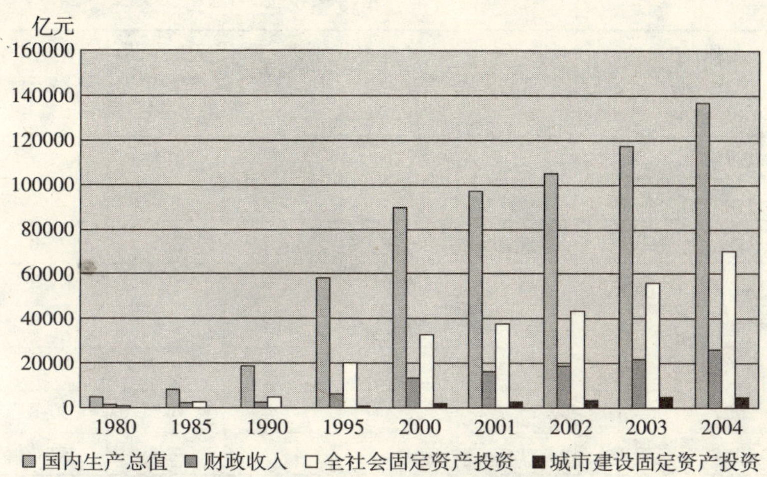

资料来源:《建设事业统计摘要2004》建设部综合财务司编

图1 主要经济指标趋势图

从全国城市公用设施水平来看(表2),这个水平是估计过高的。用水的普及率,尽管没有考虑水质的问题,城市的普及率仅为88.8%。但如按照国家新的标准达标的供水,其实也只有50%左右。燃气普及率,是包括罐装煤气而不单是管道煤气,也仅达到81.6%。人均拥有道路面积刚刚超过10m^2,对于快速城市化和机动化并存的我国来讲,道路是严重不足的,与全世界平均水平比差距是非常大的。城市污水处理率尽管这几年是快速提高,也只有45.7%,而且统计上仍有水分。我们所统计的是污水处理的能力,而不是真正的污水处理率,而且污水达标排放的比率更低。现在很多污水处理厂还是污水经一级处理后直接排放,实际上是没有达到环境所许可的排放标准,这种情况很多。

全国城市公用设施水平　　**表2**

指标 年份	用水普及率（%）	燃气普及率（%）	人均拥有道路面积（m^2）	污水处理率（%）	人均公共绿地面积（m^2）	生活垃圾无害化处理率（%）
1985	45.1	13.0	1.7		1.6	
1990	48.0	19.1	3.1		1.8	2.3
1995	58.7	34.3	4.4	19.7	2.5	43.8
2000	63.9	45.4	6.1	34.3		61.4
2001	72.2	60.4	7.0	36.4	4.6	58.2
2002	77.8	67.2	7.9	40.0	5.4	54.2
2003	86.1	76.7	9.3	42.4	6.5	50.8
2004	88.8	81.6	10.3	45.7	7.4	52.1

资料来源：《建设事业统计摘要2004》建设部综合财务司编

据最近普查，661个城市中，居然有200个城市的污水处理率为零。国家环保总局会同建设部等几个部委共同起草了一个关于环境保护的决定，其中有一条，凡是环境不达标，不能评选任何文明城市等称号。中央文明办提交的文明城市及文明先进单位候选名单中，有五六个城市的污水处理率为零，我们认为这些城市应不在评选之列。所谓城市的文明，应包括三个方面，即社会文明、物质文明和生态文明。所以污水处理率为零的城市怎么能称为文明城市呢？我国城市中人均公共绿地面积也是非常低。生活垃圾无害化处理率水分更大，许多地方往往只是把垃圾直接填埋，而真正符合规范的填埋只有20%。目前我国有900多个垃圾填埋场，80%以上不符合卫生填埋的标准，没有隔离层。垃圾产生的渗滤液毒害很大，将直接威胁地下水源的安全。而地下水一旦污染，200～500年都不能恢复。例如，乌鲁木齐市的工业污水，污染了地下水，结果下游各县的居民所取的水都是污水，治理起来十分困难。即使从现在开始，污水经处理后100%的达标排放，所有的垃圾填埋场重新进行翻修，采用隔离层，这样的污染也要经过几百年才能消除。美国的密西西比河以及与加拿大接壤的五大湖，污染了上百年，到20世纪70年代开始治污，现在周边所有的污水和垃圾处理场全是达标排放，但美国政府警告居民，每年最多只能吃这条河里的鱼二三条，怀孕的妇女不能吃，因为鱼体仍然含有污染物。但是按照我们的标准，密西西比河的鱼比我国河里的鱼是干净得多，毕竟污染是很多年前的事情，现在水体质量非常好。可见我们在这方面的差距是非常巨大，这方面的污染将使子孙后代受害，这绝不危言耸听。

2. 融资渠道单一，社会投资过少

从表3可以看出，1985年前，我国城市固定资产投资的资金来源中，利用外资的比例很少，从1985年的1000万人民币开始起步，最高的年份也不过100亿人民币多一点。其他资金如地方政府的财政拨款不断增加，已经达到1000亿人民币。国内贷款的数量最多，达到1500亿人民币。由于地方政府不能发行债券，债券数量很少。利用外资也非常少。自筹资金占的比例更少，而且还有应付未付款。所以，整个国家在基础设施投资方面利用债券和外资数量不足。目前，由于我国的证券市场还不完善，利用外资和民资的渠道也比较窄，所以，城市建设资金的渠道，主要是地方政府筹资；其他资金中，土地款约占45%；银行贷款占1/3；其余为中央的拨款和国债资金。从资金融资的角度看，社会资金投放的渠道太窄。

3. 企业效率过低，服务质量不高

一是冗员过多。市政公用事业单位长期以来被看成是公共福利，富余的人员太多。在社会上，大家通常认为市政公用企业是政府的、社会主义的福利事业，不讲效益，只讲公平；在企业内部，则成为安排复员军人和领导干部亲属朋友子弟最好的地方。在我国，每吨污水、垃圾处理的用工、每吨自来水供应以及每台

全国城市建设固定资产投资（按资金来源分）　　单位：亿元

表 3

指标 年份	本年资金来源合计	上年未结余资金	本年资金来源								本年应付未付款
			小计	中央财政拨款	地方财政拨款	国内贷款	债券	利用外资	其他资金	自筹资金	
1980	14.4		14.4	6.1		0.1			8.2		
1985	63.8		63.8	13.9		3.1		0.1	40.9	5.8	
1990	121.2		121.2	7.4		11.0		2.2	82.2	18.4	
1995	837.0		807.5	24.2		65.1		84.9	493.3	140.0	
2000	1849.5	109.0	1740.5	222.0		428.6	29.0	76.7	682.7	301.5	179.1
2001	2221.5	109.0	2112.8	104.9	379.1	603.4	16.8	97.8	636.4	274.5	191.9
2002	2816.6	111.0	2705.9	96.3	516.9	743.8	7.3	109.6	866.3	365.7	306.6
2003	4264.1	120.7	4134.4	118.9	733.4	1435.4	17.4	90.0	1350.2	398.0	268.7
2004	4650.9	267.9	4383.3	63.0	938.4	1468.0	8.5	87.2	1372.9	445.0	291.5

资料来源：《建设事业统计摘要 2004》建设部综合财务司编

公共汽车所需要的职工，都比国外水平高出一倍左右。真正有效率的管理是不需要这么多的人员。如每年对城市公共交通的统计中有一个指标，即平均每台公共汽车的工作人员配比，有的城市达 6 人之多，最好的是两台车 7 个人，差距非常大。

二是职工技术素质不高。市政公用企业中，农村土地被征用后的农民工占了很大一部分，戏称为“开关师傅”，仅知道相关设备的“开”和“关”，车间主任说开就开，说关就关，而为什么开和关却不知道，应急处理和设备维修能力更谈不上。

三是服务态度差。存在电霸、水霸和气霸等现象，这是老百姓的评价，什么都有一霸。例如几年前杭州市某区自来水公司的经理可谓是当地一霸，因城区自来水管网发展很快，该经理的霸气也慢慢滋长了。有一次公司经理乱停车，被交警贴了罚单，他就与交警吵了起来，两霸相斗，最后把交警大楼的自来水停掉。市政公用企业服务态度差已经成为流行的通病。北方城市的供热有“热霸”，按照“热霸”的观点讲，供热最好是按照单位来收费，供应多少热，收多少钱。至于供热计量到户的事，别叫我干。一手向政府要钱，一手向单位要钱，不愿意与一家一户的居民打交道。所以，供热体制改革推行有很大难度，首先是供热企业没有积极性。

四是服务品种单一。市政公用事业没有多品种和好的服务。改善最快的办法就是市场放开。竞争越激烈的行业，其服务越好。我国公共服务业中霸气消灭最快最彻底的是通信行业。十几年前，安装一部电话，先收电话安装费3000元，然后再排队等半年甚至一年，且电话费奇贵，现在有了无线、市话，大家平等竞争，如手机服务，个人订制服务，各种各样的服务随时都跟上，使消费者开始有点“上帝”的感觉了。在这方面竞争更为激烈的发达国家，消费者只要愿意使用某无线网络一个月以上，营运商就会免费赠送手机。由此可见，有了竞争，公用事业服务态度和质量就会迅速提高。不然的话，企业只有自取灭亡，哪里还有霸气？

五是缺乏自身循环发展的能力。按我国现有的运营管理模式，公用事业的投资根本就无法收回，更不可能产生真正的利润。如果有点利润，也是不计贷款利息和固定资产折旧的所谓的“毛利”。这与国际上公用事业在全球的大规模的发展完全相反。世界几大水业公司，如法国威立雅水务公司，世界500强之一，有100多年的发展历史，在欧洲占有很大的份额，然后进入南美、非洲等发展中国家，现在又进入了中国。威立雅是一个传统的做水务、垃圾的专业集团公司。十几年前，看到网络、媒体的快速发展，老总异想天开，把资金投入网络、媒体公司，结果短短的几年就亏损了180多亿美金。本来这个世界巨人应趴下了，但通过全球水务市场运营所获取的利润来填补亏空，把坏账处理掉，当今仍然是世界500强企业。如果威立雅没有传统水产业的基础，100多年的基业就没有了。再如苏伊士等公司也都是从城市的公用事业起步，成为世界500强企业的。

我国的公用企业有能够发展到走出城市或走出国门的吗？没有，很多自身生计都没法维持，更谈不上扩大再生产了。但快速城镇化的我国，有着世界上投资增长速度最快、规模最大的市场。这里边既包含着巨大的商机，又因为引入竞争而对传统的行业、企事业单位形成巨大的挑战。所以，没有良好的体制，自身的发展就无从谈起。

4. 对外开放滞后，引进技术不足

至今，我国城镇水的净化，污水、垃圾的处理等，采取的技术和工艺都是较陈旧的。几大处理设施都是占地多，耗能大，这与我们现在技术装备水平比较低大有关系。引进的技术也比较落后，配套程度不足。以污水处理为例，一些城市找关系引进的技术都是人家淘汰落后的技术、不配套的设备，投产以后的结果是尾水中的COD、氨氮指数不达标，或除磷指标不符合要求等等。污水没有除磷就排放，将带来了许多问题。如我国现在许多湖泊为什么富营养化，就是水体磷的含量太高造成了蓝藻的爆发。在引进国外技术方面，也是重设备、轻技术，重硬件、轻软件。新技术、新工艺消化、试验、应用、推广非常滞后。在发达国家的城市，自来水可以直接饮用，污水经处理后是清澈见底的。哪像我们污水经处理后排放出来的还是污水。所以，在这些问题上我国是大大落后于世界先进水平，无论是设备的占地、耗能、所用的化学药品消耗量，都是高于发达国家的同行。对于市政设施的规划设计，国内有几家设计院，设计思想非常陈旧。如三峡库区有几个城市要建污水处理厂，但找不到平地，就机械地按照污水沉淀池的占地标准，采取山谷填方造出一块平地。结果需要填

75m 高的土方。填出一块平地后，再按照传统的设计图纸建一个污水处理厂。75m 高的土方意味着要保证地基稳定需要沉降两三年的时间，而且整个结构一边是建在硬的岩基上，一边是填方出来的软地基，这样的污水处理厂本身就极易产生裂缝而漏水，而且投资浪费极大。法国地中海沿线的土伦市污水处理厂，承担着 35 万人口的污水处理任务，占地十分紧凑。发达国家 35 万人口产生的污水量比我国 130 万人口都多，但是该处理厂所占用的地理空间非常小，而且建在岩洞里边。因为海岸线是风景线，法国的环境部长就要求设计建造此污水处理厂不能影响景观。最后通过良好的设计将其安置在一个人工开凿的岩洞中，如按我们的陈旧设计思路，是根本不能达到的。而且新的技术与老的技术相比，用地可以节省 80%。

美国的公用事业改革比较晚，因为这个国家无论是资源或生态环境容量都比较富足。但现在也开始对公用事业进行改革，其主要原因：第一是认为公用事业改革可以节约成本，这个思想占主导。第二是能够增强企业的灵活性。第三是提供高质量的服务。美国的公用事业企业是在城市之间展开竞争的，中小城市没有自己的公用事业。某个城市的供水、污水处理、垃圾处理可以让另外一个城市来处理，而不是自己办企业。第四是促进技术创新。第五是增加地方政府的政治支持。第六是因受制于政府，缺乏相应的专业人员，不得不依靠企业提供市政服务，来适应快速的变化等等原因。尽管前后五年有一定变化，但从美国公用事业改革的趋势来看（图 2），市政公用事业的改革，主要不是投资的问题。与我国不同，美国的资本市场发展很完善，融资非常容易。美国主要是从节约成本、高质量的服务、提高人员素质这些目的来推进公用事业市场化的改革。而且它是城市化以后的公用事业改革，我国是城市化过程中的公用事业改革。由于目的不一样，所采用的模式和进度也不一样。

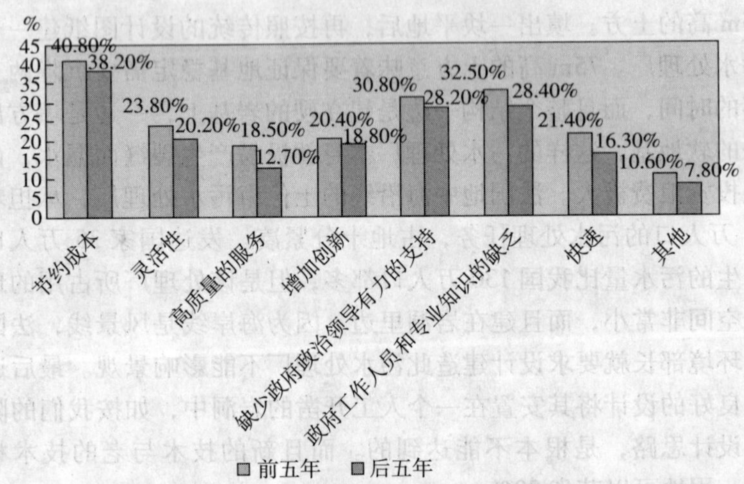

资料来源：Council of State Government："Private Practices, A Review of Privatization in State Governments," 1998, Fignre6, P8

图 2　美国公用事业改革的原因

（二）改革的阻力

市政公用事业市场化改革阻力相当大，有人将其称之为我国计划经济的最后堡垒。主要有以下四种阻力。

（1）企业领导怕失权。因为改革就是让外资和民营资本参股，改变公用企业国资一股独大的局面。这样企业的经理想成为当地一“霸”也当不成了。原来电信行业作为垄断“局”，局长牛得很，现在变成了接受激烈竞争的企业了。以前自来水公司的经理敢跟交警对抗，要是改革了，他还能呈现霸气吗？所以领导怕失权。

（2）职工怕失位。原来是国有市政公用企事业单位，脏活、苦活、险活，都由农民工干，企业的正式职工成为优等职工、贵族职工。改革后，大家都是合同工，什么事业单位职工、享受行政干部待遇等等，这一切都没有了。所以职工怕改革失去全民职工、事业单位的待遇。

(3) 主管部门怕失利。主管部门认为下面有这些单位，可以安排人，什么亲戚朋友，七大姨，八大姑等等，其他就业岗位很困难，而市政公用企业的产品需求旺盛，没有市场风险。管理这些企业的人、财、物，过年还有年货进贡。一些本部门无法报销的票据还可到基层企业报销。改革以后，这些就没有了。谁还会给你提供这些东西呀？已不是上下级关系了。

(4) 社会认同问题。社会上有很多人把公用事业看成是纯粹的社会福利，是福利事业，应该是政府提供的，低效率是可以承受的。并且错误地认为，如果把这类企业的全民性质也改了，那还有什么社会主义呀。所以社会认同也是一个难点。

(三) 改革的难点

一是法律法规不健全。我们所有涉及国有企业产权制度的改革，都是摸着石头过河的，包括公用事业改革也是一样，都存在法律法规不健全的问题。

二是与价格转轨同步。以前，我国的市政公用事业收费未包括全部成本，现在要发挥价格机制对资源浪费的扼制作用，就要把成本费用叠加上去。水价要改革，改革就是要提价，水价中要包含资源费、水工程费、管道费用、污水处理费用、还包括水净化的费用等。把这些费用全部加上去，水价不会是现在那么低的。其实所谓的全过程水价，是相当高的，远距离调水而来的城市水价则更高。如南水北调到京后的水价起码是 8 元/m^3，但这只是指水资源费和水工程费，还不计水生态费，就是没有把对调水地生态影响的成本叠加上去。水调到北京需 8 元/m^3 多，然后再加上污水处理费和净化水的费用，再加上输水的管理费用，水价自然会比现在的价格高出许多。我国绝大多数城市的水价，实际上只有真正的成本水价的 1/3 ~ 1/4。按照国外的标准，水价一般是电价的 20 ~ 30 倍，而目前我国水价与民用电价比实际上只有3~5倍。所以，我们现在的公用事业完全是政府补贴的福利事业。要过渡到按照全流程成本来收费的话，或者说要鼓励建立节约型社会的话，那么水价、电价、油价、气价都应上升。在价格上升时期，同步推进市场化改革就尤其困难。这会给大众一个假象，似乎一改革就是提价，就会导致出现老百姓对改革的怀疑态度。国家发改委等几个部委这方面的态度非常坚决，如果哪个地方水价改革不到位，就停止国债资金的支持。因为水价改革是国债资金一个配套的工程。山东省就采取了这个办法。水价要提高，地方人大通不过，省政府就做工作，水价改革如果不到位，就会失去国债资金，地方人大就让步了。所以，要用节约资源的观点来看待公用事业的服务价格。我们正好处在资源成本转移的过程中，此时同步推行改革的难度特别大。

三是富余职工的安排。国有企业的改革已经慢慢地走出一条路了，但是对事业单位、事业类企业的改革，难度仍非常大。这方面有思想观念转变的问题，也有公平的社会保障制度配套的问题。所以，市政公用事业单位富余职工的身份转换确实是很难的问题。每一个企业改革以后，同样的生产能力，需辞退的富余人员起码达到35%~45%。

四是监管机构不健全。原来是自来水公司生产水，自来水公司自己监管水质；污水处理厂排污，自己来检验所排污水的水质，等等。监管与服务单位应该分离，但现在没有行政编制、经费和法规支持。

五是公用行业国有资产的代表权问题。对于国有工业企业，国有资产改革的路子还是顺的。但其他专业性强的国有资产的管理模式却有明显的缺陷。因为就国有资产管理而言，管理者与国有资产经营者之间信息越对称越好。越对称越能了解经营者在做什么，监管才能起作用。现在不分青红皂白，只要界定为国有资产的，全部归到一个国有资产管理局，国有资产管理局与某些行业的国有资产管理者之间的信息是严重不对称的，这种严重的不对称就产生监督不到位的问题。国有资产管理者跟监督者之间的“距离太远”了。好比警察与小偷，警察在北京，小偷的活动在深圳。距离很远，你怎么管得住？如果城市基础设施领域的国有资产按普通工商业企业资产管理模式那样去管理，就会遇到严重的信息不对称问题。这种管理上的信息不对称，如果发生在快速城市化过程中，就可能引发出大的问题。工商业企业等竞争类行业和通用性的国有资产应该由一个国有资产管理委员会去管理，而专业性强的公用事业则另当别论。在世界上没有哪个国家对不同的国有资产是采取一个模式统一来管理的。

二、市政公用事业改革的主要形式及其优缺点

（一）不同类型的市政公用设施的市场化潜力分析

1. 按自然垄断程度划分

对于公用事业部门，从范围经济、规模经济、沉淀成本、自然垄断程度这四大指标的比较来看（表4），发电行业的规模经济中等，自然垄断程度中等，而且配送这一块自然垄断程度大。凡是自然垄断程度大的，改革难度就大。天然气的生产和传输自然垄断程度中等，所以改革启动比较容易。整个行业完全可以市场化运作，但是现在由于体制的因素仍由垄断企业运作，地方政府与天然气传输公司之间的谈判很难。城市供水范围经济、规模经济、沉淀成本都很大，但自然垄断的程度随城市的分布与相互作用程度不同而变化极大。供水的自然垄断程度，对城镇连绵带而言是不高的，但对一个孤立的城市来讲，自然垄断程度是非常高的。所谓沉淀成本就是一次性的投入非常大，而且资产无法转作它用。邮政的四大指标都比较小，所以邮政改革的启动应该是相对容易的，这就是日本为什么要选择邮政来启动改革。公共汽

车的自然垄断程度还是比较小的，出租车就更小。所以出租车可以采取私人经营或公有私营。公共汽车可以采取分线路分别特许经营。在日本，长途运输卡车一般都是夫妻店。卡车里边有床，通过卡车协会组织全国运输，运输效率比我们高多了。比如这辆卡车开到了名古屋，把货卸了以后，马上接到协会的通知，当地有什么货可以运回去。全国所有私人拥有的卡车都在一个计算机网络的控制下，空载率很低。我国的长途运输车辆空载率比日本高好几倍，因为这些车辆分属不同的单位，同时也缺乏一个组织或协会来有效统一调配。

公用事业部门的自然垄断程度　　**表 4**

		范围经济	规模经济	沉淀成本	自然垄断程度
公用事业	1. 电（发电）		中		中
	（配送）	大	大		大
	2. 天然气（生产）		中		中
	（传输）	大	大	中	中
	3. 城市供水	大	大	大	
	4. 电信、广播	大			
	邮政		小	小	中
	本地电话		大	大	大
	长途电话		小	小	中
	广播（无线）		中	小	小
	（有线）	大	中	小	中
运输部门	1. 铁路	中	大	大	中
	2. 国内航空	中	中	小	中
	3. 卡车	小	小	小	小
	4. 公共汽车	小	小	小	小
	5. 出租汽车	小	小	小	小

资料来源：（日）植草益．微观规制经济学．中国发展出版社，1992，48

2. 按可市场化程度划分

按照市场化程度来划分，有一个指标就是可销售指数。可销售指数越高，可市场化程度就越高。世界银行从竞争的潜力、公共服务的义务、环境的外部因素以及以使用费弥补成本的潜力等指标对市场化项目进行全面分析后得出（表5），电信类、电力、天然气基本上都可以采取市场化的手段进行改革。从交通运输来看，除了农村的公路和城市道路市场化可销售程度低于2以外，也就是说它们没法改为市场化运作，其他的包括干线公路、有轨交通、城市公共汽车、铁路客运、港口机场设施和服务，理论上全部都可以市场化运作。这个指数越高，市场化改革越容易。供水和污水处理的城区管网的可销售指数是2，但是公共服务的义务非常高；以使用费弥补成本的潜力是中等，但环境的外部因素是非常高的，故其市场化启动较难。非管道系统的可销售指数就非常高了。

公用事业的市场化程度 表5

可销售性评级说明： □ =1.0（可销售性最低） □ =2.0 □ =3.0（可销售性最高）		竞争的潜力	货物与服务的特征	以使用费弥补成本的潜力	公共服务义务（权益问题）	环境的外部因素	可销售性指数
电信	市内电话	中	私人	高	中	低	2.6
	长途电话与附加值	高	私人	高	极少	低	3.0
电力/天然气	热电	高	私人	高	极少	高	2.6
	输电	低	会员	高	极少	低	2.4
	配电	中	私人	高	很多	低	2.4
	天然气的生产与输送	高	私人	高	极少	低	3.0

续表

可销售性评级说明： □=1.0（可销售性最低） □=2.0 □=3.0（可销售性最高）		竞争的潜力	货物与服务的特征	以使用费弥补成本的潜力	公共服务义务（权益问题）	环境的外部因素	可销售性指数
交通运输	路基和车站	低	会员	高	中	中	2.0
	铁路运输和客运	高	私人	高	中	中	2.6
	城市公共汽车	高	私人	高	很多	中	2.4
	城市有轨交通	高	私人	中	中	中	2.4
	农村公路	低	公共	低	很多	高	1.0
	干线和支线道路	中	会员	中	极少	高	2.4
	城市道路	低	共有财产	中	极少	低	1.8
	港口与机场设施	低	会员	高	极少	高	2.0
	港口与机场服务	高	私人	高	极少	高	2.6
水	城区管道网络	中	私人	高	很多	高	2.0
	非管道系统	高	私人	高	中	高	2.4
卫生设施	管道排污和处理	低	会员	中	极少	高	1.8
	公寓污水处理	中	会员	高	中	高	2.0
	现场处理	高	私人	高	中	高	2.4
废弃物	收集	高	私人	中	极少	低	2.8
	环境卫生处理	中	共有财产	中	极少	高	2.0
灌溉	主渠与二级网络	低	会员	低	中	高	1.4
	三级网络（田间）	中	私人	高	中	中	2.4

资料来源：为发展提供基础设施. 1994 年世界发展报告. 北京：中国财政经济出版社，1994

（二）市场化改革的主要形式及其优缺点

市政公用事业市场化改革的形式多种多样，其市场化程度、特征和适用范围也有区别，某些模式之间还可以相互取代。也就是说市场化改革可由浅入深一步一步推进。

1. 运营与维护（Operation and Maintenance）

就是政府部门与民资、外资或独立国有企业（以下简称“企业”）签订合同，根据合同对公用事业设施进行维护和运营。这种形式可以适用范围非常广，其优点：一是可以提高运营的质量和效率；二是合同形式非常灵活，政府拥有资本所有权和控制权。缺点：一是签订合同一般不能二次转包；二是如果承包商不履行职责，再次转包成本很大；三是政府部门的控制权有所下降；四是对长期的投资不可能吸纳资金和技术。

2. 设计—建设（Design - Building）

政府与企业签订合同，实际的公用设施建设由他们负责。优点是可利用企业的经验和技术，包括民营和外资企业的创新成本，而且采购也比较灵活，可以利用他们的采购渠道。如果污水处理厂委托一个有经验的公司去设计建设，就不会出现丹麦的阀门、德国的计算机无法接口的问题。另外，还可以缩短建设的工期，并由企业承担技术的风险，对资产所有者承担单一的责任，减少建设中因技术方案失误的可能性。缺点：所有者控制能力下降，出国购买设备可以附带出国的机会就没有了；想加入新的设计、改变合同非常困难，监管的成本大大提高。所以，承包设计与建造，可以引进技术，未能引进资金。但是可以防止投资技术方案失败风险。

3. 承包运行（Turnkey Operation）

此模式就是政府为项目提供资金，雇用民资、外资企事业设计、建造。建造以后，进行公开招标选择企业来承包运行，政府提供经营目标对企业进行考核，但政府拥有所有权。这种方式适用面是非常广的。优点是把风险转移到民资、外资，可以引进设计方案和技术，比只管设计、建设，不管运营的方式进了一步。政府可以从民营、外资企业中得到效益，可把其运行成功的管理制度拷贝、转移过来。缺点：一是无法引进资金；二是政府对设施的控制权有所下降，授予专营权的程序更加复杂；三是政府可能面临投资的风险，投资风险是由政府承担的，难以转移和分担。

4. 公共设施的扩建（Wrap Around Addition）

基础设施扩建这部分由企业来承担。优点是政府不用为建设设施的扩建提供新的资金，投资的风险由外资企业承担，政府机关和公用企业可以从民营企业的建设经验中获益。现在我们许许多多大型基础设施工程如三峡工程等，都是这样做的，收益很大。我们把传统的管理法与国外先进的做法进行对照，就可以把他们的先进技术、经验学过来了，也可以提高整体的效益。缺点是合同中很难包括将来可能出现的难以预见的问题，如果要变更合同，付出的代价可能比较大，而且政府会感觉好像失去了控制权，还有授予合同程序也比较复杂。

5. 租赁—购买（Lease-Purchase）

政府与企业签订合同，企业负责设计、融资、建设以及提高公共服务的水平。建好以后，企业就把这部分设施租给政府，比如租给政府 20 年，政府就会按年度付给企业 20 年租金，期满以后，这些资产所有权最终是归政府的。这种方式适用于法制比较健全的国家，而且政府既缺资金，又没有能力进行投资的地区。倒置购买这种方式适用于资本性资产。优点是大大提高了建设的效益、提供了创新的机会，引进了技术，租赁的支出也大大低于借债的数量和风险。设施建好后，租给政府，政府每年就付租赁费，投资成本就大大下降、风险也大大下降，也可将运营的风险转移给企业去了。可以以较低的成本，为公共提供较高水准的服务，也可能发展成为一个新租赁模式。缺点是政府监管、控制程度大大下降。政府如果没有能力，会被企业主所左右。在中国还可能出现另外的问题，如果让私营和外资企业独立负责征地、负责跟农民的处理征地等项目前期工作是非常困难的，所以政府前期不介入会造成基建启动难。

6. 临时的市场化（Temporary Privatization）

就是将现有某一个公共设施的所有权有偿转移给企业，所有权在一定时期内归企业，到期所有权收回，这就是我们经常采取的方式。比如说现在有一条城市间高速路已经建好，政府的投资能力已经枯竭，怎么办呢？就将建好的路或其他公用设施，以一定期限（10 年、15 年或 20 年）的经营权卖给企业，谁出价高归谁，收回的资金归政府，到期后所有权也还给政府。也就是政府建、政府卖，企业来经营，然后政府回收。这种模式非常适用于我国，因为我国高速公路、机场、污水处理厂，前期征地拆迁工作，由政府来做，成本比较低，然后把建成的项目卖给外资企业，把成本收回。20 年经营期后，全部还给政府。优点：一是如果合同设计合理，政府投资可一次性收回。二是资产的转让可以降低政府经营的成本，政府就不需要派大批人员去经营，运营成本可以大大地下降，通过企业来经营可以降低经营风险。三是民资、外资能够提高经营的效率，同时可获得民资、外资的投资。四是经营的风险由民资企业和外资企业来承担，政府不承担。如果不是遇到不可抗力或其他原因，比如地震、洪水，只要合同签订好，经营风险由民资和外资企业来承担。政府的阻力在什么地方呢？一是好像感觉上失去了控制权；二是合同需要涵盖将来可能发生的所有问题；三是服务收费不能是福利费用，成本费用改革是市场化的起步、关键和基础；四是在民资或外资企业破产的时候就会导致公共服务水平下降。例如以前某城市有一条公路，政府投资 3.5 亿，卖给一家外资企业，卖了 6 亿，溢价很多，赚了 2.5 亿，而且合同规定必须什么时候维修，一年维修几次，三年要重新铺一次路面，合同都签好了，但后来这个企业搞了一个房地产开发项目，资金被套牢了，这条公路就没钱维修了，结果路面变得坑坑洼洼，老百姓意见很大。这类情况在过去各地都是遇到过的。国外是这样的，负责城市公用设施的企业，要是接受政府的特许经营，就必须保证政府能监管企业的资金使用，不论企业经营其他什么项目，都必须预留出公用设施若干年之内的维护资金，接受政府监管。这样不管企业搞什么项目亏本了，仍有足够的资金保证公共服务的质量。所以，政府监管必须要有一个很好的预先设计；五是政府将来可能会重新成为此项公共设施资金的提供者。如果企业破产了，政府还要出很大的费用重新进行维护管理，政府面临承担经营失败的全部风险。尽管如此，临时的市场化在我国是受欢迎的，而且取得巨大的成功。

7. 租赁—开发—运营，或者购买—开发—运营（Lease-Develop-Operate or Buy-Develop-Operate）

也就是企业购买一项公用设施特许经营权，然后进行设计和建设，并签订一定期限合同进行经营。即企业将资金投入这个设施的建设或者完善，政府给予合作者一段时期的特许经营权，比如说10年或20年。好处是如果民资、外资企业购买设施，政府可以直接获得一笔现金，政府也不用为设施更新进行投资，融资的风险全部由企业来承担，双方都有增加收入的机会，政府又可以学到先进企业的经验。另一面也可以把设计、建设、运营连接在一起，有很强的可操作性。存在的问题：第一，与前面的模式有些相似，有的项目是国债投资的，这在中国是常见的，出售时国债如何计算，就有了问题；第二，基础设施已出让给民资、外资企业，失败的风险仍然存在，如果合同设计不完善的话，遇到未预见的技术更新、设备的维护就很难依事前协议进行处理。这种租赁开发遇到的问题，在我国一般采取比较完善的合同的方法来解决。

8. 建设—转让—运营（Build-Transfer-Operate）

就是政府与企业签订合同，然后由企业来融资进行建设，一旦建成后，把所有权移交给政府，然后政府又进行招投标，采取长期租赁的办法租赁给另外一家企业，也可能是这一家。此模式优点是政府可以从民资、外资企业中获得专业知识和创新技术，政府又可以保持对产权的控制监督，还可以制定服务水平、质量和收费标准。与 BOT 相比，这种模式可以避免法律监管和澄清权责问题，如果没有达到服务水准，政府可以收回。存在的风险是如果经营企业破产或者违规的话，政府要取代企业经营时，存在着很大的难度，所以这种模式跟 BOT 又有区别，但比 BOT 更加灵活。就是企业将设施建好后，政府收回，收回后政府再租赁，可以租赁给其他企业，灵活性比 BOT 更大，但转让程序更复杂。

9. 建设—拥有—运营—转让（Built-Own-Operate-Transfer）

即 BOT 形式。企业从政府部门得到排他性的特许权，负责融资、建设、经营、维护和管理公共设施，并通过使用者付费，在一定期限内回收投资，特许经营期满后，所有权还给政府。该模式的优点在于：第一，能最大程度地利用外资和民间资金的资源。第二，在计及终身成本的基础上能够确保设施建设的高效率和优良服务。第三，在不增加政府大额支出和发生长期负债的情况下，向社会提供公共服务。第四，所有的项目启动的时候问题都由外资和民营企业来解决，所有的风险由他们分担。问题：一是运营成本政府难以控制，比如自来水厂转让给企业了，结果政府控制不住水资源费。如果中央提出水资源费要提高 5 倍，整个合同就全作废了。二是政府可能丧失对建设运营模式的控制权。三是合同内容需要涵盖未来可能出现的问题。四是民资和外资企业有权决定收费的标准，政府只是设定最高限价，其他的权力要给投资者。五是与建设转让运营模式相比，政府的控制权变小。一旦出现破产和违约的情况，合同的替代存在着困难。所以，所谓的 BOT 形式也不是最完善的模式。前面的有些模式和临时的民营化模式，在某些领域可能比标准的BOT更适用，政府的控制权更大。

10. 建设—拥有—运营（Built-Own-Operate）

即BOO模式。政府签订一个永久性的转让合同，把公共设施的经营权和所有权一次性转让给企业。一个典型的例子就是温州市政府十年前把出租车的经营权一次性卖给个人，合同期限50年，市场价位是60万。然后出租车车主拿到经营权后，去购买统一标识的出租车，每辆车雇2~3名驾驶员，一天三班倒提供服务。然后政府承诺若干年内不增加出租车数量，来保证出租车需求，这就是温州的模式。但也有问题，就是驾驶员宰客的情况比别的地方严重，管理起来有难度。但政府是只赚不亏的，出租车主和司机也很少罢工闹事。但政府一次性地丧失了长期的资产控制权，政府让车辆更新也比较难。可以看出，此模式优点：第一是政府从此就不介入公用事业的建设和经营，在标准的政府改革上称之谓“服务外包”。第二是政府能够对民营和外资企业提供的所有的服务进行监管，就是对质量进行监管。第三是政府不需要进行任何投资。第四是政府通过对民营企业实施的税收增加公共利益。可以对其进行税收调节。最后是长期的所有权能够鼓励开发商进行重大的技术创新，因为所有因技术创新而节约的成本、开发项目的长期效益都是企业自己的，用不着考虑技改投入的回收的期限问题。缺点：一是私人企业和外资企业往往以利润最大化为目标，较少从公共利益的角度来考虑问题。二是公共部门缺乏监督管理的能力，这是一个新的挑战，资产所有权一旦转让，监管起来就很困难。三是提供服务企业与一般企业一样要受到税收法规的约束，不能享受传统国有企事业单位的优惠。四是缺乏竞争，因为没办法将空间的垄断转换成时间段的竞争。所以必须要制定必要的法规来监控企业的经营活动。像表4中自然垄断性低的项目采用这种方式问题不大，对垄断性高的项目，一旦采取 BOO 的方式，政府就丧失了许多改善公共服务质量的主动权。像出租车问题不大，本身垄断性程度很低，货运车垄断性程度也很低，全部采取 BOO 的方式也不会出现大问题。所以，在日本所有公路运输全是 BOO 的形式，在香港所有的出租车全都是 BOO 的形式，都没有遇到大的问题，道理就在这里。但是一旦把最基本的公共设施采取 BOO 的形式，有可能出现大的社会公平和经营风险问题。目前各级政府对这些方面的法规准备和调控能力不足。此外，许多市政公用事业具有很强的正外部性——即有明显的社会和生态效益，涉及城市公共安全，不能放手让民营外资企业垄断经营。所以，不能断然采取这种最彻底的市场化方式。

这里列举了十个办法，从第一个到最后一个，市场化程度越来越高，引进资金的能力也越来越强，但政府的控制权越来越小，抗风险的能力也逐步弱化。市场化程度最彻底的一个就是最后一个办法，风险也最大。所谓的特许经营也就是说这些公共品提供本来应该由政府承担的，现在政府因为前面所讲的四种原因，将本来应该由政府经营的权力转让给企业，政府保持和强化监管。这种让渡的方式有十种，最后一种最彻底，第一种最不彻底，这十种都是特许经营的方式。不同的特许经营方式，政府的控制权是不一样的，风险是不一样的，适用于不同的项目、不同的时段、不同的地区、不同的类别和适应于不同的政府管理能力以及不同的法治水平。

（三）产业环节相对分离与重组

1. 电力产业厂网分离改革的启示

产业环节相对分离与重组，是公用事业改革中必须掌握的很重要的技巧。电力产业现在实行厂网分离，网是由政府来经营，而电厂则竞争上网，只要生产出来的电符合标准，国家发进网许可证，就可以竞争上网，这种做法是所有网络性垄断性行业改革的必然趋势。但是我国在改革过程中遇到一个特有的问题，就是公司尽管分为四个公司或五个公司，南方电网公司、北方电网公司等等，但公司的权力很大，而监管权威非常弱，这是政府特有的垄断企业产生的余波，需要很长时间去解决。但这种改革方向是正确的。我们从这个思路得到的启示是：所有城市基础性产业，都有一个厂网分离的问题，因为垄断性企业必须有基础网络，供水有供水网，供气有供气网，电信有电信网，交通有公路网。这个网的建设成本是非常高的，资产的专用程度极高，但公共效益巨大。世界上没有一个城市有两套自来水供应网的，没有一个城市有两套污水处理管网的，也没有一个城市有两套煤气管道的。管网的承建成本如此之高，大家都可以利用这个管网，这就是城市整体运营效益。网可以共用一个，不管厂家有多少，厂的所有制是什么样，都可以通过这个网为消费者提供服务。厂网分离显然是公用事业改革的起点和基础性工作之一。

2. 水平分离，即区域性产业重组

比如将一个城市分为六个区，每一个区域之内，各组建一个专项公共性的服务企业，六个区之间开展竞争，这样一种竞争方式，就可以使得区域之内的产供销一体化，并引入市场机制优化服务。产供销一体化以后，不同区域之间进行竞争。服务好的 A 区企业也可以到 B 区去服务，互相之间可以取代。这种区域化的产业重组关键在于，必须使区域之间互相展开竞争，如果没有引入竞争机制，可能会带来区域内的垄断，这一点是必须特别注意的。又如，如果这个城市的六个区，每一个区都有一套垃圾的收集、焚烧和处理系统，在一个区域内可以是一个公司负责，提供垃圾收集、运输、焚烧或填埋处理一条龙服务，包括垃圾的副产品综合利用服务。三个区，各建一个公司，政府可以让他们展开竞争，就是标杆式的竞争。如果甲区每年的指标都是最好的，政府可以让连续三年最差那个区的公司放弃业务，由甲区来承包该区所有垃圾处理。为什么美国加州中小城市的公共服务水平很高？就是因为城市之间，这些公用事业服务是全打通的。美国的市长权力很小，市政会五个成员选出后，指定其中一个为市长，还是兼职的，一个月只有200美元的工资补贴。市政会公开招标雇一个城市经理，城市经理再把这些垃圾和污水处理等公用事业推行承包。哪个城市的企业服务得好，就让这个城市的企业来管理。包括警察也是由周边城市来服务，你的服务质量不好，城市的治安发案率降不下来，就让你走人，由另外城市的警察来负责我的城市治安。这样就把城市的公用设施完全转包了，政府规模变得小而精干。但城市经理是受雇于这个城市政府的，工资待遇很高，是城市的CEO，但这个职务也是竞争产生的，干得不好就可以让另外一个CEO来干。美国中小城市都用这个方式，地方政府的效率非常高。这种模式就是采用区域性的产业重组派生出来的模式。可以断定这种模式在中国许多城市都可以采取。因为这是一个政府成本最低，公共服务最优的模式。许多国家都不约而同地采取这种模式。我国没有采取这种模式，为什么呢？我国小到一个村，大到一个城市都要独立自立，有很强的大而全、小而全的不良传统。但是，一个城市的政府，特别是大城市，可以让下辖的几个区开展公平竞争，采取区域内的产业重组，区域之间开展竞争。例如，城市公共汽车的服务，可以让效率和服务最好的另外一个城市公共汽车公司来经营我这个城市的公共交通。

3. 垂直分离，即产业链分离重组

将产业内部各环节，如生产、经营、服务从基础网络中分离出去，形成围绕基础网络运行的独立的企业主体，从企业内部的分工转变为市场调节下的专业化分工。这样能充分引入竞争机制，打破垄断，但也要防止网络基础产业对其进行控制。因为网络基础产业本身就是一个垄断母体，比如自来水公司管网如果跟供水厂分离，如果管网管理机构的权力范围过大，会制约那些独立的竞争主体，这就是我们电力改革遇到的问题。如果网太强，子公司也强，监管的主体很落后，就会造成对公共利益的保护不力的问题。城市的燃气管网、水网、污水管网包括以后的光纤网等等，这些网的主体一定要受政府的严格监管，使各种入网的企业有公平竞争的机会，这方面的关系理顺以后，就会呈现出垂直分离改革带来的好处，就是说我们可以把厂网分离所产生的效益在市场化改革中加以强化。这存在两种完全不同的改革思路。水平分离、区域性重组一般适用于没有区域网或者网是无形的市政公用设施，可以采取区域性重组的办法。实际上各国对所有的无线通讯网络都是采用区域性产业重组，因为这个网是软性的，而不是刚性的，承建成本不高。如果这个区域网是硬性的网，比如自来水、污水、电网、煤气网必须采取垂直分离的办法。两种分离方法，会产生两种不同的市场化改革的路子，但都是为了引进竞争机制，防止垄断。

（四）我国市政公用事业改革的主要问题

一是公用企业改制目标错位。城市政府往往会把市政公用企业改制作为存量资产变现、单纯解决城市基础设施建设资金来源的重要渠道。而许多民营投资者则往往把参与公用企业改制看作是“淘金”机会，忽视了公用事业本身的行业属性、技术装备和特殊风险。所以，现在我国有许多“三无”企业热衷于城市公用设施投资。为什么说是“三无”企业呢？第一，没有自有资金，全部靠银行贷款；第二，没有技术，从来没有从事这方面的工作经验，不懂任何技术；第三，没有经验，没有管理过市政公用事业。这样的三无企业，就挂着某个招牌和凭着某个领导人的关系到处淘金。城市基础设施产业是没有任何市场需求风险的产业，国内外的企业都想进入这个行业来分一块蛋糕。如果哪个城市引进“三无”企业的话，那就是引狼入室，成事不足，败事有余，这就造成了政府错位、企业错位。对企业到底能不能经营城市的基础设施，企业的经营水平和能力难以事先判断。

二是现行公用企业改制采用的国有企业改制政策，忽视了公用企业本身的特点和社会公平服务、生态效益的特点。

三是公用事业民营化，投资者合法权益的保障问题。这个保障问题跟稳定的政府和政府的信誉有直接的关系。但是我国城市政府的信誉是不稳定的，政府的承诺往往与市长个人的品质有关。特许合同期限往往是20年或更长的期限，而市长的平均任期不到3年，由短期任职的领导承诺20年事情，难度就很大，以致出现了大量的政府和企业双方当事人重承诺，轻践行，或者政府的承诺与保证超出了其权力能力，不受法律保护等现象。

四是政府与私人投资者存在急功近利倾向，项目评估论证不充分。双方在合同谈判和签订中有意回避各种棘手问题，在合同履行过程中一旦发生问题，双方都逃避责任、规避风险等。如我国东北某市就遇到这样的问题，10年前为引进污水处理厂的外资项目，片面地承诺给以16%的固定回报率。当时固定回报率16%还是合理的，因为当时国际市场银行贷款利息包括成本是13%左右，后来的情况就不妙了。银行贷款的利率下降为2%，16%就执行不下去了。中央政府也发了一个通知，取消固定回报率，外资企业就不干了，造成污水处理厂处理能力全部放空，不愿意接纳污水，造成很大的经济和生态影响。这就是地方政府超越了承诺范围带来的恶果。

五是在政府监管方面，政府各部门及政府各层级之间职责不明，投资者在遇到问题时往往无所适从。

六是企业用地及依附于土地之上或之下的空间合理开发利用缺乏明晰的产权界定，影响了公用事业的公平竞争。

三、市政公用事业政府监管的内涵

（一）市政公用事业监管的基本内涵、职能与内容

1. 监管机构必须相对独立

市政公用事业监管的主体必须是具有法律地位的、相对独立的和能代表公众利益的监管机构。为什么从国家这一级开始成立银监会、保监会、电监会等？道理就在这里，必须是相对独立的法人主体。现在市政公用事业改革中存在的主要问题之一就是自我监督，如自来水是自己监管自产的水质、污水水质也是污水厂自己监管本企业排放的尾水。这样的监管体系就有破绽。所以，急需要成立国家和省级的自来水水质的监管体系来取代原有的自我监管。

2. 监管对象多元化

市政公用事业监管的对象是市场化改革后经济、法律上独立的市政公用企业，包括民营企业及一些国有企业、外资企业、合资企业，不仅所有制不同，而且来源复杂，有本地的、外地的，甚至国外的，监管的对象是多元化的。

3. 监管手段多样化

市政公用事业监管的依据是有关法律法规，而不仅仅依赖政府行政命令与协调。监管机构可以根据法律授权并在法律的监督之下，综合运用经济的、法律的、行政的监管手段。

4. 监管目标相对明确

市政公用事业监管的基本目标是：一是抑制市政公用企业制定垄断价格，维护社会公正和生态效益；二是防止破坏性竞争，保证市政公用事业的社会生产效率与供应稳定；三是制约垄断性市政公用企业的不正当竞争行为；如过去电信公司收取电话初装费就是不正当的行为，是不应该的。再比如电力公司要求，工商

企业如需用电，就要到指定的关联企业去购买设备，这也是不正当的竞争行为，这些现象我国还没有完全消除。四是促进市政公用事业正外部性，控制负外部性。具有正外部性就是能都带来正面的社会效益的行为，而负外部性会对社会公正和生态环境带来危害，或者对社会环境的排污、产生噪音、损害社会公众的利益等等就是负外部性的行为。企业不能只管自己生产，而不顾随之带来的噪音、污染。必须为全社会带来好处，遏制坏处。比如规定公共汽车早班车是5点钟发车，末班车为晚上11点钟。不能说早晚班车因乘客少没有经济效益就不开了，这是不行的。这就是社会公正性问题，所以监督目标要非常明确。

5. 监管者自身可问责制

监管责任如果没有履行，如果公共产品质量出了问题或供不应求，监管者要负什么责任，要是出现重大事故怎么赔偿等等都应明确。这些必须都是可以问责的。监管者自己不能成为一个新的垄断者和绝对权力的拥有者而不受社会或上级的监管，权力与责任必须是对称的。监管者必须接受更广泛的监管。

（二）监管机构的主要职能

一是鼓励与保护市场公平竞争。打破垄断，引入竞争。为什么要引进特许经营？特许经营的概念是因为市政公用设施行业都是自然垄断的行业，一个城市一个管网，一个管网怎么引进竞争？特许经营作为一种制度设计，巧处就在这里，既然不能在同一地理空间引进竞争，可以在时间段上划分。特许经营是有期限的，可以5年、10年、20年，最长可以是30年。一家企业取得了特许经营权，与政府签订经营合同，如果这家企业经营不善或违约的话，政府可以按照协议收回重新进行发标。正常经营合同到期以后，必须设备完好地交给政府，政府重新向社会进行招标，原先这家企业还可以参加投标，也可以是别的企业。这样就把空间上的不可竞争转换成时间上的可竞争。空间上是垄断的，但时间上是引进竞争的。所以，特许经营把空间上的自然垄断变成时间上的竞争，就是时空转换。在时间上引入竞争机制来打破空间上自然垄断，这就是特许经营制度能引入竞争机制的要点。

二是确保广大用户在合理的价格下得到质量满意的服务。任何公用事业的改革必须尊重普通人的利益，尊重自然生态环境，要对可持续发展负责。世界上各国的市政公用设施一开始就是私人提供的，后来因为私人企业在产品品质和服务对象上存在不公平的问题，出现了供应富人的水质好，供给穷人的水质差等问题，进而导致20世纪上半叶兴起的国有化，但国有企业效率低、融资渠道单一、设施陈旧、设备落后、技术创新慢、人员太多，而又重新进行市场化改革。国外发达国家的公用企业，经历了私有化—公有化—再私有化的过程，第二轮私有化时把公共服务目标定的非常明确，并严格进行政府监管。

三是强制管道网络的接入与互联，合理配置资源。对某一项公用服务业务来说，一个城市只有一个管网，应由监管机构进行监督保证公平地让符合条件的所有企业都有机会进入管网。所以，国家电网公司与国家电监会是分离的，发电企业只要拿到入网许可证，就有权利入网。这个入网许可证不是电网公司颁发的，而是由电监会颁发的。如果由电网公司颁发，那就出问题了。所以，这种监管机构的职责之一就是强制保证管道网络的公平利用。

四是保护国家利益和实现普遍服务。以什么样的机制来保证合同的履行，保证监管，这就涉及机制的问题。如果这四大责任不能履行，监管机构就没有尽到责任。

（三）市政公用事业监管的主要内容

1. 市场准入与退出监管

一是将市政公用事业由垄断性转变为可竞争性，形成可竞争市场和可替代机制。就是说，无论何时何地，如果现有企业没有履行合同，马上有替代者取而代之，这就是市场准入和退出。

二是消除原企业阻止新企业进入的一系列障碍，降低新企业进入的门槛和成本。在公用事业改革起步的时候，我们就提出所有的企业，不管其曾经是否投资经营过这一领域，都可以进入。这不像建筑设计行业，需要有多年的设计经验和资质，先评乙级，乙级再升甲级，这里没有这个门槛。为什么呢？因为开放市场、引入竞争就必须消除门槛。

三是一定时期内对原有企业与新企业实行不对称监管，培育市场竞争能力。因为对新企业和老企业监管的路子应该是不一样的，但都要保持信息的尽量对称。所以对原来社会信誉良好的老企业，可以放松监管，对新企业则要强化监管，因为不熟悉，经营风险就较高，所以就得了解得彻底一点。

四是制定市场退出监管政策。防止市政公用企业在无利可图或者在更好的投资业务吸引下随意退出市场，避免造成市政公用产品或服务生产供应的不稳定性。

2. 价格监管

价格监管一般都采取限定最高价格或者最低价格。像严格限定出租车的起步价格，这是一种办法。我在《中国城镇化——机遇与挑战》这本著作里，就曾经讲过许多监管的方式。应根据不同的情况和行业确定价格监管的政策目标、选择合适的定价方式、构建科学的价格监管模型、采用不同的激励机制以适应不同行业优化公共服务的需要。

3. 质量和安全监管

及时制定服务质量的监控标准。例如，建设部于 2005 年 6 月份出台了自来水水质标准，增加了有机物污染的标准。有机污染的危害不可小视，德国曾发生一起自来水系统被避孕药物污染的事故，结果导致喝了这个自来水的人生孩子就困难了。自来水是很容易被污染的。如河南汝阳有一个卖饮水机的老板，因自己的饮水机卖不出去，就拿了一瓶农药，抛到自来水的沉淀池里，结果第二天，全城的自来水全部有农药的味道，大家都不敢喝，就都买他的饮水机。对于供水水质污染，政府以前没有应急预案，怎么办呢？就把所有的供水停掉，排空供水管网并进行管道冲洗。管道只能承受五公斤的压力，结果冲水压力是十公斤，把管道也冲爆了，造成了很大的损失。由此可见，要根据具体市政公用事业产品和服务的特点，制定相应的质量监控标准。制定实际质量水平与价格模型挂钩。采取定期检查、随机抽查等方式对企业产品和服务质量进行检测、评估，并向社会公布结果。对所提供的公共品质量差和数量不足的企业实行经济制裁等。根据具体行业的特点，制定相应的安全标准和保障制度；定期或者不定期对有关设备、作业场所、操作规程等进行监督检查；企业必须建立和严格执行安全报告制度及应急保障制度等。每个企业要有应急预案，如果遇到突发事件，企业怎么保持运转。不能所有的事情都依靠政府，企业应该能独立自主地处置出现的意外情况，要保证公共品稳定安全供应。

4. 标准监管

对质量与安全相关的主要业务领域都必须制定科学的监管标准，特别要注重对直接关系消费者健康与安全的产品与质量的标准监管。如自来水质量监控标准：包括水质综合合格率、管网压力合格率、自来水管网修漏及时率、用户用水设施修理及时率等等。比方说哪个地方的自来水有投诉或者出现意外，企业工作人员必须是几分钟之内赶到现场，出现了冒水、破漏，必须在多长的时限内解决。不能出现成都去年那样的情况，街道漏了几万方水，已成水漫金山之势，自来水公司才姗姗而来，那就不对了，必须规定多少分钟之内到达现场，到达现场之内马上采取措施，多少时间之内修好，这都应是有保证的。这些都应纳入标准监管内容。

5. 网络监管

市政公用事业的自然垄断性，主要体现在其网络性使用的公平性上。网络监管包括接入监管、接入价格、公平开放，还有联网监管，同等价格公平使用网络等方面。

6. 竞争秩序的监管

防止破坏性竞争，保证社会生产效率和供应稳定，制约企业的不正当竞争行为。

四、市政公用事业改革和监管的程序

杭州市赤山埠水厂拍卖是我自己亲身经历的一个项目，就以此为例来说明这一程序。

（一）动因

杭州市自来水总公司是杭州市自来水供应行业的一家垄断企业，除垄断经营自来水管网业务外，还拥有清泰水厂、祥符水厂、赤山埠水厂、九溪水厂和三墩水厂，垄断经营所有的自来水生产（制水）业务。2000 年 2 月，杭州市政府决定对赤山埠水厂实行公开招标拍卖其特许经营权。该水厂始建于 1980 年，位于西湖区赤山埠，占地面积达 33436m^2，设计制水能力 15 万 m^3/d，生产经营秩序良好。选择赤山埠水厂作为投标拍卖的对象，是为了吸引较多的竞争企业。

（二）过程

2000 年 9 月初，杭州市政府在《人民日报》(海外版)、《浙江日报》、《杭州日报》等媒体上同时刊登《杭州市赤山埠水厂特许经营权拍卖公告》，并向国内外一些知名企业发出投标邀请信。

9 月 14 日，投标竞拍者开始报名，先后有美国、英国、法国、香港特别行政区和内地共 16 家企业参加报名、洽谈。

9 月 26 日，正式进行拍卖，最后有钱江水利开发股份有限公司、杭州万向集团、深圳自来水集团 3 家企业参加竞拍。起拍价为 1.2 亿人民币，经过竞拍，钱江水利开发股份有限公司以人民币 1.5 亿元中标，取得了为期 30 年的赤山埠水厂的特许经营权。

（三）合约

杭州市自来水总公司和钱江水利开发股份有限公司通过签订《杭州市自来水总公司赤山埠水厂特许经营转让合同》、《水厂经营及购售水合同》等法律文本约定：

拍卖的标的物为赤山埠水厂特许经营权及随特许经营权出让的该厂围墙内的制水设施、设备等资产，以及与特许经营权转让期限一致的土地使用权。

赤山埠水厂及土地的现有功能不得改变，不得转产，水厂所在地块不得用于与制水业务无关的项目开发，合同所包含的标的物不得用于转让、抵押、担保等。

特许经营权的期限为 30 年，期满后，在保证设施、设备完好、运转正常的前提下，将标的物无偿交还给杭州市自来水总公司。

同时，合同还对赤山埠水厂生产所需原水水量、出水收购价格、出厂水压、出厂水质等作了明确的规定。

杭州市赤山埠水厂拍卖属于比较早的特许经营项目的尝试，合同条款也比较简单，但却是比较成功的。赤山埠水厂原先的造价是 5000 万，通过拍卖，赚了一个亿，可直接弥补钱塘江引水工程资金的不足，这方面的资产马上就盘活了。我们如果继续把其他 4 个自来水厂都卖掉的话，可以兑现更多的钱，后来我们发现有一个途径比拍卖更好，就是把其他四家自来水厂包装在一起，成立了一个城投公司。当时杭州有一个商业银行，大家知道城市商业银行大都是由信用社拼起来的，坏账高达 25 亿。25 亿的窟窿地方政府怎么填？如果不填上，这个银行的安全性达不到，其经营许可证将被取消。要填上，没钱，怎么办呢？由城投公司来入股，25 亿元的资金亏空就填补起来了。这样，市政公用事业的资产并没有减少，商业银行能正常运转，政府也没拿钱，这正是各方都满意的方案。所以，其他 4 家自来水厂没有继续拍卖，同时，获得特许经营权的这家企业现在运转也非常好。

总之，市政公用事业的自然垄断性质及其经营目标具有多元性，不能简单地套用一般的国有工商企业的改革模式。应注重理顺产业环节的相对分离和重组与企业产权制度改革的关系。更为重要的是决不能将此项改革简单地作为吸纳社会资金的渠道而“一卖了之”，而是要尽快建立与市场化程度相对称的政府监管机构和制度，确保公众利益和公共安全。此外，由于此项改革是在这方面法规制度建设不足、政府监管能力尚未培育成熟的情况下展开的，而且全国各地生产力发展和市场机制成熟的程度差别甚大，不宜片面强调加快改革进程和一刀切的改革模式。应该全面总结发达国家这方面的成功与失败的经验教训，坚持在逐步开放市场、打破垄断、引入竞争机制、优化公共服务、强化政府监管的原则指导下，循序渐进，积极稳妥地推进改革，确保我国市政公用事业的健康发展，并进一步发挥其在建设资源节约型、环境友好型城镇以及构建和谐社会等方面的作用。

（原载《城乡建设》2006 年第 3 期）

北京东城区城市管理新模式

一些西方国家的专家认为，在新中国成立后的城市化发展进程中，中国共产党面临的重大挑战就是城市管理。因为中国共产党是一个农民大党，组成成员的知识层次比较低，管理农村可以，管理城市还缺乏经验。西方国家城市的发展已有几千年的历史，2000 多年前的古罗马城，就有系统的市政工程和管理体系了。我国现代化城市的形成是解放以后的事，以前封建社会时期的藏书楼、公园全是皇家的或是私人的，它不涉及公共服务，并没有对老百姓开放，其他公共服务设施供给也甚少，更没有一套公共管理的机制和体制。所以对共产党的挑战就是城市管理。

城市管理的着力点到底应该在什么地方，重点是什么？我们一直都在摸索，可谓是八仙过海，各显神通，但都没有摸透。现在我觉得，总算有了一个非常好的管理模式，这就是东城区创造的模式。

一、关于东城区管理新模式的作用

首先，是从粗放管理到精确管理。以前，我们的城市管理，是管多、管少，管快、管慢，落实得快、落实得慢都是一回事，实际是一个大锅饭的管理体制。现在，我们的城市管理，通过运用 GIS 技术做到了精确管理。所谓精确，就是地理位置上准确，空间上准确，时间上准确，投向上准确，责任上准确，但主要还是因为有了 GIS 技术精确的定位，进而实施精确的监督。从粗放管理到精确管理，这实际是城市管理的革命。

第二，是从开环控制到闭环控制。原来的城市管理，是领导向下发出指示和要求，至于执行的情况、管理的效果怎样，下面就没有着落了。有一个说法，就是“不干不够意思，干一点意思意思，干多了什么意思”。这些问题的奥妙是什么？为什么开环系统和闭环系统的差距会那么大呢？闭环系统，实际上不是在城市管理的那么多链条上进行层层把关或监督短路起来，而是动员老百姓来监督政府最终的管理绩效，把政府的官僚机构短路起来。在城市管理的各个环节上，有那么多官员在那里把关，如果每个环节的官僚主义是 20% 的话，一加起来就不得了。假如每个环节的效率为 80%，那 5 个环节就有近 100% 被消耗掉了，结果管理总效率就是零了，因为官僚主义之间是倍增关系。为什么要强调组织机构的扁平化？扁平化是通过减少管理层次来减少官僚主义，并不能从根本上解决官僚主义。而闭环管理，是管理指挥中心不需要逐级下达指令、不需要层层把关，而是直接把指令发到管理系统中的每一个环节，而且及时接受结果的反馈检验，校正无效率的状态。这就使得这个系统的运行效率大大提高。开环管理，尽管确定了一个目标，但这个目标与贯彻执行是两张皮。开环就像我们漫无边际地打枪，有没有打中目标，或者说打中目标以后有没有摧毁，那就不管了。而闭环管理就好比是发射导弹，必须要自始至终地追踪这个目标。这也是我们以前搞过许多突击性运动，也发过许多宏伟的号召，但最终没有取得多少长期效果的原因。以前我们评价其工作好不好，就是看管理者发了多少号召，写了多少文件，但是没有一个文件能够与老百姓利益形成关联。闭环就是让老百姓作为目标的监督者，让老百姓呼声作为反馈的环节。东城区的数字城市管理模式中还附加了一个系统，就是开通了市民电话，这个市民电话是整个闭环系统最后的一个环节，这个闭环不仅把各专业部门官僚监督起来，短路起来，而且通过两个轴（监督轴、指挥轴）的互相制约和市民电话的反馈，形成了更大的闭环控制，将城管信息员也短路起来了。

第三，是从静态运行到动态运行。原来我们整套城市管理系统是静止的，被动的。出了什么问题，我们再去抓什么问题。见事迟、动作慢、效率低、耗费大成了我们城市管理系统的代名词。比如道路井盖被偷了，过了几天，人掉进去都淹死了，然后新闻媒体报道了，我们领导才重视。见事迟、动作慢、效率低、耗费大这四个大问题就出来了。但是现在就不一样了，管理的效果出来了，现在我们是动态管理，就是发生问题在现场，处理在现场，监督在现场，反馈在现场，最后检验还在现场。以前我们找不到关口前移的办法，现在找到了，而且还建立了易耗品的临时仓储，像送牛奶一样，随时补缺。所以说，我们真正做到了动态管理。当然，这个动态实时管理系统全靠我们信息技术、网络技术的发展才得以实现。

第四，是从分散监督到综合监督。现在党中央非常强调综合，“五个统筹”就是五个方面的综合。城市管理为什么要强调综合？因为城市的管理千头万绪。城市本身就是人类创造的最复杂的、变化最快的一个人工体系。对这个人工体系的规划、建设、管理是对人类智慧的最大挑战。城市化的过程就是把分散的人变成集中的人，把毫不相关的活动变成一呼百应的、紧密联系的、系统化的人。其结果就导致了技术专业化、主体多元化、利益分散化和危害隐性化，所以城市的交易成本大，管理成本高，信息交换特别快，利益交换也特别大，像传染病的扩散也特别快，管理的毛病和需求也特别多。所以这是个严峻的挑战。要应付这个严峻的挑战，我们政府设立了许许多多的机构去管理，但问题也随之出现了，就是部门自我强化。这种强化与我们要针对的问题，有的时候是脱节的。这个问题，也是我们老一界的常委很敏锐地注意的问题，就是“七八顶大盖帽，管不了一个破草帽”。城市里大大小小有30多个部门都管城市，但是就管不了一个“破草帽”。为什么？因为大家都管，结果是大家都不管。如何把这些城市管理部门的职能进行综合？当时走了弯路，采取了“综合执法”的方式。“综合执法”的思路就是力求把所有的权力、所有的专业管理责任都集中到一个部门。但是专业管理的各个门类是不同的，将它集中在一个部门是非常难的，如城市规划的执法、文物保护执法、园林执法都不一样，卫生执法就更不一样，闹不到一块。如把这些“大盖帽”都取消了，都集中到一个“大盖帽”，实际上是把分散的官僚主义变成集中的官僚主义，把分散的权力变成垄断的权力，反而还减少对权力的互相制约监督，同时还存在专业管理知识远远不足的问题。城市管理需要的知识是海量的，而且许多管理的专业性、技术性是非常强的。正因为城市本身促进了专业化的高度分化，使人们能在狭窄的领域中快速地积累知识，才促使了经济的发展和社会的进步，也使得城市政府能解决日益复杂的城市问题。但简单的、机械的综合则走向了反面。所以，在我们许多城市，既有综合执法部门，又有原来的城管系统，就是说以一个“大盖帽”来代替七八个“大盖帽”是不可能的，反而是又多了一个“大盖帽”，相互之间的关系更加混乱。而现在通过这一个数字化城市动态管理系统，通过建立综合的监督系统，就真正把整个系统综合起来了，这个综合就是采取两个轴互动运行，一个是指挥、一个是监督，这两个系统就把所有的“大盖帽”都纳入了管理体系。有多少“大盖帽”的数量可以不管，但是这些“大盖帽”必须是全力以赴地工作，哪个“大盖帽”不全力以赴，就会被监督系统无情曝光。这样的话，实际上是对“大盖帽”工作的一个革命，是一个巨大的促进。管理系统中还有居委会，必然会与系统中的监督机构发生矛盾，这个矛盾是必然的，但是随着管理系统的下一步深化，自会适应起来。

另外，每个城市管理部门到底有多少工作量，需要多少编制，以前我们是搞不清楚的。现在清楚了，我们可以通过这个系统对城市管理部门每年工作量进行统计，以后就可以根据其年工作量来确定编制。这个系统好就好在，不管原来的老机制怎么设置，对体制问题不伤筋动骨，实际上谁都动不了。但是对部门的工作效率就要伤筋动骨，这个就是我们的目的。我们要的是效率，不是权力分配。我们以前工作中遇到难点，将它推给某个部门，该部门就自我膨胀，编制增加，级别提高，财政分配数量增多。明天那个部门出现问题了，那么这个部门权力升高。实际上这都是头痛医头，脚痛医脚，无的放矢，而且出现了南辕北辙，不该加强的部门加强了，该加强的部门弱化了。

二、关于管理系统的深化

一是在技术上还可以再深化。这套管理模式的技术已经够复杂了。我认为，城市管理数据库的建立是非常重要的，但目前的数据库还是比较简单、比较初级的。将来要在数据库的建立、数据库本身的构造、数据库本身运行的模式上继续深化。我们目前整个系统还是示意图，下一步可以采用模拟技术，把地面的构筑物通过模拟成像技术以图像的形式表示出来，有了 GIS 以后就可以精确了，把虚拟世界与现实世界通过图像结合起来。这样就可以做到更好地精确管理，提供非常直观的图像。比方，居委会可以有图像信息系统，老百姓就可以查需要的信息。我们有些信息系统搞得不好，只有领导才能看得见，老百姓看不到。实际上我们就是要把主导地位确立好，进一步动员北京市民关心社会、关心我们的城市，把主动权放到他们手里去。我有一次参加有关研究解决北京市道路交通拥堵的会议，观看了北京智能交通系统。我说，我们花那么多钱建设这个智能交通系统，但只有公安局长、交管局长能看到信息，而驾驶员见不到，如果驾驶员知道什么地方堵车，那才有用，驾驶员知道了他可以绕道走。所以，我们的城市管理系统也一样，最后还是要方便老百姓了解和监控这个系统。

二是应建立管理效率手册。西方有些城市的精确管理，是对城市管理的所有环节建立量化管理数据。根据管理的工作量的多少和难易程度，打多少分，而且这个分是积累的，最后到年终的时候，每个部门根据这个打分，确定工作效率，然后根据效率来核算你的编制和经费。在美国，大多数城市管理者叫“城市经理”(City Manager)，城市运转效率非常高，它下面没有几个部门，整个城市运转得非常好。城市管理模仿企业管理，所以它效率很高。在那里，不必要的部门就撤消了，而且存在的部门每年都要进行效率测试。我们这个系统，要把这个效率手册编制好，也就是把系统和工作绩效进行精确计算，进一步夯实工作效率的基础。

三是应向地下管理延伸。我们现在的管理系统主要是对地面的管理，地面是老百姓看得见的，实际上深层次的管理还是地下管网的管理。我们与西方的城市建设、规划、管理的差别是什么呢？我们注重搞地面建设，地下管网西方比我们发达，比我们精确，比我们精细、可靠。这个对我们是个挑战，我们将来要演变成地上地下连在一起的管理。比方说一个地方发生了煤气泄漏，“城管通”马上就能显示出事的地方和最近的闸门在什么地方。然后，争分夺秒地先把闸门关掉，因为煤气泄漏瞬间就会造成大难，所以用最快的速度把故障消灭在萌芽状态非常重要。管道天然气和煤气的推广实际上是一个很危险的领域，现在全国每年大概是发生30起煤气爆炸，如果我们有这套系统，把这个应急方案跟他们连接起来，现场处理，这就是非常好的应急反应系统。

这些应急系统将可能把出现的灾害控制在最低的程度。当前很重要的事情是要把我们的城市管网建设好，要达到这样的要求：一旦我们把管网信息输入进去，就可以找出具体的管网位置，我们这个马路就不会像现在这样被扒来扒去，马路“拉链”就不会有了。现在的马路“拉链”，说明我们整个管理系统不精确，所以要向这方面延伸。

四是系统要适应发展变化快的城市。现在东城区的城市管理是一个发展比较成型的，但全国绝大部分城市仍处于高速发展的阶段，这就要求系统要适应动态的变化，数据库要及时更新。所以，这四个方面的问题，东城区还要深入研究，建设部也要商量解决如何建立一个普遍适应性的管理系统。

三、关于下一步的工作建议

一是搞好培训工作。全国市长培训中心的市长培训班，是由建设部与中组部合办的，应尽早安排几期培训班来推广这套管理模式。第一步先对地区级城市的市委书记、市长进行培训，全国有几百个这样规模的城市，还有不设区的小城市，可以直接利用新模式一步到位的城市。如果在首批试点城市里面取得成功以后，下一步再把大城市的市长和书记找来进行培训，甚至还可以举行第三世界城市市长培训。

二是搞好推广工作。应该选择在几个基础条件较好的城市先行推广这个系统。北京市已经决定在四环以内城区试行这套系统。事实上，“数字城市”的推行是走了弯路的，许多城市花费了巨额的资金，也搞了许多信息系统，但最终无效，就是因为就信息化而搞“数字城市”。信息技术应用于管理领域，实际上用信息化来创新管理模式，挑战粗放官僚体制，也就是把官僚体制短路。如果在现实中达不到把官僚体制短路，不能用老百姓的力量来监督官僚体制的话，就做不到信息化。其实，新模式的创始人如果不是干了多年的城市管理工作，也想不出新模式。这套系统是城市管理理念的变革，是把 GIS 系统作为一个工具附加在上面。我们千万不能把它本末倒置。这个系统本身就是 GIS 技术，然后才是你的管理，这绝对不行。许多学者已经悟出这个道理了，这套系统本身是管理的革命，是技术强化管理，支持管理，使传统权责不分的粗放管理变成了精准的管理。所以，推广这套系统，我们还是要先培训这些书记、市长，转变他们的管理理念。没有管理理念的转变，结果可能会步入老框框，将 GIS 系统搞得很复杂，又浪费了很多钱，却达不到预期的成效。

三是确定推广的标准。这个系统在推广过程中，必须要有标准。我们有时候推广先进的技术，成了“四不像”。原来开创的这套系统挺好，给人学走调了，就挺麻烦。创新标准是很重要的。整个系统的推广要有一系列的标准，标准系统的建立，不能让某个单位取得了垄断权，我们要确立的是一个开放的标准体系。所以，不要因为我们建立标准影响了实际的运行和不断改进。我们一方面希望东城区继续积累，继续完善模式，因它毕竟是新的东西；另一方面我们在全国推广过程中，注意继续保持联系，密切合作，做到有条不紊、高效率的配合，在推广过程中间改进完善系统。

应用现代信息技术　创新城市管理模式

改革开放以来，我国的城市建设取得了长足的发展，城市的基础设施水平不断提高，城市功能不断完善，城市环境也不断改观，但我们的城市管理工作与城市建设相比，则显得相对滞后；与人民群众日益增长的要求和国外城市管理的先进水平相比，我国城市市容市貌方面存在很多问题。我国现阶段城市管理到底应该采取什么模式，重点在什么地方？一直以来，我们都在持续地进行研究，各城市也是八仙过海，各显神通，多模式进行探索。

北京市东城区从 2004 年 4 月份开始，研究利用信息化技术进行城市管理模式的创新，经过一年多的研究和实际运行，取得了很好的成效。城市管理新模式的主要内容有两个方面，一是运用多项信息技术，在管理手段上实施“万米单元网格管理法”和“城市部件管理法”；二是对现行的城市管理体制进行改革，建立以“城市监督中心”和“城市综合管理委员会”为两个轴心的城市管理新体制。主要经验有：一是以现代信息技术为支撑，实现了城市精确管理；二是创新了管理体制，建立了监督和指挥两个中心，使几十个不同的城市专业管理机构形成了治理城市环境的合力；三是主要领导亲自研究、组织部署，有力地促进了该项工作的开展；四是进一步整合了现有管理资源，提高了管理效率；五是进一步发挥了市政服务热线电话与数字化管理系统的有机组合，达到了相互强化的目的，形成了完整的监督反馈体系。下面我从三个方面的问题进行论述。

一、创新城市管理模式的重要意义

（一）创新城市管理模式是树立和落实以人为本、全面协调可持续的科学发展观的具体体现

随着改革开放的深入，我国的城市建设取得了巨大的成就，城市面貌日新月异，有些地区的城市建设已经达到了很高的水平。但是与城市的现代化建设的进程和人民群众对城市市容市貌的整洁、绿化、美化、卫生、有序等要求相比，我们城市管理水平明显滞后。一方面我国目前正处于快速城市化的阶段，大量的建设项目开工建设和大批的农民进城务工定居。许多城市正面临城市建设高潮期，世界上最大的起吊机公司的总经理认为：目前世界上塔式起吊机和履带式起吊机每年的市场总容量是16000台，而中国每年就用10000多台。由此可见，全球一半以上的新建筑在中国。中国的一个大城市，如北京或上海每年的新建筑量，就相当于整个欧盟的建设总量。这样一来，我国现阶段几乎所有城市都成为空前绝后的建设大工地。这使得我们城市管理的任务空前艰巨。另一方面，我国城市居民对城市公共空间神圣不可侵犯的文明观念尚未真正树立。西方的城市化已经经历了几百年，城市公共空间的概念已经有了上千年的历史。而在我国各地城镇中，乱搭乱建、乱扔垃圾、乱设摊到处都是，破坏公物和公共环境的情况也时有发生。在党政干部中，“三分建设、七分管理”的理念也没有树立，重建设、轻管理已经成为许多城市的顽症。

这说明：一是我们的城市管理工作，无论是理论研究还是实践运用，都已经滞后于现实；二是我们必须要借助现代信息技术和管理体制创新来应对当前城市管理面临的许多难题。严峻的现实要求我们运用新的体制和新的技术来解决我们面临的难题。

党的十六届三中全会提出了以人为本，全面协调可持续发展的科学发展观。落实科学发展观，就要求每个城市的经济、社会、生态环境和人的发展必须相互协调，从而实现可持续发展。温家宝总理在政府工作报告中强调，要加强政府的社会管理和公共服务职能，就是因为我们这两项职能与经济宏观调控和市场监管相比显得比较薄弱。落实科学发展观，就要认真研究解决城市建设和城市管理一条腿长，一条腿短的问题，就必须从群众最不满意但是每天都看得见、感受得到的城市管理具体难题入手，实现城市的协调发展。城市是区域的核心，只有实现了城市的协调发展，才能确保整个区域可持续发展。

（二）创新城市管理模式是构建社会主义和谐社会的基础

城市管理工作涉及面广，与广大人民群众的利益息息相关。此项工作的好坏，直接关系到人民群众利益能否得到保障，影响经济社会发展的大局。

目前，我们的城市管理工作还存在着不少问题，集中表现在以下六个方面：

一是管理信息获取滞后，对影响市容市貌问题的处理被动滞后。城市管理工作涉及面很广，在座的都有很深的体会。在任一个城市中，凡视觉范围内的公共空间都是城市管理的范围。按照我们现在的管理方式，发现问题主要有两种途径：一种是主动获得。各专业主管部门和城管执法部门在巡查中发现，但这种途径有个弊端，因为主管部门发现了还是要主管部门处理，发现问题越多，自己的工作量就越大，于是长期的工作积极性就打折扣。也就是说自己立案、自己办案和结案，本身就是体制的弊端之一。另一种是被动获得。群众发现问题后打电话、信访反映或媒体曝光，或者经过领导批示之后，专业管理部门才知道，这使发生的问题得不到及时解决。所以我们有些同志抱怨，城市管理工作是“领导批评，群众埋怨”，费力不讨好，根本原因就在于我们信息获得滞后，问题处理被动所造成的。

二是城市管理各专业部门之间职责不清，职能交叉，造成有的事情无人管，有的事情多头管。从事城市管理工作的部门众多，仅建设系统就分为规划、市政公用、园林绿化、市容环境、房产物业、建筑等多个部门，建设系统之外还有公安、环保、工商、卫生、爱卫会、人防等部门，各城市机构设置不一，城市政府各部门之间、市政府与区政府之间职责不清，职能交叉，自然会造成有利的事大家抢着管，无利的事都不管，这个问题由来已久，一直没有得到很好的解决。应该说，城市管理专业化分工的细化是社会发展的必然趋势。世界上城市化起步最早的英国，在200多年前，城市管理机构只有一个部门，后来由于公共卫生问题的出现，才有了规划部门；紧随着环境污染问题的出现，又有了环境保护部门。城市管理部门专业分工越来越细，这是城市文明与农村文明的区别。专业化的分工越细，管理人员的知识积累、法律准备以及对人才的培训就越快。但从另一方面来看，专业化分工越细，部门与部门、部门与群众之间信息不对称的现象就越来越严重，协调合作的成本也就越高。

三是管理方式上过多地依赖突击式和运动式管理，长效管理机制亟待进一步建立。由于缺乏对城市管理的系统研究，局限于就事论事，可以说是头痛医头，脚痛医脚，热衷于搞运动，搞突击。例如井盖丢失伤人了，发生死人事故了，媒体报道了，于是领导批示，层层发文，层层开会部署，一个专项治理活动就开始了；“非典”发生了，才想起了城市环境卫生很重要，于是清理卫生死角，取缔城区非法废品收购点等等。这类运动表面上轰轰烈烈，但效果往往是前治后乱。类似的例子还可以举出很多。当然不是说专项活动不能搞，但如不是为了建立一套长效管理机制来解决长远的问题而搞运动，这类专项突击运动就会成为雷声大、雨点小，老虎头、老鼠尾，群众埋怨，效果不好。

四是管理粗放，效率低下。许多城市对自身的管理对象的底数摸不清，如某个区域内必须要实施现场管理的各类设施的数量是多少，地理位置如何，管线什么走向，难以提供准确的统计数据并及时更新，更不要说出现紧急情况的对策了。这就给城市管理工作带来了极大的问题，导致我们的管理只能是粗放、低效型的。前一段时间，成都市的一条自来水管道裂，结果导致整个街区水淹三尺。一个小时就是几千吨的自来水流失，如果在两个小时内发现和关闭相关的阀门，就不会带来此类的问题。相比英国伦敦这次突然的地铁爆炸，但是城市秩序还比较好，救护人员十分钟就赶到现场。我们有许多自来水管爆裂、电线杆倒伏现场几天也没人管。

五是缺乏合理的监督评估机制。由于在城市管理过程中缺乏科学合理的监督评估机制，导致发现问题多少没人管，主动管与被动管、管好与管坏、管与不管一个样，处理问题是否及时没人管，是否高质量及时解决一个样，群众是否满意一个样等弊端，其结果就是导致了产生养懒汉的体制。就是为什么说体制的创新就是管理变革的内核。

六是缺乏统一调度，部门联动机制不健全。从事城市管理工作的有那么多部门，由于各部门的工作侧重点和依据的法律也不同，往往是各行其是，协调配合不够，更谈不上建立相互之间的既监督又协同的关系，致使以收代管、以罚代管、只审批不管理的现象时有发生。如我们的城管执法工作由于专业部门和城管综合执法部门没有很好的配合，有些城市已经出现了城管执法工作难以开展的情况。不少部门要钱要物、要编制、要级别积极性很高，但对其政绩考核难。在实际工作中甚至还出现问题越多的部门，机构级别越高、编制经费越多的怪现象。

以上问题的存在，影响了市民的生活质量、城市的投资环境和和谐社会的构建。

（三）创新城市管理模式是加强党的执政能力建设的必然要求

加强党的执政能力，提高党的执政水平绝对不是空洞的口号，而是具体的、必须让人民群众感受得到的实际行动。我国长期是一个农业大国，我们党夺取政权，走的是农村包围城市的道路，我们对城市管理的研究和实践是在解放以后才开始，快速城市化过程中的城市管理只有10多年的历史。所以说，城市管理是我们党执政面临的重大挑战之一。如果我们不下大力气解决城市管理领域存在的问题而放任管理体制僵化，执政成绩不能让群众满意，群众就会质疑我们的执政能力，就会动摇党的执政地位。东城区新模式的实施，在提高当地党委和政府对城市管理方面的执政能力上取得了明显的成效，主要有两点：一是提高了城市管理的效率。据东城区统计，新模式的实施，对城市问题的发现率和处理率均达到90%以上，处理时间由原来的平均7天提高到现在的12小时，一批群众反映存在多年的问题得到了解决。二是密切了党和政府同人民群众的联系。城市管理监督员进入社区，与群众实现了“零距离”接触，居民身边的“琐事”通过监督员这个纽带及时成为政府案头的大事，使问题得到迅速解决，提高了群众的满意率。城市管理的效率提高了，人民就会拥护我们，市容市貌的改观就有了保障。我们各级城市管理者一定要从加强执政能力的高度，充分认识创新城市管理模式的重要性和紧迫性，并将其作为巩固共产党员保持先进性教育的成果来抓，切实增强提高城市管理水平的自觉性和坚定性。

（四）创新城市管理模式，是适应现代化城市发展的需要

随着我国社会经济的发展，城市的现代化水平不断提高，城市管理对象的种类、数量纷繁复杂，管理问题层出不穷，瞬息万变的大量信息需要处理，常规的管理方法和手段已经不能适应城市发展的需要，必须对城市管理的体制、机制、组织方式、手段进行创新。创建数字化城市管理新模式，通过应用 GIS、GPS 等技术，并对管理体制进行改革，转变政府组织管理方式，是对城市管理的一次重大变革。概括起来主要有这样几条：

一是管理从粗放转向精准。自从有了全球定位系统 GPS 之后，将此项技术运用于各行各业就应运而生了。例如精准农业，西方在农业耕作、播种、除草、收割等方面都依靠 GPS 技术，做到精准定位，机械化操作。他们农业都精准化了，我们城市管理还没有精准化，这个说不过去。过去，我们在城市管理上实际上采用的是十分粗放的管理模式，对管理对象的空间位置不准确、时间不准确、责任不准确，管理只能是低效率的。现在这个新管理模式通过多项数字城市技术的应用，实现了对管理对象空间上、时间上和责任上的精确定位，使我们的城市管理由粗放转向了精准。

二是从开环转向闭环。原来的管理模式是领导发指示号召，口号不少，运动频繁，但有无长期效果就没有着落了。这属于开环管理，粗放而又没有效率。新模式建立了监督评价体系，尤其重要的是部署了信息监察员和动员了老百姓来监督各部门的工作成效，如任一管理部门发现问题后，处理没有着落或滞后处理，网络上就会有精确的记录，处罚和奖惩就有章可循，政府的官僚主义被短路了，管理系统也就实现了闭环。

三是从静态转向动态。原来我们整套系统是静止、被动的，出了什么问题然后再去抓什么问题。激励机制主要靠政治动员，我们这些分管的副市长，甚至市委书记、市长，过年的时候请环卫工人、现场管理人员吃年饭，或者是评劳动模范。正因为我们的系统结构上有问题，管理上有缺陷，激励模式单一。往往是出了问题之后再去被动地解决，见事迟、动作慢、效率低。而新的模式是主动发现问题在现场、处理在现场、监督在现场、反馈在现场、最后检验还在现场，真正做到了动态管理和及时处理惩罚。

四是从分散转向综合。过去说管理城市的部门很多，但七八顶“大盖帽”就是管不了一个“破草帽”，原因就在于大家都管，大家都不管。所以要采取综合执法体制。但这也有矛盾，因为把七八个“大盖帽”转为一个“大盖帽”，这必然违反了现代城市的专业化分工和现代法治进程。法治社会的法律必然会越来越多，执法主体的个数随之增加，涉及的技术越来越复杂，执法主体很难合并成一个或简单几个。我们不能退回到300年前的城市管理旧体制。而采用新的模式，不管你有多少个部门和执法主体，反正就两个工作轴，一个指挥，一个监督，把所有的部门都在指挥、监督的系统中整合起来，发挥了协同效应。不管你是中央部门，还是市、区单位，该系统都能适应，都能迫使他们尽心尽力去工作。区级政府有限的权力就是监督。无论市区机构如何设立，这样一种新的模式的实施，超越了原来旧体制的局限性，超越了历史上机构的分分合合、合合分分这样一种旧思路。这样对于解决我们城市管理的难题，促进城市管理水平的提高都有很重要的现实指导意义。

二、提高对于推广数字化城市管理新模式工作的认识

一是要充分认识推广工作的重要性。现阶段我国正面临着城市化、工业化、机动化、全球化和市场化“五化”并存的现实，这“五化”都对城市秩序有极大的影响力，城市管理的难度越来越大。这就要求我们不断提高对现代城市管理的研究深度和重视程度。如果我们不下大力气去研究、去解决问题，从整体上、系统上寻找对策，就必然会导致每个城市竞争力的退化，进而会影响到我们和谐社会的构建和科学发展观的落实。为此，我们今

天在东城区召开现场会，推广数字化管理新模式，就是为了提高全国的城市管理水平，提高我们各个城市在全球化时代的竞争能力和可持续发展的能力。

二是要充分认识推广工作的艰巨性。利用现代信息化技术，创新城市管理模式是一项艰巨复杂的工作，不可能一蹴而就，也不能寄希望于建立了信息化系统所有的问题就迎刃而解了。我国许多沿海城市花了几千万，甚至几个亿的资金建立品种繁多的各类信息化系统，但是不顶用，有的建了，也抛在一边了。因为信息化系统需要人去操作，需要一个很好的人机之间的对话机制，需要一个较长的磨合过程。一方面，创新城市管理模式既要有信息化系统的建设的技术创新，又要有城市管理部门体制创新，才能整合这两者的优势。另一方面，一些群众甚至包括部分城市的领导，重视、支持城市管理工作的意识还需要进一步加强，还需要我们作好宣传、动员工作以引起领导重视。没有领导重视，就无法推动这项工作。同时还要让群众理解我们的城市管理创新工作，为推广新模式创造良好的外部环境。即使新的模式建立了，也不是说就一劳永逸了，新模式需要城市管理各个部门之间密切配合，高效联动，如果协调不好各个部门之间的关系，新模式的实施就会有难度。此外，城市管理涉及面广，新情况、新问题不断出现，也需要对新模式功能及时进行调整、完善。对此，在实施新模式的过程中，要深入跟踪研究并保持清醒的认识和求实的精神，坚决避免出现新模式运行一段时间就搁置一旁的局面，引发新的矛盾。

三要充分认识推广工作的系统性。实施数字化城市管理新模式是一项系统工程，其中，既有信息技术的应用，又有政府各部门人员、职能的整合，必须要采取完善法规的手段来推动。还要动员广大人民群众参与，特别要调动社区居委会、物业小区业主委员会等基层群众组织的积极性来联动，单单依靠城市管理部门的力量是不够的。具体来说，抓好这项工作，要坚持三个原则：

首先是政府主导。政府领导及各分管领导要发挥主管作用，对城市管理各个部门、职能、人员进行整合，同时要落实资金，为信息化系统的建设和运行提供资金保障。主要领导应亲自研究、亲自组织、亲自协调新模式的建立，才能使新模式顺利运转和不断改进。从事城市管理可以说是当今最艰巨的任务之一，只有在问题堆里成长出来的，在实践中解决难题，才能锻炼我们干部的领导能力。

其次是群众参与。群众的参与对于管理信息的收集、新模式效能的发挥起着至关重要的作用。要广泛运用现有的市长公开电话或市政服务热线，要动员广大群众通过这些途径来反映城市管理方面存在的问题。通过市长、区长或 12319 热线电话把群众和政府沟通连接起来，使它们成为促进新体制不断完善、不断反馈、不断改进的新途径。利用这个电话对新模式的各个环节的工作进行监督，使我们对信息采集实现最大化、评价体系科学化、奖惩措施合理化。

第三是技术支撑。市政监管信息系统运用了网络技术、地理编码技术、卫星定位技术等多种数字技术，要做好管理维护工作，需要专业人才，要注意联合社会上的科研机构、专业公司，充分发挥他们的作用，为系统运行提供技术保障。当然这些公司往往是良莠不齐，有的是真有真才实学，但也有的只是骗钱，要注意辨别。

三、统筹规划，周密部署，抓好数字化城市管理模式的试点工作

对于推广工作，各地可先抓一二个试点城市和城区，进一步取得经验后再全面推广。首先应选定 10 个城市（区）进行实施

数字化城市管理新模式的试点，下一步各个试点城市（区）要在统一领导下，认真开展试点工作。创新城市管理新模式，需要做大量的工作，包括以下几个方面：

一是领导要亲自抓。市长至少是分管城市管理的副市长要具体研究，布置落实。各个建设厅的厅长，主管副厅长，要亲自抓本省区的试点推广工作。每个省区还可以设立二个以上的试点城市或城区。此项工作是检验我们领导的务实创新能力的重要方面。

二是要坚持以问题为导向。城市管理新模式能否紧贴人民群众，能否有效地、持续地解决城市管理中的难题，是检验体制创新和信息化成功与否的试金石。以前我们很多工作不是从问题导向，而是从某个概念导向，或者仅仅是从技术导向，有的信息系统技术上很先进，但是解决问题不着边，所以必须坚持从解决实际问题导向，脚踏实地来完善系统功能。东城区就是把多种简单的技术整合在一起，形成了新系统但实用性非常强。

三是要从过去强调专业化分工、部门分割，转化为在信息化技术的支撑下，各个专业部门紧密合作，形成综合、系统的管理新体制。温家宝总理在政府工作报告中指出，要整合各种各样的管理资源，形成管理的合力。当前城市各类管理机构众多，法规也很多，要通过创新机制和手段将它们整合起来，协同服务。

四是要把评价、监督各个城市管理部门的权力交给群众。我们推广和利用信息化技术，就是为群众监督政府提供快捷的渠道，就是为了消除政府与群众之间的信息鸿沟、部门与部门之间的信息鸿沟。信息的不对称，最终还必须通过信息化来解决。从理论上说，所有的公共权力都来自于人民群众，政府权力的本源是人民。新管理体制就必须方便群众监督我们的政府。不少城市以前搞了很多信息化系统，有的非常复杂和昂贵，但是汇总的信息只有领导知道和使用，群众不知道更不懂运用，整个系统就无效用了。这也违反了权力来自于群众、城市管理一切为了群众、一切以群众满意不满意为检验标准的原则。

五是要坚持勤俭办一切事业的原则。应该把多个部门建立的各种系统归纳到新管理系统中，整合现有各种资源，实现设备、信息系统共享。例如治安和交通管理方面的电子摄像系统等都要整合到管理系统中去。大屏幕显示系统比较昂贵，其实可以用投影仪替代。

六是要注意建成区与非建成区之间的区别。例如北京东城区是一个已经建成的区，建设量不大，大多数城市的“部件”是静止的。而绝大部分城市是快速发展的城市，所以城市管理“部件”还在不断增加，是动态变化的。城市管理中还有许多新的问题发生，如临时工地、露天摊位等等，“事件”也是不断增加和变化的。所以，新的管理信息系统要适应这种变化的情况。

七是要调动条条和块块的积极性，实行多重反馈机制，建立无缝隙的城管网络。物业管理小区、居委会、街道办事处及各个专业化的城管部门内部都要建立多重的自我优化的监督系统，并把原来的12319，或者是市长、区长电话通过这个系统强化，形成多重的反馈机制，才能实现整个新管理体制的不断优化。应当鼓励各个子系统能主动自我优化，居民通过内部一个电话或区域网络系统就能及时解决管理问题。

八是要坚持奖罚分明、公开公正、取信于民的机制。新管理系统应做到标准化、公开化、实时化，让人民群众了解和支持我们的新管理系统的运行。要通过新闻工具，让人民群众知道这个新管理系统可以有效地解决城市面临的问题，有效地解决他们身边的难题，他们才能拥护这一变革。

九是要坚持能进能出的新的用人机制。对城管监督员要实行及时的优胜劣汰。如果用老机制将他们变成了准公务员，再要他们每天骑自行车到负责的空间网格中细心巡视检查五次就难办了。

总之，我们要以问题导向为新体制构建的前提，其次是优化目标，根据目标和问题来设计和优化管理体制，再根据体制来优化管理，最后通过优化技术手段，采用适宜的信息化和网络技术支撑整个城市管理系统最优化。

创新城市管理模式，提高城市管理水平对促进各地城市竞争力的提高，促进城市和区域的可持续发展和社会进步，维护广大人民群众的利益，构建社会主义和谐社会，都具有重要的、广泛的和基础性的作用。要充分认识这一问题的重要性和紧迫性，坚定信心，以改革、创新的精神和勇气切实推动这项工作的开展。

（原载《上海城市管理》2006 年第 1 期）

第七篇　城市化经验教训与资源保护

卫星城规划建设若干要点

——以北京卫星城市规划为例

每个城市的每一次总体规划的修编都有侧重点，这一轮的北京总规修编的重点在于卫星城也就是新城规划。执行本轮规划，在某种意义上说，成也在新城，败也在新城。只有突出新城规划建设，才能缓解北京老城区历史文化遗产保护的困境，才能整体优化首都的空间功能。北京新城的确是这一轮总体规划的重中之重，成败之关键。因为只有通过科学合理的规划，使新城具有比中心城区更完善的基础设施和更优良的人居环境，才能产生强大的反磁力，新城才能够生存和发展，才能疏解老城。我们不能靠行政命令强制将中心城的投资项目转移到新城区，虽然对某些新建的政府项目还有可能以计划的办法来实现，但绝大多数项目只能由市场来竞争性决定投资和建设的地点。所以，成功的新城都是通过新规划来产生强大的反磁力，实现中心城人口和项目的转移。同时，科学合理的卫星城市规划是实现大城市周边城乡协调发展的关键。卫星城规划不仅要关注城市发展，也考虑到为了农村、农民和区域的协调发展。此外，这类规划还要体现城市服务、支持农村，工业反哺农业的要求以及产业集聚、就业和人口就地均衡等协调开发建设的思路。

关于这类新城规划的改进和今后执行中应关注的几个问题：

一、突出城市设计

北京中心城是全国政治和人才的高地，尤其是人文历史积淀十分厚重，国内任何城市都只能望其项背。因此，新城必须以自然风光和现代建筑来取胜了，这两个方面必须是压倒性的，否则就不可能产生反磁力。韩国首尔的卫星城之所以成功，正因为规划建设的起点比较高，市政设施非常齐全，所以能够一年中吸引70万中心城的居民迁移到新城。但是国际上也有许多失败的卫星城的例子，如香港的元朗新城建设了20多年，还没有达到原规划确定的人口规模，主要是当时的起点以及和中心城的连接交通有问题。所以，首先要通过突出城市设计来体现新城的现代化和设施的完备性。其次要通过城市设计来实现高密度的居住群落与宽敞的生态空间两者的有机结合，实现现代化生活条件与田园

图1　香港将军澳新城

风光的珠联璧合。第三要实现多样化的城市景观。香港的卫星城，建筑密度很高，容积率一般在6~8（图1）。而主城港岛中环一带的建筑密度比卫星城还高，却对国际投资者的吸引力仍然很强。为什么？其原因在于，尽管香港的卫星城建筑密度比中环低，但是由于它们的建筑的多样性、景观的多样性较差，新城的大多数楼盘外观看上去都大同小异，经常使人迷路。而中环一带的景观是上百年历史不断积淀的结果，融合了不同时期、不同风格的建筑。实际上，人类的天性是喜爱多样性的。实现景观的多样性，在卫星城的规划设计和建设中尤为重要。所以，在建设思路上要限制大片卫星城土地由某一家房地产商独立开发，一个企业的开发建设只能造就一种景观。如果不能体现景观的多样性，卫星城就会成为单调的水泥森林而失去魅力。第四是突出城市设

图2　通州新城规划用地图

计还可以掩盖原有县城的缺陷。因为北京这三个新城都是在老县城的基础上发展起来的，原来的规划开发标准只有农村县城的水平，现在要在这个基础上建设现代化的新城，提升城市功能的难度特别大。原来遗留的许多缺陷，如通州最大缺陷就是两条高速公路在城市中心交叉通过（图2），这对于卫星城建设是很忌讳的。这两条高速公路一交叉，就把新城空间切成四个相对隔离的组团，造成这些组团之间交通不便，汽车产生的噪声聚集在市中心。这与一个世纪前英国规划学家霍华德提出的“田园城市”的理念是背道而驰的。霍华德及其之后的新城建设经验都表明，必须利用便捷的公共交通将城市各个组团紧密地连接起来，而不是人为地分割。对于通州来说，只能通过城市设计来弥补这些缺陷，例如公共走廊的设计和建设、利用高大的树木来降低高速路噪声、设计多种多样横穿高速道路的行人通道等等。在香港中环，有的地方做得比较好，有二层、三层行人走廊，而且设计非常有特色，整个步行系统组织得非常好，尽管有高速公路穿插阻隔，但是各种交通工具之间的换乘还是比较畅通的。这是后来精细的城市设计弥补缺陷的典范。

顺义的新城规划也有问题，其缺陷是将北京国际机场像包饺子似地包在城区中，除了噪声问题难以解决，还有航空安全都是值得考虑的，都要通过精心的城市设计去弥补。一方面要充分利用世界第七航空港来发展“空港经济”，另一方面更要防止机场净空要求造成城市天际线的单调枯燥。这就要靠规划部门精心进行城市设计和调动各方面的创造性、积极性去消除原有缺陷的影响。

二、优化城际交通

北京卫星城与主城的城际交通，目前无论是从该市的“十一五”规划，还是新一轮北京城市总体规划，从主城到新城只有一条主通道，事实上是不够的。以往国际上建卫星城时，也有这方面的教训。因为第一代卫星城是卧城，第二代新城考虑到就业和平衡的问题，第三代新城不仅要实现居住和就业平衡，还必须考虑卫星城与主城交通的便捷性。如果与主城的交通问题不解决，通达性不好，卫星城就难以兴旺。无论是香港还是巴黎都有这方面的经验教训。人口规模在 50 万以上的新城与中心城之间必须有二三条快速的交通通道。可选择的首项就是地铁，这是重中之重。没有地铁，城市密集区域的可达性就无从谈起。其次可考虑低速的磁悬浮公共交通。低速的磁悬浮公交，对于高密度城市有其优势，而且造价与地铁接近，最大的好处是噪声很低，所以它可以在建筑里边穿插行进。当然建设最方便的交通工具是快速的地面巴士系统，即 BRT，该系统要为乘客提供从道路中间上下车必须横跨道路的电梯。没有电梯，靠行人自行上天桥没有吸引力。总之，卫星城与主城要有多条快捷通道连接，把可达性和可靠性做得更好。所以，只有关注居住和就业平衡再加上可达性便捷，才能增强卫星城的反磁力。

另外，优化城际交通还要突出运用 TOD 的概念。TOD 是所有现代卫星城市开发建设中最成功的策略之一，即充分运用城市规划的调控权，将大容量轨道交通所形成的可达性空间节点，转换成高密度的服务中心，并使其对该节点周边房地产升值的效应回收用于公交的投资，形成轨道交通投资的良性循环。如在香港，卫星城建设中有没有贯彻运用 TOD 的结果是完全不一样的。香港的一个卫星城——沙田，尽管地形狭窄、建筑密度过高，但它的 TOD 概念做得相当好，在地铁出站口精心规划了一个交换中心，地铁乘客可与其他的交通设施零换乘，更在这个地铁口上面修建了一组高密度但多样化的建筑群体，而且形成了分层次的空中花园和休憩空间的有机组合（图 3）。由于成功推行了 TOD 的概念，该换乘点上就提供了新城全部就业 65% 的岗位，许多商店和服务设施包括新城图书馆都集中在地铁的换乘点上，带动了整个新城的居住和就业平衡。作为现代化特大城市的卫星城，不能仅靠工业发展创造就业岗位，而主要靠服务业发展来达到居住和就业平衡，就要积极运用 TOD 的概念。北京主城的地铁换乘点空间资源往往浪费过大，只将地皮交给地铁公司盖房，上面盖几层房子，然后自己慢慢出售、出租获利，缺乏整体的设计。乘客从地铁出站还要到露天去再搭公共交通，不能实现零换乘。更糟的是把换乘中心建在大型立交桥的旁边。立交桥看上去是通道，但是这个通道是行人上不去下不来的，成为被隔离的空间，不利于满足乘客换乘和购物等需求。这些教训都值得我们认真去吸取。

图 3　香港沙田新城

三、管制非建设的空间

管制非建设的空间，实际上就是利用绿线、蓝线和紫线等规划标志线的法定强制力对空间资源进行保护性管制。绿线主要是管制城市和郊区的生态空间，包括公园、绿地、基本农田、风景资源，这些都应通过绿线的管制来禁止和限制开发；蓝线是管制城市规划区内所有的水面和湿地。通过保护这两种珍贵的城市生态要素，实质上是要达到把自然引入卫星城中来的目的，这是卫星城的生态景观和人居环境超过中心城的最主要手段。伦敦卫星城建设一开始就失败，就是因为没有守住城市的边界绿地。绿地守不住以后城市就蔓延开来了，原先的卫星城市变成城市的组成部分。北京也存在这个问题，北京主城区、四环路之间原来有许多“居住集团”，本来有绿带来隔离，但由于这些公园建设滞后、管制不严，结果就放任建成区连片蔓延成“大饼”的一部分了。表面上看，绿地建设滞后是主要矛盾，所以刘淇同志才提出要求迅速把公共绿地建设好来保护绿色边界。绿线管制的概念是不论建设进程如何，都必须事先强制性地把绿线的边界予以确定，并以法的强制力进行保护，一经划定的绿色边界谁都不能侵犯。绿线必须从总体规划贯穿到分区规划，一直到控规都要体现其强制性的坐标体系，并通过立法手段来保证这条界线不受侵犯。蓝线管制也一样。这样做可以为城市的可持续发展奠定基础。

一是充分利用公园、湿地、风景资源、文化遗产、基本农田、水面和其他自然斑痕的强制性保护来防止发展中的新城和中心城的建成区在地理空间融合连成一片，这是卫星城成功规划建设的要点之一。

二是留住生态的空间廊道。预留生态的空间廊道，能减少新城的热岛效应和污染的集聚。香港在非典流行期间，个别居住小区疾病感染率很高，就是因为空间通风廊道预留不足所造成的。近些年来，北京中心城某些区域热岛效应越来越明显，夏天温度比郊区高出 8℃。因为我国北方空气的湿度低、传热系数小，所以，一旦空间风道不合理，风通不进去以后，热岛效应比南方城市更严重。另外，生态廊道可以将分散的绿地和水面串联组合成一个网络状的城市生态系统，方便动物迁移繁殖，有利于生物和景观的多样化。

三是能强制性的保护城市的边界。总结历史的教训，无论是北京，还是伦敦，凡是快速成长的城市，都需要绿带对其边界进行分割限制。

四是通过绿线、蓝线、黄线管制，为必要的基础设施建设预留空间。黄线实际上把有外部性项目，特别是具负外部性影响的垃圾场、污水处理厂这些设施的空间布局确定下来。美国纽约的市长曾说过他任职期间最痛苦的经历就是这些应有的工程设施定点定不下来，因为谁都不愿意把公共厕所、垃圾厂、中转站、污水处理泵站建在自己的住宅旁边。此外，还有公共汽车始发站会产生噪声，也不受欢迎。这些必要的城市基础设施用地都要用黄线的强制性来确定和保障。只有这样，才能实现整个城市空间的科学布局。这些特殊的资源和用地都是现代化的新城必备的要素，都要在空间上进行管制和保护，通过“四线”强制性地落实，这是卫星城成功建设的另外一个关键。

四、要体现资源节约

建设资源节约型卫星城的重点有以下几项：

一要实现可步行的城市。北京新城规划的目标，一定是可步行的城市（Warkable City），居民可通过自行车、步行，方便地在城市中通行。但是，自行车道和步行道布局上，不一定与快速机动车道混合，它可以分离，单独形成便捷的网络，使人们穿行在鸟语花香的环境之中。这是世界上成功的卫星城规划的一个通则。必须以非常健全的自行车道和步行道组成一个便捷的绿色交通系统。这方面上海浦东规划是有教训的，浦东陆家嘴金融区的高楼大厦十分壮观，但原规划设计没有考虑人行方便，行人从一幢大楼到另一幢大楼，必须要横穿机动道。许多到现场参观的国外设计师都认为，这是一个非常短视的思路，后来重新调整，重新设计了高楼群之间的精细的步行道系统，才纠正了这一错误。北京卫星城现在就要充分考虑，因为只有推行步行和自行车交通，才可以减少 25% ~30% 能源消耗，这是现代卫星城必须选择的模式。

二要突出公交优先，而不是私家车优先，关键是将各种交通工具组合成零换乘、快速便捷、节能环保的公交系统。

三要强调混合用地。混合用地有什么好处呢？首先是可以节约土地，其次是可以减少交通能源消耗，第三是保护环境。真正的污染治理都是在公众监督下才能实现，没有公众监督，实际上只是把这些污染源搬到别的地方去，为治理所花的钱很多，结果只是污染搬家，对整个区域污染的消减没有任何好处。所以，倡导混合用地，就是迫使建筑噪声、排污、污水减少到最低程度。

四要全面推行中水和雨水的充分利用，实现水资源的循环使用。这对地处干旱地区的北京市尤为重要。

五要倡导绿色建筑，努力实现建筑与人类健康、生态环保及其能源节约的和谐。

以上五个方面，从大的城市层面到小的建筑，都必须贯彻环境友好和资源节约。只有在首善之地的卫星城里首先做到，全国才能推进落实。

五、防止社会分层

这是巴黎卫星城建设的教训。原来我们很多人推崇巴黎周边有七个服务设施现代化、生态环境优良的卫星城。现在发现它的卫星城也有缺陷，这次令全球震惊的巴黎骚乱事件的发源地就在卫星城，由于社会分层严重，某一个种族聚集在某一个卫星城中，最贫困的居民聚集在某一个城市区域，导致多年积聚的社会不同阶层间的矛盾集中爆发。这次严重的骚乱事件就是从卫星城开始的。原来卫星城规划设计时就想到了要防止出现这个问题，但是考虑不全面，执行不力，所以造成严重的社会分层问题。要汲取巴黎的卫星城教训，尽早解决社会分层问题。

首先，在规划布局上要防止大片的、单一低收入阶层的居住区出现，包括我们市区。北京社会治安最乱的是新疆村，就是一种社会分层造成的混乱。

其次，中央部委和北京市政府应该有一些机构有计划地迁到卫星城去，迁移过程要系统考虑办公和居住成建制的布局安排。

第三，高起点地建设卫生教育设施。北京的新城不能仅单纯倡导社区医院，应该鼓励北京市最优质的学校、医院在新城建立分校、分院。就是要一步到位，使新城的医疗条件、教育条件达到北京乃至全国最优，这样就有可能防止出现高收入和中等收入家庭不愿意去而使卫星城住民边缘化的现象。因为他们移居的目的，更多考虑的是子女的教育，建立名校、名院的分部，就可把最好的制度和人力资源拷贝到新城去，可以快速优化新城的人居环境。

第四，要把文化设施迁移到新城。新建的文化体育设施，能在新城的，应全在新城定点建设，这样就能逐步形成社会各阶层的混居的社区，在规划上防止社会分层，就可以最终防止像现在巴黎的骚乱事件的出现，真正实现社会和谐。新城应首先成为和谐社会的模范。

总之，特大城市的卫星城规划建设有其特殊的规律可循。从北京新一轮的卫星城规划来看，必须切实总结国外先行国家的此类经验教训，认真地依据创建资源节约型、环境友好型新城和增强反磁力的要求，突出城市设计来奠定新城现代化的人居环境；

落实TOD的新理念和实现“零距离”的换乘来优化城际交通；推行绿线、蓝线和黄线的管制来保护不可再生的空间资源；注重可步行的交通体系建设来体现资源节约的原则；强化城市规划综合调控功能来防止出现社会分层现象危及卫星城的长治久安和可持续发展。

（原载《城市规划》2006年第3期）

温台、金衢丽城市群发展规划的若干要点

对于浙江省这两个城市群来说，战略层面的规划首先要突出协调。协调的对象有四个：一是空间，因为浙江的空间资源非常有限，空间资源的含义比土地资源更广泛；二是环境；三是社会；四是经济。这四种要素及他们之间如何进行协调优化组合，都要依靠科学合理的城市群规划。本文首先从此类规划容易忽视的两个共性问题入手，进而提出要协同内源式与外向型的两种发展战略，优化七种资源的配置和合理利用，以及落实和明确不同类型的开发管制。最后针对这两个城市群的特殊性提出要关注的五类问题。

一、城市群空间发展规划要特别注意的两个问题

1. 城市密集区要强调网络型的发展

城市密集区既有点轴式的发展模式，又有整体网络型的发展模式。城乡及城市之间的协调，实际上已经包括在这两种模式之中了。整体型网络发展，首先要突出节点。需要确定不同类型和大小的节点，而且城镇群的节点越多越好，特色越明显越好。其次是解决网络的通道问题。所谓网络的通道，就是我们各种资源流动的途径。节点和通道如果在质量和数量上被优化，整个网络的功能就能够提升。第三是网络要能够与外部融合，吸引外部的

各种资源为己所用，具有开放性。总之，城镇群作为一种网络，它有三个性能指标：一是外向融合；二是节点的数量与质量；三是通道的质量与数量。如果以上三方面都能持续优化，就能够形成自我完善的城镇网络体系。这对于城市群的发展有着重要的理论指导意义。

2. 突出发展重点城镇

从网络节点上讲，什么是最佳的城市规模？过去许多城市没有搞清楚这个概念，在理论分析和编制规划时，经常讲单个城市或区域的中心城市不够大云云。其实，浙江省早就存在着单个城市或区域的中心城市不够大的问题，但经济却是全国发展最好的。相反省会城市首位度最高的四川、东三省、新疆等省区，特别是四川省，城镇数量很多，除了成都是大城市外，其余都是中小城市并且规模都很小。事实表明，我国省会城市首位度较高的省份，经济发展都相对缓慢，为什么？因为它缺乏整体均衡发展的城镇空间网络。

最佳城镇规模不是以城市人口的多少来衡量的，它至少受三个方面因素的影响：

一是城市的产业性质。如果城市产业属于低端产业，那么合理的城市规模就要很大。所以，一般认为，工业化初期的城市，最佳规模一般要求是 50 万 ~ 100 万人。目前，浙江省总体上处于工业化的中期或后期，有些以第三产业和高端产业为主的城市，城市合理规模就相对较小，就像德国、法国、英国很多以高端产业为主的城市，规模很小却发展得很好。所以，我国许多经济学家认为 50 万 ~ 100 万人口是最佳规模，但是德国同行则认为 10 万 ~ 20 万人口是城市最佳规模，而意大利的学者认为 5 万人就可达城市最佳规模。这些不同看法与所描述的城市产业性质的不同是相关的。浙江省许多城市的产业已经逐渐升级变化，因此我们以工业化初期的合理规模去要求工业化中后期的城市是值得商榷的。

二是与城市之间的相互作用。如果一个城市与其他城市的相互作用是非常密切的，并且产业功能互补，那么城市规模再小也有规模效益，因为它不是单独发展而是相互伴生的。而像新疆、青海等地，省会城市单个城市规模并不小，但是因为其周边没有互补的城市，整体规模效益和区域经济发展反而大打折扣。所以，从城市之间的相互作用出发，强调城市发展应有“群”的概念，在这个“群”里，只要城镇功能与产业之间合理分工，单个城镇不管规模大小都是合理的。地中海沿岸的许多小城市，每个城市都发展得很好，如摩纳哥就是一个很小的城市，杭州的友好城市法国尼斯市也是一个只有5万人口的小城市，著名的电影城戛纳市更是个3万人口的城市，由于城市之间功能互补，所以整体发展很好。

三是有没有企业产业集群的依托。这与城市规模很有关系。如果某个城市有产业集群依托，该城市的合理规模可很小，比如义乌的大陈镇具有衬衫业的产业集群，诸暨的大唐镇是织袜业的产业集群，有了这样的产业集群，城市产业的特色就非常明显，即使城市人口只有5万人，照样发展得很好很快，甚至会比东北的某些地级市还要强！

所以，最佳的城市规模不仅与人口相关，还与以上三个要素密切联系，但这往往会被忽视，需要我们在规划中予以突出。

二、要协同两种经济发展战略

经济发展战略在类别上可分为内源式发展和外向型发展。浙江与江苏走了两条不同的路子，江苏走了外向型发展为主的路子，浙江经历的是内源式发展为主的路子，尤其是今天论证的这两个城市群，引进外资的总数还不及苏南的一个县，是最典型的内源式发展城市群。内源式发展的优势是符合我国提出的发展战略的，它扎根于本地人民的创造性，对于中国的和平崛起减少对外界的依赖贡献最大。总结世界经济发展的经验，作为一个大国，应在积极引进先进技术和管理经验的基础上，注重内源式发展，不断扩大内需，实现可持续发展。内源式发展的不足，在于难以迅速地把国际上的资金、人才、管理优势引进，以及以“大进大出”来拉动经济发展。

现在，浙江省内源式的经济发展战略受到周边几个外向型经济发展区的威胁，如闽东南是海峡两岸经济发展区，北面是上海的经济发展区，这两个经济区都是走外向型道路的。一旦形成技术创新的差距，浙江省的内源式发展会受到外向型发展的牵引，尤其可能会导致浙江省中南部这两个城市群的资源外流。所以才有“温州的经济与温州人的经济不一样”的说法，接下来可能还会有浙江经济与浙江人经济有差别的现象。因为外向型发展的经济一旦强大之后，就会对内源式发展的经济造成威胁，致使其许多资源被抽吸走，这是对本地区最大的威胁。但这也是我们的机遇，如果强化地区间的协同合作的话，两者的发展可实现互补促进。

大量涌入的跨国公司资本，实际上是利用了我们廉价的劳动力。如苏州的一个电子产品组装企业，100 亿元的年产值，仅仅只有 2 亿~3 亿元是留给当地的，大量的原材料、零部件从国外进来，然后成品组装出口，整个生产过程并没有很高的技术含量，可借鉴的技术也不多，我们赚取的只有很少量的劳工工资，却留下大量的污染，消耗了大量的能源和原材料，以市场换技术也往往只是我们的一厢情愿。所以，我们要反思外向型经济，外商把最大的资源消耗部分留给了中国，像榨油机一样把最好的东西榨取光了，拿走了最大的利润，还说我们是产品倾销，并把油价、铁矿石、原材料价格全面提升，这就是全球化导致的不公正性！

外向型经济发展战略促使了我国生态恶化的临界线和资源枯竭的临界线提前到来。现阶段我们为什么需要强调走资源节约型和环境友好型的发展道路？科学的发展观在经济发展战略上的体现，实际上就是内源式和外向型这两种经济发展战略的协调发展。内源式高度发展的经济加上引进高新技术和先进管理经验，这是一个很好的互补战略。浙江省需要很好地巩固内源式经济的发展，并积极利用外向型经济来加速发展生产型的服务业。按照吕省长的说法，浙江省加工业较强，但是服务业比较薄弱，而服务业中尤其是生产型的服务业更是一条短腿，影响了浙江省的发展后劲和人力资源的优势发挥。服务业一旦突破后，就会导致两个转移：一是加工业的梯度转移；二是产业链从低端向高端的转移。这两个转移会促使第二个加速——即新的经济增长点的加速形成。要清楚地认识到内源式和外向型经济的优势和不足，并以生产型服务业为突破口，来打造浙江经济第二次加速发展的机遇期。

三、城市群空间发展战略规划要突出优化配置、合理利用资源

对浙江省经济与社会发展长期起作用的资源，归纳起来有以下七种：一是人力资源，突出环境的宜居，低的犯罪率，科教文卫事业的适度超前发展。人居环境优化了，人力资源就不会枯竭。二是自然资源，指的是天赋的地区自然和生态资源。要考虑浙江省“七山二田一分水”和海岸线长、国家级风景名胜区多以及丰富的物种资源优势，统筹土地山海的合理利用。三是智力资源，智力资源与一般的人力资源不一样，它是高素质的“人力财富”，包括高等院校、科研机构、艺术团体的数量与质量，这

是提高自主创新能力的源泉。四是环境资源，即一定要重视生态资源的保护和合理利用。因为生态资源包括持续增长的森林覆盖率、清新的空气、洁净的水生态、适宜于绿色食品种植的土壤等等，但最重要的还是经济循环模式与节地、节材、节水、节能型的城镇化、工业化发展模式，这是可持续发展的基石。五是社会资源，也就是公民的自我组织能力。浙江人素有很强的自我开拓和组织管理能力、较好的社会资本和制度行为资源等等，所以人家经常说浙江省社会资本非常雄厚，可以用雄厚的社会资本来克服矿物资源和能源储藏等方面的不足。六是文化资源，包括“经世济用”的历史文化传统、物质与非物质文化遗产、文化特征和文化生活活力等等。七是城镇资源。城镇的基础设施、文化习俗、创业精神、开放程度、城镇景观的多样性，尤其是城市基础设施完善程度，即城市内外的可达性、净化污染的能力、能源保障程度、防灾能力等等，构成了城镇资源。这七种资源要通过城市群空间发展战略规划得以协调发展，优化配置。

要实现七种资源的配置优化和均衡发展，我认为还要注意几个问题：

一是要提高城市紧凑的程度。高紧凑度的城镇对浙江来说尤为重要。这不仅指居住建筑、工业建筑，而且还涉及城镇整体空间利用模式。过去有的省份在土地利用上出现了明显的失误，那就是它的工业区企业厂房结构往往只有一层。外商圈了一块地，一般开发量只有20%，其余的空在那里，造成资源的浪费。浙江省原来没有这个错误，现在更要非常主动地倡导城镇的紧凑型发展。不论是城市还是城镇都要讲求人口分布密度——每平方公里不低于1万人，这1平方公里包括了居住用地、工业用地、绿化生态用地和基础设施、道路、商业用地等等，不同的只是在城市不同的区域其比例不一样。人多地少的浙江省处于这个平均水平的上限。江苏的例子值得我们反思，如他们另起炉灶搞了一个沿江开发规划，脱离了城镇规划调控，结果导致“铁本”[1] 这样的事件发生。

二是要提倡土地的混合使用。在这一点上，我国其他省份都没有取得突破，但浙江省要率先实行。土地的混合使用是 20 世纪下半叶以来国际上通行的潮流，它是把各类服务业用地和高端的二产用地，以及居住用地和生态用地在一个区域中混合来使用，做到在一个区域或城镇组团内部就近就业、就地居住、近距活动，使就业与居住取得平衡。这样，交通的堵塞程度就可以减少到最低，区域生物和景观的多样性就可以提高。还有一个意想不到的好处，就是对环境质量的监督也会得到加强。我们原来的思路是凡有一点污染的工厂或者是工业区都要远离居住区，这是一个“现代化”误区。在工业化初期重化工阶段，人类没有能力来克服工业污染这样的问题，只好采取污染搬家的方式搞集中式的工业区，以减少污染物对居住区的影响。但这不是循环经济的思路，反而会促使污染的循环，造成更大范围的生态灾害。现在，澳大利亚等国在实施绩效规划（prefermence zoning），规划只控制两个指标，一是控制建设强度与各种管线的接口，二是控制建筑排污量，包括污水、噪声、空气污染。如果建筑物没有污水、噪声、污染排放，政府就不管此建筑及土地的使用性质。这是一个非常好的思路。如果一个城市群中每个市镇都这样做，整个区域的环境质量就会迅速改善。而传统的污染搬家治污思路实际上是最糟糕的做法。我国虽然在防治污染上花了很大的本钱，但是 90% 的钱投在了污染搬家上，同时也带来了能源的大量浪费。按原来的思路，所有开发区都是纯工业区的话，就意味着成

---

[1] 铁本事件：江苏铁本钢铁有限公司于 2002 年初筹划在常州市和扬中市建设设计能力为 840 万吨的大型钢铁联合项目，2003 年 6 月开始施工。后经查明，该项目在建设过程中，当地政府及有关部门严重违反国家有关法律法规，越权分 22 次将投资高达 105.9 亿元的项目分拆审批，违规审批征用土地 6541 亩，违规组织实施征地拆迁，对企业违法行为监管不力。这是一起典型的地方政府及有关部门严重失职违规，企业涉嫌违法犯罪并造成严重后果的案件。根据国务院常务会议决定，该项目停止建设。

千上万劳动大军每天都要乘坐交通工具来往于开发区与住宅区，造就“钟摆式”上下班的车流，交通不堵车倒是奇迹。

从国际上通行做法和浙江省的特点来讲，必须率先强调土地的混合使用，实践证明，在现阶段，一个工厂要优化自己污染的防治能力，只有在受到周边居民严密监督和不断投诉下它才会有动力去优化，如果把它迁到无居民点的海边去，让它自由排污，就根本没有优化生产工艺的动力了。污染搬家后的污染，还是留在浙江，不仅危害当代人，而且还影响我们下代人，并使污染物的处理代价更为高昂。而土地的混合使用就使污染终结了。这里涉及污染防治的问题，如污水、空气污染、灰尘排放等问题，无论放在哪里都是要控制排放的，有些项目的噪声控制成本过高。但如果能实现隔声厂房，企业就可以留在城市居民区中，因为噪声的污染是不会留下来的。噪声的控制成本，可以精确测算。首钢之所以搬迁，一是因为灰尘控制很难做到；二是噪声控制根本没法办到；三是大量的原材料运输和每年5000万t用水，北京市区本身都难以承担。有些钢铁加工厂，如果能够把噪声和污染排放控制住，也没有必要搬家，而其他方面的污染控制本身就是应该的，不论放在哪里都必须控制，而且控制的标准都在提高。绩效规划、土地的混合使用，将极大地限制污染搬家，充分动员全社会的监督，极大地减少整个城市交通拥堵和能源消耗，这与我们传统的规划理念是不一样的，能源匮乏、资源匮乏的浙江省尤其要注意率先推行。

四、落实和明确不同类型的开发的管制

建设资源节约型、环境友好型社会，首先要明确哪些区域禁止开发，哪些开发必须经过详细的可行性研究后再审批，而且这些审批权可能要收到省里来。如乐清湾的开发与审批权就应该上

收，因为该区域的生态环境对任何开发项目都很敏感，是多重的资源的叠合体，涉及能源、港口、物种基地、特有地质地貌等等，必须协调开发。其次是适宜开发区域的审批权可以下放。珠江三角洲城市群已经确立了六种土地开发调控模式，在这两个规划里也提到了城市的边缘应该尽快由规划来确定。城市的边缘区要根据土地开发的密度、生态资源条件以及与相邻城镇的关系，通过城市群规划来确定，并把城市边缘区与基本农田保护密切结合起来。英国与美国城市规划之间的区别之一，就是英国的分区规划有城市边缘区的控制，用绿带将城市发展约束起来。这些绿带包括森林、国家公园、风景区、基本农田，这也就是所谓的绿线控制。本次规划提出了红线控制的说法，在道理上也是可以的，但是最好用绿线的提法，因为它是用绿色的边缘来控制城市无序发展。然后是黄线，黄线就是用来控制重大而且有外部性影响的基础设施如污水处理厂、垃圾处理厂、电厂、高压走廊和变电所等，因为谁都不愿意让此类设施建在自家后院，也就是发达国家民众兴起的NIMBY（not in my back yard）活动的内容。但是规划上就要尽早确定和控制这个区域，这些设施占用的地块尽早确定，不然会造成很大的失误，花费很大的成本。美国的纽约就有一个此类的历史教训，它以前的规划没有关注此类问题，结果垃圾处理厂没有地方建，需要穿过新泽西州来运城市垃圾，成本非常之高。所以，通过黄线控制，把这些外部性很强的基础设施用地事先控制住，将为城市群日后的健康发展奠定基础。

五、几个值得探讨的问题

1. 土地资源问题

浙江省的土地资源非常紧张，耕地占补平衡的土地从哪里来始终是一个很令人困惑的事情。如温州市要开发滩涂，不仅要在洞头岛搞一条通道，而且还要大规模填海。在本次两个城市群规划中，一个城市群要通过开发滩涂来造地，而另一个城市群则在规划中明确要退耕还林，这就是一个很矛盾的事。开发滩涂会遇到经济和生态方面的问题，滩涂本身产出量就非常高。我在乐清工作时，在方家屿花了很多钱填了4万亩滩涂地，土地指标是拿到了，可苦了老百姓，因为每一亩滩涂原来养殖海产品的产出就有好几千元，现在变成农田了，而且是低产田，产值反而大幅下降。开发滩涂可能还会影响整个区域的生态环境，导致生物种类的减少。因为，温台这一带的滩涂是全国的贝类养殖基地，是生物种群的聚集地，包含了许多当地特有生物种群，关系到许多回游鱼类和候鸟的生物链，过多占用滩涂可能会破坏这些种群的生存条件。而且滩涂一填，海流的走向就变了，海流的变化可能会对港口资源产生负面影响。如七里港区为什么会形成一个百年不变的海沟？就是因为海底洋流、潮流经常性地在这里冲刷而形成了海沟，如果填海造成洋流改变，这个地方淤积了，就会把港口资源给废了。现在，国务院成立了气候变化的应对小组，就是要研究应对全球气候变暖的政策。目前我国海平面每年上升2mm。这将导致现在开发滩涂的成本提高，搞不好就会变成美国新奥尔良式的灾难，这都是值得系统研究的。我认为填海造地应该本着对港口资源影响最小、对生态资源影响最小和效益最大的三原则来慎重进行。没有进行详尽系统地研究的前提下冒然开发，就有可能会堵塞未来更大的发展机遇。其实浙江省填海的条件要比山东省差多了，山东因为有黄河的冲积，入海口每年可长好几个平方公里。浙江省则没有这个条件。现在由于长江三峡大坝的作用，江水泥沙含量将减少，应该对台湾海峡每年由于海潮运动翻起海底泥浆增加的泥土量与海平面升高之间关系进行测算，这个值得深入进行研究。

2. 共同开发港口资源问题

这在温台城市群规划中就遇到了，一个是港口资源规划，一个是再生资源的开发规划，另一个是海洋生物的多样性利用规划，这几个方面要协调。如乐清湾开发就遇到这个问题，乐清湾拥有全国最大的潮汐能开发资源，并且已经论证了很多年。再生能源是我国今后发展的一个重点，乐清湾又是我国潮汐能利用潜力最大的地方，每天有两次潮。如何统筹利用这三类资源值得研究。现在发展小水电无法与发展潮汐电站或者太阳能、风能等再生能源的前景相比。所以，我认为浙江省在发展再生能源方面，与其重点发展小水电，不如增加风能、潮汐能的发展。在国际上，现在风能发展最好的国家，风能电成本每度只需要 3 美分，这非常便宜！浙江作为要率先实现现代化和生态省的沿海省份，大规模的输电没有道理，要充分利用风能和潮汐能等再生能源，这也是实现循环经济的基础工作之一。

3. 水资源问题

在这两个城市群规划中应强调水资源的合理分配。现在城镇用水包括工业用水只占整个用水量的 30% 以下，而且用水量还在逐年下降，所以不能过分强调远距离调水。实际上，水资源的利用有两种思路：一种是长距离的调水，另一种是水资源的循环利用，这两种思路是明显矛盾的。我们过去犯了一个错误就是只关注长距离调水。长距离调水实际上就只计算了工程成本、治污成本和水处理成本，而没有计算调出地的生态成本、移民迁移成本和自然、文化遗产破坏的代价，如果把这三个成本算上的话，水可能就达到二三十元一吨了，用水可能就不合算了。所以，我们必须着眼于城镇水环境的整体优化。整体优化的水资源是循环利用的，一旦实现循环利用就能大大减轻远距离调水的压力。

浙江省实际上不缺生态水，而且从全国来看，有几个省份如浙江、江西、海南，特别是江西和浙江有一个很好的特点，就是自身的水系与外地的水系没有太大的关联度。正因为如此，我们主张浙江省的原水资源要一盘棋考虑。同时要非常强调水资源的循环利用。只要抓住城镇的水环境综合整治，把城镇水系的水质普遍提高到Ⅳ类水以上。健康的城镇水生态目标一旦实现，水的循环利用模式就能形成，就无需进行远距离调水了。

我们不能片面地强调水的统一管理，这是一个混乱有害的思路。水的统一管理的理论是认为原水是资源，污水处理后再生水也是资源，都应该统一管理。实际上这混淆了这两种水资源的不同属性。原水是一次性开发的水资源，应该通过现在水利部提倡的水权交易来进行。水权交易实际上就是一种生态补偿机制，上游的水权如果明确了，中下游与上游形成一种补偿的关系，上游居民保护水质和节约用水的积极性就会提高。但是，如果把水资源的开发理解为要形成整个系统“一条龙”式的管理，把各个环节的水当成可初步分配的资源，这是非常荒谬的。这样的做法没有任何一个国家成功过，在理论上也行不通。如石灰岩的矿石作为原材料开发时国家是有限制的，要求一盘棋考虑，并通过发采矿证、开发权招投标等方式有控制地开发矿产资源。矿石一经开采后就变成商品，它通过价格机制来实现循环节约利用，同样矿石变成水泥也是通过价格机制来发生作用的，水泥变成房子更是要通过商品房的运作机制来进行，不能因为这些生产环节中上下游产品互为资源就搞成一条龙式的单部门管理。同样，水的统一管理，实际上只是重复了计划经济的老路，从理论上和实践上都是有害的，不利于水的循环利用。将行政管理局限在原水资源的分配加上水权运作的监管方面，这是很好的模式，但再超越一步就会由真理变成谬误了。循环经济实质上是人类向自然生物界学习的成果之一。自然生物界食品链中没有任何无用的排泄物，每种生物的排泄物都会被其他生物作为资源全部利用，这种完美的安排根本不存在“××”部门的一体化行政管理的痕迹。而水资源是最有可能进行循环利用的，除原水开发之外，其他各个环节只需让价格机制发挥作用是实现水循环经济的惟一途径。本次规划可以保留取水的通道，但通道建设要充分考虑生态的影响。我在乐清工作过，知道乐清人都有一个梦：能饮楠溪江的水。从楠溪江取水，原来有两种思路，一个是在楠溪江上造一个大坝，把水位提高，打个山洞把水引进来，这是个坏的思路；另一个思路，是在楠溪江的下游找一片滩地，楠溪江的水能够渗透到这里来，然后在这里打几口机井，在机井里设几个泵，用泵来打水，在下游非常有节制地取水，这样不仅对当地景观资源和生态的破坏降到了最低，而且能保证取水的质量和减少水净化耗能、耗材。

4. 自然遗产和文化遗产的保护问题

浙江省有大量的文化和自然遗产，比如楠溪江有很多的古村落非常漂亮，这些村落都应该作为资源来进行保护，为以后的旅游业或者说“无烟工业”的发展提供动力源；另外一个是自然遗产，这次我到江西参加会议，江西省委、省政府领导就叮嘱我一定要把三清山申报为世界自然遗产。三清山一旦变成了世界的自然遗产，它的潜在收益可以大大提高，而且对当地老百姓的生活质量是一个巨大的推进。浙江省的雁荡山和楠溪江同属括苍山脉，如果合成一个来申报世界自然遗产，在全国范围是申报条件最成熟的景区之一。但是有人以为报了世界自然遗产后，小水电的建设和其他开发就受制约了。其实这是一个错误的思路。一个地方如果被列入世界自然遗产名录的话，会成为向全球开放的“金名片”，景区的门票收入是成亿元地增长，再加上旅游业的发展，带来的收益是巨大的。所以，通过外向型经济来建设资源节约型、环境友好型社会的发展思路，就是要通过这些遗产的保护和合理利用实现“无烟工业”的发展路子。现在西欧国家许多城镇和风景名胜区都已经做到这一点，它们80%的GDP是靠外来游客来获取的。浙江省一些地方领导的觉悟与江西相比还是有差距的。我认为，浙江省要实现世界遗产零的突破，最有可能的就是雁荡山和楠溪江。

5. 组合城市与边界城市的问题

在金衢丽城市群中，义乌与东阳两城相距只有十几公里，实际上是个组合城市，这两个城市功能、资源和产业都具有较强的互补性。从城市群规划的角度讲，可能将义乌和东阳看成是一个组合城市较好（组合不指行政上的合并），无论从经济互补性出发，还是从地理节点来考虑，都要比单独考虑将义乌作为区域中心要好。

突出省际边界城市，这很重要。如金衢丽城市群的省际边界城市江山市、开化县城及温台城市群的苍南县城等，这些都是争夺省际资源的城市。建设部在编制全国城镇体系规划中就着重提到了要发展一批口岸城市，虽然目前它们只是中小城市，但具有重要的战略地位和巨大的发展潜力，就需要用规划加以关注和扶持。

总之，温台、金衢丽这两个城市群属于我国较为典型的内源式快速发展的城市群，在全球化和城市化并行的时代，编制此类城市群发展战略，需要协同两种不同的发展战略，以及同时进行协同式和网络式发展模式的研究，落实多种空间开发管制的手段，以更好地保护及优化配置各类稀缺资源。

（原载《浙江建设》2006 年）

风景名胜区管理的问题与对策

温家宝总理指出："风景名胜区集中了大量珍贵的自然和文化遗产，是自然史和文化史的天然博物馆。"切实保护和合理利用我国的遗产资源，对于落实科学发展观、改善生态环境、发展旅游业、弘扬民族文化、激发爱国热情、丰富人民群众的文化生活都具有重要作用。本文遵循这一思路，首先阐述风景名胜区资源保护与贯彻科学发展观的关系，接着分析当前我国风景名胜区管理工作中存在的问题，然后以解决问题为导向，提出加强立法工作，严格规划编制和审批，强化技术创新，推进风景名胜区数字化监管系统建设，加强国家遗产和世界遗产的申报管理和保护工作，强化对市场化经营的监管工作，深入推进文明景区工作等方面的具体对策措施。

一、风景名胜区资源保护与科学发展观

众所周知，我国187个国家重点风景名胜区，集中和保存了我国最为珍贵的自然与文化遗产资源。改革开放20多年来，我国风景名胜区完成了由粗放管理向法制化、制度化管理的转变，实现了风景资源由保洁管护向科学化系统保护的转变，建立了国家风景名胜区的规划、保护和监测机制。由地方各级政府代表国家对风景名胜资源进行有效的科学的管理和监督，实现风景名胜区的可持续发展，是我国行政体制改革所取得的重要成果之一。

随着人民物质生活水平和精神文化需求的不断提高，风景名胜区不仅对发展我国旅游经济作出了突出贡献，同时在弘扬民族优秀文化、开展爱国主义教育、科普教育、保护生态环境以及提高公众的资源意识等方面发挥着越来越重要的作用。

毫无疑问，国家风景名胜区已成为发展我国旅游业的主要载体。旅游业与其他相对污染重、能耗大的产业相比，是“投资少、见效快、少污染”的“绿色”产业。基于风景名胜区的旅游业的发展，对于振兴区域经济、增加国民经济收入、加快社会事业发展、增加当地就业机会、促进对外交流以及转变当地人思想观念、提高素质等方面都具有不可替代的作用。更为重要的是，如果形成对风景名胜资源进行严格保护下的合理利用模式，会使当地群众和地方政府了解这些资源的真正价值，从而激发他们保护此类资源的积极性和主动性，极大地减少诸如开山采石、滥伐森林、劈山造田挖矿等破坏性的低级开发方式。但从另一方面来看，如片面地注重短期收益而在脆弱的风景区内滥建宾馆和人工游乐设施，盲目进行道路、水库、索道等设施的修建和开发房地产等等，都会对资源造成严重的破坏。此外，过多的游客及其所带来的污染物，以及粗放的管理方式等都会改变景区的人文环境和影响当地生态系统的稳定性。但更为普遍的破坏行为却是由不当的开发方式所造成的，如对文化古迹的修旧如新、民族风情建筑的现代化改造、新建的服务项目与周边的环境不协调、交通建设甚至生态保护项目的不当安排等都会毁坏原有的山水景观和生态平衡。由于这些“破坏性的开发方式”隐蔽性较大，因而危害性也更大。

国家风景名胜区集中了中华民族乃至全人类最珍贵的自然遗产和文化遗产，是集独特性、公益性、生态环境性、展示性和传世性于一身的人类瑰宝，是全国生态环境资源中生物种类最丰富、生态价值和观赏价值最高的地理区域。但是此类资源与人造景观不同的是，它们具有脆弱性、环境敏感性和不可再生性等特征，一旦遭受破坏，就会永久性地失去其大部分价值。而如果受到妥善保护，就能被人类世世代代永续性地利用，其生态、社会和旅游经济价值也会与日俱增。建设资源节约型社会，首先必须使珍贵的风景名胜资源能永续利用；建设环境友好型社会，也必须使风景名胜区各类自然和文化遗产与人类和谐共处，使生态环境得到妥善保护，从而实现风景名胜区事业和旅游业的可持续发展。所以，风景名胜区管理工作首先必须着眼于切实有效地制止各种破坏性的开发行为，彻底转变掠夺式经营的方式和粗放的资源消耗式的发展思路。

必须承认，我国正处在快速城镇化、机动化和工业化的时代，这“三化”的进程日益对风景名胜区的保护工作形成严峻的挑战。社会经济发展的速度越快，遗产和生态资源保护工作的难度也就越大。从另一方面来看，我国的风景名胜资源在很大程度上是以自然生态环境为基础的资源，如何管理和保护好这份不可再生的宝贵遗产，并使之得以世世代代永续利用，是摆在我们面前的历史性课题。创建和谐文明的风景名胜区，首先要充分理解和认识保护和合理利用此类不可再生的珍贵的自然文化遗产的重要性，从人与自然和谐的角度出发，认真处理好资源保护与利用、局部利益与整体利益、短期利益与长远利益之间的关系，切实改变观念，使风景名胜区成为人与自然和谐相处的最佳典范。这就要求风景名胜区的各级领导同志必须坚持全面落实科学发展观，注重风景名胜区管理决策的科学性、前瞻性和实效性，使我们的政策方针和管理制度真正建立在依法治区的基础上，建立在尊重客观规律的基础上，建立在尊重自然生态法则的基础上。

二、当前风景名胜区管理工作存在的问题

近年来，国家重点风景名胜区综合整治工作取得了显著成

绩，推动了风景名胜区各项基础管理工作的强化，但是，应该看到各地工作进展还很不平衡，一些地方仍存在诸多问题与矛盾，主要表现在以下几个方面：

（一）管理职责不清，效能低下

据近期抽查，至今仍有部分国家重点风景名胜区尚未建立管理机构，这些风景名胜区主要是由县或县级以下政府管理，风景名胜区资源非常好，但是管理机构设置不到位，或建而未管，形同虚设；有的风景名胜区管理仍然存在一山多治、地域分割、部门分割，未能实行统一管理；有的风景名胜区管理机构政企不分，以企代政或以政代企。有的风景名胜区由企业垄断经营，风景名胜区管理和门票由旅游集团公司全面负责。有的风景名胜区规划编制、审批、开发建设、管理等政出多门，管理无序。有的风景名胜区管理机构混杂，职责不清，难以有效履行风景名胜区资源利用和保护监管的行政管理职能。

（二）规划编制滞后，调控作用不强

据调查统计，国务院审定公布的第一批和第二批国家重点风景名胜区规划编制工作完成较好，84 个国家重点风景名胜区中 78 个已完成规划编制工作。第三批、第四批国家重点风景名胜区尚有 30 余处未完成编制规划。国务院公布的第五批国家重点风景名胜区的规划绝大多数尚在编制中。各地要加快规划编制进度，以及时发挥规划的指导和调控作用。没有规划，不可能处理好保护与开发的关系。规划可以实现不可再生的风景资源的有效保护与开发利用的有机结合。

（三）违章违规建设仍时有发生

在一些风景名胜区，违背规划、不按规定程序报经批准自行开工建设的行为仍时有发生。例如，河南嵩山少林寺风景名胜区，当地个别部门不按规划、不按规定程序报批，违规建设职工住宅，影响了景区自然环境和风貌。陕西华山旅游公司违反规划，擅自在风景名胜区修建客运索道，被勒令停工。近来，一些地方未按规定程序报批，在风景名胜区修建道路、水电站、开山采石等毁坏资源的现象屡有发生。

（四）风景名胜资源出让混乱，监管不力

根据国务院有关规定，"风景名胜资源属国家所有"，"严禁以任何名义和方式出让或变相出让风景名胜区资源及其景区土地"，建设部在对四川省风景名胜区出让、转让经营权问题的复函中也明确要求任何地区、部门都没有将"风景名胜区的经营权向社会公开整体或部分出让、转让给企业经营管理"的权力，但一些地方以招商引资为名，将风景名胜区景点行政管理权或门票收益权转让给企业。近些年来，我国大多数风景名胜区的门票收入每年递增20%～40%，而且没有任何市场风险，是最容易经营的，政府派几个人在景区入口处售、收门票就可以，扣除成本，其余作为风景名胜资源保护经费，这是很简单的事情，也是很容易监管的国有资产，为什么还要出让呢？当地人反映是他们的县市领导要求这么做的，或者干脆就讲，领导夫人或者亲戚就在经营风景旅游公司，要求将门票经营权转让给他们。由此可见，几乎每一次违规转让经营权的背后，都存在着违法乱纪的行为。

（五）标志、标牌设置不规范、不健全

根据检查结果，目前有16个国家重点风景名胜区至今尚未设立标志；有6个国家重点风景名胜区未设立标牌。山西黄河壶口、陕西黄河壶口瀑布和黄帝陵风景名胜区至今仍没有设立国家重点风景名胜区标志。也有部分风景名胜区没有按文件要求设立国家重点风景名胜区标志或标志设立不规范。有的风景名胜区内标牌设置的地点不当，部分风景名胜区标牌存在不规范、类型不统一、英文翻译不规范问题。有的存在设置数量不够和维护不力问题。这些问题，或多或少，在许多风景名胜区都存在。

显然，随着城镇化和旅游业的快速发展，一方面，许多风景名胜区的历史、文化、美学、科普、生态环保和经济社会等价值进一步得到挖掘和利用，保护工作的积极性、自觉性也有所提高；但另一方面，一些地方把国家风景名胜资源的生态环境性变成一般开发性，社会公益性变成企业或个人私有性，自然文化展示性变成急功近利的经营性，结果使不少景区人工化、城市化、商业化，导致景区的自然与文化遗产的原真性、景观美感度和生物多样性均受到严重破坏。

三、加强风景名胜区保护工作的基本对策

（一）加强立法，继续推进重点风景名胜区依法综合整治工作

加强立法工作，完善法制建设，依法实施管理，是做好风景名胜区保护管理工作的根本保障。实践证明，国务院1985年颁布的《风景名胜区管理暂行条例》对指导和规范风景名胜区保护和管理，协调风景名胜区与相关部门的业务关系，起到了重要的保障作用。各省、市应结合本地实际，制订和完善地方性法律法规，推进风景名胜区保护管理的法制化进程。各个风景名胜区除了要认真贯彻国家和地方政府的各项法规和方针政策外，还要结合自己的各项具体工作，分门别类制订规章制度，并认真加以落实。同时要理顺国家和地方两层条例的相互关系：国家风景名胜区管理条例是保护管理的底线，各省的风景名胜区管理条例，要在国家风景名胜区管理条例的基础上更加严格地进行规范。如果地方管理条例要求低于国家风景名胜区管理条例的，那么地方条例是没有法律意义的，是无效的。

为了强化风景名胜区的资源保护工作，进一步推进风景名胜区事业持续健康发展，做好世界遗产和风景名胜资源的保护、开发和利用，必须继续加紧做好全国重点风景名胜区的依法综合整

治工作。各地应着重做好以下几方面工作：①进一步完善风景名胜区的标志、标牌。今后凡是发现标志、标牌设置不完善的景区，应该停止其参与国家有关文明风景旅游区等荣誉称号的评选资格。②加快风景名胜区监管信息系统建设，力争国家重点风景名胜区监管信息系统全覆盖，这样就可以保证做好科学决策和严格管理。③进一步理顺风景名胜区管理体制，健全管理职能，强化统一管理。有条件的地方要积极推行政企分开，试行综合执法管理。④加快风景名胜区总体规划和详细规划编制报批进度，加强规划实施情况的监督管理，科学划定核心景区，设立边界标志，编制保护规划。⑤依法查处违规违章建设项目，追究有关责任人的责任。

（二）严格规划编制和审批，正确处理资源利用与保护的关系

温家宝总理曾经指出“搞好风景名胜区工作，前提是规划，核心是保护，关键在管理”。这说明科学的规划是风景名胜区管理工作的第一要义。规划的浪费是最大的浪费；核心是保护，通过规划来实施保护措施；关键在管理，也就是规划的落实就是管理。温家宝总理在国务院批复杭州市地铁建设规划中，特别提到地铁建设要严格保护西湖风景名胜资源。说明他想到了，当地的任何建设项目都必须保护好风景名胜区资源。各地要高度重视风景名胜区规划工作。编制工作的重点在于明确哪些地段属核心景区或必须强制性保护、严禁开发的地区，明确每项列入保护目录的景观资源和文化遗产的保护义务和具体规定，不能将规划变成纯开发指引性的。国家重点风景名胜区总体规划编制工作要抓紧进行。风景名胜区核心景区必须编制保护规划，并按规定报批。要按照经批准的风景名胜区总体规划、建设项目规划和近期建设项目详细规划确定各类设施的选址和规模，规划未经批准，不得进行开发建设。要采取有效措施坚决制止违背规划管理随意批土

地、批建设项目的违法违规行为。

为了加强对风景名胜区建设项目的控制和管理，各级建设行政主管部门要做好风景名胜区内重大建设项目的立项和报批工作。对于基层的风景名胜区管理机构来说，建设项目的行政许可制度，并不仅仅是约束了管理者的行为，而且是保护了他们，也是促进这些基层管理机构实施严格科学管理要求的必要措施。在这方面，世界各国都是这样做的，只是管理比我国更严格。现在少数地方没有按照规定执行，擅自建设项目，应追究法律责任。

（三）加快技术创新，强化风景名胜区数字化监管系统建设

扩大国家风景名胜区监管信息系统覆盖面，引导和推进数字化景区建设，提升国家重点风景名胜区现代化管理水平，是当前景区管理的重点工作之一。国家重点风景名胜区监管信息系统建设，是利用遥感和地理信息系统（GIS）等高科技手段强化风景名胜区管理，实施科学保护、科学决策的重要举措。要加快国家重点风景名胜区遥感信息、监测信息、规划信息和管理信息等四个数据库的建设，强化风景名胜资源保护和监管的力度。各地建设行政主管部门和风景名胜区管理机构应当健全和规范监管督查机制，充分利用 GIS、GPS、RS 等新技术集成创新平台，促进多种监督和监测手段的相互强化，尽快形成完整的监督管理体系。除此之外，还要认真开展对风景名胜区的规划执行、生态环境、生物物种资源的调查和监测，避免风景名胜区在管理上的随意性、责任不清以及失职渎职现象，从根本上改善我国风景名胜资源监督管理的落后状况。鼓励有条件的省、自治区、直辖市尽快将管辖范围内的国家重点风景名胜区统一纳入国家监管信息系统建设计划。

（四）改变工作思路，加强国家和世界遗产的申报、保护和管理工作

近年来，我国的遗产申报工作取得了很大的成绩，有力地促进了遗产所在地的经济发展和对外开放，推动了精神文明建设。世界遗产地不仅是中国人的骄傲，也是大自然留给全人类的宝贵财富。经过努力，在中国苏州召开的第28届世界遗产大会正式决定，从2006年起，每个国家每年可申报两项世界遗产，但其中至少要有一项为自然遗产或文化遗产。我国国土辽阔，山川秀美，历史悠久，具有大量珍贵的自然遗产和自然与文化双遗产资源。我们要把国家的珍宝都纳入联合国教科文组织的统一管理，为全人类所共享。世界遗产大会苏州会议决议，给我国遗产申报工作带来了新的契机，激发了各地遗产申报和保护的热情。各级政府都要支持风景名胜区的遗产申报工作，通过申报提高遗产所在地的知名度，加大资源保护力度，促进当地经济和社会的健康发展。

为了进一步加强我国遗产保护工作，根据遗产申报和管理工作面临的新形势，我国相关部委已经建立了遗产申报管理的国家遗产名录、世界遗产预备名单、世界遗产名录三级申报和管理体系，进一步完善了我国自然遗产、自然与文化双遗产申报和保护机制，为在更大范围、更大程度上加强对我国遗产资源的管理提供了有力的保障。

在今后的遗产工作中，重点要抓好以下几个方面的工作：一是审定公布首批国家自然遗产、国家自然与文化双遗产名录。至今全国已有13个省（自治区、直辖市）提出43处风景名胜区或其他单位申请列为国家遗产，建设部将组织专家对申报地进行全面评估考核，按照国家自然遗产和国家自然与文化双遗产标准，严格审查核实，然后确定首批名单，通过媒体向全国发布。二是审核确定世界自然遗产、世界自然与文化双遗产预备名单，根据联合国教科文组织世界遗产中心和世界遗产公约操作指南的要求，我国已有22个省64处风景名胜区及其他相关区域申请列入世界自然遗产、世界自然与文化双遗产预备名单。根据相关要求，优先在已列入国家遗产名录的遗产地中确定上报联合国教科文组织世界遗产预备名单的遗产地名单。预备名单的选择要根据世界遗产发展战略所研究的原则，充分考虑遗产地的地域分布，不同类别之间的平衡以及保护管理措施等方面要求。三要加强国际交流、合作和培训，做好世界遗产地生物多样性保护项目及遗产地保护能力建设等相关工作，提升我国遗产地管理水平。要加强世界遗产地的能力建设，按照世界遗产公约和世界遗产的标准，严格保护好风景名胜区和世界遗产资源，提高管理水平。

（五）设置四条经营权转让“底线”，强化对风景名胜区市场化经营的监管

随着市场经济体制的发展，风景名胜区经营管理体制改革的步伐也将加快。风景名胜区必须始终坚持严格保护、统一管理、合理开发、永续利用的原则。同时在国家所有、政府监管、符合规划的前提下，鼓励社会各方面投资建设风景名胜区交通、服务、宾馆、饭店、商店、通信等旅游设施项目。对基础设施维护保养、绿化、环境卫生、保安等具有物业管理性质的服务项目，也完全可以委托相应的管理公司负责经营管理。

在风景名胜区的经营管理上，也就是经营权的转让方式中，应设置几条不能突破的底线。一是景区政府的行政管理职能不能有任何削弱，更不能做任何的转移。风景名胜区不能交给企业管理。风景名胜区是由地方政府代表中央政府来管理国家的风景名胜资源。所以国务院提出，管得不好，就要收回管理权限，犯了错误、造成了损失，一定要追究法律责任。二是绝不能在核心景区推行任何实质性的经营权转让。因为景区资源是不可再生资源，如果交给企业管理，私人和短期利益将占首位，怎么会从社会、生态效益的角度来加强管理？为了风景资源的永续利用，核心景区不能做任何形式的经营权转让。三是对已经开发、成熟的景点以及其他重要的景点，不允许转让其经营权。四是风景名胜

区的大门票不能让公司垄断，或者捆绑上市。收取大门票是行政权的一种体现，也是资源保护费的来源。如果把资源保护费交给企业经营管理，绝大多数收益都给上市公司分红了，保护经费移作他用，这样的上市有什么意义？当然，在风景名胜区外围或边缘，或者是比较次等的以及风险较大的资源开发和景区内的旅游设施和服务项目，如宾馆、索道、绿化等，这些都可以进行市场化运作，按照所有权、管理权和经营权三权分离的原则，对可经营的项目实行特许经营。所谓特许，是指原定的经营开发项目应该是政府来实施的，现在特别允许企业加入，但要接受政府的严格监管。这就是特许经营与一般经营的区别。

（六）积极开展创建文明景区工作，深入推进风景名胜区文明建设

我国的风景名胜区不仅是融合自然资源和人文资源的综合性资源系统，是旅游业发展的主要载体之一，同时还是具有社会功能、科教功能、文化功能和生态环境功能的综合性地理区域。风景名胜资源与人类社会、经济、文化、生态环境息息相关。要切实提高认识，采取一切可以采取的措施，加强对风景名胜区各类资源的保护力度，严格依据按法定程序审批的总体规划处理好保护和开发利用之间的关系。与此同时，还要着重于生态环境、地区研究、历史史料、综合经济和民族文化资源等多方面价值的挖掘，提升景区的自然生态和历史文化内涵。要改变一些风景区重经济效益忽视社会、生态效益的倾向，强化风景区的宣传、教育和展示功能，加大景区教育基地和游人中心建设的力度，严格各项管理工作。这不仅能提升景区景点的历史文化和生态文明的展示功能，提高风景名胜资源的文化品位和生物多样性，集中宣传展示祖国悠久的历史和灿烂的文化，真正把风景名胜区建设成为提高公民思想道德素质和科学文化素质的阵地，建设成为传播社会主义精神文明和生态文明的重要场所，而且也是转变游客和民众观念、保护风景名胜资源的重要途径。

创建全国文明景区的活动，对促进风景名胜资源保护、利用和旅游经济发展，满足人民群众日益增长的物质文化需要，深入推进精神文明建设，起到了积极的促进作用。现在有的省也在积极制定省级文明景区的评选办法，但评选办法一定要在总结国家文明景区标准的基础上更加提高一步、更加科学、更加严格、更加公开、更加公正，以达到激发人民群众监督各级风景资源管理部门工作的目的。有关行政主管部门，应进一步加强组织领导，把创建活动与风景名胜区的保护、开发、建设、管理工作紧密结合起来，全面提高风景名胜区各项工作，努力开创风景名胜资源保护工作的新局面。

总之，当前我国正处在一个空前绝后的快速城镇化时代，保护好国家和民族以及世界文化瑰宝的任务异常艰巨。虽然全国重点风景名胜区总的土地面积仅仅是全国国土面积的百分之一，但它们是国土资源中最宝贵的部分，是不断增值、世世代代永续利用的一部分，也是最脆弱的一部分。所以，光荣与耻辱，成功与失败，全系于风景资源的管理者。做一个无愧人类瑰宝的保护者，必须认真遵循温家宝总理提出的“十六字”方针，落实以上提到的六项具体对策。

（原载《风景名胜》2006 年第 4 期）

发挥政府调控作用
促进节约型社会建设

城镇化既是实施可持续发展模式、推动经济结构调整的巨大机遇，也是资源和能源消耗急剧上升、污染加剧和生态持续恶化的危机四伏的时期。城镇化的结果不仅因具有地理空间的刚性而难以改变，而且由城镇化引发的各类生态系统的恶化一旦超过临界点，因其难以恢复将使国家和民族付出极其沉重的代价。为了推动建设事业的协调健康发展，促进节约型社会建设，应充分发挥城乡规划调控和其他公共政策的作用，采取有效的措施来提高资源利用效率。在具体部署上，可按照以点带面、点面结合、突出重点、分类指导的工作思路从四个层面全方位地落实各项措施。

一、发挥城镇体系规划的调控作用，统筹城市群的资源配置和开发利用

随着我国城镇化进程加快和经济快速发展，在一些经济发达地区已经形成了城市群的发展趋势。城市群的出现和发展对城镇化和现代经济社会发展带来了众多挑战和许多新的问题，如，城市群内土地资源、水资源合理有效配置和污染防治，基础设施共享，风景名胜区的资源保护利用，城际交通配置，以及大中小城市与小城镇协调发展和城乡协调发展等。为了使问题得到相应的

解决，克服盲目竞争和无序开发造成资源利用效率低下和对环境的破坏，确保城市群整体健康发展，应集中力量落实城市群规划的编制和实施，统筹考虑和安排城市群在经济发展过程中对资源的需求和开发利用模式。前些年，已经完成了山东半岛、沈阳和珠三角等地区的城市群规划。通过规划统筹资源的开发利用保护和产业结构调整，促进了城市之间的合作与分工，对城市群经济社会的健康发展起到了宏观指导作用。近期，将在总结前期工作经验的基础上，认真编制完成全国城镇体系规划纲要，统筹沿海与内地的城镇化进程；统筹城市群与农村地区的协调发展模式；统筹西部生态屏障建设与东北和中部老工业基地复兴的互补关系等等，并及时开展长三角、武汉等地区的城市群规划，进一步促进这些地区的城市群和城乡经济社会的协调发展。

二、强化城市规划的调控作用，提高城市资源利用效率

提高城市规划的科学性、合理性和规划实施的严肃性，增强城市规划对城市土地资源、水资源、生态环境、历史文化遗产保护利用的调控作用，是我国城市规划体系变革的主要内容。

一些发达国家在经历了城镇化和经济快速发展期之后，对以往的发展历程进行了反思，总结得出了深刻的经验和教训。20世纪90年代，美国的政府官员、学者和有识之士，深刻分析了本国城市经济社会发展进程中造成的城市土地资源浪费、生态环境遭到破坏、能源消耗急剧上升等问题，提出了“精明增长”的理论。主要内容包括强调土地利用的紧凑模式，鼓励以公共交通和步行交通为主的开发模式，实行混合功能的土地利用模式，保护开放空间、生态资源和创造舒适的环境等。旨在改变经济发展观念，变革经济增长方式，在保持经济增长的同时，提高资源

开发利用效率，改善人居环境，保持城乡可持续发展。

正处于高速城镇化的我国，一定要汲取先行国家的教训，充分发挥城市规划的调控作用，促进城乡持续协调发展。城市规划在编制和实施过程中，要积极应用生态城市的新理论和方法，完善和提高城市功能；通过加强“四线管制”，实现对生态环境的保护、历史文化遗产的保护和人居环境的改善与保护，避免城镇化快速发展期城市规模扩大过快造成拆迁量过大、城镇特色风貌丧失、环境污染加剧、生态资源破坏以及过度郊区化的蔓延。在保持“紧凑型”的高密度城镇发展模式的同时，要推行土地混合使用，提高土地利用效率，防止大城市“摊大饼”式地向周边扩张。积极创造宜居的城市生活环境，引导城市走健康发展之路。

要努力做到居住地点与就业地点空间布局合理与均衡，避免钟摆式交通现象的出现，即，较大的交通流量在居住地与工作地之间流动，造成能源的浪费和空气污染加剧。要积极推行大容量公共交通为主导的城市土地开发模式（TOD），实现便捷的公共交通、现代服务业及高密度和高舒适度的居住区三者之间的相互促进和协调发展。要按照公共交通优先的发展方针，研究制订综合性交通规划，积极推动大容量快速公交系统（BRT）的建设，开发大容量，低污染环保型的公共交通车辆。推行可步行城市的理念和实践，保持和提倡自行车交通方式。

为了推动生态城市的建设，建设部选定了10个城市作为生态城市建设示范，按照生态系统的运行发展机制，探讨城市规划、建设和管理应遵循的理念和方法，协调城市发展要素的相互关系，调整产业结构，转变经济增长方式，节约资源，提高效率，减少污染，人居环境持续改善，形成集约式、可持续的城市发展模式。

定期召开城市规划国际研讨会，构筑国内外规划界人士交流学习的公共平台，引导各级决策者正确、及时地汲取先行城市化国家的经验教训，学习和借鉴国外先进的规划理念和方法，提高我国各类城市规划编制的科学性，推动规划管理体制和机制的创新。

三、倡导绿色基础设施理念，促进资源循环利用

城市基础设施的设计与建设遵循绿色生态节能理念，是统筹城乡发展，降低开发成本，推进资源节约型、环境友好型社会建设的行之有效的措施。

近年来，在城镇体系规划和城镇群规划的指导下，一些城市政府及有关部门为实现城乡基础设施共享、推行绿色基础设施进行了卓有成效的探索，对城镇给水排水、燃气供给、垃圾处理和公共交通等基础设施的规划建设和使用，打破行政地域界线，在实现基础设施共建、生态环境共保、资源共享等方面取得了很好的效果。

为了提高水资源利用效率，强化社会节水意识，建设部与国家发改委联合推动节水型城市建设工作已经有十五年的时间。在这个过程中有二十多个城市从建筑节水、住宅小区节水、工业及服务业综合节水三个层次进行了节水思路和方式的探索与创新，收到了明显的社会效益、环境效益和经济效益，达到了节水型城市的标准，在城市水资源开发利用和保护以及污水再生利用方面总结出了很多有价值的经验和做法，推动了水资源的循环利用。

节水型城市建设，应积极提倡和鼓励发展污水再生利用技术。按照不同的回用目的，完善不同的污水回用技术和工艺，采取集中处理和分散就近处理回用相结合的不同组合，因地制宜地开展中水回用，最大限度地实现水资源的循环利用。目前，正在研究制定《城市污水再生利用技术政策》，将对中水回用起到进

一步的推动作用。每年召开一次国际性水大会，促进世界各国的专家学者和企业界代表，交流研讨水领域先进的理念、最新的科技发展动态和工程建设经验。

在已实施多年的“畅通工程”的基础上，我们又推出了“绿色公共交通城市”的评选活动，注重倡导低污染、节能的燃气公共车辆及鼓励应用燃料电池、低能耗、低速磁悬浮公交系统、智能公交和“绿波”控制系统等先进技术。

积极开发应用城市生活垃圾减量化、无害化和资源化技术，减少城市生活垃圾对城乡土地、水资源和大气环境的污染与破坏。首先从源头抓起，实行垃圾的减量化，鼓励净菜上市，减少过度包装，推行垃圾分类收集和处理，视垃圾为可再生资源，最大限度地实现回收利用。目前国内已经有很多城市建成了符合标准的大规模的城市生活垃圾综合处理场，经过分拣分类后按照垃圾的性质采用不同的方式进行处理和回收利用，能达到既回收利用可再生资源，又保护环境的双重目标。

通过省级及国家级园林城市、节水型城市、绿色公共交通城市、环保模范城市、生态园林城市及中国人居奖和联合国人居奖等评选活动，形成分层次、分功能、逐级强化的城市评价体系，引导城市政府逐步实现改善人居环境，推进循环经济，实践生态环保型的发展道路，达到可持续发展的目的。

四、大力推行绿色建筑，促进节能省地型住宅和公共建筑的发展

“四节一治”（即：节能、节水、节地、节材和治理污染）是建设领域“十一五”期间的工作重点，建筑节能是“四节一治”的重要内容之一。

发达国家工业、交通和建筑能耗分别占全社会能耗的30%、

原有城区的扩张都对城市规划提出了打破行政区划局限的要求。具体说来主要有两种情况，一是大、中城市的扩张及其卫星城建设方面的统筹布局，另一是伴随区域经济发展而产生的新兴城区和接续的城市群。在这种情况下，各自为政的城市规划显然已不适应发展的需要，而且很容易造成各种失误和浪费。

因此，有必要制定适用于现有行政区划联合进行城市规划的法规和办法。在这方面，仅有常规的协调是不够的，必须在各行政区划涉及城市规划的各职能部门之间建立有关联合规划和管理的运作机制。同时，针对中国城市化进程的特点，一方面要将城乡统筹作为城市规划一个重要的战略指导原则，另一方面要使具体的城乡统筹成为城市规划和管理本身的一个重要构成部分。

3. 城市规划应对实施可持续发展具有导引和调控的作用，并将此作为各类项目审批以及对地方政府进行考核的重要标准

现在，我们的各种政策都强调要落实科学发展观，都说要坚持可持续发展，但是实际规划上，大部分政策法规基本上仍是一种观念性指导，缺乏具体的内容。但城市规划作为可持续发展目标与手段的统一，一般政策与空间管制的有机结合，必须得到应有的重视，尽快将其作为城市政府的首要责任，其规划编制的科学性和执行的合理性都应受到上级政府的监督。

对此，需要进一步加强两个方面的工作，并逐步使它们制度化和规范化。一方面，除了在制定规划时就要充分考虑其各项内容的可持续发展性质及操作方式外，还必须有相应的法制来保证规划实施的权威性；另一方面，制定相应的办法，将是否具有战略指导和规范调控这两个功能作为论证、审批规划以及考核规划实施的重要依据或标准。

（原载《国外城市规划》2006 年第 3 期）

附　　录

附录 1

China's Energy Situation and Relative Policy Options

Energy is a burning issue of the day in China. This paper analyses the crucial reasons of energy shortage and traditional consumption models in China. Drawing from the experiences of some developed countries, the paper suggests that China should recognize the energy crisis by learning from America's "smart growth project" with the aim of transforming the city planning model, improving the public transportation and launching a "green building" movement in the country. All the policy options in this paper focus on the construction area, just because urbanization is now running at a peak capacity in China. The objective of the paper is to identify the relative policy options and actions in the nearest future.

China is a developing country with the biggest population in the world. In the course of modernization through industrialization and urbanization; the biggest migration, the upgrading efficiency of production and the reform of social structure in the world's history have been taken place in China. But those a series of change have been bested by more and more serious energy shortage, environment pollution and resources over-consumptions. Overcoming those problems are not only important for the harmonious development between economy, society and ecological balance in China, but also the keystone for reducing the green gas emission, ecological retrogressive and fulfilling the sustainable development in the world. From the analysis of the energy situation in China and the meaning of energy saving, the article offers the three stratagems, learning from American's smart growth project, strengthening public transportation systems and developing green buildings to improve the efficiency of energy consumption in China.

1. Energy Situations and Energy Efficiency in China

China is a major energy consumer with few energy resources. More than 90% of China's proven fossil energy reserves is coal, per capita are only half the world average rate. Oil reserves per capita are only 11% of world average rate and natural gas only 4. 5%. But energy consumption in China represents over 10% of the world's total. It was estimated that by 2020 energy demanded in China will reach 2. 5 billion tons of standard coal, 1 ~ 1. 5 times more than that of 2000. China is increasingly relying on imports for its oil needs.

Rapid economic growth and urbanization in China pose severe challenges for energy supply and consumption. In the coming 20 years China has forecasted average GDP growth of more than 7% per year, and energy supply is expected at 4% per year to keep pace. Rapid urbanization will naturally lead to massive migration of rural population into cities. It was estimated that by 2020, urbanization in China will reach 57%, which means nearly 15 million rural residents will become urban inhabitants each year. Average energy consumption of urban residents is 3. 5 times that of rural residents. This will lead to unprecedented pressure on energy supplies. Key problems include insufficient energy reserves, low energy efficiency, backward energy conservation technology, and increasingly severe environmental pollution. Increasing energy demand and lack of energy will be a long-term problem hindering China's economic and social development.

"Energy efficiency gets priority" is China's energy strategy. People cannot survive, or achieve social development without energy. In the chain of global sustainability—as a country with a large population but low average energy reserves per capita, frail ecology and an underdeveloped economy, China is undoubtedly a weak part of the link. Strengthening will be a national and global challenge. The Chinese government has already established an energy strategy of "giving priority to energy efficiency, Multiple Structure, and Environment-friendly development" with the core of raising energy efficiency, especially by increasing international cooperation to learn more about the advanced technology and successful management experience. Achieving sustainable energy development will contribute to China's and the world's social and economic development.

To promote building and city energy efficiency is crucial to implement China's energy strategy. Constructing and operating buildings is a main factor of consuming energy. Human being's living space went through four different phases: shelter, comfortable buildings, healthy buildings and green buildings. The first phase has very low or even no energy consumption, while the second and the third phases consume great amount of energy. But the forth phase has high energy efficiency and makes good use of renewable energy. It also emphasizes construction material recycling, harmony between people and nature and avoids or reduces ecological damage during construction. China's construction sector accounts for about 15% of the total national material consumption, 28% of the total energy consumption and results in 34% of the total pollution.

The ten steps of the smart growth and the main problems we are facing in China

1. Promote mixed land use. In China, traditional city planning system relied on the separation of land use. It meant tremendous waste of land and more and more traffic jams.

2. Take advantage of compact building design. During the last two decades, more than 6000 economic development zones and science-tech parks have been planned and constructed in China. The conventional compact city model has been destroyed gradually.

3. Create a wide range of housing opportunities and choices. As the market economy always brings about unfairness between the rich and the low income families in choosing houses, governments of all levels should concern about what the market is unable to achieve.

4. Create walkable communities. More automobiles mean fewer chances for the pedestrians to use the roads and public space. Many cities have dismantled bicycle right-of-ways, pedestrian sidewalks, and even strips of land for roadside trees to make space for cars.

5. Foster distinctive, attractive communities with a strong sense of place. More and more buildings of historical and cultural significance and unique traditional street regions have been demolished during the rapid urbanization in China.

6. Preserve open space, farmland, natural beauty, and critical environment. Because of population explosion and the limited agricul-

tural land, less than one third of that in America, the rapid industrialization and urbanization have occupied open space and agricultural land.

7. Strengthen and direct development toward existing communities. Most traditional communities in Chinese urban areas were built before the implementation of the reform and open-door policy, but some of them urgently need to be rebuilt and revived to improve the living condition.

8. Provide a variety of transportation options. "The scheme of giving public transport priority" was not implemented well during the past years in most cities. Walking and biking rate in urban areas have been decreasing very fast and toxic air caused by cars has been the main source of pollution.

9. Make development decision predictable, fair, and cost effective. Although, our central government declares "the Principle of Scientific Development", we still have a long way to go. There are unpredictable, unfair, and ineffective phenomenon everywhere in China.

10. Encourage collaboration between community and stakeholder. Though the transformation from planned economy to market economy has been applied in China for at least a quarter of century, the governments sometimes play a wrong role in a lot of places. The benefits of most low-income citizens and farmers still have been neglected by some policy makers.

How to practice "smart growth program" in China

1. Improve our city planning system. During the quick urbanization of

our country, city-planning system will play a very important role in the development of harmonious relations between large, medium, small cities and towns. This system should have dual functions, on one hand, the city planning must follow the principle of social rationality and fairness doctrine, to prevent over-expansion of the market non-rationality and protect the interests of the majority of people as well as the ecological environment, on the other hand, this system should obey the law of market economy, define and protect the property rights, supply public facilities, give guidance to the urban development projects and protect the legal rights of the investors. Apparently, in the era of marketlization, globalization and motorization, the current city planning system in China falls short of the needs of the country's quick urbanization process.

2. Implement the most strict land control policy along with city planning system. Tremendous agricultural land losing in recent years in China, has proven that the methodology of Planned economy to control land use has faced great challenges. Certainly the urban land use is not only a local issue, but also a national issue. The only way against the market power is to strengthen city-planning system from the central government to the local one. The central government will play a main role in allocating the land use, working as an efficient supervisor who can correct some wrong land use before construction. The main control includes land use density and locations.

3. Change the policy for science-tech Park and economic development zone land use with the aim of mixing land use. There is no doubt that during the past two decades these kinds of zones have played a very important role in China's economic development, but simple

land use model there has also undoubtedly led to the very serious land waste and traffic pressure. We should therefore combine satellite towns with Science-tech Park or economic development zone, and use flex or performance zoning allowing land developers to easily supply space in response to market demands and land use efficiency. We can also provide demonstrative examples of mixed-use development, and reward parks or zones that create a balance between jobs and housing.

4. Establish province-level design standards and codes to encourage compact and comfortable building design and development that can be adopted by local people and developers, and ensure a sense of privacy through the careful design of houses, small gardens and yards, which we can learn from some European high density cities. Government of all levels should offer incentives that encourage local communities, designers and developers to increase building density, such as tax return, reward and subsidy etc.

5. Preserve open space, historical and cultural heritages and create distinctive communities. We should coordinate distracts, city, metropolis and regional planning on land conservation and development. In rapid urbanization period, nothing is more important than to protect national parks, unique natural spaces and buildings of historical and architectural significance in China. This is the only way to preserve or create a distinctive community or a city. Some useful tools we can use in this area include GIS, cluster zoning, incentive zoning, regional plan for the protection of natural and cultural heritage and green infrastructure plan etc. These new tools, along with city permit institution and financial subsidy policy, help preserve our treasures. This means that the city planning

system in China should not only serve as a useful guide for development but also a more important tool to identify where and how some places should be prohibited or limited for developing.

2. Pay more Attention to Urban Public Transportation System

Due to the unexpected fast development of both the urbanization and motorization in China, the private automobiles have been increased by 30% per year and urban population by 5% in most major cities over the last decade. The problem of urban transportation has become one of the most exigent issues in China.

The main problems: magnitude and trends

1. Traffic congestion: Due to the rapid motorization in China, traffic congestion is worsening across the country. Especially in some big cities such as Beijing, Shanghai and Guangzhou, with average driving speed in the main roads of only 5 kilometers per hour. Meanwhile, the passengers and bikers in most of the big cities have been decreasing in the past 20 years.

2. Emissions and air pollution: the automobiles have been the main source of urban air pollution in recent years in most cities. Some citizens give up biking only because of the serious air pollution. The traffic congestion, pollution, and the high risk of traffic accidents have become part of the daily life for urban residents that not only aggravate the living conditions in cities, but also hamper the urban investment environment. While the magnitude of greenhouse gas (GHG) effect of China's motorization is a subject for debate,

it is nonetheless an international concern.

3. The low income citizens are at a total loss, gaining nothing from motorization but suffering from auto related problems: most cities have dismantled bicycle right-of ways, pedestrian sidewalks, or even strips of land for road side trees to make space for cars. Things are getting worse because most of the mistakes made by some policy makers, not the bicycle riders or long distance pedestrians.

4. Concerns over energy safety. Now China becomes the second largest oil consumer and has changed from an exporter of crude oil to an importer. While petroleum consumption by motor vehicles is still a small share of the total consumption, it is fast growing due to the fast reduction of car prices, availability of car loan, and the heavy highway investment that was made possible by the proactive fiscal policy in recent years. Based on forecast by experts, the quantity of automobiles in China will increase from 10 million (2003) to 130 million (2010). The national energy security will be in a serious situation at that time.

Some relative policy options

1. Establish a National Urban Transport Development Strategy (NUTDS). The central government will play a more important role to deal with some problems regarding to the issues such as energy saving, automobile emission control, and reducing agricultural land loss.

2. Set up the new oil consumption tax system as soon as possible. With the coming of the motorization era and the tariff getting lower and lower according to the rule of WTO, the central government should set up oil consumption system to encourage people saving

the petrolic products.

3. The needs of the low-income class for public transport should be addressed explicitly in every city. All the projects from the "public priority scheme" should be balanced, giving benefits to the pedestrians and bike-riders. Public transportation system, walking way, and biking line should be designed and constructed systematically in urban areas.

4. Launch a reform on the state-owned urban public transportation companies to improve efficiency and introduce competitions in major cities. Meanwhile, the suitable regulations should be established by government of all levels. Urban transport is not merely a technical issue, but rather an issue of institutional capacity. On the other hand, most cities do not have adequate institutional and professional capacity for transport enterprise reform, regulations, and urban transport strategic planning. This means the capital building and training program will be important for officers and managers.

5. It's universally acknowledged that the efficiency of urban public transport system concern not only economic cost but also the social and environmental cost. So local governments should establish a long-term solid finance subsidy policy to support relative public bus companies.

Priority Actions for governments of all levels

1. Every major, medial city, and metropolis should formulate urban comprehensive transport planning (UTCP) to predict the transport needs of the future, to improve local public transport system and to satisfy all level income residents especially for the poor.

2. The appropriative lanes for buses should be built in most major and medial city before 2006. The "public transport priority scheme" means public buses are given priority in using the road. Most large cities must arrange to establish the bus rapid transit (BRT) system, and a few of them can plan to build subway system.

3. All cities should take part in the competition of "green urban public transport system" and follow the standards of urban public transport system to improve their situation of the traffic and the management of public transport system.

4. The intelligent transportation system (ITS), including GIS, Green Wave System and Electricity Navigation System, should be built in most cities and metropolises. In this area the fact that modern IT technology can improve urban traffic situation and save energy consumption scientifically has been proven by some demonstration cities.

5. Redefine the role of the central government in policy coordination, develop a sustainable financing mechanism and set up awards for the improvement of public transport to encourage the mayor to pay more attention to public transport system and low-income citizens' transportation needs.

3. Development of Green Buildings and Relevant Policies

China has the world's largest building industry and developing green buildings is necessary to carry out China's Priority Strategy in Energy. During the past several years, China has undertaken numerous tasks to develop green buildings, including the study of key green building technologies, establishment of a "National Green Building Innovation Award", implementation of green building strategies in a range of different building types.

Development of green buildings in China follows the rules of sustainable development, reflects the concept of green balance and demonstrates the harmony between human culture and architecture, as well as the harmony between the environment and science & technology. Similar to the U. S. LEED system, the Chinese approach will seek to reduce impacts on land and water, conserve energy, use materials and resources wisely and protect human health indoors. The basic policies are as follows:

Actively promote energy efficiency of buildings: Green building must first solve the problems of energy efficiency. So governments of all levels should establish new policies and regulations affecting building energy efficiency. All new construction is required to meet building energy efficiency standards. And the central government will develop technically-rigorous standards for each of our principal climate zones: the cold northern areas, middle areas with hot summers and cold winters, and southern areas with hot summers and warm winters. In addition, a special fund will be established to support the development and use new types of high efficiency wall materials.

Guide healthy development of green buildings: Construction Ministry of China has established a "National Green Building Innovation Award" which assesses green building construction projects and materials and products based on a scientific and standardized evaluation system. Next year, we will systematically develop policies, guidelines and processes for the assessment and certification of green building performance and promote the development of certifying green building institutions.

Improve system of identifying and implementing key green building technologies: Every province should develop guidelines for planning and designing green buildings consistent with regional conditions; formulate an evaluation system for green buildings and establish an integrated approach to green technology evaluation. Key technology areas include energy and water and indoor environmental health. In addition, we will support research, development and market diffusion of new building materials and products and new construction methods to accelerate the introduction of green building and improve its quality.

Implement energy efficiency project: All new construction in China will be subject to the recently approved building energy efficiency standard. This standard is designed to reduce energy consumption by 50% compared to construction of the 1980s. We expect full implementation of the standard by the end of 2010. In addition, we will have realized an extensive existing building retrofit program targeting 25% of existing residential and commercial buildings in large cities, 15% of those in medium cities and 10% in small cities. Other goals include the construction of 80 million m^2 utilizing solar energy and other renewables. By 2020, energy savings from the building and energy efficiency standard will increase to 65%. We also expect all buildings in large and medium cities to be retrofit by 2020, with extensive programs underway in small cities and rural areas. 180 million m^2 will utilizes renewable energy.

Use Green material: buildings in China consume 25% of steel,

40% of wood, and 70% of concrete and glass. At present, China's building material industry is comparatively low in labor productivity and scientific and technical content and is energy and material intensive. The nascent green material industry needs the full introduction of advanced technology and new investment all over the world. More and more advanced countries will be invited to participation in this global opportunity.

Implement Intelligent building project: In my opinion intelligent building means that we can replace energy consumption by information technology. More information use and less energy consumption means more sustainable development. Now Chinese intelligent building market is also growing rapidly. Demand for these products and services are leading to additional project investment as high as 15% of total project cost. Nothing is more important than to establish some regulation policies to encourage people to incorporate the two issues and innovate more information technologies to control or reduce energy consumption in China.

In conclusion, there is no denying that China faces a series of critical problems caused by energy, land, and water crisis in its urbanization and motorization process. This paper calls for three-level regulations and policy options to deal with those urgent tasks. The first-level policy option is to learn from America's "smart growth program" and reform our city planning system to keep compact cities or towns. The second-level policy is to transfer the tremendous investment from high ways to urban public transport system and create walkable city and more convenient traffic options for citizens. The last but not least is to launch a "green building movement" across the country to limit energy waste in buildings and improve indoor air quality. All the three policy options are linked with one another, aiming to save energy and preserve land, water and other resources in China.

(原载《中外贸易》2005 年)

附录 2

Present Situation, Challenges and Counter-Policies of Urban Water Environment

Based on the experiences accumulated in the urban water supply system, the practices of water saving and the prevention of water pollution, Chinese government is willing to build a healthy urban water environment, which is a necessary approach against the ever-urging conflicts of the pollution, the resources and the environment, in order to promote the construction of water-saving and water market in the urban areas. China is a developing country, with enormous population, limited water resources and vulnerable ecological environment. With the rapid growth of economy, acceleration of urbanization and the population increase, water shortages, water pollution and the degradation of urban water environment have become the major barriers for the sustainable development. In this article, water reuse and recycling will be achieved by building a healthy urban environment, in order to systematically solve the water crisis in the fast development of urbanization.

I. Present Situation and Challenges of the Urban Water Environment

In recent years, urban water industry in China is in the phase of fast development: more and more water supply facilities in the urban areas have been established; the quality of drinking water has been improved; water security system has been initiated; rules and regulations have been made for water saving; the efforts of building water-saving cities have been consolidated; the fast-increasing tendency of water for industrial uses have been effectively controlled; the urban per capita comprehensive water use has a slight tendency of decrease; the water use structure has been adjusted with higher efficiency. During the recent five years, over 3.5 billion cubic meter of water has been saved in the urban areas annually. In 2004, 3.9 billion cubic meter of water was saved nationwide, with an increase of 500 million cubic meter compared with that last year. The urban sewage treatment is in the phase of fast development. The goal of "45% sewage treatment rate" and "26 million cubic meter newly-increased daily sewage treatment capacity" in the Tenth Five-Year Plan are accomplished a year ahead of time. Thus, new technical route and management model for sewage treatment in China is formed; positive results have been made in the establishment of urban water supply and sewage treatment market mechanism, and the market access system and operation with special authorization have been initiated; the afforestation areas in the cities enjoys annual growth and the reduction in natural water areas is controlled.

With all the goals we have accomplished, we also realize that the urban water environment is still under serious challenge, listed as follows:

1. The situation of polluted urban water environment has not been altered

On the one hand, the water-body pollution is still in the crisis situation. According to the survey statistics in 2004, among 745 water-body sections (489 from the stream sections and 256 from lake point models), 3.8% of type Ⅰ, 16.9% of type Ⅱ, 17.0% of type Ⅲ, 20.5% of type Ⅳ, 13.6% of type Ⅴ and 28.2% of type low-Ⅴ. Water of type low-Ⅴ, with high ammonia, nitrogen, petroleum and potassium permanganate pollution index, has increased from 12% in the end of last century to 28.2% of 2004. The results of the survey show that there is only 37.7% of the water-body section qualificatory or better than type Ⅲ.

On the other hand, the sewage treatment capacity could not meet the demand. By the end of 2004, the total urban sewage emission was 35.6 billion cubic meter nationwide, while the treatment rate was merely 45.7%. 297 cities out of 61 cities were without sewage treatment plant. Sewage from more than 50% of the cities and towns is directly discharged, which not only pollutes the water above the ground, but also damages the underground water resources and water alongshore. (Figure 1) According to the statistics provided by environmental protection administrations for 118 major and medium sized cities, 64% of the cities' underground water is severely polluted and 33% is slightly polluted.

In some cities, the existing sewage treatment facilities don't function well. According to the survey of September 2005 ministry of construction, sewage treatment facilities of at least 40 cities were in difficulties of uncompleted piping system, shortage of operation capitals, some performance rate was less than 30%, in some cities even the rate were as low as zero, which caused accounted waste. Meanwhile, the supervising system for sewage treatment isn't yet to be established. The excessive discharge of waste water to the urban drainage system from some industrial companies has caused the problem for the sewage treatment facilities.

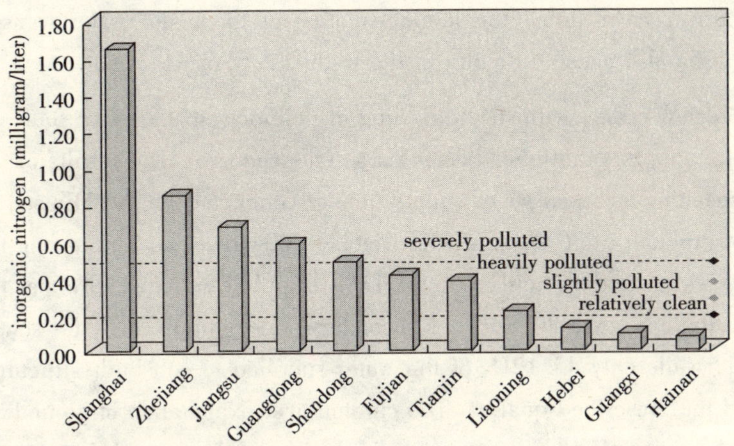

Figure 1 The average inorganic nitrogen (milligram/liter) in the coastal cities in 2004

2. The security of urban water supply system is in great challenges

First, the shortage of water resources and the over developing of the urban water supply system have formed potential threat; second, the heavy pollution of the water resources and the quality acceleration of the running water have led to a situation that the traditional water treatment technologies couldn't function well; third, the various types of the water industry and the establishment of the market mechanism have increased the difficulty for the government control; fourth, the weak management over the self-supplied facilities and secondary water supply system have affected the water safety; fifth, the over-exploitation of underground water has caused the decline of water level, earth subsidence, the exhaustion of natural resources and the leaping of the piping system; sixth, the unstable social factors may affect the water supply security, meanwhile, the implementation of the major water transfer projects also cause difficulty in the water safety management.

In recent years, with the worsening of pollution at the water sources, water supply quality has become a serious concern. The results of the inspection on urban water supply quality conducted by the Ministry of Construction in 36 key cities in October 2004 revealed that among the 634 water samples collected, 90.11% of public water supply met the quality standard, 80.83% of secondary water supply met the standard, while only 45.12% of the water supplied to self-built structures had the prescribed quality. The chronic over-exploitation of groundwater has not only incurred the drastic decline of the water level and the exhaustion of water sources, but also caused the ground to sink (Figure 2) and the hike of the leakage rate of the pipeline networks.

Especially serious were the emergency incidents of the disastrous water outage arising from bursting industrial pollution, which were well illustrated by the following examples. The accidental explosion in the benzene plant of Jilin Petrochemical Corporation on 13 Nov. 2005 allowed a large amount of benzene to flow into the Songhua River, and the urban water supply was forced to cut in cities along the River such as Harbin; the accidents happening in Jinxin Petrochemical Plant in Hunan Province on 25 Nov. 2005 suspended the water supply in the City of Lengshuijiang; and on 1 Dec. 2005, the explosion of the nitrile propylene storage vessel in Jiangdu Municipal Petrochemical Plant in Jiangsu Province caused the surrounding water bodies to be severely polluted. This series of accidents all led to suspension of domestic and industrial water supply in the cities affected, inflicting considerable impact on the people's life and the local economy.

Figure 2 The sinking of ground caused by the chronic over-exploitation of groundwater

3. The inefficient and wasteful use of urban water

In 2004, the national water supply and water consumption volume totaled 554.8 billion cubic metres, accounting for 23% of the total amount of the water resources of the year. In terms of water supply, surface water contributed to 81.2% of the total water supply, groundwater contributed 18.5%, while other water sources contributed 0.3%; regarding water consumption, domestic water consumption constituted 11.7% of the total, industrial water use constituted 22.2%, agricultural activities used up 64.6% of the total water consumed, and ecological purpose (only including the artificial water supply to the urban environment and the water recharge to some rivers, lakes and wetland) used 1.5%. If the water consumption is classified in terms of household, production and ecology purposes, among the total water consumption, 8.0% of the water was consumed in the households, 90.5% served the production purpose, and 1.5% came under ecology category. Compared with 2003, the total water consumption volume went up by 22.7 billion cubic metres in 2004, and the agricultural, industrial and domestic activities were respectively responsible for 15.3 billion cubic metres, 5.2 billion cubic metres (4.8 billion cubic metres' growth took place in the thermal power generation sector) and 2.0 billion cubic metres of the growth in total consumption.

The recent years have seen a worsening water shortage situation. The nature of the water shortage issue has shifted from a project-based problem to a concern on the inadequacy of water resource and the water scarcity resulting from the deteriorating water quality. There is emerging evidence that the local concern of urban water scarcity is becoming a national challenge, and people's life and production activities have been affected in the cities that suffer from severe water shortage.

Nevertheless, Chinese cities still have strong potential for water saving. Currently in China, the water volume used per 10000 RMB yuan worthy of industrial added value is 5 to 10 times that in developed countries, and the leakage rate of the urban water supply pipeline network is 20%, 3 times that in developed countries. Non-traditional water resources such as recycled water, rainwater, seawater and brackish water should be further tapped, and the water efficiency should be enhanced. The pricing system of recycled water is only in place in a handful of cities, and the scientific comparative pricing system has not taken shape. The lagging planning and policy development fails to offer effective regulation and control to the spatial distribution of the recycled water facilities, neither does it provide adequate incentives.

4. The ecological degradation of the urban water systems

In most cities and towns, the discharge of industrial and domestic sewage as well as the agricultural pollution is so serious that it has gone beyond the self-repairing threshold of the local water ecology. Consequently, a large amount of aquatic species have become extinct, and moreover, the bursting growth of blue green algae is induced, which leads to continuous deterioration of the water quality. In this regard, the Dianchi Lake in Kunming City is a telling illustration. Although a few types of fish and aquacultural breeds survive, the heavy pollution of the water body has made them inedible.

This gloomy situation is attributed to, on the one hand, the rapid urbanization which entails massive reclamation of land from natural water systems (in the past twenty years, in Shanghai alone, 170 square kilometers of water surface have been transformed into land, accounting for more than 1/4 of the total natural and artificial water surface combined), on the other hand, the problematic vision on government performance and achievement held by the local leaders, i. e. pollution and then correction.

Once a vicious cycle of the urban water ecology comes into existence, it will be costly to restore the original ecological environment. The waterborne pollutants will not only be easily absorbed by the soil, but will also proliferate with the water flow, and hence, no short-term remediation could be effective. The human beings who sit at the top of the biological chain would be most susceptible to the threats posed by the convergence of the toxic materials facilitated by animals and plants. In the U. S. and many European industrialized countries, although the contamination of some lakes and rivers caused by industrial pollution thirty years ago has been fundamentally reversed, the fish and shrimp inhabitants, contaminated by the polluted sedimentary silt on the floor of the waters, still contain toxic materials far exceeding the relevant standards, and are thus forbidden to serve as foods.

II. Basic thoughts on building sound urban water environment

Urban water system—a composite ecological system—contains both artificial and natural water courses. It is also an open system made up of countless relevant subsystems. The evidence proves that, the coordinated, sound and sustainable development of urban water environment entails the harmonious coexistence of all the subsystems in relation. Isolated problem-solving method may bring the whole urban water environment into a more severe vicious cycle of deterioration.

Sound urban water environment forms the prerequisite and foundation for improving urban functions and competitive strength, upgrading human living environment and investment climate and pushing forward the sustainable development. As the important guarantee for the balanced development in different regions, between urban areas and rural areas as well as mankind and nature, sound urban water environment is also the essential condition for achieving the benign development of Chinese urbanization.

Main thoughts on building sound urban water environment:

1. Transforming the unidirectional consumption model of "consumption – discharge" into water circulation model. An excellent water circulation model refers to a water circulation process that accords with the natural law of water movement and its distinctive features, which includes: reasonably and scientifically consuming water resources,

giving advanced hazard-free wastewater treatment before reutilization, water circulation in the upper reach areas not affecting the water functions in the lower reach areas, surface water circulation not affecting the functions and qualities of underground water, artificial water circulation not imparing the natural water circulation process, maintaining or reinstating good water environment of the urban areas as well as the entire river basin, transforming the unidirectional and water consumption model of "resources-products-wastewater discharge up to standards" into the water circulation feedback process of " resources-products-recycling of the standard treated wastewater", thus achieving the sustainable consumption of water resources.

2. Transform the isolated problem-solving method into the integrated approach. The biodiversity in urban water system moderately increases; the self-repairing ability of the ecological water body steadily improves; aquatic products remain to be healthy and harmless; wild animals and plants can grow and procreate healthily; mankind can swim in the rivers and lakes... all in all, in order to build such a harmonious water system in the urban areas, the holistic and first-best principle of ecology shall be adopted in the preservation and treatment of urban water system. An integrated consideration shall be given to various kinds of functions as to water ecology, water landscaping, water supply, water discharge, wastewater treatment, water recycling, flood drainage, cultural heritage, tourism and so on, combining all these functions and closely linking them with the urban gardening, to obtain a real virtuous circle of urban water system.

3. Transform simple flood control into harmonious coexistence with the floods. The flawed construction approaches in modern cities resulted in the retrogradation of its water discharging and flood control functions

and a more and more fragile urban water system. For example, wide roads, solid-paved big squares, parking lots and waterproof solid pavements have taken up more and more land in the cities; moreover, more and more construction of the hardened bottom and slope protection of urban waterways, ditches and lakes is underway. Due to the developing activities, numerous natural rivers, lakes and wetlands in the cities and suburbs have been filled, as a result, the rainwater could not infiltrate and accumulate and drainage runoff gradually increases. This, on the one hand, makes the replenishment of the drying underground water unattainable, and on the other hand, leads to the vulnerability of the cities and the lower reach areas to floods. In addition, a number of animals and plants that used to live in the "wet carpet" die out on the "concrete land", the biological chain of the cities and regions being severely destroyed. With the purpose of building a sound urban drainage system, we must respect the law of water system circulation, rectify these incorrect behaviors, and preserve the healthy development of ecological water system and its self-adjustment ability.

Including both artificial and natural waterways, urban water environment is a huge and composite system, at least composed of the above three aspects. When under appropriate planning, construction and maintenance, the water system itself has quite a strong capability to resist external disturbances and self-repair the ecology. However, if equipped with an improperly-designed artificial system, or the disturbances (mainly reflected in pollution and water consumption) exceed the self-repair ability, urban water environment will deteriorate rapidly and non-reversibly and even ultimately threaten the lives and development of the residents.

III. Major means and approaches to build sound urban water environment

At first, formulate urban water system plan. Urban system planning shall deal with the analysis of the balance of water supply and demand in the region, selecting the proper water source locations and identifying the water source conservation area; in urban master planning, the main task is to protect existing water system, analyze all kinds of water demands within the planned zones of the city, appropriately settle domestic, industrial and ecological water consumption issues and decide on the development goal and construction layout of water source areas, water supply plants, sewage treatment plants and the pipeline utilities. It is important to note that the sewage treatment plants shall be built with reasonable scale and in disperse locations, to be convenient for recycling and to promote energy efficiency; in urban regulatory planning, efforts should be given to comprehensively regulate and identify the detailed layout of urban water system and its pipeline utilities within the planning period, including the control measures of the river and lake systems, etc. The urban hardening areas shall be controlled to below 60% level (according to German law, the proportion shall not surpass 45%). The plan formulation shall be based on the conditions of water resources and give a systematic and comprehensive consideration to such issues as urban water supply, wastewater treatment, water saving, wastewater recycling and so on in order to promote water conservation. Special attention shall be given to the coordinated improvement of the capabilities of the subsidiary pipeline network and facilities as well as the prevention of the destructive proposals and illegitimate landfill and occupation of the rivers, lakes and beach wetlands, to conscientiously preserve the authentic ecology of the water systems in the cities and its suburbs.

Secondly, intensify wastewater treatment and recycling. Recycling of wastewater in the urban areas is a relatively stable water source, providing centralized water. Water recycling, an important link in water circulation, is a critical measure in water conservation. As the second urban water source, the recycled water will play an increasingly important role in alleviating the contradictions between water supply and demand. The majority of recycled water originates from wastewater treatment plants and is reused for municipal and agricultural purposes. In the process, the security of water quality, transmission and allocation is of great importance and shall be ensured through such comprehensive and integrated measures as planning, construction and management of the urban water systems. Four kinds of water circulation shall be achieved: first, recycling of reclaimed water for buildings; second, recycling of wastewater within the communities; third, recycling of urban wastewater; fourth, recycling of regional water. The four circulations may reduce the disturbance brought by social-economic development to the nature and ecology as well as its dependency on external water to the minimum. In the meantime, they may fully release the pressure of urban water consumption on the environment and resources. To this end, the functions of urban drainage system have gone beyond guarantee of water supply, removal of rainwater and wastewater, preservation of urban water environment and prevention of water pollution in the public domain. It has become a "lifeline project" to boost the virtuous circulation of urban water and restore water environment and ecology.

Thirdly, make great efforts to build water-saving cities and towns. The effective approach to build healthy urban water environment is to achieve the maximum economic output and minimum waste discharge with the minimum water consumption and environmental damage. We need to push forward the water-saving work, and strongly promote the use of water-saving appliance and equipment; to quicken the renovation of water supply pipeline and reduce the water leakage; to encourage the water saving in the public buildings, residential areas, and the utilization of recycled water; to combine the rainwater reserve with wetland reserve and restoration within the national low-lying land and river and lakes in the parks; to fully use rainwater and floodwater by the integrated system of urban green space, water system, the permeable road of traffic network, the catchments and drainage on the both sides of roads, the catchments in the residential area, the catchments, penetration and replenishment system in the public buildings; to actively develop the seawater desalination, transmission and direct utilization in the water-shortage coastal cities. To sum up, we need to take comprehensive measures to build water-saving cities and towns, with the core of improving the water-using efficiency, focusing on the development of recycled economy, and in terms of institution, policy, technology and management.

Fourthly, increase the competence of urban water system in terms of preventing and fighting natural adversities. That is, to aim at the coordinated development of social economy, resources and environment; to carry out integrated planning of water supply, water saving and water contamination prevention and control based on the principles of water eco-recycle; to build the urban water system that is integrated, adaptable, extensive and can meet an emergency; to raise the water stability that can withstand the exterior deterioration; to have in place the safe and multi-channeled water sources, the safely-operated water supply and drainage system; to meet the urban normal demand of water, and to improve the healthy water environment in accordance with the living environment. We need to focus on the integrated harness of river valley, and increase the competence of flood prevention and control in the urban areas with the principle of deep floodplain and low barrage; to establish the emergency-response system including contingency plan of urban water supply, and prevention and reduction of adversities; to increase the urban water system's competence of resisting the natural disasters such as geological disaster (earthquake), geographic adversity (salt tide), adverse weather (typhoon and storm), meteorological phenomenon (thunder and lightning), and contingent pollution, as well as the social accidents including public health accidents (SARS and contingent water contamination), deliberate damage (war and terrorism), and safety accidents (chlorine leakage, power interruption and pipeline explosion). All these play important roles in realizing the eco-health of urban water system.

Fifthly, improve the water quality by the means of advanced technology. In resent years, some economically applicable, simple and efficient waste water treatment technologies have been spread, and more than 100 technical standards and norms are widely used. We need to quicken the R&D and popularization of advanced water treatment technologies represented by the membrane filter and anti-penetration technology, mild-polluted artificial wetland treatment technology, and ecologically hazard-free water treatment medicament; to raise the water quality monitoring technology level, to establish and improve the monitoring and supervision system, to actively develop the new technologies that eliminate the organic pollution of water sources, to develop and popularize the water treatment applicable technologies and equipments across small cities and towns, and to apply information technologies such as GIS. All these technologies can provide imperative support to ensure wastewater utilization and water supply safety.

Sixthly, actively introduce market mechanism, strengthen government supervision and improve the allocation efficiency of urban water market. Recently, The Ministry of Construction has consecutively issued *Opinion on quickening the marketization of public utilities*, *Measures on public utilities franchise management*, *Opinion on strengthening public utilities supervision* and so on, in order to intensify the supervision of the access to and withdrawal from the urban water market, the operation and service quality, the operation cost and water charge. We have initially set up the franchising system, urban water supervision system and water drainage licensing system, as well as the transformation of state-owned water supply and wastewater treatment enterprises. Water is both special resource and commodity; on the one hand, we need to improve the productive efficiency of water products by the means of market mechanism, on the other hand, all the construction departments and agencies at various government levels need to strengthen the role of supervision and administration on the urban water market by using comprehensively the legal, economical, administrational and technological approaches, especially the application of the green, yellow and red control lines in the planning system to compulsorily protect the ecologic and prevention-and-control-pollution lands. The government agencies such as urban water, planning, gardening and public utilities have to transform their functions, coordinate with other concerned agencies, focus on the formulation of policies and regulations, industry planning, standards and norms, intensify the publicity and education, foster, regulate and supervise the urban water business service market, safeguard the fair competition, monitor the enterprises' operation and urban water eco-safety, and protect the public interests.

In a word, in the process of fast urbanization, we need to fully set up the integrated overview on the healthy urban water environment, prevent and control the water pollution from the source, protect the water environment, restore the urban water ecology, and realize the sustainable utilization of water resources.

附录3

把脉“城市病”

——独家对话建设部副部长仇保兴❶

北京，8月12日上午九点半，我们如约走进了建设部副部长仇保兴的办公室。

办公室里书很多，光会客的茶几上就堆了两尺多高，这些书籍多与城市建设有关。书柜上放着一个旅行箱，他解释，随时要到基层去。

这位有着近20年“城市管家”经历的政府官员，与本报记者畅谈两个多小时。官员的责任、学者的儒雅、智者的清明，渐渐清晰地呈现在我们眼前。

对城市问题的共同关注，是好事

记者：您与上海有“文化缘”，经济学博士是在复旦大学读的，您感到复旦带给您什么？

仇保兴：我在复旦读的是经济学。经济是一种事关国计民生的显学，更可以与其他学科融会贯通。复旦大学的学术气氛非常好，在那里的几年学习，不仅学到了许多知识，更重要的是也建立了

❶ 本文作者为《解放日报》记者高慎盈、尹欣，实习生陈俊珺。

与师长们长期的研讨关系。复旦出来的学生，知识面也比较广。

记者：您从杭州市市长调任建设部副部长，已经……？

仇保兴：已经三年半了，主要分管我们国家的城市规划、城市建设、风景区、建筑科技和节能、村镇建设、市长培训这几项工作。

记者：在杭州当市长的经历对您现在分管的工作，可以说是一种“基础性的实验”吧？

仇保兴：可以这样说。杭州是一个很好的平台，而你所说的“基础性的实验”，其实在乐清、金华工作期间就开始了。

记者：您在金华担任市委书记时，就曾发表过关于城市发展的论文，其中那个15字方针，让我们的印象尤为深刻。

仇保兴：在金华时就很关注城市规划，新区与老区、开发区与城区、城乡怎么协调发展，我们提出了“辟新区、保旧城、修子城、复风貌、继文脉”这15字方针。金华是一座历史文化城市，人文积淀深厚，但很长时间里不注意保护。我们当时提这个方针，就是为了使这个城市的文脉能够延续。

记者：听说，您近年来先后到国内外几所著名大学进行学术研究。

仇保兴：最初参加了同济大学城市规划研究生学习。接着我又到美国斯坦福大学、澳大利亚悉尼大学学习，后来又去了哈佛大学、麻省理工学院，做了半年访问学者。

记者：我们近来注意到，作为一名副部级官员，您曾多次发表演讲。

仇保兴：我大多在国内演讲，演讲对象主要是城市的决策者。城市建设的结果是刚性的，一旦定型，难以扭转，无法改正恢复。如果不把城市建设的机遇性、挑战性、双重性向城市的决策者们讲清楚，就会有可能产生盲目规划和建设，而这种盲目会造成巨大的损失。

记者：对城市化进程、城市规划、城市建设、城市的历史保护与城市的更新等问题，近来我们也看到国内一些专家、学者议论不少，文章不断。

仇保兴：我也很注意专家、学者的讨论意见。议论多是好事，说明大家都在共同关注城市问题。

记者：如果说一切的追问都是对文化的追问，那么能不能说，这些关注都是对城市文化的关注？

仇保兴：这是一个更深层次的，属于广义的文化概念，涉及到城市化、城市规划、城市建筑等诸多方面。

中国的城市化是21世纪影响人类的两件大事之一

记者：说到“城市化”，有人说“30年前谈城市化是盲目的，现在不谈城市化是愚蠢的”，您怎么看待城市化？它是一种趋势吗？

仇保兴：我国正处在快速城市化进程中，城市化有规律，一是当人均GDP达到1000美金以上；二是城市化水平达到30%以上。到了这个阶段后，一般城市化就会开始加速，城市建设力度加大。目前，我国每年的建设量，按面积算占到了全球的40%，上海的建设量等于整个欧盟的，我们国家消耗的水泥量相当于全球的45%。

记者：“城市化”带来的是一种巨变。

仇保兴：“城市化”就是就业方式、居住方式、交往方式等方面改变的总和，它涉及到经济、社会、文化等一系列的变革。在浙江温州有一个有趣的现象：温州人外出经商要讲温州话，因为温州商人遍布世界各地，粗算一下就有260万人之多，温州方言成了他们商业交往的信用工具之一；而回到温州则要讲普通话，因为温州各乡镇种地的、卖菜的、宾馆服务员、出租车司机，有好多是外地人，不讲普通话几乎寸步难行。这就是城市化带来的一个方面的变化。

记者：有美国专家说，“中国城市化”和新技术革命，是21世纪影响人类两件最重要的大事。您怎么看？

仇保兴：这是诺贝尔经济学奖得主斯蒂格利茨说的。我同意这个观点。中国城市化具有与新技术革命同样重要的意义。西方发达国家总的劳动力不到4亿，而中国农村的剩余劳动力就超过了4亿，而且每年新增劳动力2000万。在中国高速城市化进程的30年内，这些剩余劳动力中的80%要从农村转到城市。这也就是说，总量超过西方国家劳动力总和的一支劳动力大军，要从低生产力水平转移到高生产力水平，这是对人类社会进程的巨大促进。正因如此，斯蒂格利茨认为，中国的城市化不仅决定中国的未来，而且也决定着世界的发展进程。高速城市化对一个国家、一个民族来说，在历史上只有一次机会。抓住机遇，并以最小的代价获得最大的成功，那就是国家的成功，民族的成功，也是人类的成功。

记者：中国的城市化牵动世界神经，那么对于我们中国人来说，城市化的深刻意义就不言而喻了。

仇保兴：这个意义，事关中国的长远发展，事关全国人民的根本利益。中国要富强，靠什么？中国农民的出路何在？从某种意义上说，就在城市化上。举个例子，我国西部生态环境恶性循环，土地荒漠化严重，为什么？除了乱砍滥伐等因素外，过度放牧也是一个重要原因。10年前是每年以1500km^{2}的速度荒漠化，现在是以每年3000km^{2}的速度荒漠化。要减缓荒漠化程度，让大自然有自我修复的机会，至少需要转移200万牧民，减少数以亿计的牲畜。牧民离开了牲畜靠什么生存，就必须从工业文明中产生就业岗位，这就是城市化要解决的问题。

所以城市化搞得好，一个国家和民族才能健康发展，并且为持续发展奠定基础。反之，会对接下来的发展造成很大的障碍，一个国家的生态临界线、能源的临界线会提前到来。比如现在的非洲和南美就是例子，中国不能重蹈覆辙。

记者：从全球的历史来看，城市化进程似乎有“提速”的趋势。

仇保兴：对。英国是最早完成城市化的国家，它的城市化率从30%到75%用了200年，美国用了100年，日本用了70年，韩国用了50年，可见城市化的确越来越快。中国预计只用40年，当然这期间高强度的建设对环境和资源的影响同样是高强度的。

记者：城市化进程伴随着沉重的责任。

仇保兴：有一点我要说明，国外对中国存在许多误解，比如他们认为中国始终不注意环保、不控制温室气体的排放。我在国外演讲时，就阐明中国的立场。有一次在美国举办的6000人参加的建筑大会上，我用英语作了半个小时的演讲，结束之后，全体听众起立给我鼓掌。我想他们的尊重不是给我，而是给我们中国，世界上人口最多的国家有可持续发展的思路，他们感受到我国是个负责任的大国。当然，我们也不掩饰目前存在的问题。

城市化不能走“城市蔓延”老路

记者：有人提到我们国家的“城市化”，不能走美国当年“城市蔓延”那条老路。你怎么认为？

仇保兴：很多人到美国学习，往往学习了他们的错误。美国在发展过程中，其实走过许多弯路，我们要汲取的是他们的教训。“城市蔓延”是指二战后，随着人口的增加、汽车进入家庭和经济的发展，美国的城市或社区不断向外扩张，大量挤占农田。一系列经济、社会和生态问题由此产生。郊区发展占用了大量土地，基础设施重复建设，城市内部出现明显的阶层与种族分化现象，过度依赖汽车，导致了严重的肥胖症并带来的医疗保险负担过重等问题。另外还引发了交通拥挤、环境污染、生态破坏和公共交通逐步萎缩等问题。

记者："城市蔓延"对于能源是个严重考验。

仇保兴：美国的教训十分深刻，1个美国人消耗的能源相当于世界平均水平的10倍以上，相当于欧盟的2~3倍。一个美国人所消耗的汽油相当于欧盟的5倍。1亿美国人消耗了全球26%的能源，它成了世界头号二氧化碳排放国。如果中国的13亿人，也按照美国的模式去发展，那将来必须要有3个地球才能支撑。

记者：针对"城市蔓延"导致的能源消费等问题，美国后来提出了"精明增长"的理论。

仇保兴：这是上世纪90年代末，美国学者针对"城市蔓延"问题提出的"精明增长"模式，强调混合利用土地，采用紧凑式城市规划，创造适宜步行的社区，保护公共空间、农田、自然美景和对环境有重要影响的区域，提供多样的交通方式等。美国至今已有30多个州采用这种发展战略，其中一些州还有立法措施，将实施"精明增长"法制化。

记者："精明增长"理论看来很有警示意义。

仇保兴："精明增长"的提出，也就意味着，他们过去搞的是"愚笨增长"。问题是他们现在的"精明增长"效率也不高，因为城市化产生的结果是刚性的，对生态环境的破坏也是难以恢复的。这种"愚笨"如果产生在中国，后果要比美国严重得多，对于全球也是毁灭性的破坏。

我国城市化过程面临八大问题

记者：在我们国家的"城市化"进程中，您认为目前存在哪些亟须高度关注的问题？

仇保兴：概括起来有这么八个方面：劳民伤财的“形象工程”；急功近利的规划调整；寅吃卯粮的圈地运动；脆弱资源的过度开发；盲目布局的基础设施；杂乱无章的城郊用地；任意肢解的城乡规划；屡禁不止的违法建筑。

记者：这八个问题大多与城市规划有关。

仇保兴：我曾多次说过，我们不能把城市输在规划上。如果说方向比能力更重要，那么对于“城市化”来说，规划比建设更重要。党的十一届三中全会就已经强调了城市政府的主要职能在于规划、建设、管理城市。但是，我们以往在讲城市发展成绩时，很少提及规划的功劳，反而将城市建设的过失归咎于规划。城市规划往往成了替罪羊。

曾培炎副总理最近指出：“规划的浪费是最大的浪费，规划的节约是最大的节约。”我国当下的城市化动力非常足，20 年前每年的城市化率只有 0.1% ~0.15%，现在的城市化进程相当于增加了 10 倍，每年平均有 1500 万人要进入城镇居住工作。大家都知道，火车提速了之后，老的铁轨就不适应了。而规划就好比这轨道，它不仅决定了火车行进的方向是否正确，而且决定了火车是否能平稳行驶。城市化动力越足，规划就越要有理性、科学性、权威性。调控不当，就会翻车，动力越足，轨道的刚性就要越好。从这个意义上讲，城市化对中国是前所未有的机遇和挑战，所以要在规划上下功夫，要让这个动力前所未有的火车头，既保持它的速度，又要保持方向的正确。

记者：在您看来，城市规划面临着的主要矛盾是什么？

仇保兴：人类无限欲望和有限资源的矛盾；对舒适、繁荣的追求和社会公平、公正的矛盾，这是在城市规划中我们面临的两大主要矛盾。

记者：解决这两大矛盾，有人提出了“经营城市”的主张。

仇保兴：问题在于怎么“经营”，搞得不好，就会走进种种误区。主要存在这么几个误区：有的城市将有限的土地资源全部卖掉，这是竭泽而渔式的经营；还有的城市脱离规划，一切都由开发商说了算；有的城市经营属于被动滞后式，生地还没有变成熟地，就忙着出让、开发；还有的是封闭捆绑式，主要表现为，一些单位为了搞项目，先向政府伸手要土地，然后再用土地谋私利；有的城市急功近利，只顾眼前利益，忽视了可持续发展。这五个方面，都是可怕的误区，万万走不得。

不搞“形象工程”，形象更好

记者：刚才您谈到“城市化”进程中存在的八个问题时，第一个就是对“形象工程”的批评。

仇保兴：大拆大建是搞“形象工程”的主要表现。我国有那么多的千年古城，但很多都在进行不恰当的大拆大建，改造老城，喜新厌旧，盲目崇洋，使我们的城市丧失了原先的风貌，正在变得“千城一面”。我们有古老的文明史，有几千年的城市建设史，但是却很少可以看到自己独有的东西。

记者：不仅看不到自己独有的东西，还有很多危机隐藏在“形象”的背后。

仇保兴：而且危机藏得很深，也很危险。一个城市的风貌展现着这个城市的过去、现在和未来。为什么一座城市能够持续发展到现在，我们可以从它的文物古迹、老城区找到原因。没有文脉怎么传承文明？把历史纪录毁了，就等于自己消灭掉了自己的文化基因，就好像去医院看病而没有病例一样。把历史割断，现在以及将来患的“城市病”，就找不到病例，就难以对症下药。“形象工程”背后的确不仅是形象问题。“形象工程”破坏的是城市的过去、现在和未来。

记者：记得有一位外国市长说过：“不搞‘形象工程’，形象

更好。”

仇保兴：我也听说过这句颇为形象又深刻的话。这就是说，作为领导人，注意力不在城市“形象工程”上，城市的形象反而会更好，因为一个城市的特色是在历史的长河和独特自然环境中和谐成长的。要尊重自然。中国有许多山水城市，我们一向讲究师法于自然，城市环境和园林虽为人工，但宛如天成，我国古代规划讲究引景入城。这包含着一种天人合一的哲学观。要尊重城市的历史文化。城市是千百年的历史文化的积淀，“罗马不是一天建成的”。有人想要用一种风格来代替千百年来历史文化的和谐共存，或者用一个人的设计来代替无数文人工匠们的创造和贡献，那注定会失败。

记者：谈到“形象工程”，现在人们对“大广场”的议论很多。

仇保兴：这是城市规划中“贪大求洋”的问题。这个“大”，首先就是大广场，还有大草坪、大马路、大园区、大 CBD、大音乐喷泉……反正什么都要大的，有的城市大不起来，就搞一块特别大的广告牌。广场本来是人与人进行交流的地方，使用者是老百姓，他们才是城市的主人。可有的城市广场上，连一个遮阳的地方都没有，一把休息的椅子都不准备，天热时晒死人，雨雪天又成了吓人的“溜冰场”。这样的“形象工程”，最终只能冷清地成为失落的场所。

记者：问题是“广场风”似乎久刮不歇。

仇保兴：这个以“大广场”为代表的“形象工程”热，其实是某些领导人或者设计师的浮躁心理在作怪。东北某市其实特别困难，特色是养奶牛，市领导下令，拓宽了一条大马路，在路两旁刻了许多花岗石的牛雕塑，有 300 多个。这个工程花费了上亿元，而这个城市的财政收入中，城建资金只有 2000 万元。那位市领导还对人说，“说不定两千年后有人挖出一头牛的雕塑，那就是我的伟绩”。这是非常可笑的。

城市总体规划存在八个盲目性

记者：在“形象工程”的背后，人们看到的是城市总体规划的盲目性。

仇保兴：城市总体规划的盲目性，我把它归结成“八个盲目”。

一是盲目拔高城市定位。我国一共有661个大中小城市，其中竟然有100多个城市提出要建国际化的大都市或国际化城市，还有很多城市要建CBD（中央商务区）。今年5月份在南京召开了一个CBD的国际研讨会，有400多人到会，如果按一个城市来2个人算，就有200个城市参加，可见CBD的热度有多高。

二是盲目扩大城市人口的规模。正因为国家的土地调控政策需要根据城市人口规模对用地进行审批管理，所以这种扩大人口规模的冲动就越来越强了。原来地方政府是“跑部钱进”，现在不要钱了，也不要项目，就要城市人口规模指标。这既有客观的体制策动，又有主观的盲目性。

三是盲目提倡多组团的城市空间布局。仅20万人口的小城市的市长也片面地认为多组团的城市空间布局就是城市生态良好。

四是盲目进行旧城的成片改造。

五是盲目迎合小轿车的交通需求。片面强调防止道路交通堵塞，而规划建造大马路、立交桥和拓宽旧街道。决策者们是坐小汽车的，他们希望能加快行车速度，以至于在城市规划过程中盲目布置超宽的马路、不分青红皂白地拓宽机动车道、砍伐行道树、取消自行车道。个别城市还对取消自行车道予以立法。

六是盲目地进行功能分区。片面强调功能单一的各类园区。

七是盲目进行周边环境的再造，破坏自然生态资源。

八是盲目地体现第一责任人的权威。认为我既然是第一责任人，就应该有绝对权力修改规划。这麻烦就大了，有的城市出现了“一届政府一张规划”的现象。城市总体规划是第一资源，总体规划错误就会导致建设错误，而建设的错误往往是难以弥补的。

记者：100 多年前，欧洲和美国的“城市美化运动”就留下不少教训。

仇保兴：现在巴黎的宽阔街道几乎都是拿破仑三世执政时，为了体现“巴黎是世界中心”所建造的，当时为了拓宽马路，破坏了不少古迹。之后，德国的希特勒、意大利的墨索里尼都为了体现称霸世界的野心，在其首都大兴土木，兴建帝国大道等大而无当的建筑。美国也在城市化高潮中全国上下掀起了“城市美化运动”，修建大马路、大草坪、大社区。

记者：我国现在似乎也有这种“城市美化运动”的“病症”。

仇保兴：毛病不少。比如那些毫无特色的“景观大道”，那些华而不实的大广场，那些粗糙不协调的街头雕塑，那些泛滥成灾的假古董，那些仓促建成的标志性建筑。有的城市花几个亿造了行政中心，造了大广场，却没有一个污水处理厂。没有水的城市却建有几个音乐喷泉，土地稀缺的地方建造大型广场。某个城市有一个很著名的湖旁边，造了一座非常大的会展中心，硬生生地压在湖边；还有一个几千年历史的名湖上，高架桥横穿而过，就像拿把刀在脸上划了一道。

记者：解决城市规划方面存在的问题，仅仅靠提醒或批评是不够的，怎么办?

仇保兴：市场经济是分散的决策和责任的系统。为此，城市规划就必须借助市场的力量来促进城市健康有序地发展。但更重要的是要发挥城市规划克服市场失效问题。例如，我们要推行规划督察员制度，同时还要布置规划的效能检查。建设部将联合国家监察部对全国的城市规划进行一次效能检查，实际上也就是一次城市规划执法检查。检查的内容有，是否依法修编和执行规划、行政领导是不是越权干预规划、相关部门是不是协同实施规划，同时要检查到底是谁在挑战规划法。还要检查城市规划的审批流程是不是公开、公正、廉洁、高效。

是什么让一些城市成为“失忆的城市”?

记者：土耳其诗人纳乔姆·希格梅有一句名言：“人的一生中有两样东西是永远不能忘却的，这就是母亲的面孔和城市的面貌。”但现在很多人觉得，如今有的城市是“失忆的城市”。

仇保兴：“失忆的城市”，在更深的层次上说，就是没有凝聚力，没有认同感。一座城市如果不能唤起老百姓的骄傲和归属感，就没有凝聚力，不值得留恋，这座城市就是一座人心涣散的城市，就不可能引进人才，留住人才，也就没有竞争力。比如说欧洲名城华沙，在二战中大部分建筑被炸毁。在重建之初有两种构想，一是从功能主义出发，满足工业生产的需要重建成“现代化”的城市。另一种是恢复华沙的原样，当时的规划师、建筑师们通过努力，“向权力阐述真理”，取得了成功。当权者认可了华沙作为世界名城、应当保留原样的构想。号召一发出，当时流散在世界各处的30多万华沙人，在很短的时间内就回去了，有钱的出钱，有力的出力，很快恢复了它的历史风貌，非常漂亮。这是一种巨大的空前的修复力和凝聚力。

记者：没有文脉就没有文明，没有城市文脉就没有现在的城市文化。

仇保兴：是的。一旦文脉被毁，文明也无法承继。一些地方领导向外宾介绍自己所在城市时非常骄傲，说有二三千年的建城史，但是我们却无法看到这个城市的历史痕迹，都在盲目的旧城改造运动中消失了。前些日子有报道说，我国西部某一缺水的城市，在城市外围开挖一个人工湖，面积比西湖还大 5 倍，何必呢？有的城市在容易发生洪灾的地方填河变路，按理泄洪疏导都来不及，却把河填掉，变路了；风貌单一的城市劈山为地，城市内部或周边山区及其绿化本来应该是由城市规划严格保护的，用于引景入城或建供市民休憩的公园，少数城市却把山推平等等，这些都是违反人与自然和谐发展规律的。一些地方领导想为官一任，就应该在地球上留下烙印，但思路错了就变成遗臭。这也玷污了我们当市长的名声。虽不说大多数市长都是这样的，但 661 个城市中有几个市长有这样片面的认识也是非常糟糕的。

记者：一些城市的历史文脉，这些年来受到了破坏，老百姓议论很多。

仇保兴：解放以来，我国城市中传承着城市文脉的历史古建筑和遗迹受到三次严重的破坏，第一次是解放初期到大炼钢铁时期；第二次是“文化大革命”时期；第三次是前些年，借着“旧城改造，消灭危房”的动人口号，搞拆真文迹、造假古董的愚蠢行为，使某些城市的历史建筑、城市风貌遭受了灭绝性的毁坏。而同时，60% 的城市污水未经处理直接排放，导致农村河道受到严重污染。全球十大污染最严重的城市，我国竟然占了八个。

谁说木头的建筑就不能保持城市风貌？

记者：有人认为，我国的一些旧城大多是木头的建筑，不易保护。

仇保兴：许多人认为，西方建筑之所以能保存至今，是因为它们的建筑是石头建的；而我国的古代建筑大都是木头建的，木头烂掉了，建筑就倒塌了。同时，为了人民群众的利益，为了防止火灾，应该对老城区统统推倒重来。这真是大错特错了。西方建筑师认为，正是因为他们的建筑是石头建的，所以维护的成本非常高，不像木头建筑，只需对朽烂的部分进行更新修复就可以了。谁说木头的建筑就不能保持城市风貌？日本的京都就是一个好的例子。我们城市的风貌保持得怎么样？有一个历史文化名城的市长居然把具有当地历史文化特色的一条街全部拆了，最后由一个规划设计师搞成了欧陆风格的步行街，一些西方游客看了以后大呼上当，因为他们到中国来是看中国特色的，结果看到的还是他们的建筑风格，非常失望。

记者：城市既要更新，又不能“失忆”，怎么办？

仇保兴：老城区是城市之根、文脉之本和风貌特色的基本组成部分，也是众多文物古迹聚集的聚宝盆。大部分西方国家对一战期间被炸平了的城市古建筑，都按照原风貌重新建起来，现在获得了巨大的观光收益。相当多的城市，60%以上的收入来自于无烟工业，来自于越来越多的国际游客。那我国一些城市50年以后还能给世界留下什么样的城市风貌呢？也许来自国外的游客看到我们许多城市将来就变成这样了：站在高楼往下望，世界各国的建筑都有了，惟独没有中国风格的建筑，没有本地风貌的建筑。

记者：上海的新天地还是比较成功的，既保留了城市文脉又有时尚感。您如何看待新天地？

仇保兴：新天地应该说是成功的，它所保留的历史虽然是近代的，但上海本身就是一个年轻的城市，20世纪30年代的东西值得保护，几百年、上千年的东西就更应当保护。当然，新天地一带在原先的规划时也有一个缺陷，比如“一大”会址，当时的方案是把周围的旧建筑全部拆除，把它孤立出来，灯光一打，前面是草坪，就像纪念碑似的。试想当年中共“一大”怎能在一个纪念碑似的建筑内活动呢？后来修改了。文化建筑的保护要注重三点基本常识：整体性、可持续性和全真性。历史建筑与周围的环境一同表达当时的历史氛围，全真性是由共同的环境来完整地表达。

我们应该追求一种怎样的城市面貌?

记者：5000 多年前，世界上第一座城市“乌尔”在如今的巴格达南部形成。现在，城市给予我们的是一个什么定义？我们应该追求一种怎样的城市面貌?

仇保兴：简单说来，8 个字：“回归自然，人性空间”。我国北方有些地方把城市理解为工业配套生活区，这种城市没有文化感、历史感、多样性。千百年来，城市规划学家的梦想就是为了创造能让人们享受田园风光的城市。巴黎著名的香榭里大道，在法语中“香榭里”就是田园的意义。城市的一切其实是为了生活。就像上海世博会的口号：城市，让生活更美好。这个口号选得好，这是以人为本的城市观。

记者：刚才您谈到过城市道路交通规划中的盲目性问题，那么在城市道路交通建设方面，国外有什么经验可供我们借鉴?

仇保兴：国外的道路交通建设如今有两种趋势，一是非常重视步行道和自行车道的建设，另一个就是大力发展公共交通，不能保证所有车辆畅通，但必须保证公共车辆的畅通。这两者才能体现真正的以人为本，才能维持一个城市的低能耗和环境健康，因为没有居民的健康就没有城市的健康。提倡公交优先，体现在空间优先和时间优先两个方面。公交的能源效率比私人汽车高得多。我国的城市大都是紧凑型的，而紧凑城市必须是以公共交通为主体的。在欧洲不限制市民“拥有”小汽车，而是限制“使用”。

记者：有一种观点认为我们中国的面貌，是“大城市复制美国，小城市复制大城市”，其中似乎有一条看不见的逻辑，延伸出一个看得见的现象。

仇保兴：“大城市复制美国，小城市复制大城市”所造成的后果，有人形容说，就是中国的城市越来越像美国的大都市，而农村越来越像非洲。那就很糟糕了。

记者：有人说，我们国家的城市缺乏“剪辑”，太多单一功能的区域，而缺少一种被整体的城市生活所需要的元素，一种为潜在协同合作所作的剪辑。您怎么看待这个问题？

仇保兴：城市中的开发区也越来越多。很多开发区在规划的时候就出现了浪费，比如让开发区与城市保持远距离。城市的基础设施有“门槛效应”。新城市“贴”着老城市不断生长，基础设施可以公用，城市发展的门槛就比较低。如果新的开发区要远离老城区，就要花高昂的代价克服这个门槛。如果在一个城市，每天40万的“上班族”浩浩荡荡到开发区工作，下班后又浩浩荡荡回到居住区休息，这样奔波在开发区和居住区，造成一种“钟摆效应”，就会造成用能、用地、交通三大浪费。英国曾经建成的第一代新城叫作卧城“Sleeping Town”，刚造了一座就认识到单一功能将产生巨大的浪费，发现还是应当把工作与生活“就地平衡”，然后逐步形成第二、第三代新城的思路。这些20世纪50年前被别人抛弃的模式，如今我们有些地方却还在用，这使我们很容易重走“城市蔓延”的老路。我国几千年形成城镇的总用地是3.5万km^2，但目前所有开发区的规划用地就已达到3.6万km^2。

记者：城市的面貌还有个“外在”与“内在”的问题。

仇保兴：如果说宽马路、大广场、高楼大厦代表着一个城市的“外在形象”，那么，就业、住房、社会福利和保障则表明了一个城市“内在和谐”的程度。现在的问题是，有的城市里出现了富人区和穷人区，外在形象与内在和谐发生着剧烈冲突。有的城市的市中心是光鲜亮丽的，但城郊是混乱灰暗的。城郊结合部混乱不堪，出现了另外一种“贫民窟”。

20世纪50年代的美国城市跟我们现在有些城市的开发模式一模一样，富人区跟穷人区分开，结果穷人区环境越来越差，富人区越来越美，导致社会动荡，实际上这是另一种歧视。

不能只图地上光鲜，不管地下生态

记者：“外在形象”需要“内在和谐”的支撑，同样道理，也不能只管地上，而忽视更重要的地下生态。

仇保兴：中国许多城市地面上的东西是非常光鲜的，高楼大厦非常光彩，但地下的设施很糟糕。比如污水处理，我们国家的城市污水处理率去年仅达到45%，就意味着每年有一半多的城市供水产生的污水是未经处理、自由排放的。在我国600多个城市里，有200个城市的污水处理率等于零，造成了许多地方水质性缺水。在这些城市中，打上来的水要加以净化，代价非常高，所以说“江南水乡缺水”。又比如说垃圾处理，我们国家有900多个垃圾填埋场，但其中只有15%是达标填埋的，绝大多数的垃圾在处理时对环境造成了污染，一方面没有和地下水作好隔离，同时垃圾产生的沼气也没有加以利用。沼气是一种温室气体，效能是CO_2的21倍。城市是人类空间的高度集聚，造成的污染也是高度集聚。城市化对污染防治是双刃剑，它把空间上的污染集聚成一个点上的污染，搞得不好对人类社会是一种破坏。

记者：对这种“地上”与“地下”的平衡现象，人们往往容易忽视。

仇保兴：老百姓容易忽视的，领导就更应重视。李长春同志原来在广东省任省委书记时，当时东莞市有500多个自来水厂，居然没有一个污水处理厂，后来李长春同志告诫当地政府，如果再继续这样不顾生态文明的短期行为，不把污水处理率提高上去，就把东莞市降为县级市，来一个“集体降级”。这招很灵，东莞的污水处理厂建设很快就上马了。这说明，我们在对付一些地方政府只重表面工程、不顾生态文明的短期行为时，应该有一种制度上的制约。

记者：建设部在这方面会有什么新举措？

仇保兴：最近，建设部和中央文明办在评估文明城市时作出了规定：污水处理没有达标的城市，没有资格参评文明城市。因为现代的文明，既要有物质文明、精神文明，也要有生态文明。生态文明是对人类的终极关怀，这种关怀不仅是对自己，也是对全球，不仅是对当代，也是对未来。没有生态文明的城市，怎么谈得上文明城市！

记者：您所谈的这方方面面，都反映到一个核心内容，那就是城市的素质。对一个城市而言，可不可以说，有素质才有面貌？有什么样的素质，决定了城市是什么样的面貌？

仇保兴：这话很对。城市的内在素质，是城市功能的提升，是城市的一种内涵。一个城市如果没有素质，只能像一个没有文化的人发了一笔横财，显出暴发户的形象。只有城市内涵的自然流露，城市形象才是永固的，才是文明的。如果一个城市的素质很糟，生活在这个城市的人就难以形成良好的文明意识，那纵有再宽的马路、再好的基础设施，城市也是面目可憎的。城市素质应当包括三个方面：要保留和利用自然环境，要有好的人文环境，同时还要有丰富的文化产品设施。不具备城市素质，城市就会失去特点，就会失去城市本身的价值。

建筑隐含着城市的一种态度

记者：最近，国内一位专家指出我国城市建筑的“三宗罪”，即没有经典、崇洋媚外、规划无序。

仇保兴：这方面的问题，我前面已经谈过一些了。这里补充要说的是，现在的城市到处都是“流行建筑”、“洋建筑”。有人说10年或者20年后也就是我国城市化定型后，在高处俯视整个城市，可以看到世界各地的建筑，惟独没有体现本地风貌的建筑。

一座城市的特色代表它的多样化和凝聚性。任何人都不愿意住在单调的工业区，因为人的天性是向往多姿多彩的。文化为何能促进一个城市的发展，就因为它代表了一种多样性。如果把这种特性取消了，就会形成风格雷同的“千城一面”。尊重本地的文化历史，尊重自然地理风貌，尊重普通人的需求，这三个尊重就是城市建筑规划的内涵，也是克服“三宗罪”的良方。

记者：建筑隐合着城市的一种态度，但有专家认为，现在出现一个倾向，就是城市变成了“失控的百花齐放”，许多建筑过度地张扬自己，反而破坏了整体的形象。

仇保兴：城市的建筑应该是一篇和谐的乐章，如果每一个音符都想独立地表达自己，那么就变成噪音了。

记者：有一位工程院院士说，中国已经成了最大的建筑浪费国，玩的是“巨型结构的游戏”。

仇保兴：这方面有不少数据。我国建筑能耗惊人，建造和使用建筑直接、间接消耗的能源，已经占到全社会总能耗的46.7%。我国现有建筑中95%达不到节能标准，新增建筑中节能不达标的超过八成，单位建筑面积能耗是发达国家的2~3倍，对社会造成了沉重的能源负担和严重的环境污染。与发达国家相比，我们的建筑外墙节能保温程度差4~5倍，屋面差2.5~4.5倍，外窗差1.5~2.2倍，平均相差3倍。如果达到发达国家同等水平，我们的建筑物能耗就会降低3倍。

“权力审美”是一种更大的破坏

记者：有人说，问题归结起来，是建筑师的问题，中国的建筑师太少，工作量是美国建筑师的250倍，速度失控了。

仇保兴：这是由几种因素构成的，一种是高速城市化，世界上一半的建筑量发生在中国，造成建筑师供求严重不足。在国外，一个建筑专业毕业的博士，10 年里能有两个活干就不错了，而我们国家，可能一个中专毕业的学生就能搞出十几万平方米作品。第二个因素，也是更大的破坏，就是长官意志造成的“权力审美”。有的领导者角色错位，包揽了规划师、建筑师的活，连建筑的色彩都要自己来定。有一个城市，桥的颜色就是由市委书记定的。有一位领导出国考察，发现东京银座最繁华的街道，两边都没有树，回国后就下令主要街道大肆伐树。有的领导人光注意细节，但不懂得超越细节，做好掌舵者，如果在细节上和建筑师、文化人争夺地盘，就容易产生长官意志，就变成“权力审美”了。

记者：在“权力审美”面前，专家的意见会显得式微。

仇保兴：一些城市的领导人为了使体现其个人意志的规划得以通过，就有所选择地找若干专家，像风景区规划的会审就找旅游专家来，这样当然容易通过了。打个比方，一只熊猫生病了，需要请专家来救治，结果请来了一个美食家，美食专家能对生病熊猫的救治出什么高招呢？炖汤。你说这样的专家能为规划把什么关？所以规划编制与审查应该以城市规划类专家为主体，吸收其他方面的专家参加，绝对不能请不懂行的专家来评审或修订城市总体规划。这方面的教训已经够深刻的了。比如某市近年来准备搞一个城市内部的污水处理方案，邀请了单一的水利专家来做，结果搞了一个污水大搬家的方案，投资额达几百个亿。城市规划专家和污水处理专家们都表示反对。一次次的研究讨论，足足搞了一年零五个月，花了几千万元。后来综合型的专家队伍来了，认为水利部门原来搞的规划是彻头彻尾的错误。

记者：专家领衔变成了“权力领衔”，这是不是因为我们还缺乏制度的约束？

仇保兴：是的。在国外，城市市长你有多少财力、办多少事，都要接受议会的审查，要是超支的话，要追溯到你领导个人，也就是问责制。我在任杭州市市长时，杭州的友好城市澳大利亚首都堪培拉，市长就是因为一件事情辞职的，当地体育馆的兴建没有控制住预算，超支了，他就辞职了。反观国内有的地方，不量力而行，甚至还把下一任，乃至子子孙孙的钱一下子花完。没有因为超支而受到处理的，倒是因为城市外观“变快、变洋、变大”，反倒可能受到了提拔。

记者：由于“权力审美”，审批程序上的“可行性研究”也会变样。

仇保兴：往往变成“可批性研究”，时间精力花在公关审批的领导身上。现在，许多有争议的建筑设计，虽由建筑师绘制，但其设计要求来源于某些单位的领导人的想法。什么“新、奇、特”，什么“一百年不落后”，这些提法大多出自一些领导之口。

记者：针对这些问题，建设部将怎样予以制度约束?

仇保兴：一是整体规划的修编，注意各种设控；二是建立规划监督原则，确保执行不走样；三是规定必要的基础设施达标要求。为了改变某些城市“一届政府、一张规划”的盲目性，国家将突出规划的强制性内容。强制性内容是城市总体规划的底线，是城市发展的基本骨架，底线是不可轻易改变的。同时，中央还将制定符合科学发展观的政绩考核标准，对城市的负债情况进行审计，对领导人进行制度上的约束。我国以往对领导人强调自律，但缺乏制度上的约束。只有制度上文明，才能遏制个人的不文明，才能使得城市文明起来。

（原载《解放日报》2005 年 8 月 19 日第一版，《新华文摘》2005 年第 21 期转载此文）

后　　记

城市被称之谓：至今为止人类所创造的所有文明和实物中最为复杂的实体（硬件）和组织（软件）的组合。对正处于快速城镇化、工业化、市场化和工业化进程中及全球化、信息化的背景下的我国来说，无论是构建“和谐社会”，还是建立“创新型国家”，在相当程度上都取决于城镇化能否健康发展，能否以创新务实的科学态度来解决城市内外各种日趋尖锐的矛盾。

本书所列的各课题，无疑反映了这一时代和基层工作的需要以及我对解决此类问题的见解和奢望。但值得一提的是，尽管本人在担任特大、大、中型城市主要领导的岗位和相应职务近四分之一个世纪，并长期乐此不疲地探讨解决城镇化涌现出的各类矛盾之道，但以此暂缺的经验和肤浅的知识积累来求道，无疑是“管中窥豹”和“瞎子摸象”，错误和偏见肯定是俯拾即是。但将自己多年实践和探索的心得体会整理出版，供同行们批评讨论，显然是有利于问题最终解决的。

有幸的是，本书的文稿是在二年多时间内持续写作、分散发表并听取读者意见的基础上再整理出版的。更有幸的是，在此过程中，有机会与众多国内外这一领域杰出的专家学者无数次地讨论甚至争辩，这对于本书错误的纠正和个人知识的积累受益巨大。借此机会，一并给予衷心感谢。他们是：中国科学院、中国工程院院士吴良镛、周干峙教授，中国工程院院士钱易、邹德慈教授，同济大学陶松龄、吴志强、伍江、唐子来教授，北京大学周一星教授，南京大学崔功豪教授，清华大学毛其智教授，复旦大学蒋学模、伍伯麟、周伟林教授，浙江工商大学王俊豪教授，南京财经大学徐从才教授，中科院地理所胡序威教授，美国哈佛大学肯尼迪政府学院 William Clark，Jose A Gomez-Jbauez，Tony Saich 教授、哈佛大学设计学院 Richard Peiser，Charles Herris 教授，斯坦福大学 Luis Fraga，Jean C. Oi 教授，国际水协前主席 Michael Rouse 教授，前纽约环境保护局局长 Al Appleton 教授，联合国教科文组织可持续水资源管理顾问 W. F. Geiger 教授，世界银行驻曼谷首席代表 zhiliu 博士，美国规划师协会前主席 Sam Casella 教授，美国伊利诺伊大学张庭伟教授，加拿大女皇大学梁鹤年教授，英国雷丁大学 Derek Clements 教授。还有中央政策研究室秘书长倪建敏博士、国务院发展研究中心副主任李剑阁教授、科技部副部长尚勇博士、环保总局副局长王玉庆教授，以及我的同事们：陈晓丽、齐骥、王铁宏、唐凯、李东序、赖明、何兴华、李兵弟、李晓江、王静霞、陈峰、张悦、王凤武、孙安军、张勤、武涌、陈宜明、陈蓁蓁、赵晖、刘仁根、李讯、邵益生、杨保军、赵燕菁、王凯、石楠、杨戌标、戴永宁、阎小培、李志能、斯淙曜等等。